Franz J. Sartor, Helmut Keller
Wohnwirtschaftliche Immobilienfinanzierung

Franz J. Sartor, Helmut Keller

Wohnwirtschaftliche Immobilienfinanzierung

Ein praxisorientierter Leitfaden für Immobilieninvestoren

DE GRUYTER
OLDENBOURG

ISBN 978-3-11-043786-7
e-ISBN (PDF) 978-3-11-043787-4
e-ISBN (EPUB) 978-3-11-042856-8

Library of Congress Cataloging-in-Publication Data
A CIP catalog record for this book has been applied for at the Library of Congress.

Bibliografische Information der Deutschen Nationalbibliothek
Die Deutsche Nationalbibliothek verzeichnet diese Publikation in der Deutschen
Nationalbibliografie; detaillierte bibliografische Daten sind im Internet über
http://dnb.dnb.de abrufbar.

© 2017 Walter de Gruyter GmbH, Berlin/Boston
Umschlaggestaltung: PRImageFactory/iStock/Thinkstock
Satz: PTP-Berlin, Protago-TEX-Production GmbH, Berlin
Druck und Bindung: CPI books GmbH, Leck
♾ Gedruckt auf säurefreiem Papier
Printed in Germany

www.degruyter.com

Vorwort

Investitionen in wohnwirtschaftliche Immobilienobjekte können aus verschiedenen Motiven erfolgen: Selbstnutzung, Altersvorsorge, Kapitalanlage, Vermögensdiversifikation oder Renditeerzielung sind nur einige der Gründe, warum Immobilieninvestitionen durchgeführt werden. Risiken für den privaten Hauskäufer oder Bauherrn bestehen in der Bindung an einen festen Ort und der Unsicherheit, ob die lange finanzielle Verpflichtung dauerhaft durchgehalten werden kann. Auch der Immobilienerwerb und die Finanzierung für Kapitalanleger müssen gut durchdacht sein, sind sie doch abhängig von den dauerhaften Mieteinnahmen und der Bonität der Mieter. Wenngleich diese Investitionsgründe jeweils spezielle Finanzierungsfragen aufwerfen, stehen weitgehend unabhängig vom Erwerbsgrund grundsätzlich immer vier Entscheidungsparameter im Vordergrund:

1. In welche wohnwirtschaftliche Objektform soll investiert werden?
2. Welcher Finanzierungsbedarf entsteht durch die Investition und von wem und in welcher Eigenkapital-/Fremdkapitalrelation soll dieser unter den gegebenen wirtschaftlichen Bedingungen des Investors gedeckt werden?
3. Welche Höhe der Fremdfinanzierung ist erforderlich, welche Varianten bieten sich an und welche Sicherheiten stehen zur Verfügung?
4. Mit welchen Finanzierungspartnern und auf welchem Zugangsweg soll die Investitionsfinanzierung angegangen werden und welcher Beratungsbedarf besteht?

Diesen Fragen wird in dem vorliegenden Handbuch in kompakter Form nachgegangen. Es vermittelt einen gesamtheitlichen Überblick über die Marktsituation, die regulatorischen Vorgaben inkl. der neuen Wohnimmobilienkreditrichtlinie, sowie die aktuelle Finanzierungspraxis und zeigt deren Entscheidungsregeln und Prozesse im Bereich der wohnungswirtschaftlichen Finanzierung. Es wendet sich an Immobilieninvestoren, Immobilieninteressierte sowie an Studierende im Bereich der Immobilienwirtschaft.

Wir danken Frau Michaela Kaesler (B.A.) für ihre tatkräftige Mitwirkung bei der redaktionellen Gestaltung des Buches sowie dem Verlag für die gute Zusammenarbeit. Möge der vorliegende Band allen Immobilieninteressierten Denkanstöße und Ideen vermitteln, damit optimale wohnwirtschaftliche Immobilieninvestitionen gelingen.

Prof. Dr. Franz J. Sartor
Helmut Keller

https://doi.org/10.1515/9783110437874-001

Abkürzungsverzeichnis

Abb.	Abbildung
Abs.	Absatz
Abt.	Abteilung
AfA	Absetzung für Abnutzung
AGB	Allgemeine Geschäftsbedingungen
AO	Abgabenordnung
Az.	Aktenzeichen
BaFin	Bundesaufsichtsamt für Finanzdienstleistungsaufsicht
BauGB	Baugesetzbuch
BauNVO	Baunutzungsverordnung
BelWertV	Beleihungswertverordnung
BeurkG	Beurkundungsgesetz
BewG	Bewertungsgesetz
BFH	Bundesfinanzhof
BGB	Bundesgesetzbuch
BGBl	Bundesgesetzblatt
BGF	Bruttogrundfläche
BGH	Bundesgerichtshof
BMJV	Bundesministerium für Justiz
BRW-RL	Bodenrichtwertrichtlinie
BSV	Bausparvertrag
BV	Berechnungsverordnung
BVD	Bankvorausdarlehen
bzw.	beziehungsweise
ca.	circa
CCR	Capital Requirements Regulation
destatis	Statistisches Bundesamt
DIN	Deutsche Industrienorm
d.h.	das heißt
EBA	Europäische Bankenaufsichtsbehörde
EEG	Erneuerbare-Energien-Gesetz
EFH	Einfamilienhaus
EK	Eigenkapital
ELW	Einliegerwohnung
EnEG	Energieeinspargesetz
EnEV	Energieeinsparverordnung
EStG	Einkommensteuergesetz
ErbStG	Erbschaftsteuer- und Schenkungsgesetz
etc.	et cetera
ETW	Eigentumswohnung
EU	Europäische Union
Euribor	European Interbank offered Rate
evtl.	eventuell
EW-RL	Ertragswertrichtlinie
EZB	Europäische Zentralbank
FA	Finanzamt

ff.	folgende
GBO	Grundbuchordnung
GbR	Gesellschaft bürgerlichen Rechts
GewO	Gewerbeordnung
GFZ	Geschossflächenzahl
ggf.	gegebenenfalls
GRZ	Grundflächenzahl
i.d.R.	in der Regel
IHK	Industrie- und Handelskammer
ImmoWertV	Immobilienwertermittlungsverordnung
inkl.	inklusive
InvG	Investmentgesetz
IVD	Immobilienverband Deutschland
KP	Kaufpreis
KWG	Kreditwesengesetz
LV	Lebensversicherung
MaBV	Makler- und Bauträgerverordnung
MaH	Mindestanforderungen an Handelsgeschäftsbetreiber
MaIR	Mindestanforderungen an die interne Revision
MaK	Mindestanforderungen an das Kreditgeschäft
MaRisk	Mindestanforderungen an das Risikomanagement
MBS	Mortgage-Backed-Securities
MFH	Mehrfamilienhaus
mind.	mindestens
Mio.	Millionen
Mrd.	Milliarden
NHK	Normalherstellungskosten
Nr.	Nummer
NRW	Nordrhein-Westfalen
o.a.	oben angegeben
o.g.	oben genannte
p.a.	per anno
PangV	Preisangabenverordnung
PfandBG	Pfandbriefgesetz
qm	Quadratmeter
RKW	Rückkaufswert
sog.	sogenannte(-r, -s)
SW-RL	Sachwertrichtlinie
Tsd.	Tausend
u.a.	und andere; unter anderem
u.E.	unseres Erachtens
usw.	und so weiter
u.U.	unter Umständen
VAZ	Veranlagungszeitraum
VdP	Verband deutscher Pfandbriefbanken
vgl.	vergleiche
v.h.	von Hundert
VL	Vermögenswirksame Leistungen

VOB	Vergabe- und Vertragsordnung für Bauleistungen
vs.	versus
VW-RL	Vergleichswertrichtlinie
V+V	Vermietung und Verpachtung
WEG	Wohneigentumsgesetz
WFA	Wohnungsbauförderungsanstalt
WFL	Wohnfläche
WoFG	Wohnraumförderungsgesetz
WoP	Wohnungsbauprämie
z. B.	zum Beispiel
ZFH	Zweifamilienhaus
ZV	Zwangsversteigerung
ZVG	Zwangsversteigerungsgesetz
zzgl.	zuzüglich

Abbildungsverzeichnis

Abb. 1.1   Wohnungsbaufinanzierung nach Verwendungszweck —— 5
Abb. 1.2   Selbstgenutztes Wohneigentum in Deutschland und in Europa —— 6
Abb. 1.3   Vermögensbestände privater Haushalte —— 11
Abb. 1.4   Struktur des Immobilienmarkts —— 12
Abb. 1.5   Struktur der Immobilienfinanzierung —— 12
Abb. 1.6   Marktanteile bei der privaten Wohnungsbaufinanzierung —— 13
Abb. 1.7   Entwicklung des regulatorischen Eigenkapitals —— 25
Abb. 1.8   Risikogewichte bei Immobilien nach Basel III —— 26

Abb. 2.1   Kapitalanlage in Immobilien —— 41

Abb. 3.1   Zinsentwicklung (Sollzinsen) —— 95

Abb. 5.1   Normalherstellungskosten 2010 —— 165
Abb. 5.2   Ablaufschema Sachwertverfahren —— 170
Abb. 5.3   Ablaufschema Ertragswertverfahren —— 175
Abb. 5.4   Ablaufschema Vergleichswertverfahren —— 176
Abb. 5.5   Ablauf einer Darlehens-Entscheidung —— 183

Tabellenverzeichnis

Tab. 1.1   Entwicklung von Baugenehmigungen und Baufertigstellungen —— 3
Tab. 1.2   Wohnungsbestand in Deutschland —— 3
Tab. 1.3   Strukturdaten zum Wohnungsbestand —— 4
Tab. 1.4   Wohnimmobilienkreditbestand nach Bankengruppen im Jahr 2015 —— 4
Tab. 1.5   Wohneigentumsquote nach Haushaltstypen —— 6
Tab. 1.6   Wohnkostenentwicklung —— 7
Tab. 1.7   Wohnkostenanteil an der Kaufkraft je Haushalt. —— 8
Tab. 1.8   Preisindizes für selbst genutztes Wohneigentum —— 9
Tab. 1.9   Baukostenindizes für Wohngebäude —— 9
Tab. 1.10   Häuserpreisindex —— 9
Tab. 1.11   Entwicklung der Baupreise und Lebenshaltungskosten —— 10
Tab. 1.12   Baulandkaufwerte —— 10
Tab. 1.13   Bestandsvolumen —— 16
Tab. 1.14   Kalkulationsbeispiel Eigenkapitalunterlegung —— 24
Tab. 1.15   Bonitätsabhängige Eigenkapitalunterlegung —— 25

Tab. 2.1   Mietaufwand in der Langfristbetrachtung —— 34
Tab. 2.2   Kaufpreis-Miete-Verhältnis —— 35
Tab. 2.3   Erschwinglichkeitsindex —— 36
Tab. 2.4   Entwicklung der Wohnnebenkosten —— 37
Tab. 2.5   Nettorendite für eigengenutzte Immobilie —— 38
Tab. 2.6   Wirtschaftliche Tragfähigkeitsprüfung bei Eigennutzern —— 39
Tab. 2.7   Grundbegriffe zur Rendite —— 43
Tab. 2.8   Bruttorendite für ein Mietobjekt —— 44
Tab. 2.9   Baukostenkontrolle —— 49
Tab. 2.10   Modernisierungsmaßnahmen —— 52
Tab. 2.11   Mögliche Erkenntnisse aus dem Energieausweis —— 54
Tab. 2.12   Ratenzahlung nach MaBV —— 54
Tab. 2.13   Leistungsbündelung nach MaBV —— 55
Tab. 2.14   Mögliche Kosten bei einem Zwangsversteigerungserwerb —— 64
Tab. 2.15   Ausschnitt aus der Allgemeinen Sterbetafel —— 68
Tab. 2.16   Erbschaftsteuerklassen —— 71
Tab. 2.17   Freibeträge bei der Erbschaftsteuer —— 71
Tab. 2.18   Steuersätze bei der Erbschaftsteuer —— 71

Tab. 3.1   Unterschiedliche Zusammensetzung der Investitionskosten —— 76
Tab. 3.2   Pauschale Kostenansätze beim Grundstückskauf —— 77
Tab. 3.3   Herstellungskosten —— 78
Tab. 3.4   Baukostenanteile für Roh- und Ausbau —— 78
Tab. 3.5   Gesamtkostenermittlung für den Bau einer Immobilie —— 79
Tab. 3.6   Mögliche Eigenleistung anteilig an den Gebäudekosten —— 80
Tab. 3.7   Baukostenschätzung mit hohen Eigenleistungsanteilen —— 81
Tab. 3.8   Mögliche Baunebenkosten —— 82
Tab. 3.9   Gesamtkosten beim Kauf einer Immobilie —— 85
Tab. 3.10   Grunderwerbsteuer in den Bundesländern —— 86
Tab. 3.11   Verfügbare Eigenmittel —— 89

Tab. 3.12   Bestandsaufnahme der Sparfähigkeit —— **90**
Tab. 3.13   Überblick Eigenkapitalersatzmittel —— **91**
Tab. 3.14   Kreditrahmen bei fertigem Objekt —— **92**
Tab. 3.15   Kreditrahmen bei Neubauobjekt —— **92**
Tab. 3.16   Prüfkriterien eines Finanzierungskonzeptes —— **94**
Tab. 3.17   Pfandbriefrenditen am 6.1.2017 —— **96**
Tab. 3.18   Effektive Zinsen für Baukredite —— **97**
Tab. 3.19   Handlungsempfehlungen zur Finanzierungsoptimierung —— **99**
Tab. 3.20   Wohn-Riester-Förderung im Überblick —— **104**
Tab. 3.21   Altersvorsorgezulagen —— **105**

Tab. 4.1   Bestimmungsfaktoren der Finanzierung —— **107**
Tab. 4.2   Annuitätenfaktoren —— **109**
Tab. 4.3   Mindesttilgungssätze in Abhängigkeit zur Laufzeit —— **109**
Tab. 4.4   Annuitätendarlehen —— **110**
Tab. 4.5   Endfälliges Darlehen —— **113**
Tab. 4.6   Entwicklung des Euribor —— **116**
Tab. 4.7   Entwicklung des EZB-Zinssatzes —— **116**
Tab. 4.8   Laufzeit von Volltilgerdarlehen —— **117**
Tab. 4.9   Konstantdarlehen —— **118**
Tab. 4.10   Bauspardarlehen —— **120**
Tab. 4.11   Konditionsbeispiel Cap-Darlehen —— **121**
Tab. 4.12   Konditionsbeispiel Cap-Darlehen (Niedrigzinsphase) —— **122**
Tab. 4.13   Cap-Darlehen —— **122**
Tab. 4.14   Handlungsempfehlungen zur Finanzierungsoptimierung —— **124**
Tab. 4.15   Auswirkungen der Kreditnebenkosten auf den Effektivzins —— **126**
Tab. 4.16   Vom Beleihungsauslauf abhängige Konditionen —— **128**
Tab. 4.17   Vergleichsrechnung mit Disagio —— **129**
Tab. 4.18   Vergleichsrechnung ohne Disagio —— **129**
Tab. 4.19   Tilgungsdauer —— **131**
Tab. 4.20   Restschuld nach 10 Jahren in % der Darlehenssumme —— **131**
Tab. 4.21   Restschuld nach 15 Jahren in % der Darlehenssumme —— **132**
Tab. 4.22   Restschuld nach 20 Jahren in % der Darlehenssumme —— **132**
Tab. 4.23   Muster-Finanzierungsplan —— **133**
Tab. 4.24   Wohnkostenbelastung —— **134**
Tab. 4.25   Kontrollrechnung Mietkosten-/Selbstnutzerkosten —— **134**

Tab. 5.1   Kreditbedarf bei konkreter Immobilie —— **136**
Tab. 5.2   Kurzanalyse Gesamtfinanzierungsrahmen —— **137**
Tab. 5.3   Muster-Gesamttilgungsplan —— **142**
Tab. 5.4   Einnahmenrechnung auf Monatsbasis —— **147**
Tab. 5.5   Ausgabenrechnung auf Monatsbasis —— **148**
Tab. 5.6   Überschussrechnung auf Monatsbasis —— **149**
Tab. 5.7   Übersicht über Vermögensarten —— **149**
Tab. 5.8   Übersicht über Kredite und Verbindlichkeiten —— **150**
Tab. 5.9   Basisscore der Schufa —— **153**
Tab. 5.10   Wahrscheinlichkeitswert im Baufinanzierungsgeschäft —— **154**
Tab. 5.11   „Selbstdiagnose" vor einem Beratungsgespräch —— **155**
Tab. 5.12   Objektunterlagen bei Bauvorhaben —— **157**

Tab. 5.13   Objektunterlagen bei bestehenden Wohngebäuden —— 158
Tab. 5.14   Objektunterlagen bei Eigentumswohnungen —— 158
Tab. 5.15   Unterlagen von einem amtlich bestellten Gutachter in NRW —— 160
Tab. 5.16   Gebäudestandards —— 166
Tab. 5.17   Baupreisindex für den Neubau —— 166
Tab. 5.18   Raummeterpreise nach Ortsklassen Stand 12/2016 —— 166
Tab. 5.19   Bewertungsansätze Garagen/Stellplätze —— 168
Tab. 5.20   Altersabschreibung —— 169
Tab. 5.21   Vereinfachtes Ertragswertverfahren —— 170
Tab. 5.22   Kapitalisierungszinssatz —— 171
Tab. 5.23   Allgemeines Ertragswertverfahren —— 172
Tab. 5.24   Kapitalisierungsfaktoren/Vervielfältigungstabelle —— 173
Tab. 5.25   Pauschale Bewirtungskosten —— 174
Tab. 5.26   Individuelle Bewirtschaftungskosten —— 174
Tab. 5.27   Vergleichswertermittlung für eine Eigentumswohnung —— 177
Tab. 5.28   Ausprägungen von Gewichtungskriterien —— 180
Tab. 5.29   Ratingskala und Ausfallwahrscheinlichkeit —— 181
Tab. 5.30   Ratingkomponenten für ein Objektrisiko —— 181
Tab. 5.31   Zusatzunterlagen bei vermieteten Immobilien —— 182
Tab. 5.32   Bestandteile des Immobiliar-Verbraucherdarlehensvertrages —— 186
Tab. 5.33   Aufteilung des Grundbuchblattes —— 194
Tab. 5.34   Bautenstandsbericht —— 204
Tab. 5.35   Vertragsdaten eines Immobiliendarlehens —— 206
Tab. 5.36   Darlehensentwicklung —— 207
Tab. 5.37   Verzugszinssatz —— 208
Tab. 5.38   Basiszinssatz —— 209
Tab. 5.39   Vorfälligkeitsentschädigung nach der Aktiv-Passiv Methode —— 215
Tab. 5.40   Zinszuschläge bei Forwarddarlehen —— 219

Tab. 6.1   Lebenserwartung —— 221
Tab. 6.2   Beispiel-Kalkulation einer vermieteten Immobilie —— 224
Tab. 6.3   Errechnung der Bruttorendite für vermietete Immobilien —— 225
Tab. 6.4   Errechnung der Nettorendite für vermietete Immobilien —— 226
Tab. 6.5   Finanzierungsbedingte Risiken —— 229
Tab. 6.6   Risiken von Riester-Darlehen —— 230

Tab. 7.1   Prämienrichtzahlen Wohngebäude-Versicherung (1914 = 100) —— 232

Inhalt

Vorwort —— V

Abkürzungsverzeichnis —— VI

Abbildungsverzeichnis —— IX

Tabellenverzeichnis —— X

1   Grundlagen —— 1
1.1   Besonderheiten der Immobilie —— 1
1.2   Marktsituation in Deutschland —— 2
1.2.1   Bautätigkeit und Wohnungsbestand —— 2
1.2.2   Volumen der Wohnungsbaufinanzierung —— 4
1.2.3   Wohneigentumsquote Deutschland und Europa —— 5
1.2.4   Wohnkostenentwicklung —— 7
1.2.5   Baupreisentwicklung —— 8
1.2.6   Vermögensbestände privater Haushalte —— 10
1.2.7   Struktur des Immobilienmarkts —— 11
1.3   Traditionelle Baufinanzierungsanbieter —— 12
1.3.1   Sparkassen/Genossenschaftsbanken/Kreditbanken —— 13
1.3.2   Pfandbriefbanken/Hypothekenbanken —— 15
1.3.3   Bausparkassen —— 15
1.3.4   Versicherungen —— 17
1.4   Internetbasierte Anbieter —— 18
1.4.1   Direktbanken —— 18
1.4.2   Immobilienbroker/Finanzmarktplätze —— 19
1.5   Regulative und gesetzliche Auflagen —— 21
1.5.1   Kreditwesengesetz —— 21
1.5.2   Mindestanforderungen an das Risikomanagement —— 22
1.5.3   Risikobegrenzungsgesetz —— 23
1.5.4   Basel II/III —— 24
1.5.5   Wohnimmobilienkreditrichtlinie —— 27
1.5.6   Preisangabenverordnung —— 30

2   Grundsatzentscheidungen von Immobilieninvestoren —— 31
2.1   Eigennutzung oder Kapitalanlage —— 31
2.2   Eigengenutzte Immobilien —— 32
2.2.1   Gründe für Wohneigentum —— 33
2.2.2   Wirtschaftliche Tragfähigkeitsprüfung —— 40
2.3   Immobilien als Kapitalanlage —— 40

2.3.1   Indirekte Form der Kapitalanlage —— **40**
2.3.2   Direkte Form der Kapitalanlage —— **42**
2.3.3   Kombination von Eigennutzung und Kapitalanlage —— **45**
2.4   Systematisierung der Erwerbsformen —— **46**
2.4.1   Neubau einer Immobilie —— **46**
2.4.2   Kauf einer Immobilie —— **50**
2.4.3   Erwerb aus einer Zwangsversteigerung —— **61**
2.4.4   Erwerb eines Erbbaurechtes/Erbbaugrundstücks —— **65**
2.4.5   Kauf auf Rentenbasis —— **67**
2.4.6   Erbschaft oder Schenkung —— **69**
2.4.7   Festlegung der künftigen Eigentumsverhältnisse —— **72**

3   **Finanzierungsbedarf und Finanzierungsmittel** —— **76**
3.1   Gesamtkostenermittlung beim Bau einer Immobilie —— **76**
3.1.1   Berücksichtigung von Eigenleistungen —— **79**
3.1.2   Ermittlung der Baunebenkosten —— **83**
3.1.3   Kalkulation der Bauzeitzinsen/Bereitstellungsprovisionen —— **83**
3.1.4   Ungeplante Kosten —— **84**
3.2   Gesamtkosten beim Kauf einer Immobilie —— **84**
3.3   Finanzierung —— **87**
3.3.1   Eigenkapital und Eigenkapitalersatzmittel —— **87**
3.3.2   Fremdkapital —— **92**
3.3.3   Kontrollrechnungen und Finanzierungskonzepte —— **93**
3.3.4   Finanzierungsoptimierung —— **99**
3.3.5   Öffentliche Fördermittel —— **102**

4   **Ausgestaltung der Fremdkapitalfinanzierung** —— **106**
4.1   Klassische Finanzierungsformen —— **107**
4.1.1   Annuitätendarlehen —— **108**
4.1.2   Festzinsdarlehen/endfällige Darlehen —— **112**
4.1.3   Abzahlungsdarlehen/Ratentilgungsdarlehen —— **114**
4.1.4   Zinsvariable Darlehen —— **114**
4.2   Spezielle Finanzierungsformen —— **116**
4.2.1   Volltilgerdarlehen —— **117**
4.2.2   Konstantdarlehen —— **117**
4.2.3   Riester-Darlehen —— **118**
4.2.4   Bauspardarlehen —— **119**
4.2.5   Cap-Darlehen —— **121**
4.3   Kombination der Finanzierungsformen —— **122**
4.4   Innovative Finanzierungsformen —— **124**
4.5   Nominalzins vs. Effektivzinssatz —— **125**
4.5.1   Konditionsvergleich —— **127**

4.5.2   Bedeutung und Folgen von Disagien —— **128**
4.5.3   Tilgungshöhe/-dauer —— **130**
4.6   Finanzierungsplan —— **132**
4.7   Finanzierungsbeispiele —— **133**

5   **Ablaufphasen einer Immobilienfinanzierung** —— **135**
5.1   Phase 1: Beratung —— **135**
5.1.1   Prüfung der Finanzierbarkeit —— **135**
5.1.2   Produkt- und Darlehensangebot —— **138**
5.1.3   Tilgungsplan —— **141**
5.2   Phase 2: Finanzierungsprämissen —— **141**
5.2.1   Kapitaldienstfähigkeit —— **141**
5.2.2   Vermögen und Schulden —— **146**
5.2.3   Bankinterne Kennzahlen —— **150**
5.2.4   Bonität —— **151**
5.3   Phase 3: Bewertung und Beleihung —— **154**
5.3.1   Makro- und Mikrolage des Objektes —— **154**
5.3.2   Objektunterlagen —— **157**
5.3.3   Bewertungsgrundlagen —— **157**
5.3.4   Zentrale Bewertungsbegriffe —— **161**
5.3.5   Sachwertverfahren —— **164**
5.3.6   Ertragswertverfahren —— **169**
5.3.7   Vergleichswertverfahren —— **176**
5.3.8   Plausibilitätskontrollen —— **177**
5.3.9   Bewertungsbeispiele —— **178**
5.4   Phase 4: Kreditentscheidung und Darlehensvertrag —— **178**
5.4.1   Kreditwürdigkeitsprüfung —— **178**
5.4.2   Darlehensentscheidung und -zusage —— **183**
5.4.3   Gestaltung des Darlehensvertrages —— **184**
5.4.4   Vertragsbestandteile des Immobiliar-Verbraucherdarlehens —— **185**
5.4.5   Verbraucherschutz —— **188**
5.4.6   Vorvertragliche Informationen —— **188**
5.4.7   Widerrufsbelehrung/Widerrufsfolge —— **189**
5.5   Phase 5: Kreditbesicherung und Eigentumsübergang —— **191**
5.5.1   Notarieller Kaufvertrag —— **191**
5.5.2   Eigentumsübergang der Immobilie —— **192**
5.5.3   Eintrag ins Grundbuch —— **193**
5.5.4   Administrative Folgen des Immobilienerwerbs —— **195**
5.5.5   Besicherung durch Grundpfandrechte —— **196**
5.5.6   Einzelfragen zu Grundpfandrechten —— **199**
5.5.7   Zusatzsicherheiten —— **201**
5.6   Phase 6: Auszahlung des Darlehens —— **202**

5.6.1   Teilauszahlungen —— 203
5.6.2   Vollauszahlungen —— 203
5.7   Phase 7: Darlehensrückzahlung und Kündigungsgründe —— 205
5.7.1   Planmäßiger Darlehensverlauf —— 205
5.7.2   Unplanmäßiger Darlehensverlauf —— 207
5.7.3   Zahlungsstörungen —— 209
5.7.4   Außerordentliche Kündigungsgründe der Bank —— 211
5.7.5   Kündigungsrechte des Darlehensnehmers —— 212
5.7.6   Vorfälligkeitsentschädigung —— 213
5.8   Phase 8: Anschlussfinanzierung —— 216
5.8.1   Anschlussfinanzierung beim bisherigen Darlehensgeber —— 216
5.8.2   Wechsel des Darlehensgebers —— 217
5.8.3   Abschluss eines Forward Darlehens —— 218

6   Chancen und Risiken einer Immobilieninvestition —— 220
6.1   Chancen —— 220
6.2   Risiken —— 226
6.2.1   Gesamtwirtschaftliche Risiken —— 226
6.2.2   Individuelle Risiken —— 227

7   Risikominderung durch Versicherungen —— 231

8   Ausblick —— 234

Anlagenverzeichnis —— 237

Literatur —— 333

Stichwortverzeichnis —— 335

Autoren —— 337

1 Grundlagen

1.1 Besonderheiten der Immobilie

Die Immobilienfinanzierung umfasst die Bereitstellung von Eigen- und Fremdmitteln, um Grundstücke zu erwerben oder um Kauf, Neubau, Modernisierung, Sanierung oder Erweiterung wohnwirtschaftlicher oder gewerblicher Immobilien durchzuführen. Im engeren Sinne wird unter Immobilienfinanzierung die zumeist langfristige und grundpfandrechtlich gesicherte Fremdfinanzierung verstanden.

Eine Systematisierung der Immobilienobjekte ergibt sich aus nachstehender Übersicht. Die Immobilie hat eine Reihe von Merkmalen die sie von anderen Wirtschaftsgütern unterscheidet. Zu diesen Merkmalen zählen:

1. Standortgebundenheit
Immobilien sind im Gegensatz zu anderen Wirtschaftsgütern an einen konkreten Standort gebunden. Die Mikro- und Makrolage dieses Standortes hat einen erheblichen Einfluss auf die Werthaltigkeit der Immobilie.

2. Einmaligkeit
Die Standortgebundenheit führt dazu, dass jede Immobilie einzigartig ist, auch wenn es sich um ein baugleiches Objekt handelt. So ist beispielsweise bei Reihenhäusern oder Doppelhaushälften mit identischen Wohnungsgrundrissen die ansonsten gleiche Wohnung bezogen auf den Standort immer unterschiedlich. Jedes Objekt ist daher ein Unikat.

3. Hohe Kapitalbindung
Immobilien sind aufgrund der hohen Anschaffungs- und Herstellungskosten sehr kapitalintensiv. Daher hat eine ungenaue oder fehlerhafte Bewertung der Immobilie bei Verkauf oder Verwertung schnell einen hohen Kapitalverlust zur Folge.

4. Lange Lebensdauer
Immobilien zeichnen sich durch eine lange Lebensdauer und Kapitalbindung aus. Bei ordnungsgemäßer Instandhaltung ist mit einer Nutzungsdauer von über 80 Jahren zu rechnen.

5. Wertveränderungen im Lebenszyklus
Der Wert eines Objektes wird sich aufgrund von Abnutzung, Veränderung des Umfeldes und abhängig von jeweiligen Renovierungs- und Modernisierungserfordernissen innerhalb der Lebensdauer dauerhaft verändern. Ebenso können sich in dieser Zeit die Eigentumsverhältnisse und Finanzierungserfordernisse grundlegend ändern.

https://doi.org/10.1515/9783110437874-002

1.2 Marktsituation in Deutschland

Die Immobilienwirtschaft ist in Deutschland von besonderer Bedeutung: 87 % des Anlagevermögens in Deutschland besteht aus Immobilien und etwa die Hälfte des Vermögens der privaten Haushalte ist in Immobilien mit mehr als 6 Bill. € investiert. Die enge Verflechtung von Immobilienwirtschaft und Finanzmarkt wird dadurch belegt, dass etwa die Hälfte der an Unternehmen und Privatpersonen gewährten Kredite auf Immobilienfinanzierungen entfällt.

Die aktuelle Marktsituation auf dem privaten Immobilienmarkt lässt sich wie folgt beschreiben:

– Der Immobilienmarkt ist durch extreme Preisunterschiede gekennzeichnet: Während die Bau- und Kaufpreise für Immobilien in Groß- und Universitätsstädten stark zugelegt haben, weil dort aufgrund der positiven Bevölkerungsprognosen steigender Bedarf an Wohnimmobilien besteht, sind in Kleinstädten und ländlichen Regionen konstante oder nur moderate Preissteigerungen festzustellen.

– Die Mietbelastungsquoten sind langfristig deutlich gestiegen. Die privaten Haushalte geben unter Berücksichtigung der Nebenkosten etwa ein Drittel des verfügbaren Einkommens für Mietzahlungen aus. Allerdings gibt es erhebliche Unterschiede zwischen verschiedenen Städten und Regionen.

– Die Konjunkturaussichten und die Arbeitsmarktsituation werden weiterhin positiv eingeschätzt, eine gravierende Zinswende ist zumindest im Einflussbereich der EZB noch nicht in Sicht, die Nachfrage nach Wohnraum wird durch Zuwanderungen ansteigen.

– Haus- und Wohnungseigentümer können damit rechnen, die eigene Immobilie – unattraktive Standorte ausgenommen – später mit Gewinn verkaufen zu können oder zumindest von einer stabilen Wertentwicklung profitieren zu können.

1.2.1 Bautätigkeit und Wohnungsbestand

Die Bautätigkeit hat in den letzten Jahren deutlich zugenommen, ist aber noch deutlich geringer als in den 1990er-Jahren. Die Lage auf dem Wohnimmobilienmarkt ist insbesondere in Großstädten und Ballungsgebieten von einer deutlich zunehmenden Nachfrage bestimmt. Die Engpässe sind insbesondere Folge eines jahrelang gewachsenen Ungleichgewichts: Infolge von Wanderungsbewegungen ist die Bevölkerungszahl in Groß- und Unistädten stark gestiegen, während der Neubau der steigenden Nachfrage nicht nachkam.

Der Wohnungsbestand in Deutschland hat sich in den vergangenen 20 Jahren kontinuierlich vergrößert. Ende 2015 gab es rund 41 Millionen Wohneinheiten, von denen circa 52 % auf Mehrfamilienhäuser und 46 % auf Ein- und Zweifamilienhäuser entfallen. Die Leerstandquote schwankt zwischen 4 % und 8 % aller Wohnungen.

Detaillierte Informationen zur Entwicklung von Baugenehmigungen, Baufertigstellungen und dem Wohnungsbestand zeigen die Tabellen 1.1, 1.2 und 1.3.

Tab. 1.1: Entwicklung von Baugenehmigungen und Baufertigstellungen.

Baugenehmigungen	Einheit	2013	2014	2015	2016
Gebäude	Anzahl	213.382	209.295	222.280	233.833
Wohnungen	Anzahl	272.433	285.079	313.296	375.388
Wohnfläche in qm	1000	29.714	30.425	33.022	36.896
kalkulierte Kosten der Bauwerke	Mill. €	77.266	78.397	84.606	98.090
Baufertigstellungen	**Einheit**	**2013**	**2014**	**2015**	**2016**
Gebäude/Baumaßnahmen	Anzahl	194.277	200.841	195.405	202.078
Wohnungen insgesamt	Anzahl	214.817	245.325	247.724	277.691
Wohnfläche in qm	1000	24.510	27.324	27.247	29.130
kalkulierte Kosten der Bauwerke	Mill. €	63.915	67.912	69.439	74.299
darin: *Errichtung neuer Gebäude:*					
Gebäude	Anzahl	130.914	135.733	130.694	134.392
Wohnungen	Anzahl	192.276	220.293	220.199	240.255
Wohnfläche in qm	1000	21.478	24.072	23.892	25.228
Kalkulierte Kosten der Bauwerke	Mill. €	52.491	56.077	57.332	61.388

Quelle: Statistisches Bundesamt

Tab. 1.2: Wohnungsbestand in Deutschland.

(in 1.000 Einheiten)	2012	2013	2014	2015	2016
Wohnungen insgesamt	40.805	40.995	41.221	41.446	41.703
mit 1 Raum	1.307	1.319	1.334	1.348	1.378
mit 2 Räumen	3.732	3.750	3.778	3.805	3.840
mit 3 Räumen	8.917	8.945	8.984	9.025	9.072
mit 4 Räumen	10.457	10.487	10.526	10.565	10.606
mit 5 Räumen	6.923	6.961	7.001	7.039	7.080
mit 6 Räumen	4.466	4.499	4.532	4.564	4.598
mit 7 und mehr Räumen.	5.002	5.034	5.067	5.098	5.129
Räume insgesamt	179.410	180.299	181.360	182.297	182.354

Quelle: Statistisches Bundesamt

Tab. 1.3: Strukturdaten zum Wohnungsbestand.

	Einheit	2012	2013	2014	2015	2016
Wohnfläche insgesamt	Mill. qm	3.721	3.743	3.769	3.795	3.822
Wohnungen je 1000 Einwohner	Anzahl	507	508	508	504	507
Wohnfläche je Wohnung	qm	91,2	91,3	91,4	91,6	91,7
Wohnfläche je Einwohner	qm	46,2	46,3	46,5	46,2	56.5
Räume je Wohnung	Anzahl	4,4	4,4	4,4	4,4	4,4

Quelle: Statistisches Bundesamt

1.2.2 Volumen der Wohnungsbaufinanzierung

Die Absenkung der Leitzinsen durch die EZB auf 0,00 % im März 2016 hat die Baufinanzierungskonditionen auf das historisch niedrigste Niveau gedrückt und die Erschwinglichkeit von Immobilien für viele Privatpersonen ermöglicht. Darüber hinaus hat der Mangel an attraktiven Geld- und Kapitalanlagemöglichkeiten die Investitionsbereitschaft in Immobilien verstärkt. Der Bestand an Wohnungsbaukrediten an inländische Darlehensnehmer belief sich zum Jahresende 2015 auf insgesamt 1.230 Mrd. Euro und stieg im Vergleich zum Vorjahr um 2 % an. Marktführer sind hierbei Sparkassen und Volksbanken, auf die mehr als die Hälfte des Wohnimmobilienkreditbestandes entfällt. Knapp ein Drittel des Gesamtbestandes entfällt auf Kreditinstitute, die dem Verband Deutscher Pfandbriefbanken angeschlossen sind und deren Finanzierung zu einem Großteil aus Pfandbriefen erfolgt.

Der Wohnimmobilienkreditbestand nach einzelnen Bankengruppen ist aus Tab. 1.4 zu ersehen.

Tab. 1.4: Wohnimmobilienkreditbestand nach Bankengruppen im Jahr 2015.

Bankengruppe	Volumen in Mrd. €	Anteil in %
Regionalbanken und sonstige Kreditbanken	171,2	13,9
Großbanken	128,1	10,4
Landesbanken	42,9	3,5
Sparkassen	380,9	31,0
Kreditgenossenschaften	270,9	22,0
Realkreditinstitute	62,3	5,1
Bausparkassen	119,5	9,7
Banken mit Sonderaufgaben	53,7	4,4
alle Bankengruppen	1.229,7	100,0

Quelle: Bundesbank/VDP

Das Neugeschäft an Wohnungskrediten war auch in den vergangenen Jahren angesichts der stabilen Arbeitsmarktlage, der relativ moderaten Baupreissteigerungen und der nach wie vor extrem günstigen Finanzierungsbedingungen ungebrochen hoch. Das Gesamtvolumen der Wohnungsbaufinanzierungen betrug im Jahre 2015 etwa 194 Milliarden Euro – fast 17 % mehr als 2014 –, wobei auf den Sparkassensektor ein Marktanteil von über 35 % entfiel. Die Sparkassen sind damit Marktführer im Bereich der Baufinanzierungen. Angesichts der insbesondere in städtischen Räumen starken Nachfrage nach Wohneigentum stieg die Finanzierung von Eigentumswohnungen überproportional (+7.8 %). Die Finanzierung von Ein- und Zweifamilienhäusern verzeichneten demgegenüber nur ein leichtes Wachstum. Aus Abb. 1.1 wird deutlich, dass etwa ein Fünftel des Finanzierungsvolumens auf Neubauten inkl. Bauland entfällt. Knapp 60 % des Finanzierungsvolumens werden für den Kauf von Bestandsimmobilien und ca. 20 % für Darlehensablösungen verwendet.

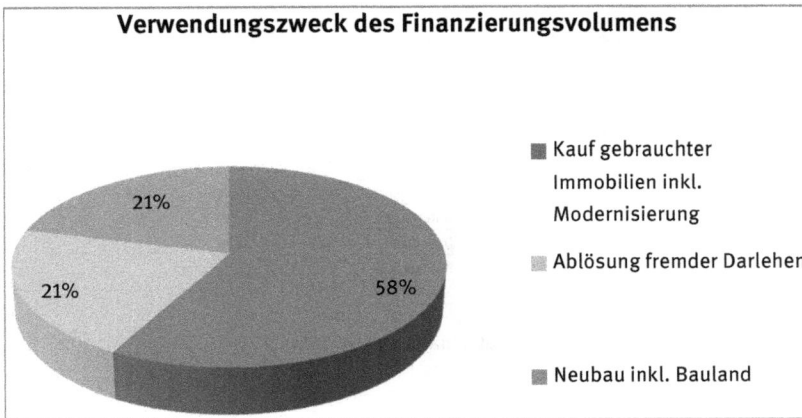

Verwendungszweck des Finanzierungsvolumens

21%

21%

58%

■ Kauf gebrauchter Immobilien inkl. Modernisierung

■ Ablösung fremder Darlehen

■ Neubau inkl. Bauland

Abb. 1.1: Wohnungsbaufinanzierung nach Verwendungszweck.
Quelle: Deutsche Bundesbank

1.2.3 Wohneigentumsquote Deutschland und Europa

Beim Wohneigentum gibt es nach wie vor Unterschiede zwischen Ost- und Westdeutschland. Während im Jahr 2014.in den neuen Bundesländern und Berlin 31 % der Haushalte in einem Wohneigentum lebten, waren es im früheren Bundesgebiet 46 %.

Bezüglich der Wohneigentumsquote lassen sich einige Schlüsse ziehen:
- In den Stadtstaaten ist die Wohneigentumsquote deutlich geringer; sie bewegt sich in einer Spannbreite zwischen 16 % in Berlin und 37 % in Bremen
- Auch in den anderen Bundesländern zeigen sich große Unterschiede. Spitzenreiter ist das Saarland mit 57 %, Schlusslicht ist Sachsen mit 31 %.

Zusammen mit den Wohneigentümern von Eigentumswohnungen und Mehrfamilienhäusern lebten in Deutschland rund 45 % aller Haushalte in eigenen vier Wänden. Die personenbezogene Quote ist mit 52 % deutlich höher (vgl. Anlage 1). Damit ist die Eigentumsquote in Deutschland im Vergleich zu anderen europäischen Ländern eher gering; sie ist in den vergangenen Jahren nur geringfügig angestiegen. Details sind Abb. 1.2 zu entnehmen.

Selbstgenutztes Wohneigentum in den Bundesländern
(Angaben in Prozent)

Wohnungen, die von den Eigentümern selbst bewohnt werden (2013)

Saarland	57
Rheinland-Pfalz	54
Baden-Württemberg	53
Hessen	52
Schleswig-Holstein	50
Bayern	47
Niedersachsen	46
Thüringen	43
Nordrhein-Westfalen	41
Brandenburg	39
Sachsen-Anhalt	37
Bremen	37
Meckl.-Vorpommern	36
Sachsen	31
Hamburg	24
Berlin	16

Selbstgenutztes Wohneigentum in Europa
(Angaben in Prozent)

Wohnungen, die von den Eigentümern selbst bewohnt werden (2013)

Spanien	79
Polen	78
Italien	77
Norwegen	77
Portugal	72
Belgien	70
Irland	70
Tschechien	65
Großbritanien	64
Schweden	62
Finnland	59
Niederlande	59
Frankreich	58
Österreich	56
Dänemark	50
Deutschland	45
Schweiz	38

Abb. 1.2: Selbstgenutztes Wohneigentum in Deutschland und in Europa.

Tab. 1.5: Wohneigentumsquote nach Haushaltstypen.

Haushaltstyp	Wohneigentumsquote in %
Haushalte insgesamt	45,7
davon:	
Single-Haushalte	27,5
Alleinerziehende	23,0
2 Erwachsene ohne Kind	54,0
2 Erwachsene mit 2 Kindern	58,0
Seniorenhaushalt 1 Person	39,0
Seniorenhaushalt 2 Personen	59,3
Seniorenhaushalt 3 und mehr Personen	70,0

Quelle: destatis

Differenziert man die Wohneigentumsquote nach Haushaltstypen, dann zeigt sich, dass Single Haushalte und Alleinerziehende deutlich und Haushalte mit 2 Personen und mehr deutlich über der Wohneigentumsquote liegen. Besonders auffällig ist die hohe Eigentumsquote der Seniorenhaushalte mit 2 Personen und mehr (vgl. Tab. 1.5). Umfrageergebnissen zufolge, streben 75 % der Mieterhaushalte Wohneigentum an. Es ist demnach noch ein großes Nachfragepotential für den Neubau oder den Kauf von Immobilien vorhanden. Aber auch der Wohnungsbestand muss den ständig wachsenden Bedürfnissen angepasst, renoviert und instandgehalten werden.

1.2.4 Wohnkostenentwicklung

Die Unterschiede für die einzelnen Haushaltstypen bei dem Anteil der Wohnkosten am verfügbaren Haushaltsnettoeinkommen sind gravierend. Das gilt gleichermaßen für Eigentümer- und Mieterhaushalte.

Zu berücksichtigen ist, dass die Wohnkosten einschließlich Wasser- und Abwasser-, Energie- und Heizkosten, Ausgaben für die Instandhaltung der Wohnung bzw. des Hauses, Baufinanzierungszinsen bei den Eigentümern, Versicherungsbeiträgen und sonstigen Wohnkosten berechnet sind (vgl. Tab. 1.6).

Tab. 1.6: Wohnkostenentwicklung.

Haushaltstyp	%-Anteil der Wohnkosten am verfügbaren Nettoeinkommen				
	2011	2012	2013	2014	2015
Bevölkerung insgesamt	27,1	27,9	28,2	27,3	27,1
Single-Haushalte	40,2	39,9	39,6	39,4	39,2
Alleinerziehende	38,0	38,5	35,7	34,4	34,1
2 Erwachsene ohne Kind	25,4	25,6	26,9	25,5	25,1
2 Erwachsene + 2 Kinder	23,5	23,6	23,4	22,7	22,3

Quelle: Statistisches Bundesamt

Da sich darüber hinaus die Grundvoraussetzungen bundesweit völlig unterschiedlich darstellen, lohnt es sich, die stark abweichenden Zahlen zum Wohnen ins Verhältnis zur jeweiligen Kaufkraft zu setzen. Hier kommen die Großstädte auf den ersten Blick besonders schlecht weg. Andererseits sind dort Einkommen und Kaufkraft, aber auch die Einstandspreise für gebrauchte Wohnungen und Neubauten deutlich höher.

Daraus lässt sich ableiten, dass überdurchschnittlich Verdienende auch durch hohe Mieten und Kaufpreise in ihrer Standortwahl nicht abgeschreckt werden. Bei diesem Vergleich schneiden die Gemeinden im Umland der Großstädte, im sogenannten Speckgürtel, besonders gut ab (Tab. 1.7).

Tab. 1.7: Wohnkostenanteil an der Kaufkraft je Haushalt.

	Anteil Wohn-kosten in %	Miete je m^2 Wohnfläche/€	Kaufpreis je m^2 Wohnfläche/€	Kaufkraft pro Jahr/€
Berlin	21,4	7,73	2.058	35.298
Bonn	17,6	8,28	2.180	46.532
Düsseldorf	18,7	8,97	2.431	47.539
Frankfurt	22,5	10,43	2.797	45.640
Freiburg	29,3	9,92	3.037	35.160
Hamburg	21,9	9,28	2.810	43.253
Heidelberg	23,1	9,54	2.517	40.798
Köln	19,2	8,72	2.279	44.608
Leverkusen	14,3	6,85	1.617	45.654
München	27,1	12,98	4.316	50.397
Regensburg	23,2	8,36	2.743	37.900
Stuttgart	21,5	10,04	2.787	47.089
Trier	21,9	7,58	1.883	33.645
Würzburg	22,5	8,11	2.216	35.880
Rhein-Erft-Kreis	12,4	6,61	1.501	49.536
Rhein-Sieg-Kreis	12,0	6,56	1.526	51.686
Rhein-Berg-Kreis	11,2	6,65	1.480	54.654

Quelle: Immobilienscout24/eigene Erhebungen

1.2.5 Baupreisentwicklung

Ein Investor muss die Preisindizes für selbst genutztes Wohneigentum (vgl. Tab. 1.8) und die Preisentwicklung bei den Baukosten, den Hauspreisen und den Baulandkaufwerten im Auge haben.

Bemerkenswert ist die überdurchschnittliche Entwicklung der Erwerbsnebenkosten, die größtenteils bedingt ist durch die Erhöhung der Grunderwerbsteuer in fast allen Bundesländern. Aber auch Makler- und Notarkosten sind deutlich angezogen.

Vom Statistischen Bundesamt wird die Entwicklung der Baupreise aufgrund von Meldungen aus der Bauwirtschaft mit Hilfe von Messzahlen sowie den Preisindizes vierteljährlich veröffentlicht. Berücksichtigt wird die konventionelle Erstellung von Wohngebäuden.

Der Baukostenindex ist die zur Beurteilung der Entwicklung der Baukosten in % ausgedrückte Messzahl (Basisjahr = 100).

Vielfach verwendete Basisjahre sind 1913/1914 (für die Zwecke der Gebäudefeuerversicherung) oder 2010 (vgl. Tab. 1.9) für Wertermittlungszwecke bzw. für Wertanpassungen.

Der Häuserpreisindex misst die durchschnittliche Preisentwicklung aller typischen Markttransaktionen für Wohnimmobilien, die als Gesamtpaket aus Grundstück

Tab. 1.8: Preisindizes für selbst genutztes Wohneigentum.

2010 : 100 %	2012	2013	2014	2015	2016
Preisindex für selbst genutztes Wohneigentum	106,3	108,7	111,1	114,0	117,0
Erwerb von Wohneigentum	106,3	108,7	111,1	114,0	117,0
Wohneigentum	105,6	107,8	109,8	112,0	114,7
schlüsselfertiges Bauen	108,0	109,3	113,4	119,7	125,1
Eigenbau, Fertigteilbau und Umbau	105,4	107,6	109,5	111,3	113,7
Erwerbsnebenkosten	117,8	124,6	131,9	144,3	151,2
Besitz von Wohneigentum	106,2	109,2	111,5	113,9	116,7
Instandhaltung	106,1	109,0	111,5	114,0	116,8
baubezogene Versicherungen	107,3	111,3	112,3	113,2	116,2

Quelle: destatis

Tab. 1.9: Baukostenindizes für Wohngebäude.

	Baukosten insgesamt 2010 : 100 %	Materialkosten	Arbeitskosten
2011	103,6	104,4	102,2
2012	105,7	106,2	104,9
2013	106,4	107,2	105,0
2014	107,3	108,3	105,7
2015	109,1	108,9	109,6
2016	110,1	108,6	113,0

Quelle: destatis

und Gebäude verkauft bzw. erworben werden. Dazu zählt sowohl der Erwerb von neu erstellten als auch der Erwerb von bestehenden Wohnimmobilien, unabhängig vom Veräußernden und vom Verwendungszweck (vgl. Tab. 1.10).

Tab. 1.10: Häuserpreisindex.

Jahr	Häuserpreisindex 2010: 100	Baupreisindex für neu errichtete Wohnimmobilien	Preisindex für bestehende Wohnimmobilien
2011	103,5	105,1	103,3
2012	107,1	108,1	106,9
2013	110,4	109,4	110,8
2014	113,2	113,4	113,2
2015	119,3	119,7	119,2
2016	126,2	125,1	126.4

Quelle: destatis

Für die Verbraucherpreise ist die Entwicklung der Mieten und der Nebenkosten wesentlich wichtiger als die allgemeine Baupreisentwicklung. In Tab. 1.11 sind daraus die Entwicklungen der Baupreise, der Mieten und der Verbraucherpreise abgeleitet worden.

Tab. 1.11: Entwicklung der Baupreise und Lebenshaltungskosten.

	Baupreise für Wohngebäude in %	Mieten %	Lebenshaltungskosten ohne Mieten in %
2011	2,7	1,0	2,3
2012	2,9	2,3	2,0
2013	1,2	2,1	1,6
2014	2,0	0,9	0,9
2015	1,1	0,4	0,3
2016	2,1	0,6	0,4

Quelle: Statistisches Bundesamt

Die Kaufwerte für baureifes Land haben einen maßgeblichen Einfluss auf die Baupreise für Neubauten und auch auf die Objektpreise für gebrauchte Immobilien, da erschlossenes Bauland immer eine Mangelware ist. Die durchschnittlichen Kaufwerte streuen regional sehr stark und können deshalb nur Anhaltswerte sein. Am höchsten sind die Preise in den Stadtstaaten. In den Flächenstaaten ist ein starkes Süd-Nord-Gefälle zu konstatieren, die niedrigsten Baulandkaufwerte werden in den neuen Bundesländern erzielt. Bei einer individuellen Wertermittlung oder Kaufentscheidung werden die regionalen Bodenrichtwerte herangezogen (Tab. 1.12).

Tab. 1.12: Baulandkaufwerte.

Jahr	Bauland insgesamt durchschnittlicher Kaufwert in € je m²	baureifes Land	Rohbauland	sonstiges Bauland
2005	85,97	115,80	26,13	36,71
2010	90,76	129,67	25,61	35,64
2014	106,07	138,74	35,84	52,25
2015	110,06	144,02	34,69	55,21

Quelle: Statistisches Bundesamt

1.2.6 Vermögensbestände privater Haushalte

Die Immobilie hat in Deutschland eine besondere Bedeutung, denn etwas mehr als 50 % des Privatvermögens aller Haushalte sind in Wohngebäuden und Grundstücken gebunden. Wenn man bei dieser Betrachtung die Wohneigentumsquoten hinzuzieht, dann erkennt man sofort, dass nur etwa 52 % aller Privatpersonen an diesem im Wohnimmobilienbestand gebundenen Vermögen partizipieren. Der Gesamtvermögensbestand zum Jahresende 2014 lag bei 12,3 Billionen Euro (vgl. Abb. 1.3).

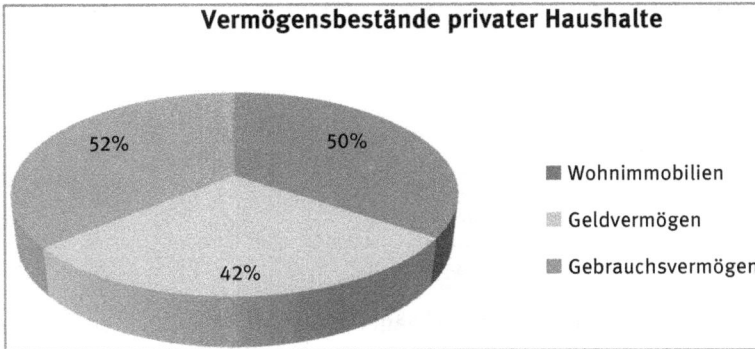

Abb. 1.3: Vermögensbestände privater Haushalte.
Quelle: Deutsche Bundesbank

Daraus ist abzuleiten, dass noch ausreichend Marktpotenzial für eine weitere, verstärkte Wohneigentumsbildung vorhanden ist, die sich aufgrund der langanhaltenden Niedrigzinsphase sogar noch verstärken könnte. Zudem ist noch anzumerken, dass in den Geldvermögensanlagen auch die nicht unbeträchtlichen Mittel enthalten sind, die für einen künftigen Immobilienerwerb angespart werden (z. B. Bausparguthaben etc.).

1.2.7 Struktur des Immobilienmarkts

Das Gesamtvolumen des Immobilienmarktes lag im Jahr 2015 nach Schätzungen bei 302 Milliarden €. Davon wurden fast 44 % für Modernisierungen, sowie 34 % für den Kauf von gebrauchten Häusern und Wohnungen verwendet.

Der Anteil von Neubauten ist trotz gestiegener Zahl der Baugenehmigungen mit 18 % vergleichsweise gering, für den Baulanderwerb wurden 4 % aufgewendet, das entspricht dem Anteil der Vorjahre (vgl. Abb. 1.4).

Von diesem Volumen wurden, wie in Abschnitt 1.3 beschrieben ca. 194 Milliarden finanziert, demzufolge sind ca. 108 Milliarden an Eigenmittel eingeflossen. Während Bauherren und Käufer durchschnittlich 70–80 % fremdfinanzieren, werden für Modernisierungsaufwendungen teilweise bis 80 % an Eigenmitteln eingesetzt.

Diese Unterschiede sind aus Abb. 1.5 erkennbar.

Struktur des Immobilienmarktes

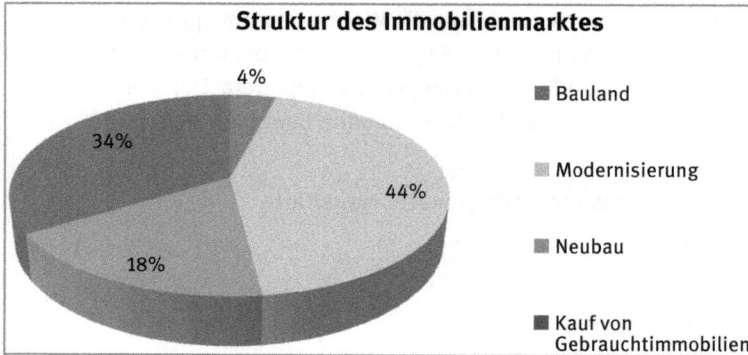

4%
34%
44%
18%

- Bauland
- Modernisierung
- Neubau
- Kauf von Gebrauchtimmobilien

Abb. 1.4: Struktur des Immobilienmarkts.
Quelle: Statistisches Bundesamt/LBS

Struktur der Immobilienfinanzierung

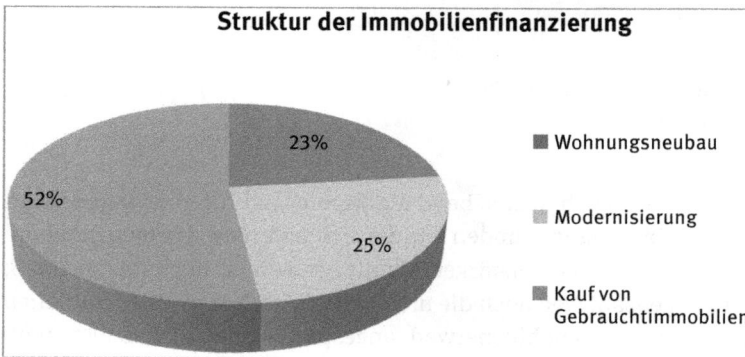

23%
52%
25%

- Wohnungsneubau
- Modernisierung
- Kauf von Gebrauchtimmobilien

Abb. 1.5: Struktur der Immobilienfinanzierung.
Quelle: Statistisches Bundesamt/LBS

1.3 Traditionelle Baufinanzierungsanbieter

Der Markt der Finanzierungsanbieter hat sich in den letzten Jahren vollständig verändert: Zum einen ist die Zahl der Anbieter gestiegen und führte zu einer Intensivierung des Wettbewerbs. Neben die traditionellen Anbieter sind im zunehmenden Maße Direktbanken und Immobilienbroker getreten. Zum anderen haben sich die Abwicklung und die Arbeitsteilung innerhalb der Baufinanzierung geändert. Hypothekenbanken und Pfandbriefbanken als klassische Finanzierungsinstitute für den erstrangigen Bereich (Realkredit) haben wesentlich an Bedeutung verloren, da inzwischen alle Institute aus verschiedenen Bausteinen zusammengesetzte Gesamtfinanzierungen anbieten und darüber hinaus grundsätzlich bemüht sind, Kunden „im Haus" zu behalten. Das bedeutet, dass möglicherweise die Kunden weitervermittelt werden, wenn für sie kein passendes Finanzierungskonzept im eigenen Hause dargestellt werden kann. Die bedeutendsten traditionellen Anbieter von Wohnungsbaufinanzierungen sind Sparkassen, Volks- und Raiffeisenbanken sowie Kreditbanken. Gemessen an den ausgezahlten Wohnungsbaufinanzierungen in 2015 in Höhe von 194 Mrd. € entfällt auf die Sparkassen ein Marktanteil von 35,2 %, gefolgt von den Genossenschaftsbanken mit 21,3 %, den Bausparkassen mit 19,1 % und den Kreditbanken mit 18,6 %. Die restlichen Marktanteile verteilen sich auf Lebensversicherungen und Realkreditinstitute/Landesbanken (LB). Nähere Informationen ergeben sich aus Abb. 1.6.

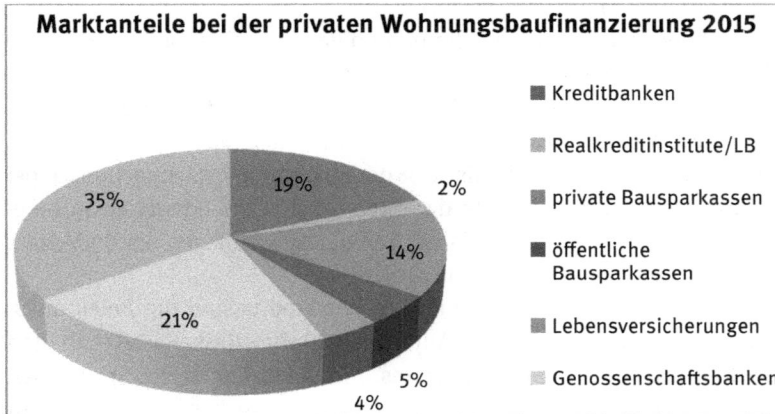

Abb. 1.6: Marktanteile bei der privaten Wohnungsbaufinanzierung.
Quelle: Statistisches Bundesamt/LBS

Es liegen keine verlässlichen Daten darüber vor, wie sich in den Gesamtmarktanteilen die enthaltenen Vermittlungen der Immobilienbroker bzw. Finanzmarktplätze verteilen. Da nach Schätzungen dieses Volumen bis zu 30 % betragen kann, ist es interessant, die künftige Entwicklung zu beachten.

1.3.1 Sparkassen/Genossenschaftsbanken/Kreditbanken

Diese Institutsgruppen verfügen jeweils über ein großes, wenn auch in Zukunft schrumpfendes Filial- und Zweigstellennetz, das von Immobilieninvestoren für Beratung und Abwicklung der Immobilienfinanzierung genutzt wird.

Aus Anbietersicht sind Baufinanzierungen eher risikoarm, ermöglichen einen guten Einblick in die Vermögens- und Ertragslage der Immobilieninvestoren und bieten dadurch vielfältige Cross-Selling-Ansätze.

Für die überwiegende Zahl der Kunden haben diese Kreditinstitute eine Hausbankfunktion. Dadurch ist ein langjähriger Kontakt gewachsen. Es ist daher naheliegend, dass deren Kunden bei einer Baufinanzierung zuerst ihre Hausbank kontaktieren, oftmals sogar ohne vorher die vielfältigen Informationsquellen genutzt zu haben.

a) Sparkassen

Sparkassen sind zum Großteil öffentlich-rechtliche Kreditinstitute, deren Eigentümer öffentliche Träger sind. Die Sparkassenverordnungen begrenzen die Geschäftsmöglichkeiten über das Kreditwesengesetz hinaus. Die Beleihungsvorschriften orientieren sich an den Vorschriften im Pfandbriefgesetz.

Die Sparkassen haben auf dem Gebiet der Immobilienfinanzierung, insbesondere im regionalen Bereich eine herausragende Bedeutung. Ihre langfristigen Baufinanzierungskredite refinanzieren sie überwiegend aus Spareinlagen und durch Pfandbriefemissionen. Nach der Mustersatzung dürfen ihre Darlehen gegen Hypotheken-, Grund- oder Rentenschulden nicht mehr als 50 % der Spareinlagen ausmachen. Dabei wird davon ausgegangen, dass die Hälfte der Spareinlagen unbedenklich in langfristige Darlehen angelegt werden kann, da ein Teil der Spareinlagen als Bodensatz weniger mobil ist, d.h. nicht jederzeit abgerufen wird.

Grundlage der Betätigung auf dem Gebiet des Realkredits sind die Beleihungsgrundsätze. Diese werden von der obersten Aufsichtsbehörde erlassen und enthalten Regelungen zur Ermittlung des Beleihungswertes. Die Beleihungen der Sparkassen werden (Ausnahmefälle) auf 3/5 des festgelegten Beleihungswertes begrenzt. Damit überschreiten Sparkassenhypotheken i.d.R. nicht 60 % des Beleihungswertes. Die Beleihungsgrenze darf überschritten werden, wenn für den übersteigenden Betrag des Darlehens eine öffentliche Bürgschaft übernommen wird.

Beleihen die Institute ohne öffentliche Bürgschaft im nachrangigen Bereich, so handelt es sich um echte Personalkredite. Üblich war lange Zeit die Darlehensvergabe zu variablen (veränderlichen) Konditionen, inzwischen haben sich Festzinsdarlehen durchgesetzt. Zu den Grundsätzen des Sparkassenwesens zählt das Regionalprinzip, das den Wettbewerb zwischen den Sparkassen einschränkt. Danach sollen Immobilienfinanzierungen nur im sogenannten Ausleihbezirk vergeben werden.

b) Genossenschaftsbanken

Spezielle Rechtsgrundlage für Genossenschaftsbanken ist neben dem Kreditwesengesetz das Genossenschaftsgesetz (GenG). Hauptziel dieser Banken ist die Förderung der Mitglieder (Genossen), im Rahmen ihrer Universalbanktätigkeit werden Immobilienfinanzierungen aber auch Nicht-Mitgliedern angeboten.

Die rechtlich selbstständigen Kreditgenossenschaften sind vor Ort als Volks- und Raiffeisenbanken oder Spar- und Darlehenskassen tätig. Die Höhe der einzelnen ausgereichten Immobilienfinanzierungen ist im Durchschnitt geringer als bei Kreditbanken. Gemeinsam mit den zum Verbund gehörenden Pfandbriefbanken und Bausparkassen sind sie – gemessen an Marktanteilen – der zweitwichtigste Anbieter von Immobilienfinanzierungen. Im Verbund fungieren Genossenschaftsbanken bei Immobilienfinanzierungen häufig als Vertriebsbanken.

c) Kreditbanken

Unter Kreditbanken erfasst die Bundesbank Großbanken, Regional- und sonstige Kreditbanken sowie Zweigstellen ausländischer Banken. In der Immobilienfinanzierung sind insbesondere Großbanken mit ihren großen, aber in Zukunft eher schrumpfenden Filial- und Zweigstellennetzen tätig. Zu den Großbanken zählen die Deutsche Bank AG, die Commerzbank AG, die UniCredit AG und die Deutsche Postbank AG. Großbanken finanzieren nicht nur die privaten Immobilieninvestoren (Retailkunden), sondern auch Kapitalanleger, gewerbliche Immobilienprojekte, Bauträger und Wohnungsbaugesellschaften.

1.3.2 Pfandbriefbanken/Hypothekenbanken

Die Hypotheken- und Pfandbriefbanken waren lange Zeit neben den Sparkassen und Genossenschaftsbanken die Hauptakteure in der Immobilienfinanzierung. Eine klassische Baufinanzierung bestand bis in die späten 1980er-Jahre aus einer sogenannten 1. Hypothek (bis zu 60 % des Beleihungswertes), einem Bank- oder Bauspardarlehen (bis 80 % des Beleihungswertes) und Eigenkapital für den Restbetrag.

Diese „klassische", am Beleihungswert orientierte Arbeitsteilung, gehört der Vergangenheit an, da inzwischen alle Finanzierungsinstitute vor- und nachrangige Immobilienfinanzierungen anbieten. Inzwischen sind nur noch wenige Pfandbriefbanken/Hypothekenbanken völlig selbstständig, der überwiegende Teil gehört zu einem Verbund, und die Marktausrichtung der Institute hat sich völlig verändert. Der Geschäftsschwerpunkt liegt jetzt in der gewerblichen Immobilienfinanzierung.

Refinanzierungsquelle für die Pfandbrief- und Hypothekenbanken ist der Kapitalmarkt. Diese Banken sind als Emittenten eigener Pfandbriefe tätig. Hypothekenpfandbriefe werden mit privaten Baufinanzierungskrediten besichert. Das früher unterhaltene eigene Filialnetz ist weitgehend aufgegeben worden, neue Finanzierungen werden innerhalb der Verbünde generiert und/oder über Finanzmarktplätze oder Immobilienbroker hereingeholt.

1.3.3 Bausparkassen

Bausparkassen sind Kreditinstitute, deren Geschäftsbetrieb daraus ausgerichtet ist, Einlagen von Bausparern entgegenzunehmen und für wohnwirtschaftliche Maßnahmen Geldarlehen zu gewähren. Spezielle Rechtsgrundlagen für Bausparkassen sind das Gesetz über Bausparkassen (BausparG) und die Bausparkassenverordnung (BausparV). Bausparkassen unterliegen als Kreditinstitute der Bankenaufsicht und dürfen (bislang) Bauspardarlehen nur an ihre Bausparer gewähren.

Typische Merkmale solcher Bauspardarlehen:

- Darlehenssumme ergibt sich als Differenz zwischen dem angesparten Guthaben und der Vertragssumme.
- Für Guthaben und Darlehen gelten feste Zinssätze, die in unterschiedlichen Tarifen festgelegt sind.
- Tilgung mit festen monatlichen Raten, die i.d.R. in weniger als 10 Jahren erfolgt.
- Tilgungssonderzahlungen sind jederzeit möglich.
- Die Beleihungsgrenze beträgt 100 % des Beleihungswertes, so dass Bauspardarlehen häufig als nachrangige Finanzierungsinstrumente eingesetzt werden.

Es werden private und öffentlich-rechtliche Bausparkassen unterschieden. Private Bausparkassen müssen in der Rechtsform einer AG errichtet werden; die Rechtsform der öffentlich-rechtlichen ist vom jeweiligen Bundesland bestimmt worden. Die Rahmenbedingungen der Bausparkassen haben sich infolge der lang andauernden Niedrigzinsphase deutlich verschlechtert: Bausparguthaben mit attraktiven Zinsen werden häufig nach der Zuteilung nicht abgerufen und als attraktive Geldanlage weitergeführt, zugeteilte Bauspardarlehen aufgrund besserer Alternativangebote nicht in Anspruch genommen.

Trotz dieser schwierigen Umstände haben sich die Marktanteile noch nicht nennenswert reduziert, die Institute sehen sich aber inzwischen unter einem starken Margendruck. Der hohe Vertragsbestand (vgl. Tab. 1.13) und das darin vorhandene Finanzierungspotenzial sind weiterhin von enormer Bedeutung für die vorwiegend private Wohnungsbaufinanzierung.

Auf die veränderten Marktgegebenheiten wurde mit neuen Bauspartarifen, angepassten Darlehens- und Tilgungsbedingungen, sowie einer Vielzahl von Kombinationsfinanzierungsmodellen reagiert.

Tab. 1.13: Bestandsvolumen.

Bausparvertragsdaten	Öffentlich-rechtliche und private Bausparkassen
Bestand	28,8 Mio. Verträge
Bausparsumme Bestand	883,8 Mrd. Euro Bausparsumme
Neuverträge 2016	2,2 Mio. Neuverträge
Bausparsumme Neuverträge	90,2 Mrd. € Bausparsumme der Neuverträge
Auszahlung zur Wohnungsbaufinanzierung 2016	33,2 Mrd. €
Geldeingang 2016	27,4 Mrd. € Gutschriften auf Bausparkonten

Quelle: Verband der Privaten Bausparkassen

Im Dezember 2015 hat der Gesetzgeber Änderungen im Bausparkassengesetz beschlossen, denen mittlerweile auch der Bundesrat zugestimmt hat. Die wichtigste Änderung ist der Wegfall der Beleihungswertgrenze von 80 %. Damit können Bausparkassen ebenfalls Darlehen in Höhe von 100 % des Beleihungswertes ausgeben. Eine geplante Bausparkassennovelle soll die Geschäfts- und Refinanzierungsmöglichkeiten der Bausparkassen deutlich ausweiten.

Da Banken günstige Immobilienfinanzierungen anbieten, verzichten viele Bausparer auf den Abruf ihrer Darlehen und vereinnahmen stattdessen attraktive Zinsen aus ihren Bausparverträgen. Die Kündigung von Altverträgen durch Bausparkassen führte zu rechtlichen Auseinandersetzungen mit Bausparern, da Bausparverträge viele Jahre lang als attraktive und hochverzinste Sparanlage beworben wurden.

Der BGH hat nunmehr in einem Grundsatzurteil die Kündigung von Altverträgen mit hoher Verzinsung zehn Jahre nach Zuteilung für rechtens erklärt. Das Ansparen eines Bausparvertrages dient nach Auffassung des BGH ausschließlich dem Zweck eines späteren Darlehensabrufs; bis zur Zuteilung des Bausparkredites sind Bausparer „formelle" Darlehensnehmer.

Für die Branche bedeutet das Urteil nur eine kurzfristige Entlastung, da das grundlegende Problem des Geschäftsmodells im lang andauernden Niedrigzinsumfeld bestehen bleibt. Dieses Problem konkretisiert sich im rückläufigen Neugeschäft, in sinkenden operativen Erträgen und in einem deutlich reduzierten Zinsüberschuss.

Bausparen wird noch immer staatlich gefördert. Wenngleich die hierfür geltenden Einkommensgrenzen nicht mehr zeitgemäß sind, kann Bausparen insbesondere von jüngeren Personen (z. B. Berufseinsteiger) mit späterer Bau-/Kaufabsicht zum Kapitalaufbau genutzt werden. Es bietet sich daher an, bereits in jungen Jahren mit dem (noch) geförderten Bausparen zu beginnen und auch tariflich gezahlte vermögenswirksame Leistungen zu nutzen. Anlage 2 gibt einen Überblick über die Förderungsvoraussetzungen und die Förderbeträge.

1.3.4 Versicherungen

Versicherungen können sowohl grundpfandrechtliche gesicherte Pfandbriefe als Vermögensanlage erwerben als auch grundpfandrechtliche gesicherte Darlehen gewähren.

Die Lebensversicherungsgesellschaften sind aufgrund ihrer starren, regulativen Vorgaben bei der Anlage der Kundengelder stark eingeschränkt. Ein eher geringer Teil des Gesamtvolumens ist dabei schon immer in die Wohnungsbaufinanzierung geflossen. Infolge sinkender Zinserträge bei Kapitalanlagen ist die Immobilienfinanzierung bei Versicherungen in jüngster Zeit stärker in den Fokus gerückt.

Deshalb drängen die Versicherungsgesellschaften jetzt verstärkt auf den Baufinanzierungsmarkt, und zwar vornehmlich über Finanzierungsplattformen. Dort tauchen immer häufiger die Angebote von Lebensversicherungsgesellschaften mit attraktiven Konditionen auf. Im Jahr 2015 zahlten die Versicherungsgesellschaften ein Drittel mehr Baudarlehen aus als im Vorjahr. Die Lebensversicherer sind damit stärker als der Gesamtmarkt gewachsen. Die Angebote unterscheiden sich nicht mehr von denen der Geschäftsbanken, d.h. es werden auch Annuitätendarlehen angeboten, und die früher übliche Koppelung an den Abschluss von Lebensversicherungsprodukten ist weitgehend entfallen. Mittlerweile sind die Versicherungsgesellschaften sogar in der Lage, ihre eigenen Produkte um KfW-Produkte zu ergänzen. Sie sind damit „vollwertige" Anbieter von Gesamtlösungen in der Wohnungsbaufinanzierung geworden.

1.4 Internetbasierte Anbieter

Unter den internetbasierten Anbietern subsumieren wir Direktbanken und Immobilienbroker. Ihnen ist gemeinsam, dass Bankgeschäfte weitgehend über das Internet abgewickelt werden. Häufig sind diese Institute Tochtergesellschaften von namhaften und etablierten Banken. Zwar nutzen auch traditionelle Kreditinstitute verstärkt elektronische Vertriebswege; sie werden aber als Ergänzung („Direct-Banking") zum klassischen Filialnetz eingesetzt („Multi-Channel-Vertriebskonzept").

Internetkunden können in der Regel auf Beratungstools zurückgreifen, auf die wir später eingehen werden. Nach Erkenntnissen von Verbraucherschutzorganisationen tragen diese Beratungstools zu einem besseren Verständnis einer Immobilienfinanzierung bei. Sie werden vorwiegend von Personen aus höheren Bildungsschichten und einem höheren Einkommen genutzt (vgl. Anlage 3).

1.4.1 Direktbanken

Direktbanken sind Kreditinstitute, die ihre Bankgeschäfte ausschließlich über das Internet anbieten. Wenngleich der Marktanteil von Direktbanken, die Ende 2015 über knapp 20 Mio. Kunden verfügten, noch unter 15 Prozent liegen dürfte, ist seit Jahren eine stetige Ausweitung des Marktanteils unverkennbar.

Neue Vertriebswege, ständig weiter entwickelte Technologien attraktive Konditionen und hohe Flexibilität sind das Erfolgsrezept der Direktbanken. Der Vertrieb der Produkte erfolgt über das jeweilige Internetportal mit einem vielfältigen, übersichtlichen und einfachen Beratungsangebot. Der Immobilieninteressent kann dabei auf eine Vielzahl von Berechnungstools zurückgreifen. Geschäftsschwerpunkt im Aktivgeschäft ist die Finanzierung von privatem Wohneigentum Hierbei werden grundsätzlich „standardisierte, einfache Kredite" bearbeitet und entschieden. Dies ermöglicht günstige Konditionen **und** eine schnelle Abwicklung.

Der Immobilieninteressent übernimmt praktisch die frühere Arbeit eines Kundenberaters, indem er alle seine Daten selbst in das „Kreditsystem" einpflegt. Anschließend wird die Direktbank mittels IT-gestützter Geschäftsprozesse die Kreditanträge bearbeiten und in der Regel binnen einer Woche die Kreditentscheidung treffen.

Zu den bedeutendsten Direktbanken zählen ING-Diba, DKB, Comdirect und Cortal Consors.

– **ING-Diba:** Die ING-Diba ist die größte Direktbank Europas mit über 8 Mio. Privatkunden in Deutschland und Hauptsitz in Frankfurt. Diese Direktbank ist ein Tochterunternehmen der inländischen ING-Group. Das Kerngeschäft beinhaltet neben der Baufinanzierung u. a. Sparanlagen, Wertpapiergeschäfte, Verbraucherkredite und Girokonten. Der Telefonvertrieb für die Immobilienfinanzierung wird stetig verstärkt und verbessert, wobei eine starke Zusammenarbeit mit Kreditvermittlern/Finanzierungsplattformen stattfindet. Das Wirtschaftsmagazin Euro kürte die ING-Diba zur beliebtesten Bank im Jahr 2015.

– **DKB:** Mit mehr als 3 Mio. Privatkunden gehört die DKB zu den großen Direktbanken in Deutschland. 80 % der Bilanzsumme entfallen auf die Baufinanzierungen. Es werden Darlehen zu Festzinssätzen mit Sollzinsbindungsfristen bis zu 20 Jahren angeboten. Die Kunden haben während der Laufzeit die Möglichkeit den Tilgungssatz zweimal kostenlos zu wechseln, ferner bietet die DKB kostenfreie Sondertilgungen an und berechnet für die ersten sechs Monate keine Bereitstellungszinsen.

– **Comdirect:** Eine weitere Internetbank ist die Comdirect Bank mit Sitz in Quickborn. Sie ist eine Tochtergesellschaft der Commerzbank. Sie verfügt über mehr als 3 Mio. Kunden. Seit Anfang 2008 vermittelt die Comdirect auch Baufinanzierungen und arbeitet mit über 250 Banken, Sparkassen, Versicherungen und Bausparkassen zusammen. Eigene Baufinanzierungskredite werden von Comdirect nicht vergeben.

– **Cortal Consors:** Die Cortal Consors Bank ist aus dem Zusammenschluss von Consors und Cortal hervorgegangen und firmiert unter dem Dach von BNP Paribas seit 2014 nunmehr als Cortal Consors Bank. In der Baufinanzierung arbeitet sie in enger Partnerschaft mit den Experten der Interhyp zusammen.

1.4.2 Immobilienbroker/Finanzmarktplätze

Der Begriff Broker ist einer aus dem angelsächsischen Raum stammende Bezeichnung für Makler oder Vermittler. In der Immobilienfinanzierung greift der Broker auf einen Pool unterschiedlicher Banken, Bausparkassen und Versicherungen zurück und übernimmt Beratung, Antragsstellung und Bearbeitung. Immobilienbroker können über elektronische Portale die gesamte Produktpalette vieler Baufinanzierungsanbieter nutzen. Dafür bedienen sie sich verschiedener Finanzierungsplattformen wie Europace, ProHyp oder Planethome, bei denen Kreditinstitute und Versicherungen ihre Konditionen und ihre Kreditvergaberichtlinien hinterlegt haben. Diese ermöglichen es dem Broker, die Durchführbarkeit der einzelnen Anfragen zu beurteilen und die optimalen Anbieter für die gewünschte Finanzierungslösung zu ermitteln. Die Vorgaben der einzelnen Anbieter werden mit den Finanzierungswünschen des Investors abgeglichen. Diesem werden dann nur die konditionsgünstigsten Anbieter präsentiert, deren Angebote dem speziellen Finanzierungswunsch des Investors entsprechen.

Nach Vorliegen aller entscheidungsrelevanter Unterlagen und Festlegung auf ein Finanzierungskonzept und den ausgesuchten Finanzierungspartner können die Broker in vielen Fällen schon ein bindendes Konditionsangebot machen. Vielfach werden über direkte Schnittstellen mit den Anbietern bereits Darlehensverträge erstellt. Immobilienbroker handeln damit weitaus transparenter und schneller als jedes Finanzierungsinstitut. Da keinerlei Zwang besteht, „hauseigene" Produkte zu verkaufen, ist das Angebot „wettbewerbsneutral". Dies kommt dem Investor durch günstige Konditionen zu Gute, da die Endfinanzierungsinstitute durch bereits erbrachte Beratungsleistungen, die Zusammenstellung der relevanten Unterlagen und die genehmigungsreife Vorbereitung der Kreditanfragen bzw. der Darlehensverträge Kosten einsparen. Auch der Einsatz von KfW-Produkten ist meist selbstverständlich und gehört praktisch zum Standardangebot.

Die Broker und die Berater der Finanzmarktplätze sind Immobiliardarlehensvermittler und benötigen seit Einführung der Wohnimmobilienkreditrichtlinie dazu eine Gewerbeerlaubnis nach den §§ 34 c und 34 i der Gewerbeordnung. Über ihre Tätigkeit wird eine vertragliche Vereinbarung getroffen, aus der der Immobilieninvestor ersehen kann, welche Vergütung der Vermittler vom Darlehensgeber erhält. Durch entsprechende Volumina bei der Vermittlung, insbesondere aber durch die gründliche Beratung, die Zusammenstellung aller relevanten Unterlagen und vor allem die genehmigungsreife Vorbereitung der Kreditanfragen entstehen dem Kreditnehmer dadurch trotzdem eher Konditionsvorteile. Das positive Image der Broker/Finanzmarktplätze ist daran zu erkennen, dass sich nahezu alle Marktanbieter dieses Vertriebskonzeptes bedienen. Mittlerweile haben die größeren Marktplätze sogar ein eigenes „Filialnetz" aufgebaut, um neben dem Online-Geschäft auch Immobilieninteressenten vor Ort direkt ansprechen zu können.

Zu den bedeutendsten Finanzmarktplätzen zählen Interhyp, Dr. Klein & Co. AG und Accedo AG.

– **Interhyp AG:** Die Interhyp AG mit Hauptsitz in München ist eine Tochtergesellschaft der ING-Group und der größte Kreditvermittler für Immobilienfinanzierungen in Deutschland. Sie ist mit rund 100 Standorten in Deutschland vertreten. Als Vermittler bietet sie Finanzierungslösungen von über 400 Banken, Bausparkassen und Versicherungen an. Die Vermittlungsprovision ist dabei in den Kreditkonditionen enthalten. Der Grundgedanke von Interhyp besteht darin, den günstigsten Immobilienkredit bei einer professionellen Beratung und einer großen Produktauswahl zu vermitteln.

– **Dr. Klein & Co. AG:** Seit 1954 ist die Dr. Klein & Co. AG eine der größten unabhängigen Baufinanzierer in Deutschland. Rund 600 Spezialisten beraten in über 200 Geschäftsstellen anbieterunabhängig zu allen Themen der Immobilienfinanzierung. Die Beratung der Kunden erfolgt kostenlos und wird durch die Provision finanziert, die das Unternehmen von den Produktpartnern für die Vermittlung erhält.

- **Accedo AG**: Die Accedo AG wurde 1998 mit Hauptsitz in Bayreuth gegründet und zählt mittlerweile zu den größten Vermittlern für Baufinanzierungen in Deutschland. Das Unternehmen befindet sich bis heute im Familienbesitz und ist nicht institutsgebunden. Der Kundenkontakt erfolgt ohne Filialnetz ausschließlich über das Internet. Mit über 12.000 Kundenanfragen pro Jahr wurden Kredite im Umfang von 300 Mio. € (Stand 2012) vermittelt.

1.5 Regulative und gesetzliche Auflagen

Kreditinstitute, die Baukredite an ihre Kunden vergeben, haben eine Reihe regulativer und gesetzlicher Auflagen zu beachten. Hierzu zählen im Wesentlichen:
- die Vorschriften des Kreditwesengesetzes (KWG),
- Mindestanforderungen an das Risikomanagement der Kreditinstitute (MaRisk),
- das Risikobegrenzungsgesetz,
- die Wohnimmobilienkreditrichtlinie
- die Preisangabenverordnung.

1.5.1 Kreditwesengesetz

Das Kreditwesengesetz (KWG), zuletzt geändert am 30.Juni 2016, ist ein Gesetz zum Gläubigerschutz und zur Wahrung der Funktionsfähigkeit der Kreditwirtschaft. Die Beaufsichtigung obliegt dem BaFin.

Nach den Bestimmungen des Kreditwesengesetzes ist jeder Kreditgeber verpflichtet, bei Krediten ab 750.000 € die wirtschaftlichen Verhältnisse seines Kreditnehmers regelmäßig zeitnah zu überprüfen und diese Prüfung aktenkundig zu machen. Dies geschieht üblicherweise dadurch, dass Gehaltsabrechnungen, Steuerbescheide, Steuererklärungen, Einnahme-/Überschussrechnungen, Bilanzen, Datev-Auswertungen, Vermögensaufstellungen, Grundbuchauszüge etc. eingesehen, ausgewertet und in der Kreditakte verwahrt oder digital erfasst werden. Eine bloße Einsichtnahme reicht für die Erfüllung nach § 18 KWG keinesfalls aus. Im Vordergrund der Prüfungsnotwendigkeiten steht dabei die Aktualität dieser Unterlagen. Mit der Wohnimmobilienkreditrichtlinie ist der § 18a in das KWG eingefügt worden. Darin wird klargestellt, dass das Kreditinstitut einen Immobilienkreditvertrag (= Immobiliar-Verbraucherdarlehensvertrag) nur abschließen darf, wenn aus der Kreditwürdigkeitsprüfung hervorgeht, dass es wahrscheinlich ist, dass der Darlehensnehmer seinen Verpflichtungen, die im Zusammenhang mit dem Darlehensvertrag stehen, vertragsgemäß nachkommen wird.

Im Baufinanzierungsbereich erfolgt eine laufende Überprüfung dieser Unterlagen nur bei gewerblichen Kreditnehmern und Freiberuflern. Ist das Pfandobjekt ein selbstgenutztes Wohneigentum und übersteigt der Kredit nicht 80 % des Beleihungswertes, so ist die laufende Offenlegung nach § 18 KWG nicht erforderlich. Ansonsten wird anhand der Mahn- und Kündigungslisten der Kreditverlauf überwacht. Gemäß regulatorischer Vorgaben durch CRR (Capital Requirements Regulation) ist eine regelmäßige Immobilienwertüberwachung durch die Kreditinstitute vorgeschrieben. Während der Wert von Gewerbeimmobilien jährlich zu überwachen ist, werden Wohnimmobilien nur alle 3 Jahre überprüft. Dabei werden statistische Hilfsmittel genutzt, die Kontrolle erfolgt beispielsweise auf Basis des Marktschwankungskonzeptes des Verbandes deutscher Pfandbriefbanken.

Neben dem KWG gibt es eine Reihe von speziellen, zumeist institutsgruppenbezogenen Vorschriften. Hierzu zählen im Wesentlichen: das Pfandbriefgesetz, das Sparkassengesetz, das Bausparkassengesetz und das Versicherungsaufsichtsgesetz auf die wir an dieser Stelle nicht näher eingehen können.

1.5.2 Mindestanforderungen an das Risikomanagement

In der Vergangenheit haben zahlreiche Kreditinstitute schwerwiegende Handels- und Kreditverluste hinnehmen müssen, die im Wesentlichen auf organisatorische Mängel und unzureichende Kontrollsysteme zurückzuführen waren. Vor diesem Hintergrund hat die BaFin Mindestanforderungen an das Risikomanagement von Banken erlassen, die eine ganzheitliche Risikobetrachtung sicherstellen sollen. Das Regelwerk MaRisk umfasst Mindestanforderungen an das Betreiben von Handelsgeschäften (MaH), Mindestanforderungen an das Kreditgeschäft (MaK) und Mindestanforderungen an die interne Revision (MaIR). Eine novellierte Fassung der MaRisk trat Anfang 2013 in Kraft. Damit wurden wichtige qualitative Elemente von Basel II in nationales Recht umgesetzt.

Bezüglich des Kreditgeschäftes einschließlich des Baufinanzierungsgeschäftes enthält MaRisk umfangreiche Standards. Hierzu gehören vor allem präzise Anforderungen an:
- die Aufbau- und Ablauforganisation des Kreditgeschäftes,
- ein angemessenes und wirksames Kreditrisikomanagement – es umfasst unter Berücksichtigung der Risikotragfähigkeit insbesondere die Festlegung von Strategien sowie die Einrichtung interner Kontrollverfahren –,
- die Kreditvergabepraxis,
- die Funktionstrennung zwischen Kreditgewährung und Kreditweiterbearbeitung,
- die Kreditbearbeitungskontrolle und Intensivbearbeitung,
- die Behandlung von Problemkrediten und die Risikovorsorge, sowie Verfahren zur Früherkennung von Risiken (Risikoklassifizierungsverfahren).

Im Rahmen dieses Buches müssen wir auf eine detaillierte Darstellung der einzelnen Vorschriften verzichten. Wichtig ist der Hinweis, dass speziell die Kreditgewährung in der Baufinanzierung strengen Standards unterliegt, so dass der Immobilieninvestor darauf vertrauen kann, dass grundlegende Anforderungen an die Prozesse im Kreditgeschäft und an das bankinterne Kontrollsystem aufsichtsrechtlich vorgegeben sind. Risiken, die durch Kreditgeber im Prozess der Kreditgewährung entstehen können, werden dadurch vermieden oder zumindest verringert.

1.5.3 Risikobegrenzungsgesetz

Das Risikobegrenzungsgesetz (Gesetz zur Begrenzung der mit Finanzinvestitionen verbundenen Risiken) ist am 19.8.2008 in Kraft getreten und soll den Schutz der Kreditnehmer insbesondere vor ungerechtfertigten Kreditkündigungen und bei einem Verkauf von Kreditforderungen stärken. Der Verkauf eines Kredits mitsamt den dazugehörenden Sicherheiten durch Kreditinstitute ist zwar weiterhin grundsätzlich möglich, die gesetzlichen Regelungen schützen den Baufinanzierungskunden aber vor negativen Folgen eines Kreditverkaufs. Die Regelungen im Einzelnen:

–   Darlehensgeber müssen vorvertraglich und im Darlehensvertrag darüber aufklären, ob ein Kreditverkauf ohne Zustimmung des Kunden möglich ist (Vertragliche Informationspflicht über die Abtretbarkeit von Forderungen, siehe Anlage 4 ESIS-Merkblatt Position 17).
–   Es besteht eine Anzeigepflicht bei Gläubigerwechsel.
–   Der Investor (Kreditkäufer) ist stets an die ursprüngliche Sicherungsabrede gebunden. Diese schützt den Kreditnehmer davor, dass der neue Gläubiger eine Zwangsvollstreckung ohne Rücksicht auf den Kreditvertrag betreibt.
–   Immobilienkredite können nur gekündigt werden, wenn der Kreditnehmer mit zwei aufeinanderfolgenden Raten **und** mind. 2,5 % der Darlehenssumme in Rückstand ist.
–   Kreditinstitute müssen spätestens drei Monate vor Ablauf der Zinsbindung entweder ein neues Prolongationsangebot vorlegen oder mitteilen, dass sie das Darlehen nicht verlängern wollen.
–   Die Sicherungsgrundschuld ist seit 2008 Standard bei der Darlehensbesicherung (§ 1192 1a BGB).
–   Die Kündigungsfristen bei Grundschulden sind von einem auf sechs Monate verlängert worden.
–   Darlehensgeber müssen auch Darlehen anbieten, die nicht veräußert werden dürfen. Dies verteuert möglicherweise diese Kredite.
–   Seit 2008 wird das Gesetz für Neukredite angewendet und in den Verträgen berücksichtigt. Anschlussfinanzierungen/Prolongationen von Darlehen, die schon vorher zugesagt waren, werden bei Darlehensverlängerung auf diese Maßgaben umgestellt.

In diesem Zusammenhang wäre es für den Kreditnehmer auch wichtig, die Strukturen der Refinanzierung zu kennen (vgl. Anlage 5).

1.5.4 Basel II/III

Mit Basel II wurde die vormals starre Eigenkapitalregelung im Kreditgeschäft der Institute (einheitlich 8 % für alle Kredite) durch eine risikodifferenzierte Vorgehensweise abgelöst. Die Kreditkunden werden seitdem nach ihrer Bonität unterschieden und die Eigenkapitalunterlegung erfolgt risikoangepasst, d.h. die über Ratingverfahren ermittelte Bonität des Kreditnehmers ist bei diesem Ansatz wesentliche Einflussgröße. Danach müssen für Finanzierungen mit hohem Risiko höhere Eigenkapitalunterlegungen erfolgen als bei Finanzierungen mit guter Bonität. Kalkulationsbeispiel siehe Tab. 1.14.

Tab. 1.14: Kalkulationsbeispiel Eigenkapitalunterlegung.

	Basel I	Basel II	
	Alle Kunden	Kunden mit guter Bonität	Kunden mit schwächerer Bonität
	100 % der Kreditsumme sind von der Bank mit 8 % Eigenkapital zu unterlegen	z. B. 50 % der Kreditsumme sind von der Bank mit 8 % Eigenkapital zu unterlegen	z. B. 150 % der Kreditsumme sind von der Bank mit 8 % Eigenkapital zu unterlegen
Kreditsumme	250.000 €	250.000 €	250.000 €
erforderliche Eigenkapitalunterlegung der Bank	20.000 €	10.000 €	30.000 €
Eigenkapitalverzinsungsanteil im Zinssatz für das Kundendarlehen	2 ‰	1 ‰	3 ‰

Da das seitens der Kreditinstitute unterlegte Eigenkapital für die Kreditsumme zu verzinsen ist, führt diese Kapitalbindung zu einer differenzierten Margengestaltung. Für Kunden mit guter Bonität ergeben sich daraus günstigere Konditionen (vgl. Anlage 6), da weniger Eigenkapital bei einer Kreditvergabe unterlegt werden muss, während bei Kunden mit schlechterer Bonität sich die Konditionen verteuern (vgl. Tab. 1.15).

Die Kundenbonität wird mit Hilfe von standardisierten Ratingverfahren und Kredit-Scores ermittelt. Auf dieser Basis werden nach Risiko abgestufte Zinssätze für Immobilienkredite zugrunde gelegt.

Das Regelwerk Basel III ist seit 2014 in allen Mitgliedsländern in Kraft und sieht vor, die Eigenmittelunterlegung von Krediten bis 2019 schrittweise auf 13,5 % anzu-

Tab. 1.15: Bonitätsabhängige Eigenkapitalunterlegung.

Bonität/Rating	Richtgröße für EK	risikoadjustierte Gewichtung	EK Unterlegung bei Kredit von 200.000 €
sehr gut bis gut	8 %	20 %	3.200 €
gut bis zufriedenstellend	8 %	50 %	8.000 €
ausreichend	8 %	100 %	16.000 €
mangelhaft	8 %	150 %	24.000 €

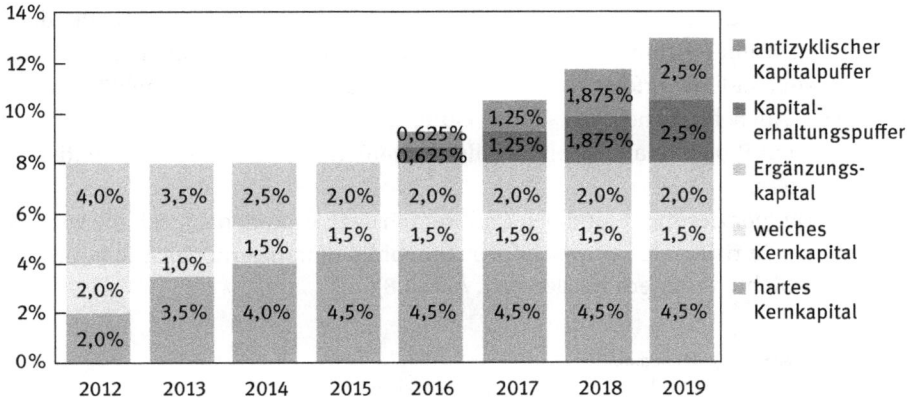

Abb. 1.7: Entwicklung des regulatorischen Eigenkapitals.
Quelle: Eigene Darstellung

heben. Neben strengeren Eigenkapitalvorschriften sieht Basel III Kennziffern zur Begrenzung der Liquiditäts- und Verschuldungsrisiken vor (vgl. Abb. 1.7).

Zwei Liquiditätskennzahlen sind zu unterscheiden: Die **Liquidity Cover Ratio** (LCR) soll die jederzeitige Zahlungsfähigkeit einer Bank sicherstellen. Die in einem Stressszenario prognostizierten Liquiditätsabflüsse einer Bank innerhalb von 30 Tagen müssen durch einen Bestand an hochliquider Aktiva (Barmittel, Zentralbankguthaben u.a.) mindestens gedeckt sein. Die Umsetzung dieser Kennzahl erfolgt seit 2015 in vereinbarten Schritten (2016: 70 %); die vollständige Einhaltung der Kennziffer ist für 2019 vorgesehen.

Die zweite Kennzahl, die **Net Stable Funding Ratio** (NSFR), soll die Möglichkeiten der Fristentransformation einschränken und sicherstellen, dass die Aktiva einer Bank auch unter einer Stresssituation aus Mitteln refinanziert werden können, die der Bank noch mindestens ein Jahr zur Verfügung stehen. Der Baseler Ausschuss gibt hierbei vor, zu welchem Prozentsatz Passivmittel als „stabil" angerechnet werden können. Diese Kennziffer soll als Mindeststandard ab dem 01.01.2018 eingeführt werden.

Die **Verschuldungsquote (Leverage Ratio)** dient als Korrektiv zu den risikobasierten Eigenkapitalanforderungen. Sie soll verhindern, dass die Banken trotz

Einhaltung der regulatorischen Kapitalanforderungen durch die nicht risikogewichteten Aktiva eine zu hohe Gesamtverschuldung aufweisen. Es ist vorgesehen, dass Banken mindestens 3 % aller nicht risikogewichteten Aktiva als Kernkapital vorhalten müssen. Damit führen auch Aktiva ohne Risikogewichtung (z. B. europäische Staatsanleihen) zu einer Begrenzung der Kreditaufnahme.

Seit 2013 wurde die Verschuldungsquote von der EBA als Melde- und Beobachtungskennziffer eingeführt.

Bei der Finanzierung von Eigenheimen oder kleineren Gewerbeimmobilien, die aus Einkommen der Investoren finanziert werden, werden sich die Risikogewichte nur unwesentlich verändern. Anders ist dies hingegen bei der Finanzierung von Renditeimmobilien, Wohn-Portfolien und größeren Gewerbeimmobilien, deren Tilgung aus dem Objekt-Cash-Flow erfolgt (sogenannte Cash-Flow-abhängige Immobilienfinanzierungen). Auch für Landkauf, -entwicklung und Bebauung – hierunter dürften Bauträger- und Projektfinanzierungen fallen – werden nach Basel III höhere Risikogewichte gelten.

Diese Differenzierungen sind neu und werden dazu führen, dass sich die von der Aufsicht als sehr risikoreich eingeschätzten Immobilienfinanzierungen infolge erhöhter Risikogewichte verteuern werden (vgl. Abb. 1.8).

Stärkere Differenzierung bei Immobilien
Vorschläge für neuen Kreditrisiko-Standardansatz nach Basel III*

allgemeine Behandlung	einkommen-generierende Immobilie	Landkauf, -entwicklung und Bebauung (spekulativ)
Wohnimmobilien	Wohnimmobilien	„spekulatives" Wohnen, Cash-flows sicher
Gewerbeimmobilien	Gewerbeimmobilien	Gewerbeimmobilien
wenig veränderte Risikogewichte	erhöhte Risikogewichte	erhöhte Risikogewichte

*gemäß 2. Konsultationspapier des Baseler Ausschusses für Bankenaufsicht vom Dez. 2015
© Börsen-Zeitung   Quelle: Bundesbank, Baseler-Ausschuss

Abb. 1.8: Risikogewichte bei Immobilien nach Basel III.
Quelle Börsenzeitung 31.12.2016, S.35

Hypothekendarlehen mit erstrangiger Besicherung im Bereich der privaten Finanzierung von selbstgenutzten Wohnimmobilien sind daher weniger stark von den Regulierungsvorschriften betroffen, da für dieses Segment die Anforderungen an die Eigenkapitalunterlegung weiterhin geringer sind als beispielsweise bei der Finanzierung von gewerblich genutzten Objekten.

Dies setzt allerdings voraus, dass insbesondere die strengen regulatorischen Vorgaben im Pfandbriefgeschäft strikt eingehalten werden. Dies ist für die vielen „neuen Pfandbriefbanken" eine echte Herausforderung. Der Schwerpunkt der Neuerungen liegt dabei in der Organisation der Abläufe und Prozesse bei der Immobilienbewertung und der daraus folgenden Immobilienwertüberwachung.

Ferner wird durch die zu erwartenden Auflagen der Einsatz interner Modelle (Internal-Ratings-Based-Approach, IRBA) zur Risikogewichtung eingeschränkt. Für die Banken sind solche Modelle meist günstiger als der zentral vorgegebene Standardsatz, weil sie individueller auf die Risikoneigung der Geschäfte abgestimmt sind. Die Regulierer wollen nun aber Untergrenzen einziehen, damit die Banken ihre Risiken und damit ihren Kapitalbedarf nicht über interne Modelle gegenüber dem Kreditrisiko-Standardansatz (KSA) zu stark herunterrechnen können. Die Untergrenze wird wahrscheinlich 75 % der Standard-Berechnungsmethode betragen. Dieser „Output-Floor" soll schrittweise beginnend in 2021 mit 55 % in 5 %-Schritten bis 2025 eingeführt werden.

Die notwendige Verbesserung der Eigenkapitalbasis wird die Kreditinstitute zu Modifikationen ihrer Geschäftsmodelle zwingen. Mittelfristig wird das Auswirkungen auf die Kreditvergabebedingungen und auf die Konditionen in der Immobilienfinanzierung haben. Schätzungen der deutschen Bundesbank gehen davon aus, dass die neuen Eigenkapital- und Liquiditätsregeln im Endeffekt (also spätestens 2019) sich mit 50 Basispunkten bei den Kreditnehmerkonditionen auswirken werden.

1.5.5 Wohnimmobilienkreditrichtlinie

Im Juli 2015 hat das Bundesministerium der Justiz und für Verbraucherschutz (BMJV) seinen Entwurf für ein Gesetz zur Umsetzung der Wohnimmobilienkreditrichtlinie vorgelegt, das am 21. März 2016 in Kraft getreten ist. Der Grundgedanke dieser Richtlinie ist es, den Schuldner beim Erwerb oder Bau einer Immobilie effizienter vor Überschuldung zu schützen. Ziel der neuen Richtlinie ist es, den Verbraucher daran zu hindern, leichtfertig einen Kredit aufzunehmen, welchen er nicht mehr zurückzahlen kann. Der Gesetzgeber hat daher die Kreditwürdigkeitsprüfung der Banken nun auch zivilrechtlich in das BGB aufgenommen und sie als Schutzpflicht gegenüber dem Verbraucher definiert. Damit trägt der Gesetzgeber den aus der Finanzkrise gewonnenen Erkenntnissen Rechnung, dass im Falle einer Wirtschaftskrise und/oder im Falle einer geplatzten „Immobilienblase" Kredite nicht mehr bedient werden können und Zwangsversteigerungen zu Vermögensverlusten der Verbraucher führen.

Die wichtigsten Bestimmungen des 50-seitigen Regelwerks im Einzelnen:

– **Zuverlässige Einkommensprognose bei Schuldnern.**
Kreditinstitute müssen prüfen, ob ein Bauinvestor in der Lage ist, den Kapitaldienst auch über einen langen Zeitraum zu erbringen. Eine aktuelle Bonitätsprüfung reicht nicht mehr aus; vielmehr müssen die langfristige Einkommensentwicklung und eventuelle Zinserhöhungen bei der Bonitätsprüfung berücksichtigt werden.

– **Sicherstellung der Darlehenstilgung bis zum Lebensende.**
Kreditinstitute müssen den Nachweis erbringen, dass der Bauinvestor in der Lage ist, den Immobilienkredit bis zum Lebensende zurückzahlen zu können, was faktisch zu deutlich höheren Tilgungsraten führen wird. Bestehende Darlehensverträge ohne eine Prolongationsklausel, die vor Einführung der neuen Richtlinie abgeschlossen wurden, müssen bei einer Anschlussfinanzierung komplett neu ausgehandelt werden.

– **Verschärfte Beratungspflichten.**
Kreditinstitute sind verpflichtet, die durchgeführten Bonitätsprüfungen und den Verlauf des Beratungsgespräches vor der Kreditaufnahme mit Hilfe von Protokollen nachzuweisen. Diese Protokolle sind zusammen mit den unterbreiteten Finanzierungsvorschlägen an den potenziellen Kreditnehmer auf einem „dauerhaften Datenträger" zu überreichen. Ferner werden die vorvertraglichen Informationspflichten des Kreditgebers erheblich ausgeweitet: Dem Kreditnehmer muss das ESIS-Merkblatt „Europäische Standardinformationen für Verbraucherkredite" (Muster siehe Anlage 4) nunmehr bereits nach dem Beratungsgespräch zusammen mit den ausführlichen Produktinformationen, also in jedem Fall vor Vertragsunterzeichnung, zur Verfügung gestellt werden.

– **Eignungsnachweis für Vermittler.**
Jeder Vermittler muss seine Fachkenntnisse nachweisen und benötigt für seine Beratungs- und Vermittlungskompetenz eine Erlaubnis nach § 34 c und neuerdings auch nach § 34 i der Gewerbeordnung.

– **Offenlegung der Entgelte an Kreditvermittler.**
Sind Kreditvermittler am Kreditabschluss beteiligt, sind dem Kreditnehmer vor Abschluss des Vermittlungsvertrags alle monetären oder nicht-monetären Anreize mitzuteilen, die der Vermittler vom Kreditgeber erhält.

– **Beratungsbegriff wird gesetzlich definiert.**
Der gesetzlich definierte Begriff „Beratung" stellt klar auf das Kundeninteresse ab und verpflichtet die Kreditinstitute und alle externen Kooperationspartner dazu, eine nachvollziehbare, bedarfsgerechte Produktempfehlung auszusprechen.

– **Qualifizierungsanforderung an die Bankberater.**
Seit dem 21.3.2016 dürfen nur noch Mitarbeiter mit einer Qualifizierung zur Wohnimmobilienkreditrichtlinie Baufinanzierungsberatungsgespräche führen und konkrete Produktempfehlungen aussprechen. Zum Beginn der Bera-

tung werden die vorvertraglichen Informationen bei Beratungsleistungen für Immobiliar-Verbraucherdarlehensverträge ausgehändigt.

– **Beratungsoptionen bei Angebotserstellungen.**

Der Kreditnehmer muss sich zwischen zwei Beratungsoptionen entscheiden: Bei der Angebotserstellung ohne Beratung werden dem Interessenten Vorschläge und Angebote gemäß seinen Wünschen zur Verfügung gestellt; eine Beratung hierzu findet nicht statt. Bei einer Angebotserstellung nach umfassender Beratung müssen zukünftig die o.g. Vorgaben der Wohnimmobilienkreditrichtlinie komplett beachtet werden. Eine kurze telefonische Beratung oder eine Erfragung von Zinskonditionen wird zukünftig nicht mehr möglich sein.

– **Erschwerung für Immobilienkredite in Fremdwährung.**

Kreditnachfrager aus Ländern der EU, die nicht der Euro-Zone angehören, und einen Immobilienkredit in Euro aufnehmen möchten, dürften zukünftig kaum noch Immobilienkredite erhalten. Grund dafür ist die Tatsache, dass die Kreditinstitute das Wechselkursrisiko selbst tragen und sich dagegen absichern müssen.

Bei Verstoß des Kreditgebers gegen die neuen gesetzlichen Anforderungen zur Kreditwürdigkeitsprüfung ergeben sich Regressansprüche der Kreditnehmer. Ein im Kreditvertrag vereinbarter Zinssatz ermäßigt sich auf den marktüblichen Zinssatz. Darüber hinaus kann der Kreditnehmer den Vertrag fristlos kündigen, ohne dass der Kreditgeber Anspruch auf Zahlung einer Vorfälligkeitsentschädigung hat. Das Gesetz enthält keineswegs nur Regelungen für Immobilienkredite, sondern gilt auch für Konsumentenkredite (neue Sprachregelung: Verbraucherdarlehen) und greift damit über die Anwendung im Immobilienfinanzierungsbereich hinaus. Mit der Wohnimmobilienkreditlinie hat der Gesetzgeber massiv in das Geschäft mit Wohnungsbaufinanzierungen eingegriffen.

Insbesondere für Kreditinstitute und selbstständige Finanzierungsvermittler sind die Änderungen und Anforderungen gravierend. Zudem sind Kreditaufnahmen bestimmter Personengruppen (junge Familien, angehende Rentner, Selbstständige, Grenzgänger) – eher ungewollt – wesentlich erschwert worden. Mit dem Finanzaufsichtsrechtergänzungsgesetz sind deshalb zur Vermeidung von Überregulierungen auch Änderungen und Klarstellungen zur Umsetzung der Wohnimmobilienkreditrichtlinie bezüglich der Kreditwürdigkeitsprüfung erfolgt.

Der Gesetzgeber hat nun Ausnahmen festgelegt. Kredite für den sozialen Wohnungsbau, zur Renovierung oder Sanierung, zum erstmaligen Kauf oder Neubau, sowie Anschlussfinanzierungen werden von den Beschränkungen ausgenommen. Für Kleinkredite gilt eine Bagatellgrenze. Zudem können Neukredite ohne Beschränkungen innerhalb eines von der Finanzaufsicht festgelegten Freikontingents vergeben werden.

1.5.6 Preisangabenverordnung

Um Baufinanzierungsinteressenten eine größere Markttransparenz über Konditionen unterschiedlicher Finanzierungsanbieter zu ermöglichen, sind in der Preisangabenverordnung (PangV) verbraucherschützende Regelungen festgelegt. Derzeit gültig ist die Fassung vom 18.10.2002, die zuletzt im Zusammenhang mit der Wohnimmobilienkreditrichtlinie 2016 geändert wurde. Bestimmungen zur Vergabe von Verbraucherdarlehen – hierzu zählen auch Immobilienkredite – sind in § 6 der PangV geregelt. Vorgeschrieben ist, dass die Gesamtkosten des Verbraucherdarlehens, ausgedrückt als jährlicher Prozentsatz des Nettodarlehensbetrages, als effektiver Jahreszins ausgewiesen wird.

Die Werbung für Verbraucherdarlehen ist ebenfalls geregelt. Jegliche Kommunikation für Werbe- und Marketingzwecke, die Verbraucherdarlehen betrifft, hat den Kriterien der Redlichkeit und Eindeutigkeit zu genügen und darf nicht irreführend sein. Insbesondere sind Formulierungen unzulässig, die beim Verbraucher falsche Erwartungen im Hinblick auf den Erhalt oder die Kosten eines Verbraucherdarlehens wecken. Wer gegenüber Verbrauchern für den Abschluss eines Verbraucherdarlehensvertrages mit Konditionen wirbt, hat in klarer, eindeutiger und auffallender Weise anzugeben:

1. die Identität und Anschrift des Darlehensgebers oder des Darlehensvermittlers,
2. den Nettodarlehensbetrag,
3. den Sollzinssatz und die Auskunft, ob es sich um einen festen oder einen variablen Zinssatz oder um eine Kombination aus beiden handelt, sowie Einzelheiten aller für den Verbraucher anfallenden, in die Gesamtkosten einbezogenen Kosten,
4. den effektiven Jahreszins.

In der Werbung ist der effektive Jahreszins mindestens genauso hervorzuheben wie jeder andere Zinssatz. Soweit zutreffend, sind zusätzlich folgende Angaben erforderlich:

1. der vom Verbraucher zu zahlende Gesamtbetrag,
2. die Laufzeit des Verbraucherdarlehensvertrags,
3. die Höhe der Raten,
4. der Hinweis, dass bei Immobiliar-Verbraucherdarlehen eine Besicherung durch ein Grundpfandrecht erforderlich ist,
5. bei Immobiliar-Verbraucherdarlehen in Fremdwährung ein Warnhinweis, dass sich mögliche Wechselkursänderungen auf die Höhe des vom Verbraucher zu zahlenden Gesamtbetrags auswirken können.

Auf die Bedeutung und Aussagefähigkeit des Effektivzinses werden wir in anderem Zusammenhang noch näher eingehen. Anlage 8 zeigt die Berechnungsmodalitäten zur Effektivzinsberechnung.

2 Grundsatzentscheidungen von Immobilieninvestoren

2.1 Eigennutzung oder Kapitalanlage

Bei der wohnwirtschaftlichen Immobilieninvestition sind grundsätzlich zwei Ansätze zu unterscheiden: Eigennutzung oder Kapitalanlage.

Bei der Investition in eine eigengenutzte Immobilie steht zunächst der eigene Wohnzweck mit den jeweiligen individuellen Anforderungen und Bedürfnissen (Lage, Wohnfläche, Grundriss, Ausstattung etc.) im Vordergrund. Allerdings kann sich der Zweck dieser Immobilieninvestition durch Lebensumstände in der Zukunft verändern, so dass die Immobilie verkauft oder vermietet werden muss. Daher ist auch bei einer Selbstnutzung die Frage zu antizipieren, ob die Immobilie bei einem Verkauf die investierten Kosten gedeckt oder bei Vermietung die kalkulierten Mieterträge erzielt werden, um den Kapitaldienst für die Fremdfinanzierung zu leisten.

Bei Erwerb einer Immobilie zwecks Kapitalanlage (Renditeobjekt) wird die Absicht verfolgt, aus der Vermietung Erträge zu erwirtschaften, welche die Kapitalkosten übersteigen. Soll diese Immobilie verkauft werden muss ein Preis erzielt werden, der über den Gestehungskosten liegt oder diese mindestens deckt.

Ob Eigennutzer oder Kapitalanleger – keine Investition sollte erfolgen:

- unter Zeitdruck,
- ohne eigene, finanzielle Bestandsaufnahme,
- ohne Berücksichtigung der Interessen aller Beteiligten,
- ohne rechtzeitig vorher die Notarvertragsentwürfe bekommen und gelesen zu haben,
- wenn die Beurkundung zu unüblichen Zeiten erfolgen soll,
- ohne vorherige Prüfung der wichtigsten Bauunterlagen,
- ohne Innen- und Außenbesichtigung,
- ohne Nachkontrolle der Wohnflächenberechnung,
- ohne vorherige Prüfung der Teilungserklärung, der Hausordnung, der Protokolle der Eigentümerversammlungen etc.,
- ohne Wertgutachten eines neutralen Gutachters,
- ohne Werteinschätzung des finanzierenden Institutes,
- ohne Kontrolle der Mietverträge,
- ohne Kontaktaufnahme mit dem Mieter,
- ohne Vorgespräch mit einem neutralen Finanzierungsberater,
- ohne ein transparentes Finanzierungsangebot,
- wenn die Investition nur auf mögliche Steuervorteile abgestellt ist.

Jede Immobilieninvestition geht mit einer hohen und langfristigen Kapitalbindung einher. Daher sollte unabhängig vom aktuellen Nutzungszweck immer eine mögliche spätere „Drittverwendung" einbezogen werden.

https://doi.org/10.1515/9783110437874-003

Drittverwendung bedeutet, dass die Immobilie auch den Anforderungen anderer potentieller Nutzer entsprechen sollte, so dass die Immobilie zu einem späteren Zeitpunkt auch von anderen Investoren gemietet oder gekauft werden könnte.

2.2 Eigengenutzte Immobilien

Als Eigennutzer wird ein Investor bezeichnet, der sein Objekt ausschließlich zu eigenen Wohnzwecken nutzt. Der Beleihungswert eigengenutzter Immobilien wird üblicherweise aus dem Sachwert, auf den wir später eingehen werden, abgeleitet.

Bei der Lage und der Bewertung des Objektes zählen individuelle Kriterien wie Umfeld, Nähe zum Arbeitsplatz, Schule, Kindertagesstätte, Kindergarten etc. weit mehr als Kostenüberlegungen und regionale Preisunterschiede. Für die Ausstattung sind eigene Bedürfnisse und persönliche Faktoren (Alter, Familienstand, Familiengröße) wichtige Entscheidungsparameter. Priorität muss sein, dass das eigengenutzte Haus spätestens bei Eintritt in den Ruhestand vollständig abbezahlt ist. Dies erfordert einen entsprechenden Tilgungssatz oder zumindest die Einplanung von späteren Sondertilgungen.

Für die Finanzierung gelten eigene Bedingungen: Einerseits muss die Belastung langfristig aus dem gesicherten Familieneinkommen tragbar sein, andererseits muss bedacht werden, dass ein Immobilienerwerb eine vorher nie dagewesene Verschuldungssituation bewirkt. Gerade deshalb ist es ratsam, bis auf eine Liquiditätsreserve alle verfügbaren Eigenmittel für die Finanzierung des Vorhabens einzusetzen. Unabhängig davon, dass die Zinsen möglicherweise über einen längeren Zeitraum nicht oder nur unwesentlich steigen werden, ist die langfristige oder völlige Sicherstellung der Finanzierung durch entsprechende Zinsfestschreibungen notwendig.

Oft wird die 10-jährige Sollzinsfestschreibung als normal unterstellt, meist aber nur mit einem Tilgungssatz von 2 % gerechnet, um die Belastung möglichst niedrig zu halten. Viel sinnvoller wäre es, den niedrigen Zins für eine mindestens 15- besser 20-jährige Zinsfestschreibung zu nutzen, denn schließlich kann man auch bei einer derartig langen Bindung nach 10 Jahren mit einer sechsmonatigen Frist kündigen, falls dies zu diesem Zeitpunkt sinnvoll ist. Außerdem sollten entweder von Anfang an eine flexible Tilgungsrate oder eine Sondertilgungsoption vereinbart werden. Dies würde sich bei einem notwendig werdenden (Not-)Verkauf sogar positiv auf eine mögliche Vorfälligkeitsentschädigung auswirken.

Bedeutsam ist, dass durch die Eigennutzung zunächst keine direkten Steuervorteile entstehen. Eine andere Situation liegt vor, wenn das Haus oder die Wohnung verkauft werden muss. Dann prüft nämlich das Finanzamt, ob ein sogenanntes privates Veräußerungsgeschäft (Grundstücksveräußerung innerhalb eines Zeitraumes von 10 Jahren nach dem Erwerb) vorliegt (§ 23 EStG). Es entsteht kein steuerpflichtiger Gewinn, wenn das Objekt zwischen Anschaffung und Veräußerung ausschließlich oder im Jahr der Veräußerung und den beiden vorangegangenen Jahren zu eigenen Wohnzwecken genutzt worden ist. Diese Regelung soll eine ungerechtfertigte Besteuerung vermeiden, wobei es nicht auf den tatsächlichen Grund der Veräußerung ankommt. Unentgeltlich überlassene Wohnungen (z. B. an Eltern) gelten im Sinne des § 23 EStG nicht als Eigennutzung. Die Wohnungsüberlassung an unterhaltsberechtigte Kinder (Studentenwohnung) hingegen wird steuerlich jedoch wie eine Eigennutzung behandelt.

Auch bei der Erbschaft- und Schenkungsteuer bestehen Vorteile für eigengenutzte Immobilien, wenn das Objekt nach dem Erbfall vom überlebenden Ehegatten oder den Kindern für mindestens weitere 10 Jahre eigengenutzt wird. Für Kinder als Erben und künftige Eigennutzer ist dann lediglich zu beachten, dass die Wohnfläche des Eigenheimes nicht mehr als 200 m^2 betragen darf. Eine Übersicht der staatlichen Hilfen ist in Anlage 9.1 ersichtlich.

2.2.1 Gründe für Wohneigentum

Nahezu 75 % der Bundesbürger (ohne Wohnungseigentum) möchten ihr eigener Hausherr sein. Die genannten Gründe dafür sind seit Jahren weitgehend unverändert, nur die Gewichtungen verschieben sich marginal:
– Unabhängigkeit vom Vermieter,
– höhere Lebensqualität,
– langfristig günstiger als Miete,
– die Darlehensraten sorgen für finanzielle Disziplin,
– niedrigere Selbstnutzerkosten,
– optimale Alterssicherung,
– vererbbares Eigentum,
– Prestige und Ansehen,
– staatliche Förderung,
– extrem niedrige Zinsen,
– steigende Kaufpreise,
– bester Inflationsschutz,
– Klima- und Umweltschutz,
– Rendite bei dieser Kapitalanlage,
– Wertzuwachs.

Einige der besonders oft genannten Gründe für Wohneigentum werden nachfolgend näher analysiert.

Die Kosten für den Erwerb von Wohneigentum sind langfristig günstiger als die Miete
Geht man von den aktuellen und den vorhersehbaren Grundbedingungen aus, so ist bauen/kaufen längerfristig unter der Prämisse einer langen Nutzungsdauer der

Immobilie deutlich günstiger als mieten. Dies liegt daran, dass sich die Mietkosten kontinuierlich weiter erhöht haben und auch weiter steigen werden, während die Selbstnutzerkosten (überwiegend bedingt durch die niedrigen Zinskosten) merklich gesunken sind. Das Institut der Deutschen Wirtschaft Köln zeigt in einer neueren Studie, dass der finanzielle Vorteil für Eigentümer gegenüber den Mietern im Durchschnitt der rd. 400 deutschen Landkreise und kreisfreien Städte 41 % beträgt. Selbst in deutschen Metropolen wird der Kauf einer Wohnung günstiger bewertet als die Miete. Eine jährliche Mietpreiserhöhung von 1,5 % unterstellt, kann der Zins nach Ablauf einer 10-jährigen Festschreibungsfrist in 325 von gut 400 Städten auf ca. 4 % steigen, ohne das Mieter in einen Vorteil gelangen.

Tabelle 2.1 zeigt, wie viel Miete (ohne Nebenkosten) in 30 Jahren gezahlt würde, wenn jährliche Mietsteigerungen von 2–4 % erfolgen. Die dabei kalkulierten Mieterhöhungen liegen deutlich unter den durch die seit 2015 bestehende Mietpreisbremse gedeckelten Mietsteigerungspotenzialen. Auch die Kappungsgrenze würde deutlich später einsetzen. Zu berücksichtigen ist deshalb, dass der Mieter ggf. Mieterhöhungen über das bisherige Normalmaß hinaus zu tragen hat und Kündigungen bei Eigenbedarf oder nach einer Zwangsversteigerung nicht ausgeschlossen werden können.

Tab. 2.1: Mietaufwand in der Langfristbetrachtung.

bei einer Miete von mtl./€	werden in 30 Jahren an Miete gezahlt			
	jährliche Mietsteigerung			
	1 %	2 %	3 %	4 %
250	104.354 €	121.704 €	142.726 €	168.254 €
350	146.096 €	170.385 €	199.816 €	235.557 €
450	187.838 €	219.067 €	256.907 €	302.858 €
500	208.709 €	243.408 €	285.452 €	336.509 €
550	229.580 €	267.749 €	313.997 €	370.160 €
650	271.322 €	318.412 €	371.088 €	437.462 €
750	313.064 €	365.112 €	428.178 €	504.764 €
800	333.934 €	389.453 €	456.723 €	538.415 €
850	354.805 €	413.794 €	485.269 €	572.066 €
950	396.547 €	462.476 €	542.359 €	639.368 €

Vor diesem Hintergrund ist individuell zu prüfen, ob Mieten oder Kaufen attraktiver ist. In begehrten Vierteln vieler Großstädte ist ein Kauf allerdings deutlicher risikoreicher, wenn man davon ausgeht, dass die Preise nicht weiter stark steigen (vgl. Finanztest, August 2016). Finanztest hält ein Kaufpreis-Miete-Verhältnis (= Kaufpreis geteilt durch jährliche Kaltmiete) von 20 und in Ballungszentren/Universitätsstädten bis zu 25 vertretbar. In Tab. 2.2 haben wir das Kaufpreis-Miete-Verhältnis von zwei aktuellen Eigentumswohnungen dargestellt.

Tab. 2.2: Kaufpreis-Miete-Verhältnis.

	ETW Brühl	ETW Köln-Sülz
Wohnungsgröße in m²	72,24	60,17
Kaufpreis je m² /Wohnfläche in €	2.810	4.120
Kaufpreis in €	203.000	247.900
Kaufnebenkosten (Grunderwerbsteuer. Makler, Notar, Grundbuchamt) in €	25.375	30.080
Gesamterwerbskosten in €	228.375	277.980
Finanzierung in €	200.000	250.000
Eigenkapital in €	28.375	27.980
Monatsrate für Zins und Tilgung in € 3 % Zins, 2 % Tilgung	833,33	1041,67
monatliche Instandhaltungspauschale von 1,50 €/ m²	108,36	91,50
Verwaltungskostenpauschale 25 € monatlich pro Wohnung	25,00	25,00
monatlicher Gesamtaufwand ohne Bewirtschaftungskosten in €	966,69	1158,17
Nettokaltmiete pro m² /Wohnfläche in €	8,50	11,50
monatliche Nettokaltmiete in €	614,04	690,00
Unterdeckung aus der Vermietung in €	352,65	468,17
Ergebnis		
reiner Kaufpreis	203.000	247.900
Gesamterwerbskosten	228.375	277.980
Nettokaltmiete p.a.	7.368	8.280
Kaufpreis-Miete-Verhältnis	27,55	29,94
Gesamtkosten-Miete-Verhältnis	31,00	33,57

Als Ergebnis ist folgendes festzustellen: Die Kaufpreise und die Mieten entsprechen der aktuellen Marktlage. Das Kaufpreis-Miete-Verhältnis ist bei beiden Wohnungen sehr hoch und liegt bei beiden Objekten über dem als „noch normal vertretbar" angesehenen Wert von 25. Die Gesamtbelastung bei einem Kauf ist deutlich höher als die aktuelle Miete. Allerdings ist diese Aussage um zwei Punkte zu relativieren:

Zum einen können Wertzuwachs der Immobilie und Mieterhöhungen in Zukunft nicht sicher eingeschätzt werden; zum anderen würde der Tilgungsanteil im Falle eines Erwerbs der Immobilien einen Vermögenszuwachs schaffen (konstanter Immobilienpreis vorausgesetzt).

Die Entscheidung für Wohneigentum und gegen Mieten wird nicht ausschließlich unter Kostengesichtspunkten getroffen, sondern ganz wesentlich auch von den zuvor genannten Motiven bestimmt.

Auch das Lebensalter des Erwerbers ist für die Kauf-/Mietentscheidung von Bedeutung. Gerade in jüngeren Jahren scheint die Anschaffung von eigenem Wohnraum vor allem im Hinblick auf die vermeintlich niedrigere Mietbelastung wenig attraktiv zu sein. Statistisch dreht sich das Bild spätestens nach etwa 15 Jahren. Liegen die Wohnkosten für einen 35-jährigen Eigentümer bei deutlich über 30 % des Haushaltsnettoeinkommens, so betragen sie für einen gleichaltrigen Mieter nur 17 %, mit 50 Jahren ist die Wohnbelastung für beide mit 18 % schon identisch, mit 65 Jahren haben sich die Wohnkosten für den Mieter auf 30 % erhöht, während der Eigentümer mit nur noch 11 % belastet ist. Ab 70 Jahren wird der Mieter mit 30 % belastet, der Eigentümer hat nur noch 8 % Aufwand. Dabei ist allerdings unterstellt, dass der Eigentümer bei seiner Finanzierung eine langfristige Zinssicherheit wählt und mögliche Zinsersparnisse zur Erhöhung der Tilgungsraten einsetzt.

Der Erwerb von Immobilien ist für viele Haushalte zu keinem Zeitpunkt erschwinglicher gewesen
Folgt man dem von der Deutsche Bank und dem IVD entwickelten Erschwinglichkeitsindex (vgl. Tab. 2.3), der die Finanzierung eines Eigenheims mit mittlerem Wohnwert mit 75 % Fremdkapital und 25 % Eigenkapital unterstellt, dann sind immer mehr durchschnittliche Einkommensbezieher aufgrund der relativ stabilen Bau- und Immobilienpreise und der niedrigen Zinsen in der Lage, Wohneigentum zu errichten oder zu erwerben.

Tab. 2.3: Erschwinglichkeitsindex.

Jahr	Erschwinglichkeitsindex
2000	100 %
2002	84 %
2006	68 %
2010	52 %
2012	40 %
2014	35 %
2015	35 %

Quelle: Deutsche Bank/IVD

Seit dem Jahr 2000 ist der Erschwinglichkeitsindex stetig gesunken. Statistisch gesehen hat die Erschwinglichkeit von selbstgenutztem Wohneigentum 2014 einen historisch niedrigen Stand erreicht und verläuft aktuell seitwärts. Wegen des unterschiedlichen Preisgefüges ist diese Grundaussage allerdings regional sehr differenziert zu sehen. In Frankfurt oder München müsste ein potenzieller Käufer fast doppelt so viel verdienen wie der Bundesdurchschnitt, bevor er dort in der Lage ist, ein Objekt zu finanzieren, d.h. in Regionen mit höherem Wohlstand sind auch höhere Preise zu zahlen.

In den Mittelzentren sind die Preise für Wohneigentum tendenziell niedriger, so dass auch die Maßzahl niedriger ist. Die erschwinglichsten Einfamilienhäuser sind in den strukturschwachen Regionen zu finden, in denen die Haus- und Wohnungspreise durch den demografischen Wandel und die Sogwirkung der Ballungszentren seit Jahren stagnieren oder sogar sinken.

Wohnnebenkosten lassen sich individueller steuern und dadurch senken

Nicht nur das seit Jahren steigende Mietniveau hat den Wunsch nach Wohneigentum verstärkt, bedeutsam ist, dass auch eine erhebliche Belastung von den ständig höheren Nebenkosten (Abgaben, Energiekosten) ausgeht und viele Mieter sicher sind, durch ein eigenes Objekt sparen zu können. Allerdings ist hierbei zu berücksichtigen, dass Instandhaltungen und Reparaturkosten der Immobilie bei Wohneigentumserwerb selber zu tragen sind. Tatsächlich steigen die Wohnnebenkosten sogar oft schneller als die eigentliche Grundmiete. Größter Preistreiber sind die Energiekosten, aber auch die Kosten der Müllentsorgung, die Aufwendungen für Frischwasser und Abwasser, die Schornsteinfeger- und Straßenreinigungsgebühren, sowie die teilweise kräftig erhöhten Grundsteuern. Dieser Kostenblock liegt im langjährigen Vergleich über der Preissteigerungsrate der sonstigen Verbraucherpreise. Die Wohnnebenkosten entsprechen de facto einer zweiten Miete. Mit inzwischen bis zu 3,18 € pro m² monatlich (oder 2,17 € im Bundesdurchschnitt) entfallen auf sie in den letzten Jahren zwischen 30 und 37 % der Gesamtmietbelastung; wegen der (vorübergehend) gesunkenen Energiekosten hat sich die Lage etwas entspannt. Zur längerfristigen Entwicklung siehe Tab. 2.4.

Tab. 2.4: Entwicklung der Wohnnebenkosten.

	2012	2013	2014	2015
Mieten inkl. Nebenkosten	2,3 %	2,1 %	1,6 %	1,5 %
Nettokaltmieten	1,2 %	1,4 %	0,9 %	1,2 %
Verbraucherpreise insgesamt	1,1 %	1,6 %	0,9 %	0,3 %
Wohnnebenkosten insgesamt	1,0 %	9,7 %	−2,8 %	−0,4 %
darunter:				
Kosten für Müllabfuhr	0,5 %	0,4 %	0,4 %	0,4 %
Abwasserbeseitigung	1,0 %	0,7 %	0,7 %	0,7 %
Wasserversorgung	1,6 %	1,7 %	1,1 %	1,1 %
Heizöl	11,1 %	−8,2 %	−10,0 %	−23,0 %
Gas	5,6 %	1,5 %	0,2 %	−1,5 %
Feste Brennstoffe	3,1 %	3,8 %	3,0 %	2,9 %
Strom	3,1 %	13,1 %	2,4 %	−0,8 %

Quelle: Statistisches Bundesamt

Die eigengenutzte Immobilie bietet höhere Lebensqualität, Inflationsschutz und ist ein wichtiger Baustein der Altersvorsorge und des Vermögensaufbaus.
Das Eigenheim kann nach individuellen Vorstellungen gestaltet werden und ist eine langfristige, werthaltige Sachanlage. Es erspart laufende Mietaufwendungen, die Tilgungen fließen in den eigenen Vermögenszuwachs. Niedrige Zinsen machen den Bau oder Kauf attraktiv. Nach vollständiger Entschuldung ist ein miet- und schuldenfreies Wohnen möglich. Dennoch ist zu berücksichtigen, dass zunächst relativ hohe Schulden aufgenommen und über einen langen Zeitraum zurückgezahlt werden müssen. Damit ist zwangsläufig eine weitgehende Abhängigkeit von dem Objekt und der langfristigen Zinsentwicklung vorhanden. Ein Grund mehr, bei der Wohnlage, der Objektauswahl und der Finanzierung besondere Sorgfalt anzuwenden.

Wohnwertrendite
Die Gründe zum Wohneigentumserwerb sind vorab angesprochen. Im Vordergrund stehen der Wunsch nach Unabhängigkeit, höherer Lebensqualität und finanzieller Sicherheit.

Dennoch ist es sinnvoll. zur Abrundung der Kaufentscheidung auch als Wohneigentümer und Eigennutzer eine Renditeberechnung für die Immobilie anzustellen, die ebenso angewendet werden kann, wenn ein Objekt nur teilweise eigengenutzt. wird. Die Nettorendite für ein eigengenutztes Einfamilienhaus ist aus Tab. 2.5 zu ersehen. Steuerliche Aspekte spielen bei der eigengenutzten Immobilie keine Rolle.

Tab. 2.5: Nettorendite für eigengenutzte Immobilie.

Nettorendite für eigengenutzte Immobilie	€/monatlich	€/jährlich
Kaltmiete für ein Vergleichsobjekt	1.200	13.200
./. Instandhaltungsrücklage (fiktiv, etwa 10 %)	./. 120	./. 1.440
Mietersparnis	1.080	11.760
Mietersparnis × 100		1176000
Gesamtaufwand/Objektkosten	292.000 €	
	in %	
Mietersparnis × 100 / Gesamtaufwand	4,03	
zuzüglich angenommene Wertsteigerung der Immobilie p.a.	1,00	
Nettorendite	5,03	
Vervielfältiger auf Basis der Mietersparnis	24,83	

Beispiel:

Kaufpreis Reihenhaus	264.000 €
Nebenkosten	28.000 €
Gesamtkosten	292.000 €
Mietwert für ein Vergleichsobjekt p.a.	13.200 €
Instandhaltungsrücklage (fiktiv) p.a.	1.440 €
Nettomiete	11.760 €
angenommene Wertsteigerung der Immobilie p.a.	1 %

Unabhängig von diesen Argumenten für den Erwerb von Wohneigentum, ist der Kauf/Bau eines eigengenutzten Eigenheims nur dann zu empfehlen, wenn Käufer oder Bauherren davon ausgehen können, viele Jahre am gleichen Ort zu bleiben. Ist dies nicht hinreichend sicher, so ist die Mietoption vorteilhafter, da ein Verkauf nach wenigen Jahren wegen den zuvor verauslagten Bau-/Kaufnebenkosten von bis zu 15 % meist mit Verlusten verbunden ist und eine Vermietung oft nicht in Betracht kommt.

Tab. 2.6: Wirtschaftliche Tragfähigkeitsprüfung bei Eigennutzern.

	Vorgehensweise
Ermittlung des Eigenkapitals	Zunächst werden alle vorhandenen Eigenmittel, die sofort in die Finanzierung einfließen können, ermittelt. Dies sind u.a. Kontoguthaben, Sparguthaben, Bausparguthaben in zuteilungsreifen Verträgen, Wert des vorhandenen Grundstücks, Entnahmebeträge aus Riester-Verträgen.
Ermittlung der möglichen Eigenleistung	Realistischer Ansatz unter Berücksichtigung von Höchstbeträgen, Zeitaufwand, Hilfestellung Dritter.
Ermittlung der monatlichen Belastbarkeit	Ausgangsbasis ist die bisher gezahlte Kaltmiete. Hinzu addiert werden Beträge, die bislang zusätzlich monatlich gespart wurden. Da diese Beträge heute bereits regelmäßig gezahlt werden, kann davon ausgegangen werden, dass sich der Eigennutzer eine Finanzierungsbelastung in gleicher Höhe auch künftig wird leisten können. Falls weitere Mittel zur Verfügung stehen, erhöhen diese natürlich den monatlichen Finanzierungsspielraum.
Ermittlung des jährlichen Finanzierungsaufwandes und der möglichen Darlehenshöhe	Unterstellt, dass die jährliche Finanzierungsbelastung einer Annuität (Zinsen und Tilgung) von 6 % entspricht, kann die mögliche Darlehenshöhe ermittelt werden. Vorsichtshalber werden nicht die aktuell extrem niedrigen Zinsen, sondern ein langfristiger Durchschnittszins von 3 % sowie ein anfänglicher Tilgungssatz von 3 % zugrunde gelegt. Niedrigere Zinsen sollten zu einem höheren Tilgungsanteil genutzt werden.
Ermittlung des Finanzierungsrahmens	Die ermittelte maximale Darlehenshöhe zuzüglich Eigenkapital und mögliche Eigenleistung ergeben den Finanzierungsrahmen.

2.2.2 Wirtschaftliche Tragfähigkeitsprüfung

Der Erwerb von Wohneigentum zur Eigennutzung erfordert von dem Immobilieninvestor vorab eine Prüfung seiner wirtschaftlichen Rahmenbedingungen und der wirtschaftlichen Tragfähigkeit seines Vorhabens. Tabelle 2.6 nennt die wichtigsten Ermittlungsschritte und die Vorgehensweise zur Beschaffung entsprechender Informationen.

Eine vereinfachte Vorabanalyse zeigt dem Investor, ob die ins Auge gefasste Immobilie finanzierbar ist (vgl. Anlage 31). Grenzen und Risiken aus der unterschiedlichen Ermittlung des Finanzierungsrahmens sind in Anlage 7 zu sehen.

2.3 Immobilien als Kapitalanlage

Die Rendite von Immobilienanlagen war lange Jahre für Kapitalanleger eher enttäuschend, konnten doch im Kapitalmarkt deutlich höhere Renditen erzielt werden. Nachdem sich viele Geldanlagen als unsicher oder hoch volatil erwiesen haben und die Renditen für sichere Anlagen (z. B. gute Staatsanleihen) nur noch sehr gering oder sogar negativ ausfallen, haben Immobilien als Kapitalanlage an Attraktivität gewonnen, zumal diese oft noch zusätzliche Steuervergünstigungen ermöglichen.

Konservative Kapitalanleger suchen stabile Renditen, die derzeit nur der Immobilienmarkt bietet. Bedingt durch die längerfristig ausgelegte Leitzinspolitik der EZB und die dadurch nach unten gezogenen, teilweise sogar negativen Renditen von Staatsanleihen und Pfandbriefen, ist die Kapitalanlage in Immobilien eine sinnvolle Alternative.

Hierbei ist zwischen einer direkten und indirekten Immobilienanlage zu unterscheiden (vgl. Abb. 2.1), die sich im Gegensatz zur Eigennutzung im Wesentlichen an der erwarteten Wertsteigerung und der laufenden Netto-Mietrendite der Immobilie ausrichtet.

2.3.1 Indirekte Form der Kapitalanlage

Bei der indirekten Form der Kapitalanlage in Immobilien sind zwei Grundformen zu unterscheiden. Bei einer Geldanlage in **offene Immobilienfonds**, handelt es sich um Fondsanteile an einem Immobiliensondervermögen, das von einer Kapitalanlagegesellschaft verwaltet wird. Die offenen Immobilienfonds investieren in Projektentwicklungen, Bestandsimmobilien und Neubauprojekte und sind in mindestens 10 verschiedenen, zumeist wohnwirtschaftlichen Objekten investiert. Bei offenen Immobilienfonds können die Fondsanteile jederzeit gekauft oder verkauft werden und sind damit fungibel. Allerdings sind Anteilsrückgaben, soweit sie 30.000 € pro Kalen-

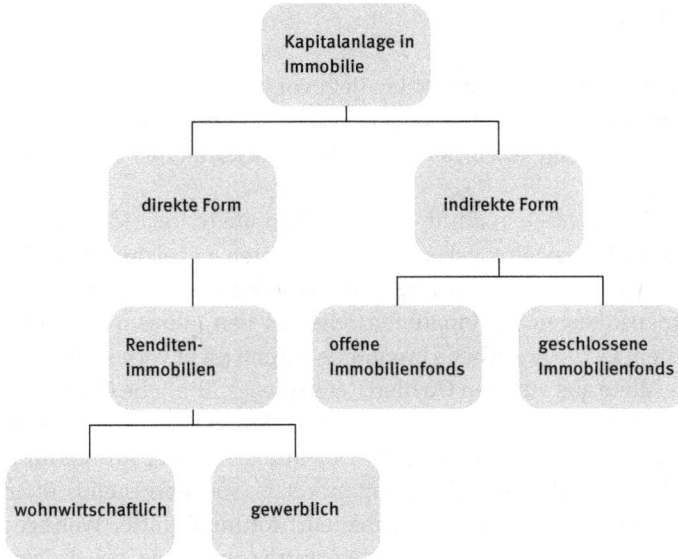

Abb. 2.1: Kapitalanlage in Immobilien.
Quelle: Eigene Darstellung

derhalbjahr übersteigen, erst nach Ablauf einer Mindesthaltefrist von 24 Monaten möglich (vgl. § 80c Abs. 3 Satz 1 InvG)

Bei einem **geschlossenen Fonds** – meistens in der Rechtsform einer GmbH & Co. KG – ist die Anzahl der Anleger von Anfang an durch die Anzahl der Immobilien und des sich daraus ergebenden Volumens des Gesellschaftskapitals begrenzt. In der Regel werden 1–4 gewerbliche Immobilien (Bürogebäude, Einkaufszentren, Seniorenwohnheime u.a.) oder Mietshäuser in guten Lagen erworben. Sobald das erforderliche Gesellschaftskapital (Kommanditanteile) für die Investition der Immobilie (i.d.R. gewerbliche Immobilien) eingenommen ist, wird der Fonds geschlossen. Die Fondsanteile sind gestückelt (10.000 €). Der Anleger erhält als Kommanditgesellschafter aus dem Fondsanteil jährliche Gewinn- oder Verlustzuweisungen. Eine Weiterübertragung eines Gesellschafteranteils wird häufig im Gesellschaftervertrag ausgeschlossen. Der Investor erhält erst dann sein Geld zurück, wenn die Immobilie verkauft ist und das Fondsvermögen auseinandergesetzt wird. In der Regel geschieht dies frühestens nach 10 Jahren. Die prognostizierte Rendite der Beteiligung wird in einem Fondsprospekt ausgewiesen, das auch Angaben zur rechtlichen Fondsgestaltung und der zu erstellenden oder bereits gebauten Immobilien enthält.

2.3.2 Direkte Form der Kapitalanlage

Eine direkte Form der Kapitalanlage in Immobilien liegt vor, wenn Investoren unmittelbar in gewerbliche oder wohnwirtschaftliche Objekte investieren. Unsere Betrachtung gilt der direkten Kapitalanlage in Form einer wohnwirtschaftlichen Renditeimmobilie.

Eine Immobilie, bei der die Mieteinkünfte eine gute Rendite in Relation auf den eingesetzten Kaufpreis oder die Gestehungskosten gewährleisten, bezeichnet man als Renditeobjekt. Die Rendite betrifft die Verzinsung des eingesetzten Kapital (= Anschaffungskosten + Erwerbsnebenkosten der Immobilie), die aus den Jahresnettomieten (Kaltmieten) erzielt werden. Ist die erworbene Immobilie aktuell nicht vermietet, wird die potenziell erzielbare Miete aus anderen Quellen (Mietspiegel, ähnliche Objekte in vergleichbarer Lage, Maklerinformationen etc.) hergeleitet. Wichtig ist hierbei, dass die kalkulierten Mieten unter Berücksichtigung der Objektlage und der Ausstattung marktüblich sind. Werden aufgrund von Sondersituationen (vorübergehend) über dem Markt liegende Erträge erzielt (bei Wohneinheiten: Notunterkünfte, Wohngemeinschaften, Überbelegung etc.), ist keine nachhaltige Ertragserzielung gewährleistet.

Der Immobilieninvestor wird von künftigen Ertragsmöglichkeiten ausgehen und errechnen, welche Fremdmittel mit der erzielbaren Jahresmiete bedient werden können. Hinzu werden dann die Eigenmittel addiert. Hierdurch wird bereits im Vorstadium die grundsätzliche Finanzierungshöhe der Immobilieninvestition eingeschätzt.

Zu berücksichtigen sind darüber hinaus steuerliche Aspekte und die Risiken, die sich aus einer Kapitalanlage in Immobilien ergeben. Hierzu gehören vorrangig das Mietausfallrisiko, Reparatur- und Instandhaltungsrisiken und die Erhöhung von nicht umlegbaren Nebenkosten und Verwaltungskosten. Zwar werden diese Risikokomponenten bei der Berechnung der Nettorendite berücksichtigt; es bleibt aber offen, ob diese kalkulatorischen Ansätze auch der künftigen Entwicklung entsprechen. Eine Vergleichsrechnung für Immobilienangebote ist mit der Anlage 10 möglich.

Der Eigenkapitaleinsatz ist bei Renditeobjekten eher nachrangig, oft werden nur die Kaufnebenkosten aus Eigenmitteln bezahlt. Ein hoher Fremdfinanzierungsanteil ist insbesondere dann unproblematisch, wenn die laufenden Zinsen und die nicht umlegbaren Bewirtschaftungskosten voll aus den Mieteinnahmen gedeckt werden können. Da die Finanzierungskosten steuerlich absetzbar sind, ist eine weitgehende Finanzierung eher der Normalfall. Gleichwohl ist es auch in der Niedrigzinsphase nicht sinnvoll, mehr Fremdkapital aufzunehmen als unbedingt nötig, da selbst der Spitzensteuerzahler weniger als 50 % seiner Werbungskosten erspart.

Die häufigste Finanzierungsform sind endfällige Darlehen. Der Kapitalanleger sollte die Finanzierung wegen des günstigen Zinsniveaus möglichst lange, am besten sogar für die gesamte Investitionsdauer festzuschreiben. Bei der Objektbewertung legen die Banken in der Regel den Ertragswertansatz zugrunde.

Die Gesamtrendite einer Kapitalanlage in Immobilien setzt sich aus drei Rendite-bestandteilen zusammen:

	1.	Netto-Mietrendite nach Steuern
+	2.	Steuerliche Zusatzrendite

=		Basisrendite
+	3.	Wertzuwachsrendite bei Verkauf (Verkaufspreis/Anschaffungskosten × 100)

=		**Gesamtrendite**

Einen Überblick über die bei Renditeobjekten häufig verwendeten Renditedefinitio-nen gibt Tab. 2.7.

Tab. 2.7: Grundbegriffe zur Rendite.

Reinertrag	Jährliche Mieteinnahme abzüglich nicht umlagefähiger Betriebs-/ Verwaltungs- und Instandhaltungskosten, Mietausfallwagnis
Rendite	Reinertrag geteilt durch die Investitionssumme
Anfangsrendite	Verhältnis von Mieteinnahmen im ersten Jahr zur Investitions-summe
Brutto-Rendite (vor Steuern)	Gesamtertrag/Gesamtinvestition × 100
Netto-Rendite (vor Steuern)	Nettoertrag/Gesamtinvestition × 100
Netto-Rendite (nach Steuern)	Nettorendite × (100 % – persönlicher Steuersatz) / Gesamtinves-tition

Meist werden Anlageimmobilien mit dem „Vielfachen" des Mietwertes angeboten. Die Formel (100/Vervielfältiger = Bruttorendite) ist lediglich eine einfache Methode, die Rendite einer Immobilie grob zu überschlagen.

Das Ergebnis ist dann der Vervielfältiger oder Multiplikator.

Beispiel:

Kaufpreis eines kleinen Mehrfamilienhauses inkl. aller Kaufnebenkosten	614.000 €
Mieteinnahmen p.a.	36.000 €
Bruttorendite (vgl. Tab. 2.8)	5,86 %
Vervielfältiger/Multiplikator	17,06

Das MFH wird angeboten mit dem 17-fachen der Jahresmiete*

Die Höhe der Rendite ist demnach abhängig vom Vervielfältiger. Bei guten Objekten (= geringes Risiko) kommt ein hoher Vervielfältiger in Frage, und damit eine niedri-gere Rendite. Bei Objekten mit hohem Risiko ist es umgekehrt (niedriger Vervielfältiger durch geringeren Kaufpreis = hohes Risiko = höhere Rendite).

Vervielfältiger	33.3	25	20	16,7	14,3	12,5	11,1
Rendite	3 %	4 %	5 %	6 %	7 %	8 %	9 %

Die Investition steht und fällt mit der Qualität der Immobilie. Wichtig sind die Lage und die Ausstattung des Objektes denn eine „Kapitalanlage in Beton" ist letztlich nur dann erfolgreich, wenn bei der Auswahl des Objektes keine gravierenden Fehler gemacht werden.

Tab. 2.8: Bruttorendite für ein Mietobjekt.

Bruttorendite für ein Mietobjekt		
	€/monatlich	€/jährlich
Kaltmiete Wohnung	2.600	31.200
Garagen/Stellplätze	400	4.800
sonstige Erträge aus dem Objekt	0	0
Gesamterträge	3.000	36.000
	€	
Gesamtaufwand/Objektkosten inkl. aller Nebenkosten		614.000
Gesamtaufwand × 100		
	in %	
Gesamtertrag / Gesamtaufwand × 100		
Bruttorendite		5,86
Vervielfältiger		17,06

* Diese vereinfachte Berechnung birgt natürlich Risiken, denn viele andere Faktoren bleiben unberücksichtigt.

Von Vorteil bei der Investitionsentscheidung wäre, den Marktwert/Ertragswert zu kennen oder qualifiziert überprüfen zu können. Über die Ertragswertermittlung sprechen wir ausführlich in Kapital 5.3.6. Anzumerken ist, dass es sich bei vorstehender Kalkulation um eine Anfangsrechnung zum Zeitpunkt der Investition handelt. Die Investition wird getragen von der langfristigen Vermietbarkeit zu angemessenen Mieten Künftige Mieterhöhungen, Mietausfälle, Reparaturkosten etc. im Haltezeitraum der Immobilie können hierdurch nicht erfasst werden. Auch zwischenzeitlich veränderte gesetzliche Bestimmungen (z. B. Mietspiegel, Mietpreisbremse, Kappungsgrenze) können die Anfangsrechnung verändern (siehe Anlage 11).

In diesem Zusammenhang sei auf die Möglichkeit von vollständigen Finanzplänen (VOFI) verwiesen, die einen „Vermögensendwert" am Ende einer Halteperiode unter Berücksichtigung wechselnder Ein- und Auszahlungsströme und unter Berücksichtigung von Zinsen und Zinseszinsen ausweisen. In dieser Rechnung könnten bezüglich der Mietertragserhöhungen auch Kappungsgrenzen und die Mietpreis-bremse berücksichtigt werden.

In Anlage 12 haben wir einen Investitionsplan für eine vermietete Wohnung auf-gestellt.

2.3.3 Kombination von Eigennutzung und Kapitalanlage

Wohnwirtschaftliche Renditeimmobilien und eigengenutzte Immobilien sind völlig verschieden, schließen einander aber keinesfalls aus. Hierbei können die jeweiligen die Vorteile einer Eigennutzung mit denen einer Kapitalanlage optimal genutzt wer-den.

Die unterschiedlichen Auswirkungen und Handhabungen lassen sich am besten anhand eines Zweifamilienhauses erklären. Hierbei wird die Hauptwohnung selbst genutzt, während die Zweitwohnung (auch als Einliegerwohnung bezeichnet) vermie-tet wird. Einfachste Planrechnung wäre, die beiden unterschiedlichen Wohneinheiten von Beginn an zu trennen. Bei einem Neubau würde das bedeuten, dass nicht ein Zweifamilienhaus gebaut wird, sondern zwei nach dem WEG getrennte Wohneinhei-ten entstehen. Auf diese Weise wäre auch gewährleistet, dass zwei völlig getrennte Finanzierungen vorgenommen und die Eigenmittel ausschließlich für die eigenge-nutzte Einheit eingesetzt würden.

Weiterhin wäre es zweckmäßig, für die vermietete Einheit an Stelle einer Tilgung Bausparverträge oder Lebensversicherungsverträge anzusparen oder die Tilgung vor-übergehend ganz auszusetzen und die ersparten Tilgungsbeiträge gezielt bei der eigengenutzten Wohnung zu nutzen. Zusätzlich würde es sich anbieten, bei Neufest-schreibung von Konditionen, die durch niedrigere Zinsen freiwerdenden Beträge zur weiteren Tilgungserhöhung bei der eigengenutzten Wohnung zu verwenden.

Erfolgt keine Aufteilung, so müssen die Gesamtkosten anteilig entsprechend der Wohnfläche auf die Einheiten verteilt werden. Der BFH hat grundsätzlich bestätigt, dass für den Fall einer von Anfang an sauberen Trennung der anfallenden Kosten, der Führung von verschiedenen Konten und der genauen Zuordnung der Finanzierungs-mittel eine exakt den getrennt geltend zu machenden Aufwendungen entsprechende steuerliche Zuordnung akzeptiert wird. Da diese Handhabung in der Praxis extrem aufwändig ist und der Steuervorteil nur für die vermietete Einheit gegeben ist, spricht alles für eine Begründung von Teileigentum von Beginn an.

2.4 Systematisierung der Erwerbsformen

Beim Erwerb einer Immobilie hat der Investor – sieht man von Erwerbssonderformen ab – grundsätzlich die Wahl zwischen Bauen und Kaufen. Die Entscheidung für eine dieser Erwerbsformen hängt von individuellen Voraussetzungen und Präferenzen ab. Hierzu zählen im Wesentlichen:

- finanzielle Basis,
- Vorstellungen bezüglich Aussehen, Aufteilung und Ausstattung,
- zeitlicher Handlungsbedarf,
- Größe des benötigten Wohnraums,
- familiäre Situation,
- Lebensphasenbetrachtung,
- steuerliche Situation,
- Möglichkeiten zum Erhalt von „öffentlicher Förderung",
- Immobilie als Bestandteil einer der Altersvorsorge,
- Wunsch nach einem bestimmten Standort.

2.4.1 Neubau einer Immobilie

Der Bau eines Hauses ist die klassische Form, um Immobilienbesitz zu erlangen und individuelle Vorstellungen ohne Einschränkungen umzusetzen.

Hierbei sind zwei Aspekte zu unterscheiden:
- Der Erwerb oder Nutzung eines vorhandenen Grundstücks.
- Die Erstellung der Immobilie.

Erwerb oder Nutzung eines vorhandenen Grundstücks

Beim Bau eines Hauses ist ein Baugrundstück entweder bereits vorhanden oder es muss vor Baubeginn erworben werden. Soll ein Baugrundstück erworben werden, sind einige Grundvoraussetzungen festzulegen, die die Lage, den späteren Bebauungswunsch und die familiäre Situation betreffen. Folgende Fragen sind vor Baubeginn zu klären:

- Sind die Eigentumsverhältnisse des Grundstücks geklärt?
- In welchem Orts-/Stadtteil liegt das Grundstück?
- Wie ist die Lage des Grundstücks innerhalb des Ortes/Stadtteils zu beurteilen?
- Sind Einkaufsmöglichkeiten vorhanden?
- Wie ist die Verkehrsanbindung?
- Wie sind das Kita-/Kindergarten- und das Schulangebot?
- Sind Sport-/Spielmöglichkeiten in unmittelbarer Nähe?
- Liegt das Grundstück an einer öffentlichen Straße?
- Was kann auf dem Grundstück gebaut werden (GFZ, GRZ)?

- Wie sieht die Nachbarbebauung aus?
- Sind Abstandsflächen einzuhalten?
- Ist Grenzbebauung notwendig?
- Wie ist das Grundstück zur Himmelsrichtung gelegen?
- Welche Größe und welchen Zuschnitt hat das Grundstück?
- Ist die Straßenfront ausreichend?
- Sind Baulasten eingetragen?
- Bestehen Grunddienstbarkeiten (Wegerechte, Leitungsrechte etc.)?
- Sind Altlasten vorhanden?
- Wie ist die Beschaffenheit des Baugrundes?
- Bestehen öffentliche Lasten (Erschließungsbeiträge)?
- Besteht eine zeitliche Bebauungsverpflichtung?

Sowohl für die Preisfindung eines Grundstücks, als auch für die spätere Bewertung ist die Grundstücksausnutzungsmöglichkeit entscheidend. Handelt es sich bei dem zu kaufenden Grundstück um eine sogenannte Baulücke, so ist relativ einfach festzustellen, wie die bauliche Nutzung aussehen kann, da die Vorgaben der vorhandenen Rundumbebauung vorgeschrieben sind.

Bei den Überlegungen zum Kauf eines Grundstücks in einem Neubaugebiet stehen die Nutzungsmöglichkeiten der Fläche im Vordergrund. Nicht die absolute Grundstücksgröße ist entscheidend, sondern das sogenannte Maß der baulichen Nutzung. Diese ist in § 17 der Baunutzungsverordnung geregelt und unterscheidet Grundflächen- und Geschossflächenzahl.

Die **Grundflächenzahl (GRZ)** gibt an, wie viele m^2 Grundfläche eines Gebäudes je m^2 Grundstücksfläche zulässig sind.

Die **Geschossflächenzahl (GFZ)** gibt an, wie viele m^2 Geschossfläche je m^2 Grundstücksfläche zulässig ist. Die Geschossfläche ist die Summe der Flächen aller Vollgeschosse (einschließlich Umfassungswände). Bauliche Anlagen und Gebäudeteile, wie Balkone, Loggien und Terrassen bleiben bei der Ermittlung der GFZ unberücksichtigt.

In einem reinen Wohngebiet (im Bebauungsplan mit WR bezeichnet) werden beispielsweise folgende Vorgaben gemacht:

1 Vollgeschoss	Grundflächenzahl (GRZ)	maximal 0,4
	Geschossflächenzahl (GFZ)	maximal 0,5
2 Vollgeschosse	Grundflächenzahl (GRZ)	maximal 0,4
	Geschossflächenzahl (GFZ)	maximal 0,8

Beispiel GRZ:
Für eingeschossige Bebauung in einem reinen Wohngebiet ist eine Grundflächenzahl von 0,4 festgesetzt. Wie viel Grundfläche darf das Wohngebäude haben, wenn das Grundstück 525 m² groß ist?

Berechnung der GRZ:
Grundstück × Grundflächenzahl = zulässige Grundfläche des Gebäudes.

Beispiel:
GRZ = 0,4   525 m² × 0,4 = 210 m² Grundfläche.

Beispiel GFZ:
Für zweigeschossige Bebauung in einem reinen Wohngebiet ist eine Geschossflächenzahl von 0,6 festgesetzt. Wie viel Geschossfläche (Wohnfläche, verteilt auf beide Geschosse) darf das Wohngebäude haben, wenn das Grundstück 420 m² groß ist?

Berechnung der GFZ:
Grundstück × Geschossflächenzahl = zulässige Gesamtgeschossfläche des Gebäudes.

Beispiel:
GFZ = 0,6   420 m² × 0,6 = 252 m² Geschossfläche.
bei zweigeschossiger Bauweise sind das 126 m² Wohnfläche je Geschoss.

Eine gute Auskunft über die Bebaubarkeit eines Grundstücks gibt die Stellung einer schriftlichen Bauvoranfrage an die Gemeinde, dies ist vor allem dann angeraten, wenn kein qualifizierter Bebauungsplan vorliegt.

Erstellung der Immobilie

Bei der Umsetzung des Vorhabens müssen baugenehmigungs- und sonstige öffentlich-rechtliche Vorschriften beachtet werden. Ferner ist der Bauherr mit speziellen Regelungen im Werkvertragsrecht konfrontiert und auf eine umfassende Beratung und Mitwirkung eines Architekten angewiesen. Dessen Kostenermittlung ist wesentliche Grundlage für die Investitionsentscheidung und für die Baufinanzierung. Im Grundsatz geht der Bauherr davon aus, dass das Baurecht erfolgsorientiert ist, d.h. es muss ein mängelfreies vertragsgemäßes Bauwerk rechtzeitig hergestellt werden.

Falls zwischen Grundstückserwerb und der Umsetzung des Bauvorhabens einige Zeit liegen wird, ist es oftmals notwendig, dass auch der reine Grundstückskauf ganz oder teilweise finanziert werden muss. Dann ist zu bedenken, dass möglichst keine langfristigen Darlehen aufgenommen, sondern nur variable Darlehen ins Auge gefasst werden. Schließlich wird auch mit einem für diese Zwecke eingetragenen Grundpfandrecht die 1. Rangstelle im Grundbuch „blockiert". Vereinfacht gesagt würde dadurch die Möglichkeit erschwert, für die „Hauptfinanzierung" einen anderen Darlehensgeber zu gewinnen.

Die Baufinanzierung eines Neubaus ist deutlich komplexer, denn das Finanzierungsinstitut begleitet das Bauvorhaben während der gesamten Gestehungsphase.

Daher sind sorgfältige Planung und eine strenge Kostendisziplin des Bauherrn wichtig.

Die Finanzierungsmittel werden dem Baufortschritt entsprechend sukzessive ausgezahlt, es muss eine ständige Bautenstandskontrolle erfolgen. Bei der Kostenermittlung sind die durch die Bauzeit entstehenden höheren Finanzierungsnebenkosten zu berücksichtigen.

Eine Checkliste zur Baukostenkontrolle auf Basis der Ausschreibung und anhand des tatsächlichen Aufwands ist in Tab. 2.9 vorgeschlagen.

Tab. 2.9: Baukostenkontrolle.

Gewerke	Ausschreibungs-kosten in €	% der Ge-samtkosten	tatsächlicher Aufwand in €	% der end-gültigen Kosten
Erdarbeiten				
Keller				
Mauerwerk, Decken				
Erdgeschoss				
Mauerwerk, Decken				
Zimmereiarbeiten				
Dachdeckerarbeiten				
Abdichtungsarbeiten				
Rohbau				
Elektriker				
Klempner/Installateur				
Maurer/Innenputz				
Fußboden/Fliesenleger				
Heizungsmonteur				
Tischler				
Maler/Anstreicher				
Schlosser				
Wärmedämmung				
Außenputz				
Sonstiges				
Ausbau				
Gesamt (Rohbau und Ausbau)				

Nach Vollendung der tragenden Teile, der Schornsteine, Brandwände, Treppen und der Dachkonstruktion erfolgt von der Baubehörde auf Antrag des Bauherrn eine Prüfung, ob die ausgeführten Bauarbeiten den genehmigten Plänen, den Bauvorschriften und den Bedingungen des Genehmigungsbescheides entsprechen.

Gegebenenfalls beschränkt sich die Rohbauabnahme nur auf den bei der Genehmigung geprüften Umfang. Eventuelle Auflagen werden gleichfalls überprüft. Die einzelnen Länderbauordnungen sind bei der Abgrenzung der Voraussetzungen für die Rohbauabnahme unterschiedlich. Über die Abnahme wird als Protokoll der Rohbauabnahmeschein erstellt. Dieser ist eine gebührenpflichtige Bescheinigung über das Ergebnis der Besichtigung der Fertigstellung des Rohbaus und damit ein amtliches Protokoll über die Prüfung des Rohbaus und bestimmter Anlagen oder Gebäudeteile.

In vielen Bundesländern wird mit der Rohbauabnahme auch die ordnungsgemäße Gebäudeeinmessung bestätigt. Für den Baufinanzierer ist dies ein wichtiges Kontrollinstrument über den Stand des Bauvorhabens und die bautechnisch ordnungsgemäße Durchführung.

Vor dem endgültigen Gebrauch des Hauses oder der Wohnung sind diese formal abzunehmen. Dies geschieht durch die genehmigungspflichtige Behörde. Die Bauaufsichtsbehörde bestätigt bei genehmigungspflichtigen Bauwerken oder Anlagen durch den Gebrauchsabnahmeschein, dass den Vorschriften entsprechend gebaut worden ist. Gegenüber den beteiligten Bauhandwerkern ist der Bauherr gleichfalls zur Abnahme verpflichtet (§§ 433, 640 BGB).

Erst wenn das Objekt fertiggestellt, kostenmäßig abgerechnet, bezugsfertig ist und alle Baufinanzierungsdarlehen voll ausgezahlt sind, beginnt die reguläre Darlehensphase.

2.4.2 Kauf einer Immobilie

Mit dem Kauf einer Immobilie ist der Vorteil verbunden, dass diese meist schneller bezogen werden kann und der Gesamtpreis (incl. möglicher Modernisierungs- oder Umbaukosten) relativ genau kalkulierbar ist. Im Gegensatz zum konventionellen Neubau sind die finanziellen Unwägbarkeiten damit deutlich geringer. Ausstattungsmerkmale können zwar unterschiedlich sein, sind aber eher nachrangig, da sie mit einer ohnehin fast immer anstehenden „Generalüberholung" auf den neuesten Stand gebracht werden können. Nachteilig sind insbesondere die fehlenden oder begrenzten Möglichkeiten, die Immobilie nach individuellen Vorstellungen zu gestalten. Die Einschätzung der Lage ist durch eine gründliche Inspektion des Umfeldes möglich. Die Besichtigung des Objektes, zweckmäßigerweise zusammen mit einem Bausachverständigen oder Architekten, ist dringend zu empfehlen.

Die Klärung folgender Fragen ist sinnvoll:
- Warum verkauft der bisherige Eigentümer?
- Ist der Grundstückswert in der Richtwertkarte geprüft?
- Relation zwischen Haus- und Grundstückswert (normal wäre 3 : 1)?
- Relation zwischen Rauminhalt und Wohnfläche (normal wäre 6 : 1)?
- Neuzeitlicher Erschließungszustand?

- Besteht Anschluss mit Breitbandkabel?
- Bestehen öffentliche Lasten oder noch nicht abgerechnete Erschließungskosten?
- Höhe des Einheitswerts?
- Wann wurde der Einheitswert festgestellt bzw. zuletzt geändert?
- Grundsteuerhebesatz der Kommune?
- Feuerversicherungswert des Objektes?
- Relation des Kaufpreises zum Feuerversicherungswert?
- Baujahr des Hauses/Letzte Grundrenovierung?
- Entspricht die Bebauung der Baugenehmigung?
- Stehen das Objekt oder Teile davon unter Denkmalschutz?
- Ist das Dach ausbaufähig?
- Liegt für einen bereits vorhandenen Dachausbau eine Baugenehmigung vor?
- Ist der Wohnungszuschnitt zeitgemäß?
- Entspricht er den Vorstellungen?
- Unterhaltungszustand des Hauses (Baumängel/-schäden)?
- PKW-Garage vorhanden und/oder sind Einstellplätze ausreichend?
- Bezugsfähigkeit/Mietfreiheit?
- Bestehen noch Gewährleistungsansprüche?
- Liegt ein Wertgutachten vor?
- Energieausweis?
- Ist eine Wohnungsbindung vorhanden oder wirkt sie noch nach (falls Finanzierung mit öffentlichen Mitteln)?

Gebrauchtimmobilie

Vor die Wahl gestellt, ein neues Objekt zu bauen oder eine gebrauchte Immobilie zu kaufen, entscheiden sich viele Investoren für den Mittelweg. Ein gebrauchtes, meist besser gelegenes, älteres Objekt wird erworben und dann umfassend modernisiert, saniert oder renoviert. Oft werden auch weitere Wohnflächen aus- oder angebaut.

Unter Modernisierungsmaßnahmen verstehen wir alle Baumaßnahmen zur Erhöhung des Verkehrs- bzw. Wohnwertes, die nicht der Renovierung oder Sanierung dienen.

Ausbau bedeutet die Nutzbarmachung bisher nicht berücksichtigter Neben-, Dach- oder Kellerflächen. Ein Anbau setzt immer eine nicht voll ausgeschöpfte Geschossflächenzahl voraus und erfordert grundsätzlich eine Baugenehmigung. Aus- und Anbauten bringen deutliche Wertsteigerungen des Objektes mit sich, insbesondere im Hinblick auf mögliche Nutzungen im familiären Bereich (Eltern, Kinder, sonstige Verwandte) und die deutlich verbesserten Fördermöglichkeiten. Daher ist bei jedem Gebrauchtimmobilienkauf die Frage nach möglichen Wohnraum- oder Ausbaureserven von entscheidender Bedeutung.

Renovierungen dienen dazu, reguläre Abnutzungen einer Wohnung oder eines Hauses zu beseitigen. Unter Objektsanierung verstehen wir die Wiederherstellung eines zeitgerechten Objektzustandes nach Zerfall oder starker Abnutzung ggf. einzelner Gebäudeteile.

Die Gründe für den Erwerb einer Gebrauchtimmobilie liegen auf der Hand:

– Oft bessere Lage als die meisten Neubauten.
– Günstiger Einkaufspreis mit Preisgarantie.
– Die Renovierungs- und Modernisierungsmaßnahmen können nach und nach in Angriff genommen werden und tragen damit zur Wertsteigerung bei.
  Für einzelne Maßnahmen können gegebenenfalls zusätzliche Förderungsmittel abgerufen werden, z. B. KfW-Wohnraum-Modernisierung, KfW-Altersgerecht-Umbauen, KfW-Energieeffizient-Sanieren, Maßnahmen zum Einbruchsschutz).
– Der vom Verkäufer vorzulegende Energieausweis zeigt die Schwachstellen auf und gibt Handlungsempfehlungen.

Mit einer vernünftigen, neuzeitlichen und umfassenden Wärmedämmung, einer kontrollierten Wohnraumlüftung und der Nutzung von wiederkehrenden Energien lassen sich einerseits Kosten einsparen und gleichzeitig Umweltschutz betreiben. Details zur Energieeinsparverordnung sind aus Anlage 13 zu ersehen.

Der Käufer einer Gebrauchtimmobilie wird prüfen, welche Modernisierungs-, Renovierungs- und Sanierungsmaßnahmen notwendig sind und sie mit den Kosten eines Neubaus vergleichen. Je nach Art und Höhe der Modernisierungs-, Sanierungs- und Umbaumaßnahmen sind beträchtliche Aufwendungen erforderlich. Empfehlenswert ist hierbei die Kosteneinschätzung eines erfahrenen Architekten.

Tab. 2.10: Modernisierungsmaßnahmen.

Notwendige Maßnahmen	Geschätzte Kosten	Finanzierungsweg
Dachdämmung	ca. 15.000 €	KfW Energieeffizient Sanieren
neue Küche	ca. 15.000 €	normales Baudarlehen
Heizungserneuerung	ca. 15.000 €	KfW Energieeffizient Sanieren BAFA Förderung bei erneuerbaren Energien
neue Elektroinstallation	ca. 10.000 €	normales Baudarlehen
Carport/Garage	ca. 10.000 €	normales Baudarlehen
neue Fenster/Haustür	ca. 15.000 €	KfW Energieeffizient Sanieren
neues Bad	ca. 20.000 €	KfW Altersgerecht Umbauen
Wanddämmung	ca. 20.000 €	KfW Energieeffizient Sanieren
Photovoltaikanlage	ca. 20.000 €	KfW Photovoltaik
altersgerechter Umbau zur Barrierereduzierung	ca. 15.000 €	KfW Altersgerecht Umbauen
Verbesserung des Einbruchschutzes	ca. 10.000 €	KfW Altersgerecht Umbauen

Für mögliche Einzelmaßnahmen haben wir in Tab. 2.10 exemplarisch die durchschnittlichen Aufwendungen aufgelistet und dazu interessante Förder- und Finanzierungsmöglichkeiten aufgezeigt.

Exkurs: Energetische Sanierung

Wegen der grundsätzlichen Bedeutung sprechen wir an dieser Stelle die Aufwendungen für die zeitgemäße energetische Sanierung entsprechend der jeweils gültigen Energieeinsparverordnung an. Anhand der Daten aus dem Energieausweis sind Schwachstellen bei Gebrauchtimmobilien leicht festzustellen. Grundsätzlich gilt, dass alle Heizungsanlagen, die älter als 10 Jahre sind, einer genauen Prüfung zu unterziehen sind. Gegebenenfalls muss die Erneuerung der Heizanlage verbunden mit einer entsprechenden Wärmedämmung sofort in die Kostenkalkulation mit einbezogen werden. Seit einigen Jahren ist es obligatorisch, dass der Verkäufer eines Hauses unaufgefordert einen Energieausweis vorlegen muss.

Der Energieverbrauchsausweis ist die vereinfachte Form des Energieausweises. Dabei wird anhand der vorhandenen Verbrauchsdaten der letzten drei Jahre eines Gebäudes der Energieverbrauch für Heizung und zentrale Warmwasserbereitung ermittelt und in Kilowattstunden pro Jahr und Quadratmeter Gebäudenutzfläche angegeben. Grundsätzlich erlaubt der Energieverbrauchskennwert keine exakten Rückschlüsse auf den tatsächlichen Energieverbrauch.

Auch für Altbauten, die nach dem 1.2.2002 umgebaut oder umfassend saniert wurden, muss analog wie bei einem Neubau ein vom bauleitenden Architekten ausgestellter Energiebedarfsausweis vorliegen. Dieses Dokument muss den Energiebedarf des Hauses zuverlässig angeben. Die im Ausweis angegebenen Werte beziehen sich auf das ganze Gebäude. Für einzelne Wohnungen lässt die Angabe keinen genauen Rückschluss zu. Die Energiekennwerte sind in professionellen Immobilienanzeigen zwingend anzugeben. Ein Kaufinteressent ist gut beraten, sich diese Werte genau anzusehen, denn diese Werte sind für den Energieverbrauch dauerhaft von Bedeutung. Wenn ein Hausverkäufer den Energieausweis dem Interessenten nicht unaufgefordert vorlegt, kann das örtliche Bauaufsichtsamt ein Bußgeld von bis zu 15.000 € verhängen. Der Bauherr/Verkäufer haftet unter Umständen auch für die Korrektheit der Angaben.

Aus dem Energieausweis sind möglicherweise Handlungserfordernisse (vgl. Tab. 2.11) erkennbar, die in die Kostenplanung der Renovierung mit einbezogen werden müssen. Sollte der Umfang der Energiesparmaßnahmen insgesamt einen größeren Gesamtaufwand erfordern, ist es ratsam, zur Finanzierung auf die vielfältigen Sonderprogramme der KfW zurückzugreifen. Wichtig ist es, dass vor dem Kauf eine sorgfältige Diagnose erfolgt, also die Überprüfung der Bausubstanz durch einen unabhängigen Fachmann. Gegebenenfalls kann dessen Gutachten später auch bei der Finanzierung gebraucht werden. Dazu gehört auch die Beurteilung des Energieausweises und der sich daraus ableitenden Notwendigkeiten.

Tab. 2.11: Mögliche Erkenntnisse aus dem Energieausweis.

Gebäudeteil	Anteil am Wärmeverlust	Geschätzter Aufwand bei Nachrüstung in €
Fassade, Außenwände	25 %	
Fenster und Verglasung	25 %	
Lüftungsanlage	20 %	
Dach	10 %	
Außentüren	10 %	
Kältebrücken im Haus	10 %	

Kauf von einem Bauträger

Unter einem Bauträger versteht man ein Unternehmen, das Wohn- oder Gewerbebauten in eigenem Namen und auf eigene Rechnung erstellt, um sie zu verkaufen. Die Einheiten werden bereits in der Planungs- und oder Bauphase vermarktet. Bis zur Eigentumsumschreibung der Objekte – in der Regel bis nach Fertigstellung und voller Bezahlung der Kaufpreise – bleibt der Bauträger Eigentümer und Bauherr. Er trägt somit alle sich aus den Baumaßnahmen ergebenden Risiken (Kostenrisiko, Vermarktungsrisiko).

Die rechtlichen Rahmenbedingungen finden sich in der Makler- und Bauträgerverordnung. Bei einem Kauf der Immobilie von einem Bauträger sind nur bedingt Sonderwünsche und Eigenleistungen möglich, da es sich vorwiegend um eine Vorratsbauweise handelt.

Tab. 2.12: Ratenzahlung nach MaBV.

in %	Bezugsgröße
30,0 %	der Vertragssumme nach Beginn der Erdarbeiten, falls Eigentum an einem Grundstück übertragen werden soll
28,0 %	nach Fertigstellung des Rohbaus
5,6 %	für die Herstellung der Dachflächen und -rinnen
2,1 %	für die Rohinstallation der Heizungsanlagen
2,1 %	für die Rohinstallation der Sanitäranlagen
2,1 %	für die Rohinstallation der Elektroanlagen
7,0 %	für den Fenstereinbau inkl. Verglasung
4,2 %	für den Innenputz exkl. Beiputzarbeiten
2,1 %	für den Estrich
2,8 %	für die Fliesenarbeiten im Sanitärbereich
2,1 %	für die Fassadenarbeiten
8,4 %	nach Bezugsfertigkeit, Zug um Zug gegen Besitzübergabe
3,5 %	nach vollständiger Fertigstellung

Die Wahl des richtigen Vertragspartners ist bei einem Kauf von einem Bauträger von Bedeutung, da hier vielfältige Fragen auftauchen, die ohne gründliche Beratung nicht zu klären sind. Insbesondere zum Schutz der Käufer ist in § 3 der Makler- und Bauträgerverordnung (MaBV) geregelt, welche Raten frühestens zu zahlen sind. Zur vereinfachten Vertragskontrolle sind aus Tab. 2.12 die prozentualen Anteile an den Gesamtkosten ersichtlich.

Diese Zahlungsraten bieten nur einen Minimalschutz. Je später der Käufer zahlt, desto geringer ist sein Fertigstellungsrisiko und die Gefahr, dass sich bei einer möglichen Insolvenz des Bauträgers die Fertigstellung des Objektes verteuert. Die Höhe der Raten ist mit dem Bauträger frei verhandelbar, die Ratenzahlungen nach § 3 MaBV stellen lediglich den maximalen Orientierungswert dar.

Diese insgesamt 13 Leistungspositionen sollten in der Praxis in maximal sieben Teilbeträgen entgegengenommen werden, es ist also erforderlich, die Leistungsraten zu bündeln. Dies könnte erfolgen wie in Tab. 2.13 vorgeschlagen.

Tab. 2.13: Leistungsbündelung nach MaBV.

Bezugsgröße	in % vom Gesamtpreis
Anteil der Vertragssumme nach Beginn der Erdarbeiten, falls Eigentum an einem Grundstück übertragen wird und mindestens eine Auflassungsvormerkung zugunsten des Käufers im Grundbuch eingetragen ist.	30,0 %
von der restlichen Vertragssumme:	
nach Fertigstellung des Rohbaus	28,0 %
nach Fertigstellung der Rohbauinstallation einschließlich Innenputz	17,5 %
nach Fertigstellung der Schreiner- und Glaserarbeiten (Fenster, Türen, Treppeneinbau)	10,5 %
nach Bezugsfertigkeit, Zug um Zug gegen Besitzübergabe	10,5 %
nach vollständiger Fertigstellung (Abschluss der Restarbeiten und Mängelbeseitigung)	3,5 %
Vertragssumme	**100,0 %**

Wichtig:

Die Zahlungsraten müssen unbedingt mit den Finanzierungsinstituten abgestimmt werden, damit nicht Auszahlungspläne der Institute konträr gegen notarvertragliche Pflichten stehen. Der BGH hat dazu im Jahr 2007 (Az. VII ZR 268/05) entschieden, dass falls der Zahlungsplan im Vertrag mit dem Bauträger gegen die Makler- und Bauträgerverordnung verstößt, der Hauskäufer keine Abschlagszahlungen leisten muss. Der Kaufpreis wird dann erst nach Fertigstellung und Abnahme des Bauvorhabens fällig. Ist der Zahlungsplan nichtig, kann der Käufer geleistete Zahlungen allerdings nicht komplett zurückfordern, er hat nur Anspruch auf die Beträge, die gegenüber einem korrekten Zahlungsplan zu hoch waren.

Um das Fertigstellungsrisiko und damit das Kostenrisiko zu begrenzen, sollte der Investor vorab folgenden Fragen nachgehen:

- Wie bekannt ist der Bauträger vor Ort?
- Gibt es Referenzprojekte?
- Welche Erfahrung haben frühere Käufer gemacht?
- In welchem Umfang und mit welcher Qualität sind bisher Objekte erstellt worden?
- Wie ist die Platzierungskraft des Bauträgers einzuschätzen?
- Welches Kreditinstitut finanziert den Bauträger?

Das Risiko des Erwerbers ist begrenzt, wenn eine Zahlung bei Übergabe des fertigen Objektes erfolgt. In der Regel werden aber Teilzahlungen nach Bautenstand und dem Vorliegen einer Freistellungserklärung geleistet. Bei einer Freistellungserklärung erklärt die Gläubigerbank dem Käufer (in Vertretung dem Notar), dass sie die spezielle Wohneinheit nach Zahlung der geschuldeten Vertragssumme von der globalen Belastung freistellt.

Die Freistellungserklärung (siehe Anlage 14) beinhaltet ein Wahlrecht für das Kreditinstitut. Entweder werden die zu diesem Zeitpunkt bereits gezahlten Raten (ohne Zinsen) zurückerstattet oder das Kreditinstitut veranlasst die Umschreibung des Objektes auf den Käufer, der dann zusammen mit den anderen Bauherren für Abwicklung oder Fertigstellung des Objektes zuständig ist.

Kauf einer Eigentumswohnung

Eigentumswohnungen sind einzelne, rechtlich und wirtschaftlich abgegrenzte Wohneinheiten in einem Mehrfamilienhaus. Bei der Wertermittlung der einzelnen Wohneinheit (als Vergleichswert) wird von der Größe der Wohnfläche ausgegangen, der Bau- und Bodenwert des einzelnen Wohneigentums wird im Verhältnis zum gesamten Hausgrundstück anteilig ermittelt.

Wohnungseigentum wird mit der Erklärung eines Grundstückseigentümers gegenüber dem Grundbuchamt gemäß § 8 WEG begründet. Damit wird das Eigentum an dem Grundstück in Miteigentumsanteile aufgeteilt und mit jedem Miteigentumsanteil das Sondereigentum an bestimmten Räumlichkeiten des vorhandenen Gebäudes oder von noch zu errichtenden Gebäuden eingeräumt. Die Teilung wird wirksam mit der Anlegung von eigenen Wohnungsgrundbüchern. Dadurch ist es möglich, diese Miteigentumsanteile selbstständig zu belasten.

Der Käufer einer Eigentumswohnung kauft sich faktisch in eine bereits rechtswirksame Teilungserklärung ein, die Bestandteil des Kaufvertrags wird. Die Größe der Miteigentumsanteile sind vom ursprünglichen Eigentümer oder Bauherrn nach freiem Ermessen festgelegt (§§ 3, 8 WEG) und dementsprechend im Grundbuch eingetragen. Eine Übereinstimmung zwischen dem Wert der einzelnen Wohnungen und ihrem

Anteil am gemeinschaftlichen Eigentum ist nicht zwingend erforderlich, allerdings war die Verbindung eines Miteigentumsanteils mit einem Sondereigentum notwendig. Wird oder wurde die Größe der Miteigentumsanteile (z. B. nach Ausbau von Dachgeschossräumen) ohne Änderung des zugehörigen Sondereigentums verändert, so sind/waren entsprechende Rechtsänderungs- und Auflassungserklärungen aller Wohnungseigentümer erforderlich.

Berechnet man den Kaufpreis auf den Quadratmeterpreis/Wohnfläche, sind Eigentumswohnungen i.d.R. günstiger als Häuser, da auf diese weniger Grundstücksfläche entfällt. Grundstücke sind insbesondere in Großstädten und Ballungsgebieten knapp und im Vergleich zu anderen Regionen hochpreisig. Eigennutzer oder Kapitalanleger wählen daher in Ballungsräumen oder Großstädten meistens eine Eigentumswohnung.

Für den Wohnungskäufer ist Maßstab für den Kaufpreisvergleich die Wohnflächengröße. Auf die verlässliche Wohnflächenangabe ist daher zu achten, denn im Kaufvertrag wird die Wohnfläche überwiegend nicht ausgewiesen. Vorsicht ist geboten, wenn die Wohngelder und die Nebenkostenvorauszahlungen auf der Grundlage (evtl. ungenauer und damit ungünstiger) Miteigentumsanteilsquoten und daraus abgeleiteten Wohnflächenberechnungen ermittelt werden.

Exkurs: Wohnfläche

Die Wohnfläche ist beim Kauf von Wohneigentum – egal ob zur Eigennutzung oder zur Vermietung – von entscheidender Bedeutung. In Annoncen, Verkaufsangeboten oder Prospekten wird die Wohnflächengröße oftmals nicht präzise angegeben. Auch die unterschiedlichen Berechnungsgrundlagen (DIN-Norm, II. BV, WoFG) sorgen nicht für Klarheit. Selbst wenn im notariellen Kaufvertrag die Wohnfläche genannt ist, kommt es entscheidend darauf an, ob die beurkundete Wohnflächengrößenangabe lediglich eine vertragliche Beschaffenheitsangabe oder eine zugesicherte Eigenschaft ist. Für die Annahme einer Zusicherung im Kaufvertrag ist es erforderlich, dass der Verkäufer die Gewähr für die Wohnflächengrößenangabe übernommen hat und kein Gewährleistungsausschluss (in fast jedem Vertrag enthalten) vereinbart wurde.

Mieter dürfen übrigens lt. BGH die Miete kürzen, wenn die Wohnfläche mehr als 10 % kleiner ist, als im Mietvertrag angegeben. Bei der Berechnung ist entsprechend den Vorgaben der II. Berechnungsverordnung vorzugehen. Bei Bauanträgen und/oder Baugenehmigung muss für die Wohnflächengrößenangabe die Berechnung nach der DIN 283 erfolgen. Die dort aufgeführten Flächen werden nur mit 25 % ihrer Fläche als Wohnfläche angerechnet. Bei fremden Wertgutachten ist zu prüfen, welche Berechnung zugrunde gelegt wurde. Dies gilt speziell beim üblichen Vergleichswertverfahren.

Der Käufer von Wohnungseigentum wird Teil einer Eigentümergemeinschaft. Es ist daher notwendig, vor der Kaufentscheidung einige grundlegende Fakten nicht nur zum Objekt und dem Zustand der einzelnen Wohnung in Erfahrung zu bringen, sondern das Augenmerk auf die Zusammensetzung und die Historie der Gemeinschaft zu richten. Den umfassendsten Einblick bekommt man durch die Protokolle des Verwalters und die Beschluss-Sammlung. Die Eigentümerbeschlüsse sind wichtige Grundlage für die ordnungsgemäße, gemeinschaftliche Betreibung einer Wohnanlage. Das Hausgeld (Wohngeld) und die Hausgeldvorauszahlung sollten anhand aktueller Abrechnungen und Planzahlen mit den ortsüblichen und gebäudespezifischen Vergleichswerten abgeglichen werden. Wichtig ist auch, in den letzten Protokollen auf bevorstehende größere Investitionen zu achten. Insbesondere ist die finanzielle Gesamtsituation der Eigentümergemeinschaft zu durchleuchten und auf evtl. vorhandene Rückstände bzw. unterlassene, aufgeschobene Modernisierungs- oder Renovierungsmaßnahmen ein Augenmerk zu richten. Hat man sich für den Kauf einer Eigentumswohnung entweder zur Eigennutzung oder auch zur Kapitalanlage entschieden, sind unterschiedliche Punkte von Bedeutung. Bedeutsam für Eigennutzer sind dabei insbesondere alle Fragen, die das Gemeinschaftseigentum und das Verhältnis der Eigentümer untereinander bestimmen. Ein Gespräch mit anderen Miteigentümern kann hierüber wichtige Informationen liefern.

Mögliche Prüfkriterien vor dem Kauf einer Eigentumswohnung sind wie folgt zusammengefasst:
- Wann ist das Objekt erbaut worden?
- Wann erfolgte die Aufteilung in Teileigentum?
- Handelte es sich um eine Wohnungsprivatisierung?
- Besteht ein Sozialkatalog?
- Wurde vor Privatisierung modernisiert?
- Wohnen noch Ersteigentümer im Haus?
- Welche Dachform hat das Haus?
- Wie viel Einheiten sind in dem Haus?
- Eigentumsanteil?
- Größe und Zuschnitt der Wohnung?
- Wie ist die Wohnfläche berechnet?
- Was gehört zum Gemeinschaftseigentum (Wasch- und Trockenräume, Schwimmbad, Sauna etc.)?
- Hat das Objekt einen Aufzug?
- Wann wurde der Aufzug eingebaut (damit ist Rückschluss auf Baujahr möglich)?
- Werden einzelne Einheiten eventuell gewerblich genutzt?
- In welchem Geschoß liegt die Wohnung?
- Hat die Wohnung einen Balkon (Himmelsrichtung)?
- Ist Garten-/Sondernutzung möglich?
- Höhe des Haus- oder Wohngeldes?
- Liegt eine aktuelle Betriebskostenabrechnung des Verwalters vor?
- Deuten Protokolle der Eigentümerversammlungen auf Baumängel hin?
- Gibt es Hinweise auf Streitigkeiten der Eigentümer untereinander?
- Höhe der Instandhaltungsrücklage?
- Gibt es Wohngeldrückstände?
- Entspricht die Höhe der Instandhaltungsrücklage dem Alter der Wohnanlage?
- Wer ist der Verwalter?
- Liegt der Wirtschaftsplan für das laufende Jahr vor?

- Wer ist der Hausmeister?
- Liegt eine Hausordnung vor?
- Wohnen überwiegend Mieter oder Eigentümer im Haus?
- Gibt es feststellbare Mehrheitsverhältnisse im Haus?
- Wie ist der Gesamteindruck von der Wohnanlage?
- Ist der Energieausweis vorgelegt worden?
- Alter und Zustand der Heizanlage?
- Zeitgemäße Kabel- und Breitbandanschlüsse?
- Wie sieht das Wohnungs-Grundbuch/die Teilungserklärung aus?
- Bestehen öffentliche Lasten/Belastungen?
- Einheitswert?
- Grundsteuerhebesatz?

Exkurs: Instandhaltungsrücklage

Vorsorgliche Rücklage für zu erwartende Instandhaltungen. Für Gebäude im Gemeinschaftseigentum ist dies gesetzlich vorgeschrieben, i.d.R. wird ein Betrag von 0,75 € pro Monat und m² als ausreichend angesehen (§ 21 Abs. 5 Nr. 4 WEG). Da die Zahlung keine unmittelbare Ausgabe ist, können die Kosten bei einer Vermietung im Jahr des Abflusses nicht als Werbungskosten abgesetzt werden. Ein Abzug ist erst möglich bei Einsatz der Mittel für Erhaltungs- und Renovierungsmaßnahmen. Bei einer Verwendung als Herstellungsmaßnahme ist der Abzug nur als AfA möglich. Wichtig ist die klare Darstellung der Maßnahmen durch den Verwalter, damit die Unterscheidung in Werbungskosten oder Herstellungskosten klar erkennbar ist.

Eine Instandhaltungsrücklage sollte vom Investor auch beim Erwerb oder Bau einer Immobilie kalkuliert werden. Einen Orientierungswert liefert die Petersche Formel:

Danach ist für die Erhaltung einer Wohnimmobilie in 80 Jahren durchschnittlich der 1,5-fache Wert der (reinen) Baukosten als Instandhaltung aufzuwenden. Bei angenommenen Baukosten von beispielsweise 250 Tsd. € ergibt sich folgende Rechnung:

$$250 \text{ Tsd. €} \times 1,5/80 \text{ Jahre} = 4.687,50 \text{ € p.a.}$$

Dies entspricht bei einer Wohnfläche von 90 qm rd. 52 € pro Quadratmeter und Jahr.

Bei Umwandlung von älteren Mehrfamilienhäusern in Eigentumswohnungen und anschließendem Verkauf ist insbesondere darauf zu achten, ob eine Rücklage vorhanden ist. Vielfach wird bei Verkauf ein Grundbetrag eingelegt oder von den Käufern eine erste Stammeinlage verlangt. Zinsen aus der Instandhaltungsrücklage sind vom Wohnungseigentümer zu versteuern.

Beim Erwerb einer gebrauchten Eigentumswohnung geht der Anteil des Verkäufers an der Instandhaltungsrücklage auf den Käufer über. Handelt es sich hierbei um nennenswerte Beträge, ist es ggf. empfehlenswert, den auf diese Instandhaltungsrücklage entfallenden Kaufpreisteil separat auszuweisen. Dadurch könnte Grunderwerbsteuer gespart werden. Allerdings würde sich dann auch die Bemessungsgrundlage für die Gebäude-AfA ermäßigen. Der Teil des Kaufpreises, der auf die Übernahme der Instandhaltungsrücklage entfällt, gehört nicht zu den Anschaffungskosten.

Wenn man eine Eigentumswohnung kaufen und nach einer Vermietungsphase selbst nutzen will, so kann das Mietverhältnis in der Regel nur gekündigt werden, wenn Eigenbedarf vorliegt.

Grundsätzlich gilt: Kauf bricht nicht Miete.

Ist die Wohnung erst nach einer laufenden Vermietung in eine Eigentumswohnung umgewandelt worden, so kann der Erwerber Eigenbedarf nicht vor Ablauf des Zeitraumes des Umwandlungsschutzes (bis zu 7 Jahren) und des üblichen Kündigungszeitraumes anmelden. Der Umwandlungsschutz kann durch Ländergesetze sogar auf 10 Jahre verlängert werden.

Kauf eines Fertighauses

Ist ein Baugrundstück vorhanden und die mögliche Bebauung geklärt, ist der Kauf eines Fertighauses eine Alternative. Die heutigen Qualitätsstandards der großen Hersteller, die weitgehende Preissicherheit und die wesentlich kürzere Bauzeit sind wesentliche Vorteile.

Bei der Finanzierung sind in der Regel keine Probleme zu erwarten, da die meisten Fertighäuser bei der Beleihungswertermittlung nicht anders als so genannte „konventionelle Objekte" bewertet werden.

Beim Vertragsabschluss zum Kauf eines Fertighauses wird üblicherweise seitens des Fertighausherstellers oder dessen Hausbank die Vorlage einer Finanzierungsbestätigung verlangt. Finanzierungsbestätigungen sind nach der Rechtsprechung unwirksam, wenn sie im Ergebnis dazu führen, dass dem Bauherrn sein individuelles Leistungsverweigerungs- und Zurückbehaltungsrecht genommen wird.

Der Käufer muss daher vor dem Vertragsabschluss mit dem Fertighaushersteller mit seinem Finanzierungsinstitut klären:
- ob das Kreditinstitut die Finanzierungsbestätigung in der gewünschten Form (d.h. entsprechend dem Formular-Textvertrag) abgibt,
- ob die geforderten Teilzahlungsraten des Herstellers den Auszahlungsraten der Finanzierung entsprechen,
- welche Kosten für die Abgabe der Finanzierungsbestätigung entstehen (es handelt sich praktisch um eine kostenpflichtige Bankbürgschaft),
- wie Zahlungen angefordert werden,
- welche Mitwirkungsmöglichkeiten der Käufer bei der Zahlung (dem Abruf) der Raten hat,
- wann Zahlungen verweigert werden können,
- wer im Streitfall entscheidet,
- wie das Finanzierungsinstitut die Bonität des Fertighausherstellers einschätzt.

Ein Investor sollte sich dazu vorab eine Ausfertigung der geforderten Finanzierungsbestätigung vorlegen lassen und diese vor Vertragsabschluss mit dem Finanzierungsinstitut (Berater) besprechen.

Falls einzelne Punkte in der Finanzierungsbestätigung modifiziert werden sollen, ist dies mit dem Hersteller zu klären.

Bei den nachstehend beschriebenen Sonderformen des Erwerbs sind bezüglich der Finanzierung unterschiedliche Grundbedingungen und Voraussetzungen zu beachten.

2.4.3 Erwerb aus einer Zwangsversteigerung

Zwangsversteigerungen sind im Gesetz über die Zwangsversteigerung und die Zwangsverwaltung (ZVG) geregelt und dienen dazu, den Zahlungsanspruch von Gläubigern durch Verwertung einer Immobilie sicherzustellen. Der Versteigerungserlös wird nach Durchführung der Zwangsversteigerung an die Gläubiger ausgezahlt. Auch die Auseinandersetzung einer Eigentümergemeinschaft nach Bruchteilen – z. B. bei einer Ehescheidung oder bei Erbstreitigkeiten – kann Anlass für eine Zwangsversteigerung (zur Aufhebung einer Gemeinschaft) sein.

Bedingt durch die langanhaltende Niedrigzinsphase hat sich die Zahl der Zwangsversteigerungstermine in den letzten Jahren stetig verringert. Wurden vormals die durch die Wertgutachten festgestellten Verkehrswerte eher als absolute Höchstwerte interpretiert, so ist derzeit oftmals festzustellen, dass diese Werte nicht nur erreicht, sondern sogar kräftig überschritten werden. Dies trifft natürlich nicht auf alle Objekte und Regionen zu, aber eine deutlich veränderte Tendenz ist klar erkennbar. Mittlerweile haben sowohl die Amtsgerichte als auch Gläubiger und Makler das Internet als ideale Informationsbasis für die Zwangsversteigerungsverfahren entdeckt. Damit ist zumindest eine größere Informationsbreite gewährleistet. Das Medium bietet zudem weitgehende Möglichkeiten für vertiefende Recherchen.

Versteigerungstermine findet der Interessent im Internet, und zwar unter:
www.zvg-portal.de
www.zvg.com
www.argetra.de

Der Erwerb einer Immobilie im Rahmen einer Zwangsversteigerung setzt sowohl umfassende Informationen über die Immobilie, das Umfeld und die Lage, als auch über den Ablauf einer Zwangsversteigerung voraus. Vor dem Versteigerungstermin wird das Vollstreckungsgericht den Verkehrswert des Beleihungsobjektes ermitteln (Verkehrswertfeststellung), um Wertgrenzen für den Versteigerungstermin, der i.d.R. 9–12 Monate später stattfindet, zu bestimmen. Bei diesen Wertgrenzen handelt es sich um Gläubiger- und Schuldnerschutzrechte: Wenn das letzte abgegebene Gebot unterhalb von 7/10 des Verkehrswertes liegt, muss der Zuschlag auf Antrag des Gläubigers versagt werden. Liegt das höchste Angebot („Meistgebot") unterhalb von 5/10 des Verkehrswertes (= Schuldnerschutz) wird von Amts wegen kein Zuschlag erteilt. In beiden Fällen wird ein neuer Versteigerungstermin festgelegt, in dem diese Grenzen dann entfallen. Allerdings bleiben diese Wertgrenzen auch dann im Folgetermin erhalten, sofern im 1. Versteigerungstermin kein Gebot vorgelegen hat oder auf Antrag des Gläubigers der Zuschlag versagt wurde.

Der Ablauf einer Zwangsversteigerung vollzieht sich i.d.R. in drei Schritten:

1. Vom Rechtspfleger werden zunächst grundlegende Bekanntmachungen vorgetragen (z. B. Grundbucheintragungen, die betreibenden Gläubiger, Anmeldungen). Anschließend wird das geringste Gebot bekanntgegeben. Der Rechtspfleger beim zuständigen Amtsgericht übernimmt sowohl im Vorfeld, als insbesondere im Versteigerungstermin, weitgehende Aufklärungs- und Belehrungspflichten. Während beim Kauf einer Immobilie die Parteien sich über den Vertrag und den Preis bereits vorab geeinigt haben, steht vor einer Versteigerung nicht fest, wer und zu welchem Preis bieten wird.

2. Nach den Bekanntmachungen erfolgt die eigentliche Bietzeit, die mindestens 30 Minuten dauert und in der die Bieter den Geldbetrag nennen, den sie für die Immobilie zu zahlen bereit sind. Diese Gebote können in beliebigen Bietschritten meist durch einfachen Zuruf erhöht werden. Nach dreimaligem Aufruf des Meistgebots durch den Rechtspfleger oder nach Ablauf der Mindestbietzeit, in der kein Gebot abgegeben wurde, wird das Ende der Versteigerung verkündet.

Der Bietinteressent muss vor der Zwangsversteigerung seine persönlichen und finanziellen Möglichkeiten klären. Er muss in der Lage sein, ein mögliches Meistgebot und die anfallenden Nebenkosten ohne Probleme etwa sechs Wochen nach dem Zuschlagstermin auch zahlen zu können. Außerdem muss er vorweg in der Lage sein, im Termin selbst auf Verlangen des Gläubigers Sicherheit in Höhe von 10 % des Verkehrswertes leisten zu können. Die Grunderwerbsteuer und die Gerichtskosten müssen relativ kurzzeitig zusätzlich aufgebracht werden.

---

3. Im dritten Schritt erfolgt dann – sofern keine weiteren Anträge mehr von den Beteiligten gestellt werden – vom Vollstreckungsgericht die Erteilung des Zuschlags an den Meistbietenden („Ersteher").

Mit den erforderlichen Kenntnissen über den Verfahrensablauf einer Zwangsversteigerung, den notwendigen Informationen über das Objekt, und einer realistischen Einschätzung der eigenen finanziellen Situation, kann der Erwerb eine Immobilie im Rahmen einer Zwangsversteigerung durchaus lohnend sein. Dafür kann das Muster eines Terminprotokolls für eine Zwangsversteigerung nützlich sein (Anlage 18).

Praktische Tipps für eine Zwangsversteigerung:

- **Standort prüfen**: Nach der Veröffentlichung des Termins im Amtsgericht, im Internet bzw. in der Zeitung sollte das Objekt vor Ort in Augenschein genommen werden.
- **Informationen sammeln**: Beim Amtsgericht Wertgutachten einsehen (da im Internet meist nur Teile davon abrufbar sind), wichtige Daten daraus abschreiben, mit dem zuständigen Rechtspfleger sprechen, nach den betreibenden Gläubigern fragen, bei vermieteten Objekten gegebenenfalls den Zwangsverwalter kontaktieren.
- **Betreibender Gläubiger**: Dieser sucht normalerweise Bietinteressenten. Nutzen Sie diese Ausgangsposition dazu, alle erdenklichen Informationen zu bekommen, ohne die eigenen Möglichkeiten voll aufzudecken. Eigene Schmerzgrenze erkunden.
- **Kalkulationen**: Nur von Fakten leiten lassen, unabhängige Experten zu Rate ziehen. Mögliche Kosten überdenken (vgl. Tab. 2.14).
- **Finanzierung**: Finanzierungsrahmen vorher abklären: Wie viel Haus kann ich mir leisten? Betreibenden Gläubiger nach seinem Konditionsangebot fragen, aber nie „die Karten" voll auf den Tisch legen.
- **Bietstrategie**: Gültigen Pass oder Reisepass mitnehmen, ggf. notarielle Bietungsvollmacht. Vorher unbedingt ein Bietlimit festlegen, während des Termins das Verhalten „möglicher Konkurrenten" beobachten, auf Sicherheitsleistungen vorbereitet sein (Bank- oder LZB-Scheck oder Vorabüberweisung auf Konto der Landesjustizkasse, kein Bargeld), in unorthodoxen Schritten bieten, vor allen Dingen Ruhe und Übersicht bewahren.
- **Vorbereitung**: Sehen Sie sich vorher unbedingt einen anderen Zwangsversteigerungstermin beim zuständigen Amtsgericht an, damit der Verfahrensablauf und dessen Handhabung durch den Rechtspfleger genau bekannt ist, wenn man selbst aktiv werden will.
- **Vor einem Gebot**: Hat die Stadt/Gemeinde Hinweise auf fehlende Baugenehmigung gegeben und besteht Bestandsschutz? Vorher klären, ob Schwierigkeiten wegen der Nutzung des Objektes auftreten können. Gegebenenfalls muss dies bei dem Gebot berücksichtigt werden.
- **Nach Zuschlag**: Mit dem Zuschlag werden Sie sofortiger Eigentümer. Deshalb sofort alle Rechte ohne Aufschub nutzen.

Exkurs: Finanzierung des Erstehers

Ein Ersteher wird mit dem Zuschlag Eigentümer des Grundstücks und kann damit schuldrechtliche oder dingliche Verfügungen treffen. Diese werden jedoch erst frühestens mit seiner Eintragung als Eigentümer im Grundbuch grundbuchrechtlich wirksam. Er kann somit das Grundstück verkaufen oder auch Grundpfandrechte bestellen. Der Ersteher wird erst auf Ersuchen des Vollstreckungsgerichts als Eigentümer ein-

Tab. 2.14: Mögliche Kosten bei einem Zwangsversteigerungserwerb.

Aufwendungen	Wert in €
Wert der zu übernehmenden Rechte, die wegen der hohen, im Grundbuch eingetragenen Zinsen kurzfristig abgelöst werden müssen	
Bargebot	
4 % Zinsen auf das Bargebot bis zur Hinterlegung oder bis zum Verteilungstermin	
6,5 % Grunderwerbsteuer (je nach Bundesland unterschiedlich)	
Gerichtskosten für den Zuschlag (ca. 0,8 %)	
Grundbuchkosten wegen Eigentumsumschreibung	
Notarkosten w/Rangbestätigung, Grundschuldbestellung bzw. Übernahme von Grundpfandrechten	
Gerichtskosten wegen Grundschuldeintragung	
Barreserve wegen unerwarteter Kosten wie Zwangsräumung etc.	
Gesamtaufwendungen	

getragen, nachdem der Verteilungstermin durchgeführt wurde und das zuständige Finanzamt (nach Zahlung der Grunderwerbsteuer) eine Unbedenklichkeitsbescheinigung erteilt hat.

Da aber der Ersteher bis spätestens zum Verteilungstermin sein Bargebot zuzüglich der gesetzlichen Zinsen von 4 % (vom Tage des Zuschlags bis zum Verteilungstermin) und gegebenenfalls abzüglich 10 % Sicherheitsleistung (falls er nach dem Zuschlag auf die Rücknahme verzichtet hat) an das Gericht zahlen muss, um überhaupt den Verteilungstermin zu ermöglichen, muss er entweder die benötigten Beträge aus eigener Tasche vorfinanzieren oder mit seiner Bank sich über einen praktikablen Finanzierungsweg abstimmen. Treuhänderische Zahlungen an einen Notar oder an das Gericht sind nicht möglich.

Wie beschrieben, ist die Finanzierung des Erstehers nicht sofort durch Grundschulden am ersteigerten Immobil wirksam zu besichern. Es bietet sich daher an, unter Vorlage des Zuschlagsbeschlusses eine grundsätzliche Finanzierungsbereitschaft abzuklären und eine Grundschuld zu bestellen. Der Notar stellt den Grundschuldeintragungsantrag unter ausdrücklichem Hinweis auf den an den Grundschuldbesteller erfolgten Zuschlag in der Zwangsversteigerung und die vorübergehende Unrichtigkeit des Grundbuchs.

Diesen rangwahrenden Antrag (§ 130 Abs. 3 ZVG) kann das Grundbuchamt nicht zurückweisen, sondern muss ihn entgegennehmen und bis zur Eigentumsumschreibung zurückstellen. Damit ist erreicht, dass später eingehende Anträge nachrangig behandelt werden müssen. Das Kreditinstitut wird sicherstellen, dass die Zahlung des Meistgebots direkt an das Amtsgericht erfolgt und der Verteilungstermin durchgeführt werden kann. Der Notar wird dem Notarauftragsschreiben entsprechend eine Rangbestätigung erteilen. Ferner muss gewährleistet sein, dass die Grunderwerbsteuer unmittelbar nach Fälligkeit bezahlt wird und die Unbedenklichkeitsbescheinigung vor der Überweisung des Steigpreises dem Gericht vorliegt. Dieser Verfahrensablauf ist für den Kreditgeber nicht völlig risikolos, denn bis zur Eigentumsumschreibung ist die Finanzierung nicht grundbuchlich besichert. Wird der Ersteher eines Grundstücks in einer Teilungsversteigerung finanziert, muss beachtet werden, dass das gesamte Bargebot auch dann in voller Höhe hinterlegt werden muss, wenn der Ersteher zugleich Mitglied der sich auseinandersetzenden Gemeinschaft ist. Das kreditgebende Institut wird eine Finanzierungsbeteiligung davon abhängig machen, dass sich die Beteiligten bereits im Vorfeld der Versteigerung auf eine Verteilung des Erlöses geeinigt haben.

Vorteilhaft ist diese Erwerbsform auch, da i.d.R. keine neue Wertermittlung mehr angefertigt werden muss. Das Verkehrswertgutachten aus dem Zwangsversteigerungstermin ist eine zuverlässige Grundlage für die neue Beleihung und wird dem Ersteher auf Anfrage von dem Gericht oder von dem betreibenden Gläubiger zur Verfügung gestellt. Das Gerichtsgutachten enthält allerdings nur den Verkehrswert. Für Beleihungszwecke muss daher vom finanzierenden Institut noch der Beleihungswert (meist angelehnt an den Wert des Gesamtgebotes samt Nebenkosten) festgesetzt werden.

Eine kostengünstige Finanzierung kann erreicht werden, wenn eine neue Vereinbarung mit dem Gläubiger getroffen und für das durch Zuschlag erloschene Grundpfandrecht eine Liegenbelassensvereinbarung ausgesprochen wird. Diese Vereinbarung kann im Verteilungstermin zu Protokoll erklärt oder durch eine öffentlich beglaubigte Urkunde nachgewiesen werden. Auf diese Weise entfallen weitgehend die Grundbuchkosten für die Bestellung von neuen Grundpfandrechten.

Wegen der besonderen Umstände ist es am sinnvollsten, die Finanzierung eines ersteigerten Objektes bei der Hausbank vorzunehmen und dabei möglicherweise sogar KfW-Mittel zu berücksichtigen.

Die praktischen Erfahrungen zeigen, dass Online-Baufinanzierungsangebote für Zwangsversteigerungsobjekte kaum praktikabel sind.

2.4.4 Erwerb eines Erbbaurechtes/Erbbaugrundstücks

Eine Alternative zum Kauf eines Grundstücks ist der Erwerb eines Erbbaurechts oder Erbbaugrundstücks. Das Erbbaurecht ist ein selbstständiges, veräußerliches und vererbbares Recht an einem Grundstück. Das Erbbaurecht kann nur an ausschließlich erster Rangstelle bestellt und ins Grundbuch eingetragen werden und ist ein dingliches Recht. Es ermöglicht seinem Inhaber, auf fremdem Grund und Boden ein Bauwerk zu errichten oder zu besitzen. Das Recht gilt für eine vorher bestimmte Zeit.

In der Mehrzahl haben Erbbaurechte eine Laufzeit von 99 Jahren, können aber auch für einen kürzeren oder längeren Zeitraum (bis 198 Jahren) vereinbart werden. Endet die Vertragszeit, geht das Eigentum an Gebäuden gegen Zahlung einer angemessenen Entschädigung an den Grundstückseigentümer über. Vereinbarungen über die Höhe der Entschädigungen und die Art ihrer Zahlung sollten vertraglich vereinbart werden.

Für die Nutzung des Grundstücks entrichtet der Erbbaurechtsnehmer Erbbauzinsen, die sich am Grundstückswert bemessen und laut einer Untersuchung der „Initiative Erbbaurecht" in den meisten Fällen zwischen 3,6 und 4 % bewegen. Bei einer gewerblichen Nutzung liegt der Zins in der Regel über 5 %. Das Erbbaurecht kann sowohl vom Grundstückseigentümer als auch vom Erbbaurechtsnehmer veräußert, vererbt, beliehen und verschenkt werden.

Verstößt ein Erbbaurechtsnehmer gegen vertraglich vereinbarte Abmachungen, kommt beispielsweise seinen Erbbauzinszahlungen nicht mehr nach, kann der Grundstückseigentümer von seinem „Heimfallrecht" Gebrauch machen. Dann geht das bebaute Eigentum auf seinem Grundstück vor Ablauf des Vertrages an ihn über. Jedoch muss auch in diesem Fall eine angemessene Entschädigung an den Erbbaurechtsnehmer gezahlt werden.

Beim Erwerb eines Erbbaugrundstücks entfällt zunächst die Finanzierung des Grundstücksankaufes (bezahlt werden müssen meist lediglich die Erschließungskosten), dafür entsteht die angesprochene langfristige Zahlungsverpflichtung für den Erbbauzins.

Wirtschaftliche Betrachtung des Erbbaurechts

Auf lange Sicht ist es aufgrund der extrem niedrigen Zinsen günstiger, ein Grundstück zu kaufen und zu finanzieren, als ein Erbbaurecht zu vereinbaren. Diese Wahlmöglichkeit besteht jedoch nur dann, wenn für das ausgesuchte Grundstück beide Optionen angeboten werden. In aktuellen Erbbaurechtsverträgen wird mit Vertragsklauseln bestimmt, unter welchen Voraussetzungen der Erbbauzins verändert werden kann. Meist ist die Koppelung an die Lebenshaltungskosten oder die Inflationsrate üblich. Ein Erbbaurecht ist also nur dann wirtschaftlicher, wenn der Erbbauzins zuzüglich der aktuellen Inflationsrate niedriger als der aktuelle langfristige Baufinanzierungszins ist. In der derzeitigen historischen Niedrigzinsphase rechnet sich kein Erbbaurecht.

Der Erbbauberechtigte profitiert auch nicht von künftigen Bodenwertsteigerungen. Berücksichtigt man ferner noch mögliche Beschränkungen und Verpflichtungen des Erbbauberechtigten, geht die Vergleichsrechnung meist nicht auf. Erbbaurechtsverträge haben aktuell einen Anteil von etwa 3 % am Wohngrundstücksmarkt.

Bei vermieteten Objekten und damit Einkünften aus Vermietung und Verpachtung sind Erbbauzinsen regelmäßig als Werbungskosten absetzbar. Es sind dauernde Lasten nach § 9 Abs.1 Nr. 1, § 10 Abs. 1 Nr. 1a EStG.

Für das Erbbaurecht wird ein besonderes Grundbuch gebildet. Im Bestandsverzeichnis sind das Erbbaurecht und das mit dem Erbbaurecht belastete Grundstück und der Grundstückseigentümer verzeichnet. Der Erbbauberechtigte wird in Abteilung I des Grundbuchs eingetragen.

Das Erbbaurecht selbst kann belastet werden. Bei einer Finanzierung ist zu beachten, dass eine Belastung des Erbbaurechts der Zustimmung des Erbbaurechtsausgebers bedarf und der Erbbauzins vorrangig eingetragen ist. Die Bewertung von Immobilien mit Erbbaurechten wird meist nicht von institutsinternen Mitarbeitern, sondern von externen Sachverständigen vorgenommen. Dazu müssen der Erbbaurechtsvertrag mit sämtlichen Nachträgen, sowie ein Nachweis über den aktuell zu zahlenden Erbbauzins vorliegen. Da eine Verwertung eines Erbbaurechts mit abnehmender Restlaufzeit des Erbbaurechtsvertrages erschwert wird, muss die planmäßige Tilgung der gesicherten Darlehen spätestens 10 Jahre vor Ablauf des Erbbaurechts erfolgt sein.

2.4.5 Kauf auf Rentenbasis

Immobilien sind Bestandteil der Altersvorsorge und können zu diesem Zweck entweder verkauft oder verrentet werden. Die Höhe der Leibrente basiert auf dem Grundstückswert zuzüglich Zinsen. Zugrunde gelegt werden dabei Tabellen zur Lebenserwartung des/der Verkäufer(s).

Wahlweise wird die Rente auf Lebenszeit oder als Zeitrente gezahlt und ist meist indexiert. Sind Eheleute Eigentümer, so wird die Rente bis zum Ableben des Längstlebenden gezahlt.

Bei dieser direkten Verrentung fungiert also die Rente als Kaufpreisersatz. Der Verkäufer (Rentenempfänger) muss dabei lediglich den Ertragsanteil der Rente versteuern. Diesen Teil der Rente kann wiederum der Käufer als Sonderausgaben steuerlich geltend machen. Würde im Gegensatz dazu das Objekt verkauft und der Verkaufspreis angelegt, müssten die daraus anfallenden Zinsen vollständig der Besteuerung unterworfen werden.

Der Käufer zahlt die Grunderwerbsteuer auf Basis des kapitalisierten Wertes der Rente. Die Vorteile für den Käufer liegen auf der Hand:
- Käufer benötigt kein Eigenkapital, die Rentenzahlung ist mit einer normalerweise fälligen Finanzierungsbelastung gleichzusetzen.
- Es ist deshalb keine Fremdfinanzierung erforderlich.
- Käufer hat geringere Notarkosten, da Bestellung von Grundpfandrechten entfällt.
- Käufer wird sofortiger Eigentümer mit allen Rechten.
- Die Rente ist langfristig kalkulierbar.
- Käufer hat auch als Eigennutzer einen Steuervorteil, denn der Ertragsanteil der Rente kann als Sonderausgaben steuerlich geltend gemacht werden.
- Gegebenenfalls fällt eine niedrigere Grunderwerbsteuer an als bei einem normalen Kauf.

Natürlich trägt der Käufer das „Langlebigkeitsrisiko". Er wird sich vor einem Vertragsabschluss über die Entwicklung der durchschnittlichen Lebenserwartung (vgl. Tab. 2.15) seiner Vertragspartner informieren.

Die dauerhafte Absicherung der Rente im Grundbuch ist gekoppelt mit einem Anspruch auf Rückübertragung (in Abt. II des Grundbuchs) und einer kapitalisierten Rentenschuld (in Abt. III des Grundbuchs), falls die Leistungen ausbleiben.

Tab. 2.15: Ausschnitt aus der Allgemeinen Sterbetafel.

bei einem vollendeten Alter von ....Jahren	beträgt die mittlere Lebenserwartung für Männer .... Jahre	beträgt die mittlere Lebenserwartung für Frauen .... Jahre
60	21,51	25,19
65	17,69	20,90
66	16,95	20,06
67	16,22	19,23
68	15,50	18,41
69	14,79	17,59
70	14,09	16,78
71	13,40	15,98
72	12,72	15,18
73	12,05	14,39
74	11,39	13,61
75	10,74	12,84

Quelle: Statistisches Bundesamt/Sterbetafel 2012/2014

Aus Verkäufersicht ergeben sich folgende Vorteile:
- Verkäufer nutzt seine Immobilie als zusätzliche lebenslange Einnahmequelle.
- Verkäufer ist mit seiner Rente grundbuchlich abgesichert.
- Verkäufer muss nur den Ertragsanteil der Rente versteuern.
- Verkäufer erzielt unter Berücksichtigung der steuerlichen Unterschiede eine höhere, in jedem Fall wertgesicherte Rendite, als wenn er sein Objekt verkauft und den Erlös verzinslich am Kapitalmarkt angelegt hätte.

Der Kauf auf Rentenbasis ist auch unter Familienangehörigen möglich und wegen der steuerlichen Grundbedingungen besonders interessant. Da die Rente indexiert wird, ist das Inflationsrisiko ausgeschlossen. Das vormals eigene Haus ist als Sicherheit bestens einzuschätzen. Falls der Käufer nicht mehr zahlt oder zahlen kann, wird der Verkäufer seine Rückauflassungsvormerkung nutzen.

Fazit:
Der Verkäufer ersetzt den Kreditgeber. Er wird abgesichert durch sein Rentenrecht in Abt. II des Grund-

buches, sowie durch die kapitalisierte Rentenschuld in Abt. III. Es entstehen Steuervorteile für beide Beteiligte.

Exkurs: Reverse Mortgage

Kurz erwähnt sei das in den USA populäre Kreditmodell „Reverse Mortgage" („umgekehrte Hypothek"). Bei einer Reverse Mortgage erhält der Wohneigentümer (Mindestalter 60 Jahre) für sein entschuldetes Wohnobjekt, das an eine Bank als Sicherheit übertragen wird, monatliche oder vierteljährliche Raten. Der dadurch auflaufende Kreditbetrag inklusive akkumulierter Zinsen wird bei Tod des Hauseigentümers durch Verwertung der Immobilie getilgt. Die Höhe der jeweiligen Raten hängen vom Wert der Wohnimmobilie, von der zu erwartenden Vertragslaufzeit (= Lebenserwartung des Hauseigentümers) sowie den kalkulierten Zinsen ab.

Das für die Bank entstehende Langlebigkeitsrisiko des Kreditnehmers, sowie ein mögliches Preisverfallsrisiko der Immobilie, werden in den USA durch spezielle Risikoversicherungen abgedeckt. Erben haben nach Ableben des Wohneigentümers die Möglichkeit, die aufgelaufene Kreditsumme abzulösen und die Immobilie zu behalten.

Bisherige Versuche, eine „umgekehrte Hypothek" in Deutschland zu etablieren, waren bisher nur bedingt erfolgreich. Ursächlich hierfür waren hohe Bewertungsabschläge bei den Immobilien und die daraus resultierenden niedrigen Rentenbeiträge. Darüber hinaus ist zweifelhaft, ob ein solches Modell mit den Bestimmungen der Wohnimmobilienkreditrichtlinie vereinbar wäre.

2.4.6 Erbschaft oder Schenkung

Nach einer Studie der Postbank kommen derzeit 38 % der Erben auf dem Wege einer Erbschaft zu Grundbesitz. Nahezu 70 % dieser Immobilienerbschaften bestehen aus Eigenheimen oder Eigentumswohnungen. Die Zahl wird in den kommenden Jahren noch weiter steigen, denn insbesondere die Nachkriegsgeneration hat – auch begünstigt durch umfangreiche staatliche Unterstützung – oft Immobilienbesitz erworben und längst entschuldet.

In absehbarer Zukunft wird sich das Verhältnis von vererbten Vermögensarten deutlich vom Geld hin zu Immobilien verschieben. Nicht jeder wartet mit der Vermögensübergabe und ordnet seinen Nachlass schon vorher z. B. durch Schenkungsverträge.

Mit dem Erbfall oder der Schenkung sind möglicherweise auch Kosten verbunden, die finanziert werden müssen. Dazu gehören:
- Erbschaft- oder Schenkungsteuer,
- Notar- und Gerichtskosten,
- Auszahlung anderer Miterben,

- Ablösung von Lasten und Dienstbarkeiten,
- Renovierung, Modernisierung, Sanierung.

Die Finanzierungsmöglichkeiten und Abläufe sind identisch mit den vorbeschriebenen Daten beim Kauf von Gebrauchtimmobilien. Von Vorteil dürfte es allerdings sein, dass normalerweise das Objekt den künftigen Eigentümern bestens bekannt ist und deshalb eine eigene Bewertung leicht fällt.

Für die Bewertung der Immobilien zum Zwecke der Ermittlung der Erbschaftsteuer werden die sogenannten Grundbesitzwerte herangezogen. Grundbesitzwerte werden unter Berücksichtigung der tatsächlichen Verhältnisse und der Wertverhältnisse zum Bewertungsstichtag festgestellt. Dabei werden die einzelnen Grundstücksarten unterschiedlich bewertet. Wir haben nachstehend nur die wichtigsten Details berücksichtigt, die Definitionen sind dem Bewertungsgesetz entnommen. Eine Übersicht über Grundbesitzwerte ist der Anlage 19 zu entnehmen.

Das eigengenutzte Familienheim ist unter bestimmten Voraussetzungen für den überlebenden Ehegatten bzw. eingetragenen Lebenspartner, sowie weitgehend auch für Kinder von der Erbschaftsteuer befreit. Deshalb ist in diesen Fällen die Ermittlung des Grundbesitzwertes nicht relevant. Anders sieht das natürlich aus, wenn der Eigentümer alleinstehend und kinderlos ist und/oder eine andere Nutzung oder Erbfolgeregelung vorgesehen ist.

Exkurs: Erbschaft von Wohneigentum
Wenn keine vertragliche Regelung getroffen ist, tritt die gesetzliche Erbfolge ein. Mehrere Erben bilden eine Erbengemeinschaft, die erst auseinander gesetzt werden muss. Wenn dies bei Immobilien nicht möglich ist, kann jeder Berechtigte die Teilung durch Beantragung einer Teilungsversteigerung erzwingen.

Die Vererbung der selbst genutzten Wohnimmobilie an einen Ehegatten bzw. den eingetragenen Lebenspartner bleibt steuerfrei unter der Voraussetzung, dass die Immobilie nach dem Erwerb mindestens 10 Jahre lang vom Erwerber selbst zu Wohnzwecken genutzt wird. Wird sie an Kinder oder an Enkel, deren Elternteil bereits verstorben ist, vererbt, fällt ebenfalls keine Erbschaftsteuer an, wenn die Wohnfläche bis 200 m^2 groß ist. Auch hier gilt die Zehnjahresgrenze. Gegebenenfalls ist nur der anteilige Grundstückswert, der auf die 200 m^2 übersteigende Wohnfläche entfällt, zu versteuern bzw. auf die persönlichen Freibeträge anzurechnen.

Wird das Familienheim innerhalb der Zehnjahresfrist verkauft oder vermietet, so entfällt die Steuerbefreiung rückwirkend. Eine Ausnahme kann nur bei Tod oder Pflegebedürftigkeit in den Pflegegraden 4 oder 5 gemacht werden. Es gibt eine Stundungsmöglichkeit von bis zu 10 Jahren für Steuern auf ererbtes Grundvermögen, wenn andernfalls zur Entrichtung der Erbschaftsteuer das Grundstück veräußert werden müsste.

Erben/Begünstigte werden nach ihrem persönlichen Verhältnis zum Erblasser/Schenker in drei Steuerklassen (vgl. Tab. 2.16) aufgeteilt.

Von dem Erwerb können unabhängig von den sachlichen Freibeträgen, die je nach Zusammensetzung des Vermögens unterschiedlich hoch ausfallen, je nach Ver-

Tab. 2.16: Erbschaftsteuerklassen.

Steuerklasse I	Ehegatten, Kinder (auch Stief- und Adoptivkinder), Kinder verstorbener Kinder, Enkel, Eltern, Groß- und Urgroßeltern bei Erwerben von Todes wegen
Steuerklasse II	Eltern und Voreltern bei Schenkungen, soweit sie nicht zur Steuerklasse I gehören, Geschwister, Nichten, Neffen, Schwiegerkinder, Schwiegereltern, geschiedene Ehegatten.
Steuerklasse III	eingetragene Lebenspartner, Onkel, Tanten, Nachbarn, Freunde, Lebensgefährten, alle nicht Verwandte und Begünstigte von Zweckzuwendungen

wandtschaftsgrad des Erwerbers zum Erblasser bzw. Schenker Freibeträge in unterschiedlicher Höhe (vgl. Tab. 2.17) abgezogen werden.

Tab. 2.17: Freibeträge bei der Erbschaftsteuer.

Begünstigte	Freibetrag
Ehegatten	500 000 €
eingetragene Lebenspartner	500 000 €
Kinder, sowie Kinder verstorbener Kinder	400 000 €
Enkel	200 000 €
Eltern, Groß- und Urgroßeltern, übrige Erwerber der Steuerklasse I	100 000 €
Erben der Steuerklasse II	20 000 €
Erben der Steuerklasse III, wie Onkel. Tanten, Nichten, Neffen, Lebensgefährten, Nachbarn, Freunde und alle Anderen	20 000 €

Erst wenn diese Freibeträge überschritten werden, fällt Erbschaft- oder Schenkungsteuer – gestaffelt nach dem restlichen Wert des steuerpflichtigen Erwerbs – mit dem Steuersatz der entsprechenden Steuerklasse an (vgl. Tab. 2.18).

Tab. 2.18: Steuersätze bei der Erbschaftsteuer.

Wert des steuerpflichtigen Erwerbs bis einschließlich		Steuersatz in der Steuerklasse %		
		I	II	III
€	75.000	7	15	30
€	300.000	11	20	30
€	600.000	15	25	30
€	6.000.000	19	30	30
€	13.000.000	23	35	50
€	26.000.000	27	40	50
über €	26.000.000	30	43	50

Schenkung ist eine Zuwendung, durch die jemand aus seinem Vermögen einen anderen bereichert und wenn beide Teile darüber einig sind, dass die Zuwendung unentgeltlich erfolgt (§ 516 BGB).

Seit der Erbschaftsteuerreform können Kinder wie zuvor beschrieben ein Familienheim steuerfrei von den Eltern erwerben. Diese Steuerbefreiung gilt allerdings nur für den Erbfall und nicht bei Schenkungen. Deshalb kann in diesen Fällen die Schenkung von Grundbesitz ungünstiger als der Erbfall sein. Wird das Hausgrundstück, das der Schenker selbst bewohnt, schon zu Lebzeiten auf ein Kind übertragen, kann sich der Schenker durch ein Wohnrecht oder einen Nießbrauch absichern. Möglich sind auch Rückfallmöglichkeiten im Schenkungsvertrag.

Eine Sonderform der Schenkung ist die Schenkung von Todes wegen, also eine Schenkung mit der Bedingung, dass der Beschenkte den Schenker überlebt. Zur Wirksamkeit bedarf sie der notariellen Beurkundung.

2.4.7 Festlegung der künftigen Eigentumsverhältnisse

Fragt man Baufinanzierungsinteressenten danach, wer eigentlich Eigentümer des Objektes werden soll, so stößt man vielfach auf Unverständnis. Es scheint für die meisten als selbstverständlich, dass Eheleute gemeinschaftlich erwerben, und auch bei unverheirateten Paaren wird dies grundsätzlich als normal angesehen. Dabei wird oft übersehen, dass durch die Eigentümereigenschaft langfristige, rechtliche und steuerliche Folgewirkungen entstehen und spätere Änderungen entweder nicht möglich oder sehr kostspielig sind.

Möglicherweise könnten bei unterschiedlichen Grundvoraussetzungen der einzelnen Beteiligten individuellere Lösungen angebracht sein. Besonders erwähnenswert ist schließlich, dass die späteren Eigentumsverhältnisse eine wichtige Grundlage für die Baufinanzierung darstellen.

Werden Immobilien vermietet, so muss der rechtliche Eigentümer diese Einkünfte aus Vermietung und Verpachtung deklarieren. Dazu wird innerhalb der Einkommensteuererklärung eine Anlage V erstellt. Nicht miteinander verheiratete Eigentümer müssen dann diese Einkünfte mit einer einheitlichen und gesonderten Feststellung erklären bzw. für das gemeinschaftliche Objekt eine eigene Steuererklärung anfertigen. Die Gewinne oder Verluste werden dann mit separatem Bescheid den einzelnen Eigentümern entsprechend ihrem Anteil zugeordnet.

Wichtig: Bei den meisten Kreditgebern müssen zwingend alle Kreditnehmer (Mit-)Eigentümer der finanzierten Immobilie sein oder werden.

Ehepaare/eingetragene Partnerschaften

Wenn beide Partner zu etwa gleichen Teilen gemeinsam Eigenkapital einbringen und bei der Finanzierung gemeinschaftlich handeln und haften, ist ein gemeinsamer Grundstückserwerb die sinnvollste Lösung. In diesem Falle stehen beide Partner/Ehepartner im Grundbuch und bilden rechtlich eine Grundstücksgemeinschaft (Miteigentümergemeinschaft). Allerdings muss auch ein derartiger Erwerb nicht zwangsläufig im Verhältnis 50 : 50 erfolgen. Es kann bei unterschiedlichen Eigenkapitalquoten durchaus ein anderes prozentuales Eigentumsverhältnis für die Bruchteile vereinbart werden. Bei der Finanzierung haften allerdings die Eigentümer unabhängig der Eigentumsquote gemeinschaftlich. Kommt es zu einer Auseinandersetzung (Scheidung) und ist keine einvernehmliche Lösung möglich, so kann jeder Partner zum Zwecke der Aufhebung der Gemeinschaft eine Teilungsversteigerung beantragen. Viele Finanzierungsinstitute bestehen darauf, dass bei einer gemeinschaftlichen Haftung auch unbedingt beide Partner gleichzeitig Eigentümer sein müssen. Insbesondere bei Ehepaaren, die Gütertrennung vereinbart haben, weil beispielsweise einer der beiden selbstständig ist, muss dieser Punkt mit dem Finanzierungsinstitut vorab geklärt werden, wenn abweichende Eigentumsverhältnisse vorgesehen sind, also z. B. nur derjenige Ehepartner Eigentümer des Objektes werden soll, der nicht selbstständig ist.

Alle Beteiligten müssen sich auch über die sich aus den Besitzverhältnissen ergebenden Folgewirkungen für die Zugewinngemeinschaft (gesetzlicher Güterstand) und die spätere Erbfolge im Klaren sein.

Eheleute leben im bürgerlich-rechtlichen Güterstand der Zugewinngemeinschaft, wenn sie nicht durch einen Ehevertrag etwas anderes vereinbaren (§§ 1363 bis 1390 BGB, § 5 ErbStG). Der Güterstand der Zugewinngemeinschaft wird als gesetzlicher Güterstand bezeichnet. Der Begriff Zugewinngemeinschaft führt häufig zu dem Irrtum, dass Vermögen der Ehegatten automatisch zu gemeinsamen Vermögen wird. Die Befürchtung, dass ein Ehegatte für die (vorehelichen, geschäftlichen) Schulden des Ehegatten haftet, ist häufigster Grund für den Abschluss eines Ehevertrages (Gütertrennung).

Dies ist möglicherweise völlig überflüssig, denn der gesetzliche Güterstand müsste korrekt als Gütertrennung mit Zugewinnausgleich bezeichnet werden. Das Vermögen der Ehegatten – eingebrachtes oder später erworbenes – wird nicht kraft Gesetzes mit der Heirat bzw. zum Zeitpunkt des Erwerbes gemeinschaftliches Vermögen der Ehegatten. Jeder Ehegatte verwaltet sein Vermögen (z. B. seinen Grundbesitz) selbstständig. Bei Beendigung der Ehe ist nur der Zugewinn auszugleichen.

Ein Kreditgeber wird bei der Beurteilung der persönlichen Bonität auch auf den Güterstand achten. Das wird ihn aber nicht davon abhalten, bei Darlehensverträgen grundsätzlich auf die Verpflichtung beider Ehegatten zu bestehen. Die Zugewinngemeinschaft gilt auch für die Partner einer eingetragenen Lebenspartnerschaft, falls nicht ein individueller Vertrag geschlossen wird. Bei Beendigung der Partnerschaft ist auch hier der Zugewinn auszugleichen. Während der Ehe sind allerdings Verfügungsbeschränkungen zu beachten. Kauft und finanziert beispielsweise ein Ehegatte alleine eine Eigentumswohnung, so wird das Finanzierungsinstitut prüfen, ob es sich um eine Gesamtvermögensverfügung nach § 1365 BGB handelt, denn ein im gesetzlichen Güterstand der Zugewinngemeinschaft lebender Ehegatte kann über sein Vermögen im Ganzen nur mit Einwilligung des anderen Ehegatten verfügen. Dies gilt auch für Rechtsgeschäfte über einen einzelnen Vermögensgegenstand, der den überwiegenden Teil oder nahezu das ganze Vermögen der Eheleute betreffen kann.

Da Grundbesitz häufig der wesentliche Teil des Vermögens ist, muss dies bei Verkäufen beachtet werden. Vorsichtshalber werden Vertragspartner versuchen, stets die Unterschrift des Ehegatten mit einzuholen. Dies gilt für Kaufverträge, Belastung von Grundbesitz, Antrag auf Teilungsversteigerung usw. Die Zustimmung kann über eine Willenserklärung des Ehegatten (sogenannte Ehegattenerklärung) eingeholt werden. Gegenüber dem Grundbuchamt ist eine Beglaubigung erforderlich.

Unverheiratete Paare

Erwerben unverheiratete Paare/Lebensgemeinschaften eine Immobilie, sind die zu klärenden Fragen ungleich umfangreicher. Es ist festzulegen, wer was zahlt, wer in welchem Umfang haftet und was passiert, wenn es zu einer Trennung kommt, oder einer der Beteiligten stirbt. Es ist anzuraten, einen Partnerschaftsvertrag abzuschließen, um Folgen einer möglichen Trennung und solche im Todesfall zu regeln. Wird das Objekt gemeinschaftlich erworben (unabhängig vom Beteiligungsverhältnis), bilden die Beteiligten eine Grundstücksgemeinschaft und haften im Normalfall auch gemeinschaftlich für die Finanzierungsmittel.

Völlig anders stellt sich die Sachlage dar, wenn ein Beteiligter die Immobilie alleine erwirbt. Dann wird er auch das Eigenkapital alleine aufbringen und bei der Finanzierung alleine haften. Eine mögliche finanzielle Beteiligung lässt sich auch über eine grundpfandrechtliche Absicherung erreichen. Der Partner hat dann allerdings keinerlei Rechte und hat im Todesfall des Eigentümers ohne eine testamentarische Regelung das Nachsehen, da ansonsten die gesetzliche Erbfolge greifen wird. Unabhängig davon ist zu berücksichtigen, dass die ungünstige Erbschaftsteuerklasse III nicht zu vermeiden ist.

Gesellschaft bürgerlichen Rechts

Unverheiratete Paare oder mehrere Personen können Immobilien über eine Gesellschaft bürgerlichen Rechts (GbR) erwerben. Die GbR als Grundform der Personengesellschaft bietet eine große Flexibilität bei der Ausgestaltung der Rechtsbeziehungen der Gesellschafter untereinander.

Die Gesellschaft kann mit einem Gesellschaftsvertrag begründet werden. Gegebenenfalls kann dies auch in der Grundstückskaufvertragsurkunde erfolgen. Dabei lassen sich alle möglichen Ereignisse – Heirat, Scheidung, Wiederheirat, Trennung oder

Todesfall – eindeutig regeln. Auch können unterschiedliche Anteile oder Gewinn-/Verlustverteilungen vereinbart werden. Vom BGB her ist die Übertragbarkeit der Gesellschaftsanteile grundsätzlich nicht vorgesehen, kann also nur mit Zustimmung aller Gesellschafter erfolgen.

Nach § 727 (1) BGB ist im Falle des Todes eines der Gesellschafter im Grundsatz die Auflösung der Gesellschaft vorgesehen, falls nicht eine anderweitige Regelung im Gesellschaftsvertrag vereinbart wurde. Aufgrund der Tatsache, dass Gesellschaftsrecht vor Erbrecht gilt, ist dringend anzuraten, dass eine derartige Regelung besteht. Möglicherweise wird auch der Kreditgeber auf die umfassende Ausgestaltung des Gesellschaftsvertrages hinweisen oder sogar Einfluss nehmen.

3 Finanzierungsbedarf und Finanzierungsmittel

Bei der Ermittlung der Investitionskosten ist danach zu unterscheiden, ob es sich um den Bau oder um den Kauf einer Immobilie handelt (vgl. Tab. 3.1). Grundsätzlich lassen sich die Investitionskosten beim Kauf einer gebrauchten Immobilie sicherer kalkulieren, während bei einem Neubau häufig ungeplante Kosten den Investitionsbetrag erhöhen. Dies gilt für eigengenutzte Immobilien und Renditeobjekte von Kapitalanlegern gleichermaßen.

Wenn Investitionsabsicht und Erwerbsform feststehen, ist es wichtig, nicht von pauschalen Werten auszugehen, sondern die Kosten der vielen Einzelpositionen möglichst genau zu beziffern. Spätere Kostenverteuerungen entstehen meist durch fahrlässig oder absichtlich nicht richtig kalkulierte Kostenpositionen.

Tab. 3.1: Unterschiedliche Zusammensetzung der Investitionskosten.

Neubau	Kauf einer fertigen Immobilie	Kauf einer gebrauchten Immobilie
Kaufpreis Grundstück	Kaufpreis	Kaufpreis
Erschließungs- und Anschlusskosten		Renovierungskosten Sanierungskosten Modernisierungskosten
Baukosten		
Baunebenkosten		
Außenanlagen		
Grunderwerbsteuer	Grunderwerbsteuer	Grunderwerbsteuer
Notar- und Gerichtskosten	Notar- und Gerichtskosten	Notar- und Gerichtskosten
ggf. Maklerprovision	ggf. Maklerprovision	ggf. Maklerprovision

Für den Investor sind die exakten Investitionsgesamtkosten besonders wichtig, da sie die Renditeberechnung bestimmen und damit Grundlage der Investitionsentscheidung sind. Insbesondere die darin enthaltenen Nebenkosten werden vielfach unterschätzt. Deshalb ist anzuraten, diese Kostenposition in Baunebenkosten und Finanzierungsnebenkosten aufzuteilen.

3.1 Gesamtkostenermittlung beim Bau einer Immobilie

Beim Bau einer Immobilie sind Grundstückskosten, Baukosten und Finanzierungskosten zu unterscheiden:

https://doi.org/10.1515/9783110437874-004

Grundstückskosten

Die Grundstückskosten ergeben sich aus dem Kaufpreis des Grundstücks, den Erwerbsnebenkosten und den Erschließungskosten. Die Höhe des Kaufpreises wird von unterschiedlichen Faktoren wie Lage, Größe, Bebauungsfähigkeit, Erschließungs-zustand und Verkehrsanbindung bestimmt. Die pauschalen Kostenansätze für den Grundstückskauf ergeben sich aus Tab. 3.2.

Tab. 3.2: Pauschale Kostenansätze beim Grundstückskauf.

Kostenart:	pauschal anzusetzen mit:
Grundstück	den reinen Erwerbskosten
Grunderwerbsteuer für Grundstückskauf	3,5 % bis 6,5 % des Kaufpreises (von Bundesland zu Bundesland verschieden)
Notar- und Grundbuchkosten	1 % bis 1,5 % der Gesamtkosten
Maklerprovision für Grundstückskauf	3,57 % bis 7,14 % des Kaufpreises
Vermessungskosten	ca. 3 % des Grundstückswertes
Erschließungskosten	nach der Gemeindesatzung
Baukosten	den reinen Baukosten, dem Listenpreis, dem Festpreis oder Preis je m^3 umbauten Raumes zuzüglich besonderer Bauteile oder Sonderausstattungen
Baunebenkosten	bei Fertighäusern 10 % bis 12 % ansonsten 15 % bis 20 % der Baukosten
Außenanlagen	5 % bis 7 % der Baukosten

Herstellungskosten

Hierzu zählen die Herstellungskosten des Gebäudes, die Kosten der Außenanlagen, Baunebenkosten und die Kosten für besondere Betriebseinrichtungen (Betriebstech-nik) Eine Darstellung der einzelnen Kostenpositionen ergibt sich aus Tab. 3.3.

Tabelle 3.4 zeigt die Zusammensetzung der reinen Baukosten, die sich ungefähr hälftig auf Roh- und Ausbau verteilen.

Die Ausschreibungsergebnisse zeigen, ob die tatsächlichen Aufwendungen für die Einzelgewerke in etwa der Baukostenkalkulation entsprechen. Die Baunebenkos-ten – hierzu zählen Kosten für Architekten und Ingenieurleistungen und behördliche Genehmigungen – betragen überschlägig 15 % der reinen Baukosten, für die Außen-anlagen (Einfriedungen, Versorgungsanlagen, Gartenanlagen) sind ca. 5 % zu veran-schlagen.

Tab. 3.3: Herstellungskosten.

Kostenposition	Aufwand in €
Baukosten	
Anschlüsse, innere Erschließung	
besondere Betriebseinrichtungen (z. B. Wärmepumpe, Solarheizung, Wärmepumpe etc.)	
Baunebenkosten (Behördenleistungen, Architektenkosten, Ingenieurkosten)	
Finanzierungsnebenkosten (Finanzierungsvermittlungskosten, Finanzierungsbestätigung, Bearbeitungsgebühren, Bereitstellungsprovisionen, Bauzeitzinsen, Disagio)	
Außenanlagen	
unvorhergesehene Aufwendungen	
Herstellungskosten insgesamt	

Tab. 3.4: Baukostenanteile für Roh- und Ausbau.

Baukosten im Rohbau	Anteil in %	Ausschreibung in €
Erdarbeiten	5 %	
Maurer- und Betonarbeiten	35 %	
Dachstuhlarbeiten	4 %	
Dachdecker- und Klempnerarbeiten	4 %	
Gesamt im Rohbau	**48 %**	
Baukosten im Ausbau	**Anteil in %**	**Ausschreibung in €**
Putzarbeiten	6 %	
Estrich-, Bodenbelag-, Werkstein-, Fliesenarbeiten	7 %	
Schreiner- und Glaserarbeiten	9 %	
Sanitärarbeiten	8 %	
Elektroarbeiten	3 %	
Heizungsarbeiten	7 %	
Treppenbauarbeiten	4 %	
Maler- und Anstreicherarbeiten	3 %	
Sonstige Arbeiten (Schlosser usw.)	5 %	
Gesamt im Ausbau	**52 %**	
Gesamtkosten	**100 %**	

Finanzierungskosten

Hierunter fallen insbesondere die Bauzeitzinsen, auf die wir an anderer Stelle gesondert eingehen, aber auch Finanzierungsnebenkosten (Finanzierungsvermittlungskosten, Finanzierungsbestätigung, Bearbeitungsgebühren, Bereitstellungsprovisionen, Disagio) sowie Notar- und Grundbuchgebühren.

Gesamtkostenermittlung

Aus den vorstehend genannten Finanzierungskategorien wird eine Gesamtkostenermittlung vorgenommen, für die zunächst Pauschalansätze ausreichen, sofern noch keine Ausschreibungsergebnisse vorhanden sind (vgl. Tab. 3.5).

Tab. 3.5: Gesamtkostenermittlung für den Bau einer Immobilie.

	Grundstück
	Kaufpreis
+	Grunderwerbsteuer
+	Notarkosten für Kauabwicklung
+	Grundbuchkosten für Eigentumsumschreibungen
+	Maklerprovision
+	Erschließungskosten (Versorgung und Entsorgung, Straßenanliegergebühren)
+	Vermessungskosten
+	Herrichtungskosten (Abbruch vorhandener Gebäude, Rodung, Altlastenbeseitigung)
=	**Grundstückskosten**
	Gebäude
	Baukosten (inkl. Erdarbeiten und Baustelleneinrichtung, Keller oder Bodenplatte)
+	Honorare für Architekten und Ingenieure (Statiker)
+	Gebühren für behördliche Prüfung und Baugenehmigung
+	Kosten für Außenanlagen (Wege, Einfriedungen, Gartenanlagen sowie Weiterführung der Versorgungs- und Entsorgungsleitungen)
=	**Gebäudekosten**
	Finanzierung
	Notar- und Grundbuchgebühren für Grundschuldbestellungen
+	Bereitstellungsgebühren
+	Bauzeitzinsen
+	Wertermittlungsgebühren
=	**Finanzierungskosten**
	Gesamtkostenermittlung
	Grundstückskosten
+	Gebäudekosten
+	Finanzierungskosten
+	Sonstige Kosten (z. B. Einbauküche, Umzug, notwendige Neuanschaffungen)
	Gesamtkosten

3.1.1 Berücksichtigung von Eigenleistungen

Die oben ermittelten Gesamtkosten reduzieren sich oft um erbrachte Eigenleistungen. Hierbei handelt es sich um persönliche Arbeitsleistungen am Bau, die zu Unternehmerpreisen bewertet werden. Häufig werden Eigenleistungen auch als Eigenkapitalersatzmittel berücksichtigt. Bei dieser Betrachtung reduzieren sich nicht die Gesamtkosten, sondern es erfolgt eine entsprechende Erhöhung der Eigenmittel. Mögliche Selbsthilfeanteile sind aus Tab. 3.6 zu entnehmen.

Tab. 3.6: Mögliche Eigenleistung anteilig an den Gebäudekosten.

Gewerke*	Anteil an Gebäude- kosten	davon Lohnkosten	möglicher Selbsthilfe- anteil an Gebäudekosten
Erdarbeiten	5 %	über 70 %	2 %
Keller Mauerwerk, Decken, Abdichtung Erdgeschoss	15 %	30–70 %	3 %
Mauerwerk und Decken	15 %	30–70 %	3 %
Zimmer-/Dachdeckungsarbeiten/ Abdichtungsarbeiten	10 %	unter 30 %	0,5 %
Sonstiges	5 %	30–70 %	1,5
Rohbau	**50 %**		**10 %**
Elektriker	2 %	30–70 %	–
Klempner/Installateur	6 %	30–70 %	0,5 %
Maurer (Putzer)	7 %	über 70 %	2 %
Fußboden- und Fliesenleger	7 %	30–70 %	2 %
Heizungsmonteur	10 %	unter 30 %	0,5 %
Tischler	9 %	unter 35 %	1 %
Maler	4 %	über 70 %	3 %
Sonstiges (z-B. Schlosser)	5 %	über 70 %	1 %
Ausbau	**50 %**		**10 %**
Gesamt	**100 %**		**20 %**

* Bei den Gewerken sind unterschiedliche handwerkliche Qualifikationen erforderlich.

Die Höhe der Eigenleistung wird vielfach von den Bauherren überschätzt, Nachbarschaftshilfen sollten bestätigt werden. Der Zeitfaktor (längere Bauzeit) ist kritisch zu würdigen. Die Aufstellung sollte vom Architekten überprüft werden. Der Wert der eigenen Arbeitsleistung des Bauherrn bei der Errichtung eines Gebäudes gehört nicht zu den ggf. abschreibungsfähigen Herstellungskosten.

Bestehen Zweifel hinsichtlich der Realisierbarkeit der vorgesehenen Eigenleistungen, müssen Reserven für eine deshalb eventuell notwendige Nachfinanzierung vorhanden sein. Mögliche Probleme bei der Eigenleistung:
- Die Qualitätssicherung der Bauausführung: Fachkundige Überprüfung der Selbsthilfearbeiten ist zu gewährleisten.
- Der vorgesehene Umfang, kann wegen fehlender/unzureichender handwerklicher Qualifikation nicht erbracht werden.
- Die zur Verfügung stehende Zeit ist begrenzt. Der Selbsthilfeumfang ist deshalb entsprechend normaler Lohnkosten in einen Zeitaufwand umzurechnen.
- Mithilfezusagen von Dritten werden nicht eingehalten.
- Ausführende Personen fallen aus (erhöhtes Unfallrisiko, Krankheit etc.).

- In der Regel verlängert sich die Bauzeit. Dadurch Erhöhung der Zwischenfinanzierungskosten mit der Konsequenz, dass sich der durch die Lohnkostenersparnis errechnete Vorteil mindert.
- Die Fähigkeiten und Möglichkeiten, Eigenleistungen zu erbringen werden überschätzt; dadurch entstehen ggf. Finanzierungslücken.
- Falls Dritte die Eigenleistung erbringen, ist an diese häufig auch eine Vergütung zu zahlen. Zudem müssen die Bauhelfer in der gesetzlichen Unfallversicherung versichert und bei der Berufsgenossenschaft angemeldet werden.

Grundsätzlich gilt, dass als Eigenleistungen nur der Wert aller Arbeitsstunden angesehen werden kann. Derzeit kann eine Facharbeiterstunde mit ca. 25–40 € angesetzt werden.

Die Eigenleistung ist auf Basis der durchschnittlichen Stundenlöhne in Arbeitszeit umzurechnen. Selbst wenn man handwerklich in der Lage wäre, die Eigenleistungen zu erbringen, so ist zu prüfen, ob der erforderliche Zeitaufwand erbracht werden kann.

Im Beispiel (vgl. Tab. 3.7) hat der Architekt die Baukosten auf 350.000,– € geschätzt. Orientierungswerte für mögliche (hohe) Selbsthilfeanteile ergeben sich aus Tab. 3.6.

Tab. 3.7: Baukostenschätzung mit hohen Eigenleistungsanteilen.

Gewerk	Anteil an den Gebäudekosten	davon Lohnkosten	möglicher Selbsthilfeanteil
Erdarbeiten	17.500	12.250	7.000
Keller Mauerwerk, Decken, Abdichtung Erdgeschoss	52.500	26.250	10.500
Mauerwerk und Decken	52.500	26.250	10.500
Dach, Zimmer-/Dachdeckungsarbeiten/ Abdichtungsarbeiten	35.000	8.750	1.500
Sonstiges	17.500	3.500	1.750
Rohbau	**175.000**	**77.000**	**31.250**
Elektriker	7.000	3.500	–
Klempner/Installateur	21.000	10.500	1.750
Maurer (Putzer)	24.500	17.150	7.000
Fußboden- und Fliesenleger	24.500	12.250	7.000
Heizungsmonteur	35.000	8.750	1.750
Tischler	31.500	9.450	3.500
Maler	14.000	10.000	10.000
Sonstiges (z-B. Schlosser)	17.500	10.000	3.500
Ausbau	**175.000**	**81.600**	**34.500**
Gesamt (Rohbau und Ausbau)	**350.000**	**158.600**	**65.750**

Ergebniskontrolle:
Sollten also die vollen möglichen Eigenleistungen erbracht werden, wären dafür bei einem Stundenlohnansatz von 40 €/Stunde mindestens 1.644 Arbeitsstunden bzw. 41 Wochen in Vollarbeitszeit zu leisten.

Bei einer normalen Erwerbstätigkeit ist dies nicht nebenher zu schaffen und daher unrealistisch.

Baunebenkosten werden meist nur pauschal angesetzt. Um Höhe und Art der Baunebenkosten besser zu kalkulieren, ist es sinnvoller, diese detailliert zu ermitteln (siehe Tab. 3.8).

Tab. 3.8: Mögliche Baunebenkosten.

Einzelpositionen	kalkuliert mit €
Ingenieurleistungen (Statiker)	
Behördenleistungen (Baugenehmigung)	
Grunderwerbsteuer 3,5 %– 6,5 % je nach Bundesland	
Notarkosten etwa 1,5 % (Vertrag, Kreditbesicherung, Teilungserklärung)	
Kosten Amtsgericht	
Maklerkosten 3,57 %–7,14 % .	
Disagio	
Bauzeitzinsen	
Bereitstellungsprovision	
Abschlussgebühren für Bausparverträge	
Erbbauzinsen bis zum Objektbezug	
Finanzierungsvermittlungsprovisionen	
Bearbeitungsgebühren	
Zinsbegrenzungskosten (Cap-Prämie)	
Fahrtkosten zur Baustelle	
Fahrtkosten zu den Finanzierungsinstituten/Notar	
Versicherungen während der Bauzeit	
Kosten für Energieausweis	
Schätzkosten	
Grundsteuer für die Zeit bis zum Bezug	
Baunebenkosten insgesamt	

3.1.2 Ermittlung der Baunebenkosten

Beim Kauf von Fertighäusern oder Massivbauhäusern müssen noch die Kosten für die Finanzierungsbestätigung einkalkuliert werden. Die Finanzierungsbestätigung entspricht faktisch einer Bankbürgschaft. Die Abgabe einer solchen Bestätigung setzt entweder voraus, dass alle Finanzierungsmittel von einem Kreditgeber ausgereicht, oder durch Abtretung der Auszahlungsansprüche gesichert werden. Die Kosten können bis zu 1 % betragen.

Auf die Zahlungstermine ist genauestens zu achten, insbesondere, wenn diese nicht mit den (meist vom Bautenstand abhängigen) Auszahlungsraten der Baufinanzierungsinstitute übereinstimmen.

3.1.3 Kalkulation der Bauzeitzinsen/Bereitstellungsprovisionen

Unter Bauzeitzinsen werden Zinsen oder zinsähnliche Aufwendungen (Provisionen, Zinsen für Teilauszahlungen u.a.) verstanden, die während der Errichtungszeit eines Bauvorhabens anfallen. Sie sind ein wesentlicher Bestandteil der Finanzierungskosten und bei Neubauten unvermeidlich.

Praktikerformel zur Kalkulation der Bauzeitzinsen bei Bauvorhaben:

$$\frac{\text{Fremdmittel} \times \text{halbe Bauzeit (in Monaten)} \times \text{Zwischenfinanzierungszins}}{100 \times 12}$$

Fiktives Beispiel: Bauzeitzinsen eines Neubauvorhabens:

Baukosten:	400.000 €
Bauzeit	12 Monate
Zwischenfinanzierungszins	5,25 %
$\dfrac{400.000 \times 6 \times 5,25}{100 \times 12} =$	10.500,– €

Bauzeitzinsen fallen in der Regel als Kontokorrentzinsen an und verringern nicht die Auszahlungsraten der Fremdmittel. Sie sind begrenzbar, wenn die Bauaktionstätigkeiten sorgfältig geplant und die einzelnen Gewerke überlappend tätig werden.

Die Bereitstellungsprovision beträgt derzeit ca. 0,25 % pro Monat, also 3 % jährlich. Die bereitstellungsfreie Zeit ist üblicherweise 3 Monate. Gerade in der Niedrigzinsphase ist der Bereitstellungsprovision besondere Beachtung zu schenken, denn diese ist meist deutlich höher als die tatsächlichen Kreditzinsen.

Es bietet sich an, ggf. über längere bereitstellungszinsfreie Fristen zu verhandeln, wenn z. B. bei einem Neubau ohnehin mit einer Bauzeit von etwa einem Jahr zu rechnen ist. Einige Kreditinstitute haben ihr Angebot den echten Gegebenheiten angepasst und bieten für Kaufpreisfinanzierungen 6 Monate und für Neubaufinanzierungen 12 Monate eine bereitstellungsfreie Zeit an. Die Bereitstellungszinsen werden von den Auszahlungsraten der Fremdfinanzierungsmittel i.d.R. sofort abgezogen.

Beispiel:

Darlehen	360.000 €
Bereitstellungszinsen:	0,25 % pro Monat
frei für:	3 Monate
zugesagt:	15.11.16

Bereitstellungszinsen ab: 15.02.17

Bei Auszahlung nach diesem Tag fallen also täglich 30 €, im Monat 900 € Bereitstellungszinsen an.

Empfehlung: Darlehenseinsatz zeitgenau planen, unbedingt längere Befreiungszeiten vereinbaren, wenn absehbar ist, dass die Mittel erst später abgerufen werden können.

3.1.4 Ungeplante Kosten

Die Erfahrung zeigt, dass Bauvorhaben oft teurer werden als ursprünglich geplant. Ursächlich hierfür sind tatsächlich eingetretene Verteuerungen der Baumaterialien, Erhöhung der Lohnkosten, zeitliche Verzögerungen und Bauunterbrechungen durch nicht koordinierte Bauabläufe etc. Die Architekten verweisen in diesem Zusammenhang gerne darauf, dass nachträgliche Veränderungen bei der Ausstattung und der Qualität der eingebauten Materialien für die Kostensteigerung verantwortlich sind. Häufig liegen die Ursachen aber in einer zu knappen Kalkulation vor Baubeginn.

Besonders kostentreibend sind nicht vorhergesehene Probleme aufgrund der Bodenbeschaffenheit und nicht bekannte Altlasten mit zusätzlichem Beseitigungsaufwand.

Vorsichtige Bauherren kalkulieren daher ungeplante Kosten in einer Größenordnung von 10 % der Baukosten ein, verschaffen sich damit ein Risikopolster und vermeiden Nachfinanzierungen. Um ungeplanten Kosten entgegenzuwirken, ist eine ständige Baufortschrittsüberwachung mit entsprechender Kostenkontrolle zwingend erforderlich.

3.2 Gesamtkosten beim Kauf einer Immobilie

Der Kauf einer Immobilie kann bei einem Bauträger („Neubaukauf"), bei einem Fertighaushersteller („Fertighaus") oder aus zweiter Hand („Gebrauchtimmobilie") erfolgen. Die Gesamtkosten werden hierbei von der Lage, vom Objektzustand und dem Alter der Immobilie bestimmt.

Während bei Gebrauchtimmobilien die auf die reine Bausubstanz entfallenden Kosten meist weitaus günstiger sind als bei einem Neubau, fallen die Anschaffungsnebenkosten (insbesondere durch die stark gestiegene Grunderwerbsteuer) deutlich höher aus. Oft sind die Standorte gebrauchter Immobilien allerdings attraktiver.

Beim Kauf von Fertighäusern oder Massivbauhäusern müssen zusätzlich die Kosten für die Finanzierungsbestätigung einkalkuliert werden, die de facto einer Bankbürgschaft entsprechen. Die Kosten können bis zu 1 % betragen. Tab. 3.9. kann zur Ermittlung der (konkreten) Gesamtkosten beim Kauf einer Immobilie herangezogen werden.

Tab. 3.9: Gesamtkosten beim Kauf einer Immobilie.

Kostenart:	anzusetzen mit:
Kaufpreis	Kaufpreis
Grunderwerbsteuer	3,5 % bis 6,5 % des Kaufpreises
Notar- und Grundbuchkosten	1,5 % bis 2 % der Gesamtkosten
Maklerprovision	3,57 % bis 7,14 % des Kaufpreises
Erschließungskosten	nur falls noch nicht vollständig abgerechnet
Renovierung/Modernisierung	tatsächlicher Aufwand oder geschätzte Kosten je m² Wohnfläche
Finanzierungsnebenkosten	pauschal ca. 5 %
	Kosten in €
Anschaffungskosten	
notariell vereinbarter Kaufpreis	
Notarkosten für Kaufvertrag	
Grundbuchkosten w/Eintragung/Auflassung	
Maklerkosten	
Erschließungskosten falls noch offen	
Grunderwerbsteuer	
Renovierung/Modernisierung/Sanierung	
individuelle Kostenschätzung oder pauschal je m²/Bruttogeschoßfläche	
Umbau/Anbau/Ausbau	
energetische Maßnahmen	
Baunebenkosten	
Architekt/Bauingenieur/Statik falls erforderlich	
Baugenehmigung falls erforderlich	
Notarkosten für Sicherheitenbestellung	
Schätzkosten	
Gerichtskosten w/Eintragung Grundpfandrechte	
Bereitstellungsprovision	
Gesamtkosten	

Die Grunderwerbsteuer ist die steuerliche Belastung beim Kauf/Erwerb von bebauten und unbebauten Grundstücken. Sie fällt an z. B. bei Erwerb durch Kauf, Tausch, Erbschaft, Schenkung und Zwangsversteigerung. Befreiung ist nur noch in wenigen Fällen möglich. Die Besteuerungsgrundlage setzt sich zusammen aus:

–   Kaufpreis,
–   Wert eines Tauschgrundstückes zzgl. Barzahlung,
–   Meistgebot,
–   übernommene und/oder bestehenbleibende Rechte,
–   nach § 114 a ZVG ausgefallene Rechte,
–   Kapitalwert sonstiger Leistungen (Rente, Nießbrauch, Wohnrecht, Erbbauzins).

Alle diese Positionen ergeben ggf. den Wert der steuerpflichtigen Gegenleistung. Die Grunderwerbsteuer ist Ländersache und in letzter Zeit deutlich angehoben worden, was die Gesamtkosten eines Grundstückerwerbs deutlich erhöht hat. Die Bundesländer haben die extrem niedrigen Bauzinsen dazu genutzt, die Steuerbelastung, die den Immobilienerwerb verteuert, kräftig anzuheben. (Steueraufkommen in 2015 mehr als 11 Milliarden €). Auswirkungen auf die Immobilientransaktionen haben sich bislang nicht gezeigt.

Weitere Erhöhungen (möglicherweise bis zur gesetzlich vorgeschriebenen Höchstgrenze von 7 %) sind deshalb nicht auszuschließen (siehe Tab. 3.10).

Tab. 3.10: Grunderwerbsteuer in den Bundesländern.

Bundesland	Stand 1.1.2017
Baden-Württemberg	5 %
Bayern	3.5 %
Berlin	6 %
Brandenburg	6,5 %
Bremen	5 %
Hamburg	4,5 %
Hessen	6 %
Mecklenburg-Vorpommern	5 %
Niedersachsen	5 %
Nordrhein-Westfalen	6,5 %
Rheinland-Pfalz	5 %
Saarland	6,5 %
Sachsen	3,5 %
Sachsen-Anhalt	5 %
Schleswig-Holstein	6,5 %
Thüringen	6,5 %

Wird ein Grundstück oder eine Immobilie durch einen Makler vermittelt, ist eine Provision zu zahlen (§§ 652 ff. BGB). Die Angebote eines Maklers müssen als solche erkennbar sein. Anzeigen, die den Eindruck eines Privatangebotes machen, sind wettbewerbsrechtlich unzulässig. Die Höhe der Provision wird frei vereinbart. Durch eine Gesetzesänderung gilt inzwischen für Vermietungen das Bestellerprinzip, d.h. der Vermieter muss den Makler zahlen. Bei der Immobilienvermittlung müssten eigentlich beide Parteien Maklerprovision zahlen, vielfach zahlt jedoch nur der Käufer.

Maklerprovision

Grundstücksvermittlung (ETW,EFH,MFH)	3 % bis 6 % zzgl. MwSt.
Finanzierungsvermittlung	1 % bis 5 % zzgl. MwSt.

3.3 Finanzierung

Nachdem die Kosten für den Bau oder Kauf einer Immobilie ermittelt worden sind, kann jetzt die Finanzierungsmöglichkeit der Immobilie geprüft werden. Der Investor wird hierbei Eigen- und Fremdkapital einsetzen.

3.3.1 Eigenkapital und Eigenkapitalersatzmittel

a) Eigennutzung

In der privaten Wohnungsbaufinanzierung ist grundsätzlich ein höchstmöglicher Eigenkapitaleinsatz sinnvoll. Je höher die Eigenkapitalquote gemessen an der Investitionssumme für die Immobilie ist, desto geringer ist das Finanzierungsrisiko, die Kapitaldienstbelastung und umso günstiger sind die von Kreditgebern angebotenen Darlehenskonditionen. Der Eigenkapitaleinsatz beim Immobilienerwerb war nie rentabler als derzeit. Betrachtet man die mageren Zinsen für Anlageprodukte, möchte man von einer Rendite gar nicht mehr sprechen. Wird dagegen das Eigenkapital zur Finanzierung des Wohneigentums eingesetzt, so verzinst es sich immer in Höhe der jeweiligen Darlehenszinsen. Außerdem verschafft es ein Risikopolster, wenn die Fremdkapitalzinsen steigen. Die Zinsersparnis ist am einfachsten abzulesen, wenn man sich den Zinsaufwand der Fremdmittel einmal ansieht und damit sofort erkennen kann, was man bei einem Eigenkapitaleinsatz sparen kann.

Folgende Faustregeln zur Eigenkapital- und Belastungsquote sind zu unterscheiden:

1. **Goldene Finanzierungsregel:**
   Eigenkapital mindestens ein Drittel der Gesamtkosten, Belastung aus Kapitaldienst höchstens ein Drittel des Nettoeinkommens.

2. **Silberne Finanzierungsregel:**
   Eigenkapital mindestens 25 % der Gesamtkosten, Belastung aus Kapitaldienst höchstens 40 % des Nettoeinkommens.
3. **Bronzene Finanzierungsregel:**
   Eigenkapital mindestens 20 % der Gesamtkosten, Belastung aus Kapitaldienst höchstens 50 % des Nettoeinkommens.

In der Praxis sind bei selbstgenutztem Wohneigentum die „silberne" und „bronzene" Finanzierungsregel am häufigsten anzutreffen.

Die Kreditinstitute bieten auch Darlehen an, die den Beleihungswert von 60 oder 80 % übersteigen. Dafür werden allerdings Zinsaufschläge verlangt. Oftmals reichen schon einige tausend Euro mehr an Eigenkapital, um einen günstigeren Zinssatz zu bekommen. Am teuersten ist der Zinsaufschlag für den Kreditteil, der 80–90 % des Beleihungswertes übersteigt. Bei den Immobilienbrokern wird deshalb auf Wunsch der „Grenzeffektivzins" für diesen Kreditteil ermittelt. Je höher dieser Effektivzins, desto sinnvoller ist es, mehr Eigenkapital einzusetzen.

Verfügbares Eigenkapital

Die vorhandenen Eigenmittel des Immobilieninvestors unterscheiden sich hinsichtlich Art und Verfügbarkeit. Einzelheiten hierzu ergeben sich aus Tab. 3.11. Eigenmittel, die sofort liquidiert werden können, sind beispielsweise Barmittel, Konto- und Sparguthaben, während andere Eigenmittel erst mit einem bestimmten Zeitverzug einsetzbar sind und dann ggf. noch vorfinanziert werden müssen. Entsprechend verändern sich Höhe und Laufzeit der für die Gesamtfinanzierung aufzunehmenden Fremdmittel.

Von dem Grundsatz „So viel Eigenkapital wie möglich" gibt es, nochmals zusammengefasst, drei Ausnahmen:

1. Spitzenverdiener, die ihre Darlehensbelastung nachweislich und nachhaltig aus den Erträgen des eigenen Einkommens tragen können und aus plausiblen Gründen einen geringen Eigenkapitaleinsatz wünschen.
   Vollfinanzierungen führen zu einem deutlichen Zinsaufschlag und falls auch die Erwerbsnebenkosten mitfinanziert werden müssen, nicht selten zu Beleihungsausläufen bis zu 130 % des Verkehrswertes. Die Tragfähigkeit der Belastung für eine Mindesttilgungsrate sollte daher 5 % p.a. betragen und auch die Kontrollrechnung über die Tragfähigkeit in Höhe von 8 % auf die Restschuld nach Ablauf der ersten Sollzinsbindungsfrist ist zwingend.
2. Personen, die über ihr langfristig angelegtes Vermögen nicht kurzfristig verfügen bzw. dies nur unter Inkaufnahme von finanziellen Verlusten liquidieren können. Steht das Eigenkapital zeitlich noch nicht sofort zur Verfügung (z. B. bei späterer Fälligkeit aufgrund einer Geldanlage oder bei einem kurz vor der Zuteilung stehenden Bausparvertrag), sind Zwischenfinanzierungen erforderlich. Zu beachten

Tab. 3.11: Verfügbare Eigenmittel.

Eigenmittel	sofort verfügbar	später verfügbar
	€	€
Barmittel		
Kontoguthaben		
Sparguthaben		
Tagesgeld		
Festgeldguthaben		
Sparbriefe		
fällige Sparverträge		
vermögenswirksame Sparverträge		
Aktien		
Anleihen, Pfandbriefe		
Aktienfondsanteile		
Rentenfondsanteile		
Bausparguthaben		
Lebensversicherungen/Rückkaufswert		
Steuererstattungsansprüche		
vorhandenes Grundstück abzüglich Belastung		
Entnahmemöglichkeit aus Riester-Verträgen		
Wert von Immobilien, die verkauft werden sollen abzüglich Belastung		
Schenkungen von dritter Seite		
Gesamtsumme		

ist, dass dafür meist (höhere) Kontokorrentzinsen verlangt werden. Die Höhe der zu entrichtenden Zinsen schmälert das zur Verfügung stehende Eigenkapital oder muss durch Fremdmittel zusätzlich erbracht werden.

3. Personen, die in Renditeobjekte investieren und aus steuerlichen Gründen an einem höheren Fremdkapitalanteil interessiert sind. Die aus einem Renditeobjekt zu erzielenden Erträge müssen die Bedienung der Fremdmittel (Zinsen und Tilgung bei Normalkonditionen, ohne Disagio) gewährleisten. Als Faustregel sollten hier für Zins und Tilgung 6 bis 8 % angesetzt werden. Sollten neben der Miete auch noch Steuervorteile aus Schuldzinsen und AfA mit zur Kapitaldienstfähigkeit herangezogen werden, müssen diese beim Darlehensnehmer bzw. Erwerber nachhaltig zur Verfügung stehen. Auch die direkte Tilgung ist selten erwünscht. Vielmehr werden eher Tilgungsersatzmittel wie Lebensversicherungsverträge, Bausparverträge oder sogar Wertpapiersparpläne bevorzugt. Dadurch bleiben die Werbungskosten unverändert und bringen bei entsprechender Steuerbelastung eine direkte Steuerersparnis.

Für die Finanzierungsinstitute ist die Herkunft der Eigenmittel ein wichtiger Bonitäts-
hinweis. Die Frage ist, ob das Eigenkapital über Jahre hinweg aus „eigener Kraft"
erspart wurde oder überwiegend durch Zurverfügungstellung von dritter Seite (z. B.
den Eltern) entstanden ist. Daraus können Rückschlüsse gezogen werden, inwieweit die Tragbarkeit der künftigen Baufinanzierungsbelastung tatsächlich gegeben
ist. Dies ist vor allem von Bedeutung, wenn neben dem möglicherweise sehr niedrigen Zins eine angemessene Tilgung erwartet wird. Neben der Bestandsaufnahme des
verfügbaren Eigenkapitals sind auch Fragen zur Sparfähigkeit vor und nach der Immobilieninvestition sinnvoll, da sie mögliche Liquiditätspuffer aufzeigen bzw. auf eine zu
hohe Finanzierungsbelastung hinweisen können. Die Tab. 3.12 stellt ein Schema für
eine solche Bestandsaufnahme bereit.

Tab. 3.12: Bestandsaufnahme der Sparfähigkeit.

Fragen zur Sparfähigkeit	vor dem Immobilienerwerb/€	nach dem Immobilienerwerb/€
Wie hoch ist die Sparleistung?		
Wie hoch ist im Haushaltsbudget der realisti-sche Überschuss?		
Werden alle Sparförderungen genutzt?		
Wie viel Eigenkapital können aus Erbschaften oder Schenkungen erwartet werden?		
Stützt sich die Sparleistung auf das Einkom-men beider Partner?		
Tragen weitere Haushaltsmitglieder zur Spar-leistung bei?		
Bleibt die notwendige Altersvorsorge unbe-rücksichtigt?		

Eigenkapitalersatzmittel

Eigenkapitalersetzende Mittel werden häufig auch als indirektes Eigenkapital bezeichnet. Diese meist nicht von Kreditinstituten vergebenen Mittel oder Darlehen substi-
tuieren praktisch Eigenkapital und nehmen eine Zwitterstellung zwischen reinem
Eigenkapital und Immobiliendarlehen ein. Finanzierungsinstitute rechnen Eigenkapitalersatzmittel vollständig oder anteilig zum Eigenkapital hinzu, so dass der
Investor gut beraten ist, Möglichkeiten eigenkapitalersetzender Mittel zu prüfen, da
diese sein Eigenkapital erhöhen. Die Werthaltigkeit von Eigenkapitalersatzmittel (vgl.
Tab. 3.13) wird sich das Finanzierungsinstitut nachweisen lassen; Rückzahlungs- oder
anderweitige Verpflichtungen daraus sind im Finanzierungsplan zu berücksichtigen.

Tab. 3.13: Überblick Eigenkapitalersatzmittel.

Mittelherkunft	Wert in €
Verwandten- oder Bekanntendarlehen	
Eigenleistungen	
Mieterdarlehen	
Arbeitgeberdarlehen	
Wohnraumförderungsdarlehen	
Beleihung anderer Immobilien	
Policendarlehen bei Lebensversicherungen (Rückkaufswert)	
Eigenkapitalersatzmittel insgesamt	

Somit gilt:
Gesamtes Eigenkapital = direkte Eigenmittel (eigenes Eigenkapital) + Eigenkapitalersatzmittel (indirektes Eigenkapital).

b) Kapitalanlage

Die Ausgangslage ist es bei vermieteten Objekten völlig anders. Bedingt durch die Absetzbarkeit der Werbungskosten, zu denen die Finanzierungskosten gehören, ist ein meist nur geringer Eigenkapitaleinsatz sinnvoll. Auch die direkte Tilgung wird selten gewählt. Vielmehr werden eher Tilgungsersatzmittel wie Lebensversicherungsverträge, Bausparverträge oder Wertpapiersparpläne bevorzugt. Dadurch bleiben die Werbungskosten unverändert und bringen bei entsprechendem Steuersatz eine direkte Steuerersparnis. In der Niedrigzinsphase ist dieser Aspekt jedoch kaum noch von Bedeutung. Mangels anderer Anlagemöglichkeiten ist also auch hier ein höherer Eigenmittelanteil eine Alternative.

Exkurs: Kapitaldienstfähigkeit

Die Kapitaldienstfähigkeit gehört nach den Paragrafen 18 und 18a des KWG zwingend zur Kreditwürdigkeitsprüfung und ist grundsätzlich bei jeder Kreditgewährung zu ermitteln.

Bei Immobilienfinanzierungen zeigt die einfache Kapitaldienstfähigkeit an, bis zu welcher Höhe die Mieteinnahmen aus einem Beleihungsobjekt, abzüglich der Bewirtschaftungskosten, den Kapitaldienst decken können.

$$\text{Kapitaldienstfähigkeit} = \frac{\text{Nettomieteinnahmen ./. Bewirtschaftungskosten}}{\text{gesamte Verbindlichkeiten}}$$

Für Kapitalanleger wird die Kapitaldienstfähigkeit K* mit zusätzlichen Faktoren anhand dieser Formel berechnet.

$$K^* = \frac{\text{Nettomiete} - \left(\text{Nettomiete} \times \dfrac{\text{Steuersatz \%}}{100}\right) + \left(\text{Afa}\,\dfrac{\text{Steuersatz \%}}{100}\right)}{\dfrac{\text{Annuität \%}}{100} - \left(\dfrac{\text{Nominalsatz \%}}{100} \times \dfrac{\text{Steuersatz \%}}{100}\right)}$$

3.3.2 Fremdkapital

Bei den für die Investition vorgesehenen Eigenmitteln ist zu klären, ob sie sofort oder erst später eingesetzt werden können (und dann ggf. noch vorfinanziert werden müssen). Entsprechend verändern sich Höhe und Laufzeit der für die Gesamtfinanzierung aufzunehmenden Fremdmittel.

Erforderlicher Kreditrahmen
Die Höhe des Finanzierungsbedarfs ergibt sich, wenn von den Gesamtinvestitionskosten das verfügbare Eigenkapital abgezogen wird (vgl. Tab. 3.14). Bei einem fertigen Objekt ist dafür zu sorgen, dass Eigenkapital und Kreditmittel zum vertraglich vereinbarten Zahlungstermin zur Verfügung stehen.

Tab. 3.14: Kreditrahmen bei fertigem Objekt.

Ermittlung des Kreditrahmens bei einem fertigen Objekt		€
Kaufpreis		
Erwerbsnebenkosten	+	
Renovierung/Modernisierung/Erweiterung	+	
Energetische Maßnahmen	+	
Liquiditätsreserve	+	
Gesamtinvestitionskosten	**€**	
verfügbares Eigenkapital	./.	
Kreditrahmen/Fremdfinanzierungsbedarf*	**€**	

* Wird allerdings ein Finanzierungsbaustein mit einem Disagio verwendet, so ist der Disagioaufwand dem Fremdfinanzierungsbedarf noch hinzuzurechnen.

Tab. 3.15: Kreditrahmen bei Neubauobjekt.

Ermittlung des Kreditrahmens bei einem Neubau		€
Grundstückskosten	+	
Erwerbsnebenkosten	+	
äußere Erschließung	+	
reine Baukosten	+	
Baunebenkosten	+	
Außenanlagen	+	
Liquiditätsreserve	+	
Gesamtinvestitionskosten	**€**	
verfügbares Eigenkapital	./.	
realistischer Wert der Eigenleistung	./.	
Kreditrahmen/Fremdfinanzierungsbedarf	**€**	

Gegebenenfalls sind bei Neubauten noch die Eigenleistungen zu berücksichtigen, sofern sie bei den Gesamtkosten noch nicht kostenmindernd berücksichtigt wurden (vgl. Tab. 3.15).

Bei Neubauten (Bauzeit i.d.R. bis zu einem Jahr) ist zu beachten, dass ein möglichst der Bauzeit angepasster Zeitraum frei von Bereitstellungsprovisionen ist.

Bei Erwerb von einem Bauträger muss sichergestellt sein, dass die vertraglich vereinbarten Zahlungsraten mit den entsprechend dem Bautenstand auszahlbaren Kreditraten zu erfüllen sind.

3.3.3 Kontrollrechnungen und Finanzierungskonzepte

Eigenkapital-, Fremdkapital- und Belastungsquote sind sinnvolle Kennziffern, um die wirtschaftliche Tragfähigkeit einer eigengenutzten Immobilie zu beurteilen.

Die **Eigenkapitalquote** umfasst die gesamten Eigenmittel in Relation zu den Gesamtkosten der Investition. Bei einem selbstgenutzten Objekt sollte die Eigenkapitalquote 20 % nicht unterschreiten.

Die **Fremdkapitalquote** setzt das Fremdkapital (Annuitätendarlehen, Bauspardarlehen, Zwischenkredite, KfW-Kredite etc.) in Relation zum Gesamtvermögen.

Die **Belastungsquote** ist die monatliche Belastung aus dem Kapitaldienst (Zinsen + Tilgung) in Relation zum monatlichen Nettoeinkommen. Dieser Wert sollte 50 % nicht überschreiten.

Die Kennziffern werden im nachfolgenden Beispiel angewendet:
Der Investor, 34 Jahre, alleinstehend, hat die Gesamtkosten seiner Bauinvestition mit 432.000 € ermittelt. Eingesetzt werden sollen 74.000 € Eigenkapital. Das monatlich nachhaltige Nettoeinkommen liegt bei 4.000 €; sein Gesamtvermögen beläuft sich auf 510.000 €.

Eigenkapitalquote:

Gesamtkosten der Investition	432.000 €
eingesetztes Eigenkapital	74.000 €
Eigenkapitalquote	17,1 %

Fremdkapitalquote:

Kreditverpflichtungen	358.000 €
Gesamtvermögen	510.000 €
Fremdkapitalquote (Verschuldungsgrad)	70,2 %

Belastungsquote:

monatliches Einkommen	4.000 €
monatlicher Kapitaldienst	1.500 €
Belastungsquote	37,5 %

Fazit:
Die Eigenkapitalquote ist knapp, die Fremdkapitalquote aufgrund des Lebensalters akzeptabel, die
Belastungsquote ist in Ordnung.

Prüfkriterien für ein Finanzierungskonzept

Bei der Fremdmittelfinanzierung gibt es eine Fülle von Gestaltungsoptionen, die es
ermöglichen, eigene Finanzierungsziele zu realisieren und die aktuelle Kapitalmarkt-
situation zu berücksichtigen. Daher ist es sinnvoll, sich im Vorfeld der Finanzierung
mit den in Tab. 3.16 genannten Aspekten eines Finanzierungskonzeptes auseinanderzusetzen und die eigenen Präferenzen festzulegen.

Tab. 3.16: Prüfkriterien eines Finanzierungskonzeptes.

Prüfkriterien	Bestandteile der Entscheidung
Zinskonzept	Zinsbindungsdauer, variable vs. feste Zinsen, Disagio vs. Vollauszah-lung, Darlehensabruf vs. Bereitstellungsprovision, Vermeidungsstrate-gie von Bauzeitzinsen.
Tilgungskonzept	Darlehenslaufzeiten aufgrund unterschiedlicher Tilgungssätze, variable Tilgungen, Tilgungsvarianten, Sondertilgungsmöglichkeiten, Tilgungsaussetzung, endfällige Darlehen.
Belastungskonzept	Belastungsquote (Zins + Tilgung). Nur bei vermieteten Objekten: Einbeziehung von steuerlichen Vortei-len, Kapitaldienstfähigkeit.
Verschuldungskonzept	Bei Eigennutzung größtmöglicher Eigenkapitaleinsatz. Beleihungswert, Beleihungsgrenzen bei vermieteten Objekten: Weiter-gehende Fremdfinanzierung möglich.
Förderkonzept	Einbau von KfW-Krediten. Wohn-Riester bei Eigennutzung. Steuerliche Optimierung.

Zinskonzept

Die Zinsen haben einen historisch niedrigen Wert erreicht. Werden mittelfristig steigende Zinsen erwartet, so sind Zinsbindungsfristen von 10 oder 15 Jahren zu empfehlen. Insbesondere für Investoren mit einer hohen Belastungsquote sind lange Zinsbindungsfristen sinnvoll, da sie langfristig eine sichere Kalkulationsgrundlage bieten.
Variable Zinsen kämen dann in Betracht, wenn künftig mit einem eher konstan-
ten oder weiter leicht sinkenden Zinsniveau gerechnet wird. Disagiovarianten bieten
sich für eigengenutzte Immobilien infolge des niedrigen Zinsniveaus und aufgrund
der fehlenden steuerlichen Berücksichtigung derzeit nicht an. Da die Bereitstellungsprovision inzwischen meist deutlich höher ist als der eigentliche Nominalzins, gehört

auch die genaue zeitliche Disposition des Auszahlungszeitpunktes zum Zinskonzept. Gleiches gilt für die mögliche Eingrenzung der Bauzeitzinsen durch ein exakt geplantes Zeitmanagement auf der Baustelle.

Grundregel zum Zinskonzept:
Je knapper das Budget ist, umso länger muss der Zinsfestschreibungszeitraum sein. Jeder bei der Zinsvereinbarung gesparte Euro sollte in einen erhöhten Tilgungssatz gesteckt werden.

Die langfristige Zinsentwicklung für 10 Jahre Sollzinsbindung ist aus Abb. 3.1 zu sehen. Anhand dieser Zinskurve ist erkennbar, dass die Zinsen seit dem Jahr 2000 von kurzen Seit- und Aufwärtsbewegungen abgesehen, tendenziell gesunken sind und ein historisch niedriges Niveau erreicht haben. Im Zuge bereits vollzogener und weiter angekündigter Zinserhöhungen in den USA kann es im Euro-Raum mittelfristig wieder zu Gegenreaktionen kommen, wenngleich die EZB grundsätzlich b.a.w. an niedrigen Zinsen festhalten möchte.

Zinsentwicklung für 10 Jahre Sollzinsbindung

Abb. 3.1: Zinsentwicklung (Sollzinsen).
Quelle: Dr. Klein

Exkurs: Zinsentwicklung
Die globale Finanzkrise hat seit 2008 die früheren Marktmechanismen völlig verändert. Die Notenbanken haben die Kapitalmärkte mit Geld geflutet, die Leitzinsen sind in den wichtigsten Ländern der Welt auf historischem Tiefstand, die Kreditinstitute müssen „Strafzinsen" für ihre Einlagen bei der EZB zahlen. Ohne auf die weiteren wirtschaftliche Folgen und Aspekte an dieser Stelle einzugehen, hat das dazu geführt, dass Sachwertanleger und Kreditnehmer extrem begünstigt und im Umkehrschluss Geldanleger entsprechend benachteiligt sind. Demzufolge verteuern sich die Sachwerte. Die aktuell günstigen Baufinanzierungskonditionen bieten daher einen starken Investitionsanreiz sowohl für Eigennutzer als auch für Kapitalanleger.

Baufinanzierungsinteressenten können die langfristige Zinsentwicklung im Wirtschaftsteil der Tageszeitung oder im Internet recherchieren. Es ist auch möglich, die durchschnittliche Pfandbriefrendite für 5-jährige oder 10-jährige Papiere zu beobachten. Hier kann man jederzeit feststellen, wie sich die Kreditinstitute aktuell refinanzieren, d. h. man sieht relativ genau, „was Baugeld die Kreditinstitute im Einkauf kostet". Für die eigene Finanzierung würde sich daraus eine Baufinanzierungskondition mit einem Zuschlag (Marge) von 0,75 bis 1,5 % errechnen lassen. (www.deutschehypo.de/kapitalmarkt/pfandbriefe).

Zur Refinanzierung ausgegebener Darlehen werden von den dafür seitens der BaFin autorisierten Kreditinstituten Pfandbriefe emittiert. Die Kreditinstitute nutzen den Pfandbrief als Refinanzierungsquelle, deshalb schlagen Veränderungen bei den Pfandbriefrenditen unmittelbar auf die Darlehenskonditionen durch (siehe auch Risikoadjustierte Kreditkosten Anlage 48).

Beispiel:
Waren im Februar 2016 Pfandbriefe bis zu 5 Jahren Laufzeit mit einer negativen Rendite ausgestattet, so hat sich Stand Juni 2017 das Zinsniveau für längere Laufzeiten (die für die Baufinanzierung relevant sind) leicht gedreht (vgl. Tab. 3.17).

Tab. 3.17: Pfandbriefrenditen am 2.6.2017.

Laufzeit	in %	Laufzeit	in %
1 Jahr	−0,24 %	7 Jahre	0,42 %
2 Jahre	−0,19 %	8 Jahre	0,54 %
3 Jahre	−0,08 %	9 Jahre	0,67 %
4 Jahre	−0,04 %	10 Jahre	0,78 %
5 Jahre	0,17 %	12 Jahre	1,05 %
6 Jahre	0,29 %	15 Jahre	1,26 %

Quelle: Deutsche Hypo

Wegen der relativ langen Gesamtlaufzeit einer Baufinanzierung addieren sich selbst kleinste Zinsunterschiede zu beträchtlichen Gesamtsummen.

Die Entwicklung der durchschnittlichen effektiven Zinsen für Baukredite in den letzten Jahren ist aus Tab. 3.18 zu ersehen. Die Niedrigzinsphase hat Ende 2008 auf dem Höhepunkt der globalen Finanzmarktkrise begonnen. Vorher war eine inverse Zinsentwicklung vorhanden, d.h. die kurzen Zinsbindungen waren teurer als die langfristigen Vereinbarungen.

Tilgungskonzept
Bei der Tilgung ist zwischen annuitätischer-, endfälliger- und Ratentilgung zu unterscheiden. Bei Immobiliendarlehen ist die annuitätische Tilgung am häufigsten. Sie

Tab. 3.18: Effektive Zinsen für Baukredite.

Jahr	Zinsbindung 5 Jahre	Zinsbindung 10 Jahre
	Zinssatz in %	Zinssatz in %
2010	3,2	4,0
2011	3,7	4,1
2012	3,1	3,1
2013	2,8	3,0
2014	2,6	2,7
2015	2,0	2,2
2016	1,6	1,8

Quelle: Deutsche Bundesbank

erfolgt aus dem vereinbarten Anfangstilgungssatz und den durch die fortlaufende Tilgung ersparten Zinsen. In der Niedrigzinsphase bedeutet das zwangsläufig, dass die Tilgungsbeiträge signifikant erhöht werden müssen, um eine vertretbare Gesamtlaufzeit der Finanzierung zu gewährleisten. Weiterhin ist Investoren zu empfehlen, Darlehen mit veränderbaren Tilgungssätzen zu vereinbaren und/oder sich Sondertilgungsmöglichkeiten einräumen zu lassen. Zum Tilgungskonzept gehört auch, den wahrscheinlichen Renteneintritt des Hauptverdieners – mit 63 oder längstens mit 67 Jahren – zu beachten und bei der Vereinbarung des Tilgungssatzes (und eventueller Sondertilgungsmöglichkeiten) zu berücksichtigen. Dies schreibt die Wohnimmobilienkreditrichtlinie zudem verbindlich vor.

In der Praxis unterscheidet man feste und optionale Sondertilgungsrechte.
Bei einer festen Sondertilgung wird sowohl der genaue Tilgungsbetrag als auch der Termin vertraglich vereinbart, eine optionale Sondertilgung ermöglicht beispielsweise die jährliche Tilgung zwischen einem Mindest- und einem Höchstbetrag.

Grundregel zum Tilgungskonzept:
In einer Niedrigzinsphase sollte die Regeltilgung mindestens 2 % p.a. betragen. Darüber hinaus sollte stets ein Sondertilgungsrecht vereinbart werden, um flexibel zu sein und um notfalls eine Vorfälligkeitsentschädigung zu begrenzen.

Belastungskonzept

Dieses erfordert eine realistische Selbsteinschätzung über die derzeitige und künftige wirtschaftliche Situation des Wohneigentümers. Ideal wäre natürlich, wenn sich die Belastung für die neue eigene Immobilie in Höhe der bisherigen Miete und der bisher realisierten Sparraten bewegt. Als sinnvoll erweist sich auch eine Simulationsrechnung, in welcher der Investor einen Kapitaldienst von 6 % p.a. unterstellt und prüft, ob diese höhere Belastung getragen werden kann. Bei vermieteten Objekten kann außer der Mieteinnahme auch der steuerliche Effekt berücksichtigt werden.

Grundregel zum Belastungskonzept:
Bei Eigennutzern sollte sich die Belastung an der Höhe der bislang gezahlten Miete zuzüglich der realisierten oder realisierbaren Sparrate orientieren. Eine antizipative Belastungsbetrachtung, welche einen unerwarteten Liquiditätsbedarf und einen höheren Kapitaldienst nach Auslauf der Zinsbindung berücksichtigt, ist sinnvoll.

Verschuldungskonzept

Bei einem eigengenutzten Objekt ist möglichst viel Eigenkapital einzusetzen. Die Finanzierungsbausteine sind so zu wählen, dass zukünftig zu erwartende Geldzuflüsse unmittelbar in die Finanzierung einfließen können. Wegen der noch anzusprechenden Tilgungsfalle („Niedrigzinsfalle"), ist die Verschuldungsquote im Hinblick auf das verfügbare Jahresnettoeinkommen zu beachten. Realistisch wären etwa Fremdmittel bis zum 5 bis 6fachen des Jahresnettoeinkommens. Bei fremdvermieteten Objekten ist eine weitgehende Finanzierung mit entsprechender Zinsabsicherung durchaus vertretbar.

Grundregel zum Verschuldungskonzept:
Im Regelfall sollte die Verschuldung das 5 bis 6-fache des Jahresnettoeinkommens nicht überschreiten. Eine realistische Einschätzung der Nachhaltigkeit ist zu empfehlen.

Förderkonzept

Bei allen Finanzierungsanlässen sollte geprüft werden, inwieweit der Einsatz von öffentlichen Mitteln (Landesmittel), die in Abschnitt 3.3.5 dargestellt sind, möglich ist. Weiterhin sollten alle passenden Finanzierungsprogramme der KfW in die Finanzierungsüberlegungen einbezogen werden. An dritter Stelle folgt die Überprüfung des Einsatzes von bestehenden Riester-Verträgen oder deren Neuabschluss.

Wie bereits an anderer Stelle ausgeführt, bieten spezielle Kreditprogramme nicht nur Zins- und Fördervorteile; sie werden häufig auch als Eigenkapitalersatzmittel anerkannt und erhöhen damit indirekt den Eigenkapitaleinsatz und verbessern den Beleihungsauslauf. Der Bauherr oder Käufer von vermietetem Wohnraum sollte vorab die steuerlichen Möglichkeiten prüfen.

Grundregel zum Förderkonzept:
Bei allen Finanzierungsanlässen ist der Einsatz von Fördermittel zu prüfen, die Konditionsvorteile ermöglichen. Oft können diese als Eigenkapitalersatzmittel anerkannt werden. Damit können sie den Finanzierungsrahmen erhöhen oder den Beleihungsauslauf verbessern

3.3.4 Finanzierungsoptimierung

Bereits vor den Finanzierungsverhandlungen mit Kreditgebern sollten alle Möglichkeiten für eine Finanzierungsoptimierung geprüft werden.

Die in der Tab. 3.19 genannten Handlungsempfehlungen sind teilweise bereits an anderer Stelle angesprochen worden, sie werden aber hier wegen der besonderen Bedeutung nochmals zusammengefasst auf einen Blick dargestellt.

Da die Umsetzung der Handlungsempfehlungen an unterschiedliche Voraussetzungen geknüpft wird, ist diese Übersicht als eine Checkliste möglicher Maßnahmen für Immobilieninvestoren zu verstehen.

Tab. 3.19: Handlungsempfehlungen zur Finanzierungsoptimierung.

Handlungsempfehlung	Optimierungsansätze
änderbaren Tilgungssatz vereinbaren	Es sind Kredite im Angebot, bei denen nachträglich der Tilgungssatz verändert werden kann. Die Bandbreite liegt zwischen 1 und 5 % jährlichem Tilgungssatz.
Anschlusskredite rechtzeitig vereinbaren	Für Anschlusskredite (Forwarddarlehen) immer zunächst Volltilgerdarlehen zu prüfen.
Bausparverträge nutzen	Bausparen wird ggf. durch staatliche Förderung begünstigt. Obwohl die Guthabenzinsen in der Ansparphase nicht attraktiv sind, bieten die meist flexiblen Verträge dauerhaft feste Zinsen und verschiedene Darlehenslaufzeiten an. Bauspardarlehen können auch nachrangig abgesichert werden, Beleihungsauslauf bis 100 %. Eine vorzeitige Rückzahlung ist jederzeit ohne Vorfälligkeitsentschädigung möglich.
Darlehen aufteilen (Darlehenssplitting)	Falls ein höherer Betrag finanziert werden muss, könnte es sich anbieten, die Kreditsumme aufzuteilen damit ggf. für die ersten 60 % (Realkreditteil) ein Kredit ohne Zinszuschläge möglich ist. Auch könnten dann für die einzelnen Kreditteile unterschiedliche Zinsfestschreibungen gewählt werden.
Flexibilität sichern	Beim klassischen Annuitätendarlehen ein Widerspruch, inzwischen aber eine denkbare Alternative. Vereinbart wird ein Festzinssatz **und** eine variable Tilgung (z. B. 1–3 %, 1–5 %, 1–10 %), die dann während der Zinsbindung bis zu dreimal gewechselt werden kann.
flexible Kreditrückzahlung durch Sondertilgungsvereinbarung	Eine feste Tilgungsrate p.a. wird mit der Möglichkeit von Sondertilgungen kombiniert. Niedrige Zinsen unbedingt dazu nutzen, mind. eine Anfangstilgung von 2–3 % p.a. zu wählen. Zusätzlich die Sondertilgungsoption vereinbaren.
Grenzzinssatz ermitteln	Der Effektivzinssatz für die Gesamtfinanzierung ist ggf. deutlich höher als der Zinssatz für eine 60 %-Beleihung. Aus der Differenz der Zinssätze ist der Grenzzinssatz für den letztrangigen Kreditteil zu errechnen. Entweder sollte mehr Eigenkapital eingesetzt oder die Darlehen getrennt werden und der letztrangige Teil sollte zuerst getilgt werden.

Tab. 3.19: (fortgesetzt)

Handlungsempfehlung	Optimierungsansätze
KfW-Kredite berücksichtigen	Die Tipps bezüglich der Sondertilgung gelten nicht für die KfW-Darlehen, da deren Kondition (auch bei Prolongation) nicht vom Beleihungsauslauf abhängig ist. KfW-Mittel können meist vorzeitig und ohne Vorfälligkeitsentschädigung abgelöst werden.
Kombikreditangebote der Bausparkassen prüfen	Feste Kalkulationsbasis durch völlige Zinssicherheit. Riester-Zulagen/Steuervorteile sind fester Bestandteil der Finanzierung.
Konditionen bei Anschluss-darlehen vergleichen	Bei Anschlussdarlehen werden nicht immer die günstigsten Konditionen angeboten. Deshalb gerade bei der Prolongation stets prüfen, ob Alternativangebote anderer Anbieter trotz Wechselkosten günstiger sind.
Konditionen nicht nur durch die Effektivverzinsung, sondern auch durch Restschuld verglei-chen	Nur völlig identische Angebote dürfen anhand der vorvertrag-lichen Informationen verglichen werden, im Zweifelsfall reicht der Blick auf die Restschuld am Ende der Festschreibungszeit. Dadurch lassen sich auch „verdeckte Kosten" erkennen, die im Effektivzins nicht berücksichtigt sind.
Kosten für Wertermittlung	Wertermittlungskosten dürfen nicht per Vertragsklausel auf den Kunden abgewälzt werden. Anders ist die Sachlage, wenn der Kunde dazu einen Auftrag erteilt, vorab über die anfallenden Kosten informiert wird und eine Ausfertigung der Wertermitt-lung erhält.
lange Sollzinsbindungsfrist vereinbaren	10 Jahre Festschreibung sind das Minimum. Besser wären 15–30 Jahre zumindest für den Realkreditteil.
Lebensphasenbetrachtung durchführen	Vorhersehbare Veränderungen der Lebens- und Einkommens-situation sind unbedingt zu berücksichtigen.
möglichst viel Eigenkapital einsetzen	Auch in Niedrigzinsphasen ist es zwingend erforderlich, vorhan-denes Eigenkapital bis auf eine Rücklage für das eigengenutzte Wohneigentum einzusetzen.
monatliche Belastung kalkulato-risch höher ansetzen	Die monatliche Rate muss auch unter etwas schwierigeren Bedingungen bezahlbar bleiben. Auch wenn deshalb anfangs ein relativ geringer Tilgungsanteil vereinbart wird, darf die Gesamtlaufzeit nicht aus den Augen verloren werden. Als sinnvoll hat sich die altbewährte Belastungsquote von mind. 6–8 % p.a. erwiesen, dies würde auf eine dauerhaft realistische Belastung auslaufen.
Restschuldversicherung	Absicherung in Höhe der jeweiligen Restschuld wäre ideal.
Risikolebensversicherung	Absicherung der Haupteinkommensbezieher in Höhe von min-destens 40 % der Gesamtfinanzierungsmittel.

Tab. 3.19: (fortgesetzt)

Handlungsempfehlung	Optimierungsansätze
Rücklagen bilden	Bei einer Eigentumswohnung befinden sich alle Miteigentümer in einer Zwangsgemeinschaft, die automatisch auch Rücklagen für die Instandhaltung des Objektes bildet. Auch für den Eigenheimbesitzer ist dies zwingend erforderlich, hierfür eignen sich Bausparverträge. Ggf. können einzelne Familienmitglieder Bausparprämien und vermögenswirksame Leistungen mit einbringen. Als Faustregel sollte man von 25 € je/m² Wohnfläche im Jahr ausgehen.
Sondertilgungsrecht	In jedem Fall sollte ein Sondertilgungsrecht von 5–10 % p.a. vereinbart werden, auch wenn dies bei Vertragsabschluss kaum notwendig zu sein scheint. Gegen einen kleinen Zinsaufschlag lassen sich oftmals sogar vollständige Rückzahlungsmöglichkeiten vereinbaren, wenn z. B. ein Objektverkauf aus einer Notlage zwingend erforderlich wird. Falls kleinere Sondertilgungen vorgenommen werden, sollten auch diese beim „richtigen" Kreditteil eingesetzt werden.
Tilgung sinnvoll einsetzen	Bei mehreren Darlehen ist es sinnvoll, nicht für alle Darlehen den gleichen Tilgungssatz zu wählen. Auch bei der Anschlussfinanzierung ist der Beleihungsauslaufs wieder zu beachten. Deshalb für nachrangige Darlehen einen höheren Tilgungssatz vereinbaren. Optimal wäre es sogar, die Gesamttilgung auf den nachrangigen Teil zu konzentrieren.
variabel tilgen	Bei einigen Darlehensformen ist es möglich, variable Tilgungsraten zu vereinbaren. Je nach finanzieller Situation kann dann die Tilgungsrate erhöht oder ermäßigt werden.
Völlige Kalkulationssicherheit durch Volltilgerdarlehen	Mit einem Volltilgerdarlehen entscheidet der Kunde selbst, wann er schuldenfrei sein möchte. Danach richten sich Zins und Tilgung. Die erhöhte Tilgung und die nur einmalig notwendige Bearbeitung des Darlehens führen zu einem günstigeren Zinssatz, der wiederum den Tilgungsanteil verbessert. Die Zinsen werden für den gesamten Zeitraum festgeschrieben. Auch bei einer 30-jährigen Zinsbindung kann nach 10 Jahren das Sonderkündigungsrecht (mit einer Frist von 6 Monaten) nach § 489 BGB genutzt werden.
Wechsel des Kreditgebers erwägen	Das Neukundengeschäft ist umkämpft, dies sollte sich in der Kondition bemerkbar machen. Berücksichtigt werden müssen allerdings auch das Gesamtangebot und die Leistungspalette des neuen Finanzierers sowie die „Wechselkosten".
Wiederauszahlung getilgter Beträge	Einige Institute bieten Kredite mit Sondertilgungsrecht an, die sich der Kunde jederzeit wieder auszahlen lassen kann. Möglichkeit eine gut verzinste „Rücklage" zu bilden.
Zinsaufschläge vermeiden	Nicht der Verkehrswert, sondern der Beleihungswert des Objektes ist maßgebend. Optimale Konditionen werden nur bis zu einem Beleihungsauslauf von 60 % eingeräumt.

Tab. 3.19: (fortgesetzt)

Handlungsempfehlung	Optimierungsansätze
Zinsobergrenze vereinbaren	Mit einer Cap-Prämie kann der Kreditnehmer bei variablen Finanzierungen eine Zinsobergrenze vereinbaren.
Zusatzkosten vermeiden	Bauzeitzinsen durch sinnvolle Planung der Bauabläufe begrenzen. Bereitstellungszinsen vermeiden, indem die Darlehen erst beantragt werden, wenn abzusehen ist, dass die Mittel relativ zügig abgerufen werden können.

3.3.5 Öffentliche Fördermittel

Öffentliche Fördermittel sollten – sofern möglich – immer als Finanzierungsbaustein in einer Gesamtfinanzierung berücksichtigt werden. Sie sind teilweise an die Realisierung bestimmter Standards bei der Immobilie (z. B. energetische oder ökologische Standards), teilweise an wirtschaftliche und soziale Voraussetzungen des Immobilieninvestors (Einkommen, Familienstand, Kinderzahl) geknüpft. Die KfW-Darlehen stehen praktisch jedem Darlehensnehmer offen, es ist allerdings eine Zweckbindung vorgegeben.

Öffentliche Fördermittel können in der Regel nicht direkt bei den entsprechenden Instituten oder Behörden, sondern nur über die kreditfinanzierende Bank/Sparkasse oder Versicherungsgesellschaft beantragt werden. Fördermittel werden deshalb auch als durchgeleitete Kredite bezeichnet. Nach Bewilligung des Darlehens durch die Förderinstitute erfolgt die Besicherung und Auszahlung der Mittel über das eingeschaltete Institut. Die Grundpfandrechte werden entweder zugunsten der Kreditinstitute oder in selteneren Fällen für die eingeschalteten Länderbehörden eingetragen.

Landesmittel

Die Richtlinien für öffentliche Mittel sind von Bundesland zu Bundesland verschieden. Die Vergabe von zinsgünstigen Darlehen an Bauwillige und Hauskäufer wird seit 2002 im Wohnraumförderungsgesetz (WoFG) geregelt. Auf Grundlage dieses Gesetzes bestimmt jedes Bundesland selbst, wie viel Geld es für welche Maßnahme zur Verfügung stellt.

Für die öffentliche Wohnbauförderung gelten die teils im II. Wohnungsbaugesetz/WoFG, teils die in der Umsetzung durch die Länder geregelten Grundsätze (siehe auch Anlage 20)

Viele Bundesländer bieten zusätzliche Programme z. B. für die Altbausanierung, möglicherweise auch in Kooperation mit den KfW-Förderprogrammen an. Auch werden teilweise Ausfallbürgschaften für Hypothekendarlehen vergeben. Die Kommunen haben ebenfalls Fördermöglichkeiten im Rahmen der Städtebauförderung oder bieten günstige Baugrundstücke für Interessenten an. Einen guten Überblick über Förderrichtlinien und Förderrechner bietet das Internetportal unter www.baufoerderer.de.

KfW-Darlehen

Die staatliche KfW-Förderbank vergibt an Bauherren, Käufer und Modernisierer zinsgünstige Darlehen, die an die Realisierung bestimmter Standards der Immobilie geknüpft sind. Die KfW legt die grundsätzlichen Parameter fest. Dadurch sind die Konditionen dieser Kredite auch überall gleich, die zwischengeschalteten Institute erhalten eine feste Marge.

Schwerpunkte der KfW-Darlehen sind:
- die Finanzierung von selbstgenutztem Wohneigentum,
- das Modernisieren von Wohnraum,
- der altersgerechte Umbau von Wohnraum
- Maßnahmenpakete zur Minderung von CO_2-Emissionen von Wohngebäuden,
- das energieeffiziente Bauen und Sanieren,
- die Nutzung von erneuerbaren Energien.

Im Gegensatz zu den meisten öffentlichen Förderprogrammen werden die KfW-Kredite unabhängig von der Höhe des Einkommens bereitgestellt. Bedeutsam ist auch, dass die Darlehensbesicherung überwiegend an nachrangiger Stelle im Grundbuch erfolgen kann, ohne dass sich dies auf die KfW-Konditionen auswirkt. Die Förderprogramme werden ständig aktualisiert und an die gesetzlichen und politischen Vorgaben angepasst (vgl. Anlage 21).

Insbesondere die Berater der Finanzmarktplätze (Immobilienbroker, Finanzierungsplattformen) prüfen grundsätzlich, welche KfW-Programme maßgeschneidert in die Finanzierungslösung passen. Da die Bearbeitung und Abwicklung integriert in die Gesamtfinanzierung eingebaut wird, erfordert dies dort keinen zusätzlichen Aufwand. Teilweise wird sogar ein Teil der Marge zur Konditionsverbesserung anderer Finanzierungsbausteine eingesetzt. Der Baufinanzierungsinteressent sollte deshalb darauf achten, dass bei jeder Beratung immer zunächst die KfW-Mittel angesprochen werden. Ein wichtiger Aspekt der KfW-Darlehen ist, dass bei vielen Programmen eine vorzeitige Ablösung ohne Anfall einer Vorfälligkeitsentschädigung vor Ende der Zinsfestschreibung möglich ist.

Für weitergehende Informationen und zur Aktualisierung der Konditionen hat die KfW unter 01801/335577 ein Info-Telefon geschaltet. Außerdem sind diese Informationen im Internet erhältlich: www.kfw.de

---

Wohnriester

Seit 2008 ist das Gesetz zur verbesserten Einbeziehung der selbstgenutzten Wohnimmobilie in die geförderte Altersvorsorge in Kraft (Wohn-Riester oder präziser Eigenheim-Rentengesetz). Mit den Riester-Zulagen werden der Kauf, der Bau oder die Entschuldung einer Wohnung oder eines Hauses sowie der Erwerb von Anteilen an Wohnungsgenossenschaften gefördert. Voraussetzung hierfür ist, dass die Wohnung dauerhaft selbst genutzt wird. Die Grundlagen der Riester-Förderung sind aus der Tab. 3.20 zu entnehmen.

Speziell für Wohn-Riester gilt, dass sowohl Beiträge als auch Tilgungsleistungen, die zur Tilgung eines im Rahmen des Altersvorsorgevertrags abgeschlossenen

Tab. 3.20: Wohn-Riester-Förderung im Überblick.

Altersvorsorgezulagen	Auch für die Kredittilgung gibt es Zulagen wie für einen Riester-Sparvertrag. Um die vollen Zulagen zu erhalten, müssen die Kreditnehmer jährlich 4 % ihres Bruttoeinkommens des Vorjahres abzüglich der Zulagen in die Tilgung des Darlehens aufbringen, max. jedoch 2.100 € p.a.
Altvertrag	Für die Baufinanzierung des eigengenutzten Objektes dürfen Riester-Sparer Vermögen aus ihren bisherigen Sparverträgen vorzeitig entnehmen, um das Eigenkapital zu erhöhen.
Auszug	Wer sein Objekt verkauft oder vermietet, muss den Stand des Wohnförderkontos vorzeitig versteuern. Ausnahmen: – Kauf eines anderen Objektes zur Eigennutzung innerhalb von 4 Jahren. – Zahlung der geförderten Beträge innerhalb eines Jahres in einen Riester-Sparvertrag. – Es handelt sich um eine nur vorübergehende Vermietung nach einem beruflich bedingten Umzug.
Besteuerung	Die geförderten Beträge werden auf einem Wohnförderkonto verbucht und mit 2 % verzinst. Mit Rentenbeginn ist der Betrag auf dem Wohnförderkonto in gleichbleibenden Raten bis zum 85. Lebensjahr zu versteuern. Bei Ablösung in einer Summe wird ein Rabatt von 30 % eingeräumt.
Förderberechtigte	Riester-Förderung erhalten Arbeitnehmer, Beamte und alle, die in der gesetzlichen Rentenversicherung pflichtversichert sind.
Riester-Darlehen	Gefördert wird die Tilgung eines Darlehens zum Bau oder Kauf eines selbstgenutzten Hauses, einer Eigentumswohnung oder der Erwerb von Anteilen an einer Wohnungsgenossenschaft. Die Zertifizierung des Darlehens durch die BaFin ist erforderlich. Tilgung bis zum 68. Lebensjahr.
Steuervorteile	Der Kreditnehmer kann die Tilgungsanteile bis zu 2.100 € p.a. als Sonderausgaben absetzen, hat dadurch allerdings nur dann einen Steuervorteil, wenn die Ersparnis aus dem Sonderausgabenabzug die Zulagen übersteigt.

Darlehens verwendet werden, mit Zulagen gefördert werden. (vgl. Tab. 3.21). Tilgungsleistungen allerdings nur dann, wenn das zugrunde liegende Darlehen für eine seit dem 1.1.2008 vorgenommene wohnwirtschaftliche Verwendung (also nur für eigengenutzte Wohnobjekte) eingesetzt wurde. Weitere Hinweise ergeben sich unter Kapitel 4.3.3.

Die allgemeinen Verbesserungen bei den Betriebsrenten führen u.a. auch dazu, dass sich die Altersvorsorgezulagen im Jahre 2017 erstmals seit dem Jahr 2008 ändern werden.

Tab. 3.21: Altersvorsorgezulagen.

Jeder Zulagenberechtigte erhält seit 2008 eine Grundzulage (§ 84 EStG) von jährlich	154 €
Die Grundzulage wird ab 2018 erhöht auf	175 €
Zulagenberechtigte unter 25 Jahren erhalten einen einmaligen Bonus auf die Grundzulage	200 €
Die Kinderzulage (§ 85 EStG) beträgt für jedes Kind, das vor dem 1.1.2008 geboren wurde und für das dem Zulagenberechtigten Kindergeld ausgezahlt wird, jährlich	185 €
Die Kinderzulage (§ 85 EStG) beträgt für jedes Kind, das nach dem 31.12.2007 geboren wurde, jährlich	300 €

Bei Eltern wird die Kinderzulage der Mutter zugeordnet, auf Antrag beider Eltern dem Vater. Die Zulage wird gekürzt, wenn der Zulagenberechtigte nicht den Mindestbeitrag leistet. Dieser beträgt exakt 4 % der Summe der im vorangegangenen Kalenderjahr erzielten Einnahmen, max. jedoch 4 % der Beitragsbemessungsgrenze.

Hinweis:
Ändert sich das Jahreseinkommen, muss auch der zu leistende Mindestbetrag sofort angepasst werden, ansonsten sind die Altersvorsorgezulage und der Sonderausgabenabzug gefährdet!

4 Ausgestaltung der Fremdkapitalfinanzierung

Bei der Gestaltung der Fremdfinanzierung sind die wichtigsten Finanzierungsziele für Immobilieninvestoren – ob Selbstnutzer oder Vermieter – grundsätzlich gleich.

Angestrebt werden:
- schnelle Entschuldung,
- niedriger Zinsaufwand,
- niedrige Gesamtbelastung,
- lange Zinssicherheit,
- unkomplizierte Abwicklung,
- hohe staatliche Förderung (sofern möglich).

Die genannten Finanzierungsziele der Investoren sind oft konkurrierend, so z. B. schnelle Entschuldung und niedrige Belastung. Diese Zielkonflikte lassen sich nicht lösen, sondern nur durch individuelle Präferenzen entscheiden. Darüber hinaus wird die Finanzierungsstrategie bei Eigen- oder Fremdnutzung unterschiedlich sein.

Weil Darlehenszinsen für eigengenutzte Immobilien steuerlich nicht abzugsfähig sind, ist der Eigennutzer grundsätzlich bestrebt, seine Immobilie im Rahmen seines Budgets so schnell wie möglich zu entschulden, um den Gesamtzinsaufwand so gering wie möglich zu halten. Daher ist es für ihn sinnvoll, soviel Eigenkapital wie möglich einzusetzen.

Bei vermieteten Objekten können Zinsen für Darlehen (und die Abschreibungen auf das Objekt) im Rahmen der Einkommensteuer als Einkünfte aus Vermietung und Verpachtung den Mieterträgen gegengerechnet werden. Das führt dazu, dass ein Kapitalanleger tendenziell bestrebt ist, die Tilgung seiner Darlehen auszusetzen und erst am Ende der Laufzeit vorzunehmen. Dadurch bleiben die Zinsbelastung und damit der Steuervorteil während der gesamten Laufzeit in voller Höhe erhalten.

Finanzierungsbausteine einer Immobilienfinanzierung werden von einem oder mehreren Kreditgebern zur Verfügung gestellt. Im Folgenden unterscheiden wir zwischen den klassischen und speziellen Finanzierungsformen.

Klassische Finanzierungsbausteine werden von Instituten vorrangig im erststelligen Beleihungsraum genutzt. (60 % des Beleihungswertes). Diese Grundvoraussetzung unterstellen fast alle in der Werbung genannten Konditionsangebote.

Unter speziellen Finanzierungsformen erfassen wir solche, mit denen spezielle Zielsetzungen (z. B. Zinssicherheit, Laufzeitsicherheit etc.) verfolgt werden und/oder den nachrangigen Beleihungsrahmen ausfüllen.

https://doi.org/10.1515/9783110437874-005

4.1 Klassische Finanzierungsformen

Die klassischen Finanzierungsformen sind seit Jahren weitgehend unverändert und bewährt. Lediglich die Anbieter und deren Angebote haben sich den Markterfordernissen angepasst. Standen beispielsweise die Sparkassen früher überwiegend für zinsvariable Darlehen, so bieten sie heute auch langfristige Annuitätendarlehen mit Festzinsbindung an. Auch für die Lebensversicherungsgesellschaften sind endfällige Darlehen nicht mehr zwingend vorgegeben. Kurzum: Alle Marktteilnehmer sind bestrebt, jede gewünschte Finanzierungsform darzustellen. Produkte, die nicht im eigenen Hause zur Verfügung stehen, werden über andere Anbieter vermittelt.

Aus Sicht des Investors beeinflussen andere Faktoren die Wahl der „richtigen" Finanzierungsvariante. Tab. 4.1 zeigt Kriterien, die für die Auswahl der zweckmäßigsten Finanzierungsform bedeutsam sind.

Tab. 4.1: Bestimmungsfaktoren der Finanzierung.

Bestimmungsfaktoren der Finanzierung	Entscheidung/ Situation des Investors
Objektnutzung	Eigennutzung oder Kapitalanlage
Eigenkapital	Hoher oder niedriger EK-Einsatz
Eigenleistungen	Eigenleistungen werden geleistet oder nicht geleistet
Finanzierungslaufzeit	Kreditlaufzeit wird genau festgelegt oder soll bei Renteneintritt enden
Kapitaldienst	max. Belastung oder Belastung mit einer Sicherheitsreserve
Zeitpunkt des Immobilienerwerbs	sofortiger Erwerb oder späterer Zeitpunkt
Einkommensverhältnisse	stabile oder instabile Einkommensverhältnisse (z. B. Wegfall Doppelverdiener) wahrscheinlich
Einkommensveränderungen	Einkommensveränderungen unwahrscheinlich oder wahrscheinlich
Baubeginn/Jahreszeit	fest geplanter Termin oder offener Termin
Steuerliche Effekte	steuerliche Effekte möglich (z. B. Renditeobjekte) oder nicht möglich
Öffentliche Förderung	kann berücksichtigt werden oder ist nicht möglich
Bauspar-/Versicherungs-/Riester-Verträge	zulagenberechtigt oder nicht zulagenberechtigt

Am Beispiel „Objektnutzung" lässt sich gut zeigen, dass die Entscheidung des Investors die Finanzierungskonzeption unmittelbar beeinflusst.

Eigennutzung

Weil Darlehenszinsen für eigengenutzte Immobilien steuerlich nicht abzugsfähig sind, ist der Eigennutzer grundsätzlich bestrebt, seine Immobilie im Rahmen seines Budgets so schnell wie möglich zu entschulden, um den Gesamtzinsaufwand so gering wie möglich zu halten. Dafür ist ein Annuitätendarlehen erste Wahl. Außerdem ist es sinnvoll, soviel Eigenkapital wie möglich einzusetzen.

Fremdnutzung (langfristige Kapitalanlage)

Bei vermieteten Objekten können Zinsen für Darlehen (und die Abschreibungen auf das Objekt) im Rahmen der Einkommensteuer als Einkünfte aus Vermietung und Verpachtung den Mieterträgen gegengerechnet werden. Das führt dazu, dass ein Kapitalanleger tendenziell bestrebt ist, die Tilgung seiner Darlehen auszusetzen und erst am Ende der Laufzeit vorzunehmen. Produktempfehlung deshalb: Endfälliges Darlehen. Dadurch bleiben die Zinsbelastung und der Steuervorteil während der gesamten Laufzeit in voller Höhe erhalten

4.1.1 Annuitätendarlehen

Der von Kreditinstituten am häufigsten eingesetzte Finanzierungsbaustein bei der Immobilienfinanzierung ist das Annuitätendarlehen mit Festzinsbindungen von 5, 10 oder 15 Jahren.

Das Annuitätendarlehen ist ein Kredit, der in gleichbleibenden Raten getilgt wird. Die Annuität ist die vereinbarte jährliche, immer gleichbleibende Rate für eine Kapitalschuld, die aus einem Zins- und einem Tilgungsanteil besteht. Üblich ist, dass die Annuität in monatlichen oder vierteljährlichen Vorauszahlungsraten erbracht wird.

$$\text{Annuität} = \text{Zins} + \text{Tilgungsrate}$$

Die Höhe der jährlichen Annuität errechnet sich wie folgt:

$$\text{Annuität p.a.} = \text{Kreditbetrag} \times \text{Annuitätenfaktor}$$

$$\text{Annuitätenfaktor} = \frac{i(1+i)^n}{(1+i)^n - 1}$$

Beispiel:

Bei einem Darlehen von 200.000 €, einem Zinssatz von 2 % (= i) und einer Tilgung von 3 %, das nach 20 Jahren (= n) getilgt sein soll, beträgt der Annuitätenfaktor $\frac{0.02(1,02)^{20}}{(1,02)^{20} - 1} = 0,061157$. Die Annuität beträgt demnach $0,061157 \times 200.000 = 12.231,40$ €.

Der Zinsanteil beträgt Ende des 1. Jahres 4.000,00 € (200.000 € × 2 %), der jährliche Tilgungsanteil 8.231,40 € (12.231,40 € – 4000 €)

Weitere Annuitätenfaktoren (gerundet) ergeben sich aus Tabelle 4.2.

Tab. 4.2: Annuitätenfaktoren.

Tilgungsdauer in Jahren	2 % Zins	3 % Zins	4 % Zins	5 % Zins	6 % Zins
5	0,212	0,218	0,225	0,231	0,237
8	0,137	0,142	0,149	0,155	0,161
10	0,111	0,117	0,123	0,130	0,136
12	0,095	0,100	0,107	0,113	0,119
15	0,077	0,084	0,090	0,096	0,103
20	0,061	0,067	0,074	0,080	0,087
25	0,051	0,057	0,064	0,071	0,078
30	0,045	0,051	0,058	0,065	0,073

Ein Darlehen hat bei einer Anfangstilgung von 1 % je nach Zinssatz und Tilgungsverrechnung eine Laufzeit zwischen 30 und ca. 70 Jahren. Da die Zinsen derzeit sehr niedrig sind, müssen zur schnelleren Rückzahlung höhere Tilgungssätze gewählt und/oder Sondertilgungsrechte genutzt werden. Da die Institute für ihre Annuitätendarlehen eine Gesamtdarlehenslaufzeit von etwa 30 Jahren anstreben, ist bei einem Zinssatz von 2 % p.a. eine Anfangstilgung von ca. 2,4 % erforderlich. (vgl. Tab. 4.3).

Tab. 4.3: Mindesttilgungssätze in Abhängigkeit zur Laufzeit.

Laufzeit	Prozent				
	1 %	2 %	3 %	4 %	5 %
10 Jahre	9,5	9,0	8,6	8,1	7,7
20 Jahre	4,5	4,1	3,7	3,3	2,9
30 Jahre	2,9	2,4	2,1	1,7	1,4

Anmerkungen:
Die Laufzeiten sind gerundet. Die genannten Tilgungssätze würden natürlich nur zu den errechneten Laufzeiten führen, wenn der Zinssatz über die gesamte Laufzeit gleichbleibend ist. Bei kürzeren Zinsschreibungszeiträumen müsste also der Tilgungssatz neu justiert werden, um die Gesamtlaufzeit auch einzuhalten.

Da die periodische Amortisation die zinspflichtige Schuld mindert, sinkt der Zinsanteil an der Rate, während der Tilgungsanteil entsprechend steigt oder wie das Kreditinstitut dies ausdrückt: „Die Tilgung erhöht sich jeweils um die ersparten Zinsen". Dieser Effekt ist umso wirkungsvoller, je höher der Darlehenszins ist. In der Niedrigzinsphase ist deshalb darauf zu achten, dass der Tilgungsanteil angemessen hoch ist, um eine maximale Gesamtlaufzeit von etwa 30 Jahren zu gewährleisten.

Die für das Annuitätendarlehen vertraglich vereinbarte Annuität bezieht sich nur auf die Zeit der Sollzinsbindung, also die Zinsfestschreibungszeit (Sollzinsbindungszeitraum).Deshalb wäre es zutreffender, von der anfänglichen Annuität zu sprechen. Die sich aus der ersten Konditionsvereinbarung ergebenden Darlehenslaufzeit ist nur dann zutreffend, wenn die Bedingungen im gesamten Darlehensverlauf gleich bleiben würden. Es ist aber naheliegend, dass sich diese Bedingungen nach Ende der Zinsfestschreibung ändern werden. Die wesentlichen Elemente eines Annuitätendarlehens ergeben sich zusammengefasst aus der Tab. 4.4.

Tab. 4.4: Annuitätendarlehen.

	Annuitätendarlehen
Kurzbeschreibung	Langfristiges Darlehen mit während der Zinsbindung gleichbleibenden Raten aus Zins und Tilgung. Gesamtlaufzeit abhängig von Tilgungssatz und Zinssatz, üblicherweise ca.30 Jahre, Anfangstilgung normal 2 %, kann aber beliebig vereinbart werden. In Einzelfällen Tilgungsaussetzung in den ersten Jahren möglich.
Zinsbindung	Festzinsvereinbarung von 5, 10, 15, 20 Jahren, ggfs. auch über den gesamten Zeitraum. Gleichbleibende Jahresleistung während des gesamten Sollzinsbindungszeitraums. Auch variable Zinsvereinbarung möglich.
Zinssicherheit	Da die Kostendifferenz zwischen kürzeren und längeren Zinsbindungszeiträumen immer mehr zusammenschmilzt, ist der Preis der Zinssicherheit relativ günstig, zumal noch das Regulativ durch das Sonderkündigungsrecht nach § 489 BGB vorhanden ist.
Sondertilgung	Bei variablem Zins mit dreimonatiger Frist oder nach Vereinbarung. Bei Festzinsdarlehen nur, wenn Sondertilgungsrecht vereinbart wurde, sonst jeweils zum Ende des Festschreibungszeitraumes.
Vorteile	grundsätzlich speziell für Eigennutzer gut geeignet zur langfristigen Immobilienfinanzierung. Bei entsprechend langer Zinsbindung festkalkulierbare monatliche Belastung. Beleihungsgrenze je nach Institut von 60 bis zu 80 %, in Ausnahmefällen auch darüber.
Nachteile	Zinserhöhungsrisiko nach Ende des Sollzinsbindungszeitraumes. Darlehen mit Beleihungsauslauf über 80 % haben eine deutlich verschlechterte Kondition.

Da das Annuitätendarlehen in der Immobilienfinanzierung weit verbreitet ist, greifen wir im nachfolgenden Beispiel einige Fragestellungen auf, die für einen Investor im Darlehensverlauf oft von Interesse sind.

Beispiel:

Ein Bauträger erhält zur Realisierung seines Vorhabens ein Darlehen in Höhe von 10 Mill. € zu 2,5 % Zinsen p.a. Dieser Kredit soll durch Annuitätentilgung in 25 Jahren zurückgezahlt werden.

(1) Wie hoch ist seine Annuität (A)?
(2) Wie hoch ist die Restschuld (RK_r) nach 10 Jahren?
(3) Wie hoch ist die Tilgungsrate (T_r) im 10. Jahr?
(4) Wie hoch ist die Zinszahlung (Z_r) im 13. Jahr?

Lösungen:

Gleichung zu (1):
$$A = \frac{K \times q^n \times q - 1}{q^n - 1}$$
$$A = \frac{10.000.000 \times 1,025^{25} \times 1,025 - 1}{1,025^{25} - 1}$$
$$A = 542.759,21 \,€$$

Gleichung zu (2):
$$RK_r = \frac{K \times q^n - q^r}{q^n - 1}$$
$$RK_{10} = \frac{10.000.000 \times 1,025^{25} - 1,025^{10}}{1,025^{25} - 1}$$
$$RK_{10} = 6.720.106,80 \,€$$

Gleichung zu (3):
$$T_r = \frac{K \times i \times q^{r-1}}{q^n - 1}$$
$$T_{10} = \frac{10.000.000 \times 0,025 \times 1,025^9}{1,025^{25} - 1}$$
$$T_{10} = 365.616,14 \,€$$

Gleichung zu (4):
$$Z_r = \frac{K \times i \times q^n - q^{r-1}}{q^n - 1}$$
$$Z_{13} = \frac{10.000.000 \times 0,025 \times 1,025^{25} - 1,025^{12}}{1,025^{25} - 1}$$
$$Z_{13} = 149.030,62 \,€$$

Legende:

K = Kreditsumme
i = Zinssatz
q = (1 + i)
r = relevante Laufzeit
n = Gesamtlaufzeit

4.1.2 Festzinsdarlehen/endfällige Darlehen

Hierunter fallen grundschuldgesicherte, langfristige Darlehen, für die für einen bestimmten Zeitraum – meist 5, 10, 15 oder 20 Jahre – ein Festzins vereinbart wird. Während der Zinsfestschreibung ist eine Kündigung grundsätzlich ausgeschlossen. Zum Ende der Zinsfestschreibung werden die Zinskonditionen neu vereinbart, d.h. das Kreditinstitut unterbreitet üblicherweise ein neues Angebot für die weitere Fortschreibung des Darlehens zu den aktuell gültigen Konditionen. Bei endfälligen Darlehen oder Festbetragsdarlehen erfolgt die Tilgung in einem Betrag bei Fälligkeit des Darlehens, z. B. aus der Ablaufleistung einer fällig gewordenen Lebensversicherung oder einem zugeteilten Bausparvertrag. Die Tilgungsaussetzung bei der Bank wird also für die Zahlung der vereinbarten Lebensversicherungsprämien bzw. Bausparraten genutzt. Damit bleiben die Zinszahlungen – die Zinsfestschreibung unterstellt – während der gesamten Laufzeit unverändert, das Darlehen ist tilgungsfrei und am Ende der Vertragslaufzeit in voller Höhe zur Rückzahlung fällig. Dadurch sind beispielsweise die Zinsaufwendungen eines Vermieters für einen längeren Zeitraum gleich hoch und können steuerlich genutzt werden. Endfällige Darlehen werden aus diesem Grunde überwiegend zur Finanzierung von vermieteten Objekten eingesetzt. Für Eigennutzer rechnen sich derartige Darlehen grundsätzlich nur dann, wenn auf bereits früher angesparte Lebensversicherungen, Bauspar- oder Investmentsparverträge zugegriffen werden kann. Es ist keineswegs selbstverständlich, dass die Ablaufleistung des zur Tilgung vorgesehenen Vertrages (Tilgungsersatzmittel) bei Fälligkeit zur Rückzahlung ausreichen wird. Insbesondere durch die Niedrigzinsphase bedingt sind ursprünglich prognostizierte Ablaufleistungen z. B. der Lebensversicherungen nicht mehr realistisch. Dann wäre der Darlehensnehmer verpflichtet, zusätzliche Eigenmittel zur vollständigen Rückzahlung des endfälligen Darlehens einzusetzen, oder mit Hilfe des Darlehensgebers eine teilweise Prolongation der verbliebenen Restschuld vorzunehmen.

Im Rahmen der Beratungsgespräche sind Investoren über die wirtschaftlichen, rechtlichen und steuerlichen Konsequenzen einer Tilgungsaussetzung zu informieren. Der Investor muss dazu eine Beratungsunterlage quittieren.

Die Information der Finanzierungsinstitute sollte folgende Punkte erfassen:
- Bei einem endfälligen Darlehen wird stets die volle Kreditsumme verzinst.
- Die Gesamtbelastung ist, unter Einbeziehung der (Tilgungsersatzmittel Kapital-LV-Beiträge oder Bausparbeiträge) gegenüber den Darlehen mit annuitätischer Tilgung zunächst höher.
- Durch den Wegfall der Tilgung besteht beim Ablauf einer Zinsfestschreibung ein erhöhtes Zinsänderungsrisiko, da der Darlehensbetrag unverändert hoch sein wird.
- Die Ablaufleistung der Kapital-LV ist bei Beginn nur unverbindlich zu schätzen. Bei der langen Laufzeit und der latenten Zinsunsicherheit besteht keine Gewähr dafür, dass daraus das Darlehen in voller Höhe bei Fälligkeit der Lebensversi-

cherung abgelöst werden kann. Bei fondsgebundenen Lebensversicherungen als Tilgungsersatz ist der Unsicherheitsfaktor noch höher.

- Ausländische Lebensversicherungen genießen vielfach nicht die erforderlichen Steuerprivilegien, beinhalten zudem ebenfalls Risiken bezüglich Ablaufleistung und Währungskursen.

- Seit dem Steueränderungsgesetz 1992 ist die Abtretung von Versicherungsansprüchen bis heute noch stark reglementiert. Dies gilt insbesondere, wenn schon bestehende Versicherungsverträge eingesetzt werden.

- Die steuerliche Komponente bezüglich der Zinserträge für die Lebensversicherungsverträge gilt nur noch für Altverträge, seit 2004 haben sich die Rahmenbedingungen merklich verschlechtert.

- Ein vorzeitiger Ausstieg aus diesem Finanzierungsmodell führt zu weiteren Nachteilen, da dann die Kapital-LV nur unter Inkaufnahme von Verlusten aufgelöst werden kann.

- Eine Vorfälligkeitsberechnung würde sich zu jedem Zeitpunkt an dem gesamten, unveränderten Darlehensbetrag ausrichten

Tab. 4.5 zeigt die Merkmale endfälliger Darlehen auf.

Tab. 4.5: Endfälliges Darlehen.

Endfälliges Darlehen	
Kurzbeschreibung	Langfristiges Darlehen mit während der Zinsbindung gleichbleibender Zinsbelastung. Anstelle einer Tilgung wird ein Tilgungsersatzmittel (z. B. Lebensversicherung, Bausparvertrag) angespart.
Zinsbindung	Festzinsvereinbarungen von 5 bis 20 Jahren. ggf. auch über den gesamten Zeitraum.
Sondertilgungen	Nicht vereinbar während Festzinsschreibungszeitraum. Bei Ablauf der Zinsbindung sind Tilgungen möglich.
Vorteile	Geeignet zur langfristigen Immobilienfinanzierung von vermieteten Objekten; Aussetzung der Tilgung durch Einsatz von Tilgungsersatzmitteln. Wenn eine Kapitallebensversicherung als Tilgungsersatz gewählt wird, zusätzlicher Risikoschutz; festkalkulierbare und gleichbleibende Zinsbelastung; die Zinsen sind steuerlich absetzbar (bei V+V-Einkünften); Beleihungsgrenze je nach Institut von 60 bis zu 80 %, in begründeten Ausnahmefällen auch darüber.
Nachteile	Es wird stets die volle Kreditsumme verzinst. Da keine Tilgung erfolgt, ist das Zinsänderungsrisiko bei Ablauf der Zinsbindungsfrist erhöht. Die Ablaufleistung der Tilgungsersatzmittel könnte sich nicht wie geplant entwickeln. Eine evtl. notwendig werdende vorzeitige Kündigung führt zu höherer Vorfälligkeitsentschädigung. Die steuerlichen Rahmenbedingungen könnten sich ändern.

Endfällige Darlehen, die am Ende der Zinsfestschreibung mit einem angesparten und zugeteilten Bausparvertrag abgelöst werden, können sich als „Verschuldungsfalle" erweisen, da die schnelle Rückführung des Bauspardarlehens nur mit einem hohen Kapitaldienst geleistet werden kann, der viele Selbstnutzer wirtschaftlich überfordert. Da diese Finanzierungsmodelle häufig angeboten werden, haben wir in eine solche „Verschuldungsfalle" in einem Beispiel in Anlage 22 konkretisiert.

4.1.3 Abzahlungsdarlehen/Ratentilgungsdarlehen

Anders als bei Annuitätendarlehen gibt es keine Gesamtrate. Abzahlungsdarlehen bzw. Ratentilgungsdarlehen sind Darlehen mit gleich bleibenden Tilgungsraten. Die Sollzinsen sind separat zu zahlen.

Bei diesem Darlehen bleibt der Tilgungsanteil („variable Annuität") konstant, d.h. die Rate verkleinert sich um die eingesparten Zinsen. Da der Sollzinsanteil (berechnet aus der jeweiligen Restschuld) von Monat zu Monat automatisch sinkt und im Gegensatz zur annuitätischen Tilgung diese ersparten Sollzinsen nicht zur Darlehenstilgung eingesetzt werden, wird die Rückzahlungsrate kontinuierlich geringer.

Um eine Laufzeit von unter 30 Jahren zu erreichen, müsste der jährliche Tilgungssatz mindestens 3,5 % p.a. betragen. Auch wäre es notwendig, bei jeder neuen Festzinsvereinbarung die Tilgungsbeiträge neu zu justieren. Zur schnelleren Rückzahlung können höhere Tilgungssätze und/oder Sondertilgungsrechte vereinbart werden.

Wegen der normalerweise langen Laufzeit und der aufwändigen Korrektur der monatlichen Raten sind Abzahlungsdarlehen/Ratentilgungsdarlehen wenig gebräuchlich.

4.1.4 Zinsvariable Darlehen

Variable Darlehen – häufig auch als Flexdarlehen – bezeichnet sind Immobiliendarlehen mit veränderlichem (variablem) Sollzinssatz. Für die Kreditinstitute sind Darlehen mit veränderlichen Sollzinsen besser kalkulierbar, da eine sogenannte fristenkongruente Refinanzierung nicht erforderlich ist. Insbesondere Sparkassen haben lange Jahre vorwiegend die durch die Spareinlagen refinanzierten variablen Hypothekendarlehen angeboten. Ein variables Darlehen ist eine flexible Immobilienfinanzierung zu veränderlichen Zinsen mit einer festen Tilgungsabsprache. Es besteht jederzeit die Möglichkeit, das Darlehen abzulösen oder umzuschulden. Die variablen Darlehen sind mit einem sehr kurzen Zinsfestschreibungszeitraum von drei oder sechs Monaten versehen. Die Zinsen werden – entweder mit den Marktzinsen oder einem Referenzzinssatz (siehe Exkurs) verknüpft – quartalsweise bzw. mit dem Ende der Zinsfestschreibung den aktuellen Marktbedingungen angepasst. Die entsprechende

Vereinbarung über die Art und Weise der Anpassung des variablen (veränderlichen) Sollzinssatzes ist Bestandteil des Darlehensvertrages.

Der Darlehensnehmer hat wegen der kurzen Sollzinsbindung praktisch alle drei oder sechs Monate die Möglichkeit, Tilgungen, Sondertilgungen, Komplettablösungen oder Umschuldungen ohne Vorfälligkeitsentschädigung vorzunehmen. Sollte das Zinsniveau steigen, kann der Darlehensnehmer in eine längerfristige Darlehensform umsteigen.

Geeignet ist das variable Darlehen besonders in Hochzinsphasen, in denen mit einer baldigen Zinswende gerechnet wird. Ferner sind sie oft als eine Art Vorfinanzierung sinnvoll. Eine solche ist beispielsweise notwendig, wenn in absehbarer Zeit Geldmittel zur Verfügung stehen (aus Erbschaften, Immobilienverkäufen, späteren Bonuszahlungen etc.), die dann in die laufende Finanzierung eingebracht werden sollen. Wegen der geringen Zinsunterschiede gegenüber einem Annuitätendarlehen mit 10 Jahres-Festschreibung sind variable Darlehen in der aktuellen Niedrigzinsphase keine sinnvolle Option.

Exkurs: Koppelung an Marktzinsen

Bei Darlehen mit veränderlichen Sollzinsen kann das Kreditinstitut den Zinssatz erhöhen, wenn sich die Marktzinsen erhöhen bzw. den Zinssatz herabsetzen, wenn sich die Marktzinsen ermäßigen. Die Erhöhung oder Herabsetzung des Zinssatzes wird das Kreditinstitut nach billigem Ermessen gemäß § 315 BGB entsprechend der Zinsentwicklung am Geld- oder Kapitalmarkt für Darlehen vergleichbarer Art und Größe vornehmen. Eine Zinssatzänderung muss das Kreditinstitut dem Darlehensnehmer unverzüglich mitteilen. Im Falle der Änderung des Zinssatzes kann der Darlehensnehmer innerhalb eines Monats nach Bekanntgabe der Änderung mit sofortiger Wirkung kündigen, muss allerdings dann innerhalb von 2 Wochen das Darlehen zurückzahlen.

Exkurs: Koppelung an Referenzzinssätze

Bei einem veränderlichen Sollzinssatz, der sich an einem Referenzzinssatz orientiert, sind Zeitpunkt und Höhe der Zinsänderung an die Veränderung dieses Referenzzinssatzes gekoppelt. Als Referenzzinssätze werden der Zinssatz für Hauptrefinanzierungsgeschäfte der Europäischen Zentralbank oder der Euribor verwendet. Im Darlehensvertrag wird dafür der entsprechende Zinssatz in % im Monat vor der letzten Zinsanpassung aufgeführt. Bei einer Erhöhung des Sollzinssatzes kann der Darlehensnehmer das Darlehen innerhalb von 6 Wochen nach Bekanntgabe des neuen Zinssatzes mit sofortiger Wirkung kündigen. Das Kreditinstitut wird dem Darlehensnehmer zur Abwicklung des Darlehens eine angemessene Frist einräumen. Dem gekündigten Darlehen wird nicht der erhöhte Sollzinssatz zu Grunde gelegt. Die Entwicklung der Referenzzinssätze lässt sich regelmäßig in den Medien oder auf der Homepage der Europäischen Zentralbank oder der Bundesbank verfolgen.

---

a) Euribor als Referenzzinssatz

Der Euribor (European Interbank Offered Rate) ist der Referenzzinssatz der Europäischen Währungsunion. Er ist der durchschnittliche Zinssatz, zu dem sich Banken auf dem europäischen Geldmarkt untereinander Geld für drei Monate leihen. Der Euribor eignet sich daher auch als Referenzzinssatz für Baufinanzierungsdarlehen mit variablen Zinsen. Dabei zahlt z. B. der Darlehensnehmer je nach Bonität oder Rating einen Zinssatz in Höhe des Euribor plus einen festen Zuschlag von etwa 1 bis 2 %. An vierteljährlichen Stichtagen wird der Vertragszinssatz dem aktuellen Euribor angepasst. Möglich ist auch ein Konstrukt, dass Veränderungen des Vertragszinssatzes erst dann erfolgen, wenn sich der Monatsdurchschnitt des Euribor seit der letzten Zinsänderung um mindestens 0,25 % erhöht oder verringert hat. Durch die Niedrigzinspolitik der EZB ist der Euribor inzwischen negativ (vgl. Tab. 4.6).

Tab. 4.6: Entwicklung des Euribor.

Datum	3 Monatsgeld
Juli 2008	4,96 %
Juli 2012	0,65 %
Juli 2015	−0,02 %
Juli 2016	−0,26 %
Juni 2017	−0,33 %

Quelle: Bundesbank

b) EZB-Zinssatz als Referenzzinssatz

Hauptrefinanzierungsgeschäfte sind das wichtigste geldpolitische Instrument des Eurosystems, mit dem seitens der EZB die Zinsen und die Liquidität am Geldmarkt gesteuert und Signale über ihren geldpolitischen Kurs gegeben werden (vgl. Tab. 4.7). Der EZB-Zinssatz wird auch als Leitzins bezeichnet.

Tab. 4.7: Entwicklung des EZB-Zinssatzes.

Zinssatz der EZB für Hauptrefinanzierungsgeschäfte	(Mindestbietungssatz)
gültig seit 10/2008	3,75 %
gültig seit 06/2014	0,15 %
gültig seit 09/2014	0,05 %
gültig seit 03/2016	0,00 %

Quelle: Bundesbank

4.2 Spezielle Finanzierungsformen

Hierunter fallen Finanzierungsformen, die meist nur für bestimmte Investoren in Betracht kommen (z. B. Wohn-Riester-Darlehen), die eine längere Vorleistung erfordern (fast alle Bausspardarlehensformen) oder eine relativ hohe Tilgungsleistung vorschreiben.

4.2.1 Volltilgerdarlehen

Beim Volltilgerdarlehen handelt es sich um eine Modifikation des Annuitätendarlehens. Bei diesem Darlehen wird eine monatlich gleichbleibende Rate gezahlt, die sich aus dem Zins- und einem Tilgungsanteil zusammensetzt. Vorgegeben wird beim Volltilgerdarlehen aber nicht der Tilgungssatz, sondern der Zeitraum, nach dem der Kredit getilgt sein soll. Aus dieser Vorgabe errechnet sich der entsprechende Tilgungsanteil. Je kürzer die vorgegebene Laufzeit ist, desto höher ist der notwendige Tilgungsanteil.

Volltilgerdarlehen, die insbesondere bei steilen Zinskurven ökonomisch sinnvoll sind, eignen sich für Immobilienkäufer, die die jeweilige Zinssituation für eine schnellere Tilgung bei vollständiger Zinssicherheit nutzen können und wollen.

Volltilgerdarlehen sind in der Regel deutlich günstiger als klassische Tilgungsdarlehen. Bei der hohen Tilgung werden große Kreditteile bereits lange vor Ende der eigentlichen Zinsbindung zurückgezahlt. Deshalb kann auch entsprechend günstiger (abschnittsweise) refinanziert werden (vgl. Tab. 4.8). Dieser Effekt ist allerdings in der Niedrigzinsphase kaum spürbar.

Die genaue Tilgungshöhe hängt nicht nur vom Tilgungssatz, sondern durch das Annuitätenprinzip auch dem zugrundeliegenden Zinssatz ab.

Tab. 4.8: Laufzeit von Volltilgerdarlehen.

Laufzeit	dafür notwendige Tilgungshöhe*
10 Jahre	ca. 8,50 %
15 Jahre	ca. 5,25 %
20 Jahre	ca. 3,50 %

*Besonders geeignet sind Volltilgerdarlehen nach Ablauf der ersten Zinsbindungsfrist als Anschlussfinanzierung – vorausgesetzt, dass die neue Gesamtrate wirtschaftlich tragbar ist.

4.2.2 Konstantdarlehen

Bei einem Konstantdarlehen handelt es sich um ein Vorausdarlehen in Kombination mit einem Bausparvertrag. Hierbei werden Darlehensbetrag, Bausparsumme und monatliche Zahlungen so aufeinander abgestimmt, dass der Darlehensnehmer über die gesamte Laufzeit eine gleichbleibende (konstante) Darlehensrate zahlt. Im Unterschied zu Volltilgerdarlehen sind hierbei auch sehr lange Laufzeiten bis zu 30 Jahren möglich, die zu einer geringeren monatlichen Belastung führen.

Das Konstantmodell funktioniert folgendermaßen:
In Höhe des Finanzierungsbetrages wird ein Bausparvertrag abgeschlossen und bespart. Bis zu dessen Zuteilung wird der volle Betrag mit einem tilgungsfreien Darlehen der Bausparkasse zu einem festem Zinssatz vorfinanziert. Nach der Zuteilung löst

der Bausparer das Vorausdarlehen mit der Bausparsumme (also dem Ansparguthaben und dem Bauspardarlehen) ab und zahlt das Bauspardarlehen ratierlich zurück. Laut Stiftung Warentest kann dieses Finanzierungsmodell für junge Familien vorteilhaft sein, die eine langfristige Sicherheit wünschen. Als nachteilig wird die fehlende Flexibilität der Konstantdarlehen bewertet, da ein vorzeitiger Ausstieg aus diesem Modell ohne Verluste nicht möglich ist.

Bei den Geschäftsbanken wird diese Finanzierungsform als Bankvorausdarlehen (BVD) bezeichnet. Diese Finanzierungsvariante ist auch mit Riester-Bausparverträgen (dann unter Einbezug von Steuervorteilen und Zulagen) möglich. Die Belastung bleibt während der Gesamtlaufzeit gleich. Sonderzahlungen während der Ansparphase können in den Bausparvertrag geleistet werden, um eine schnellere Zuteilung zu erreichen. Beim späteren Bauspardarlehen sind dann kostenfrei jederzeit Sondertilgungen möglich (vgl. Tab. 4.9).

Tab. 4.9: Konstantdarlehen.

Konstantdarlehen	
Kurzbeschreibung	Langfristiges tilgungsfreies Darlehen einer Bausparkasse. Parallel wird ein Bausparvertrag bespart. Bei dessen Zuteilung wird daraus das Darlehen abgelöst. Danach erfolgt Verzinsung und Tilgung, wie bei „normalen" Bauspardarlehen.
Zinsbindung	Festzinsvereinbarung für das Vorausdarlehen bis zur Zuteilung. Bauspardarlehen mit festem Zinssatz für die gesamte Restlaufzeit.
Sondertilgungen	Bei dem Bauspardarlehen jederzeit.
Vorteile	Zinssicherheit für die gesamte Darlehenslaufzeit.
Nachteile	In der ersten Phase wird der volle Darlehensbetrag verzinst. Auf dem Bausparkonto wird nur ein relativ niedriger Guthabenzins erzielt. Sondertilgungen oder ein Wechsel der Spar-/Tilgungsraten sind nicht möglich. Falls vorzeitige Kündigung des Darlehens notwendig wird, fällt erhöhte Vorfälligkeitsentschädigung an.

4.2.3 Riester-Darlehen

Bei Wohn-Riester-Darlehen sind zwei Kreditmodelle zu unterscheiden:
- Ein Riester-Darlehen als Annuitätendarlehen mit Zinsbindung bis zu 20 Jahren. Von gewöhnlichen Annuitätendarlehen unterscheidet es sich nur durch die Riester-Förderung.
- Ein Kombikredit einer Bausparkasse, der aus einem Bausparvertrag und einem tilgungsfreien endfälligen Festzinsdarlehen besteht.

Um die Förderung zu erhalten, müssen drei Bedingungen erfüllt sein:

1. Der Kreditnehmer hat seine Immobilie nach 2007 angeschafft oder gebaut.
2. Die Immobilie wird selber genutzt, das Darlehen wird spätestens bis zum 68. Lebensjahr zurückgezahlt. Für Modernisierungen oder eine vermietete Immobilie lässt sich die Förderung nicht nutzen.
3. Der Kreditvertrag muss von der BaFin zertifiziert sein.

Die Tilgung der Darlehen kann bis zu einem Höchstbetrag von 2.100 € p.a. und je Förderungsberechtigten aus den Altersvorsorgebeiträgen gezahlt werden. Eheleute müssen deshalb zwei getrennte Darlehen aufnehmen, um den vollen Förderbetrag nutzen zu können. Durch die Sondertilgung im Rahmen der Förderung wird die Darlehenslaufzeit gegenüber herkömmlichen Darlehen deutlich verkürzt. Stiftung Warentest hat errechnet, dass mit einem Wohn-Riester-Darlehen je nach Zulage und Kredithöhe Ersparnisse bis zu 50.000 € erzielbar sind, was allerdings voraussetzt, dass die Zinskonditionen für die aufgenommenen Darlehen im Vergleich zu ungeförderten Darlehen nicht schlechter sind.

Die Vorteile der Riester- Darlehen lassen sich wie folgt zusammenfassen:
- Die Riester-Förderung ist nicht einkommensabhängig.
- Die Zulagen und Steuervorteile können als Sondertilgung eingesetzt werden.
- Kinder erhöhen die Zulagen beträchtlich.
- Die Zulagen verkürzen die Darlehenslaufzeit.
- Ein Riester-Tilgungsdarlehen ist die lukrativste Form der Riester-Förderung.
- Bei Abgeltung des gesamten Barwerts der Steuervorteile in einem Betrag werden 30 % erspart.
- Das entschuldete Eigenheim ist eine optimale Altersvorsorge.

Der Einsatz von Wohn-Riester-Verträgen bei der Eigenheimfinanzierung ist daher sinnvoll, auf mögliche Risiken gehen wir in Abschnitt 6.2 näher ein.

4.2.4 Bauspardarlehen

Nachdem Mindestansparung und die erforderlichen Bewertungsziffer erreicht sind, hat der Bausparer im Rahmen der Zuteilung einen Anspruch auf ein wohnwirtschaftlich zu verwendendes – in der Regel nachrangig zu besicherndes – Tilgungsdarlehen.

Das Darlehen errechnet sich aus dem Unterschied zwischen dem Bausparguthaben und der Bausparsumme. Für das Bauspardarlehen ist ein Nominalzinssatz zu entrichten, der je nach Vertragsform unabhängig vom Kapitalmarkt bei Vertragsabschluss festgelegt wurde und während der Gesamtlaufzeit konstant bleibt. Sondertilgungen sind ohne Entschädigung jederzeit möglich.

Bauspardarlehen werden durch Grundschulden in Höhe des Darlehensbetrages mit Übernahme der persönlichen Haftung besichert. Pfandobjekte sind überwiegend inländische Grundstücke oder grundstücksgleiche Rechte. Mit Zustimmung der Bausparkasse kann das Darlehen auch durch ein Grundpfandrecht an einem Pfandobjekt in einem anderen EU-Mitgliedsstaat besichert werden (vgl. Tab. 4.10).

Tab. 4.10: Bauspardarlehen.

Bauspardarlehen	
Kurzbeschreibung	Kombinierter Spar- und Darlehensvertrag. Mit der Ansparung eines Mindestguthabens (40 bis 50 % der Bausparsumme) erwirbt der Bausparer Anspruch auf ein zinsgünstiges Darlehen (max. 100–150 % des Mindestguthabens).
Zinsbindung	Festzins über die Gesamtlaufzeit des Darlehens (ca. 9 bis 12 Jahre).
Tilgung/Rate	Überwiegend feste, in den Bedingungen vereinbarte monatliche Rate von beispielsweise 6 ‰ der Bausparsumme.
Sondertilgung	Jederzeit möglich, häufig jedoch für den Bausparer unrentabel, da der Darlehenszins relativ niedrig ist und dadurch die lange Ansparzeit im Nachhinein unnötig gewesen ist.
Vorteile	Sehr niedrigerer Festzinssatz für Bauspardarlehen, außerhalb von Niedrigzinsphasen von den anderen Finanzierungsformen kaum zu erreichen. Nachrangige Beleihung im Grundbuch. Vom Einkommen abhängig ist der Anspruch auf Wohnungsbauprämie und/oder Arbeitnehmersparzulage und Nutzung der vermögenswirksamen Leistungen.
Beleihungsauslauf	Bis zu 100 % des Beleihungswertes möglich.
Nachteile	Niedriger Ansparzins in der Ansparphase, ggf. zusätzliche Kosten bei Zwischenfinanzierung, wenn Zuteilung nicht zum notwendigen Zeitraum möglich ist. Ggf. relativ hohe Belastung durch schnelle Tilgung. Bei kurzfristigem Geldbedarf ungeeignet.

Der Zinssatz für das Bauspardarlehen richtet sich nach der Tarifvariante und liegt im Durchschnitt zwischen 1 % und 4 % nominal, die Laufzeit variiert zwischen sieben und fünfzehn Jahren.

Die jeweilige Verzinsung und Tilgung ist in den Bauspartarifen geregelt, es werden überwiegend gleichbleibende monatliche Rückzahlungsbeträge (z. B. 6 ‰ der Bausparsumme) vereinbart, die nach dem Annuitätenprinzip sowohl einen Zins- als auch einen Tilgungsanteil enthalten.

Da der Zins aus der jeweiligen Darlehensrestschuld berechnet wird, sinkt der Zinsanteil an der gleichbleibenden Rate, so dass der Tilgungsanteil entsprechend steigt. Die Zinsen werden taggenau berechnet und sind jeweils am Monatsende fällig.

4.2.5 Cap-Darlehen

Cap-Darlehen sind zinsvariable Hypothekendarlehen bzw. Darlehen mit Zinsbegrenzung. Bei diesen Darlehen sind für eine bestimmte Laufzeit eine Ober- und eine Untergrenze des Zinssatzes im Voraus festgelegt. Mit einer Cap-Klausel (Zinsdeckel) wird eine Zinsobergrenze vereinbart. Damit wird das Risiko ausgeschlossen, dass der variable Zins des Darlehens über eine vorher festgelegte Obergrenze steigt und somit sichergestellt, dass die monatliche Belastung einen bestimmten Betrag nicht überschreitet. Für diese Vereinbarung ist vorab eine Prämie an das Kreditinstitut zu zahlen. Diese Option wird auch in Kombination mit einer Zinsuntergrenze (Floor) angeboten.

Die Zinsüberprüfung bzw. -anpassung erfolgt viertel- oder halbjährlich und ist an die Entwicklung von Vergleichszinsen (Euribor, EZB-Zins) gekoppelt. Dabei dürfen die in der Cap-Klausel vereinbarten Grenzen nicht über- oder unterschritten werden. Mit dieser Konstruktion können die Risiken einer variablen Verzinsung teilweise eingegrenzt werden.

Als Entgelt wird eine Cap-Prämie (auch Zinsbegrenzungsprämie) gezahlt, welche als eine Art Versicherung zu verstehen ist. Die Höhe richtet sich nach der Laufzeit des Kredites und der anfänglichen Differenz zwischen dem variablen Satz und dem Cap-Satz.

Aus der Tab. 4.11 sind Beispiele für eine mögliche Konditionsgestaltung in einer „Normalzinsphase" zu ersehen:

Tab. 4.11: Konditionsbeispiel Cap-Darlehen.

Cap-Laufzeit Jahre	veränderlicher Sollzinssatz	Zinsunter- grenze	Zinsober- grenze	Einmalprämie	anfänglich effektiver Jahreszins
3	4,5 %	3,5 %	6,25 %	1,30 %	5,08 %
5	4,5 %	3,5 %	6,25 %	2,30 %	5,14 %
10	4,5 %	3,5 %	6,25 %	5,55 %	5,34 %

Cap-Darlehen werden auch mit anderen Darlehensformen (Kombidarlehen) kombiniert. Bei Cap-Darlehen sind jederzeit Sondertilgungen ohne vorherige Kündigung möglich.

Deshalb werden sie auch für kleinere Vorfinanzierungen genutzt, wenn die Fälligkeit der Tilgungsmittel nicht genau feststeht. Da man relativ einfach aus einem Cap-Darlehen wieder „aussteigen" kann, wäre es auch denkbar, bei gravierenden Zinsveränderungen in ein Darlehen mit einer Zinsfestvereinbarung umzuschulden Konditionsbeispiele aus der Niedrigzinsphase sind aus der Tab. 4.12 zu ersehen.

Der Zins ist nicht festgeschrieben, sondern wird regelmäßig an den Drei-Monats-Euribor-Geldmarktzins angepasst. Zusätzlich wird eine Zinsobergrenze (der sogenannte Cap) vereinbart. Für diese Zinssicherheit wird eine einmalige Cap-Prämie

Tab. 4.12: Konditionsbeispiel Cap-Darlehen (Niedrigzinsphase).

Cap-Laufzeit	veränderlicher Sollzinssatz	Zinsobergrenze	Einmalprämie	anfänglich effektiver Jahreszins
5 Jahre	1,0 %	3,50 %	1,00 %	1,09 %
8 Jahre	0,99 %	2,99 %	1,70 %	1,12 %
10 Jahre	1,0 %	3,50 %	2,50 %	1,22 %

Tilgung anfänglich 3,5 % in allen 3 Angeboten

Tab. 4.13: Cap-Darlehen.

Cap-Darlehen	
Kurzbeschreibung	Zinsvariables Darlehen mit Zinsober- und Zinsuntergrenze, Zinsüberprüfung vierteljährlich.
Zinsbindung	Variabler Zins, Überprüfung alle drei oder 6 Monate.
Tilgung	Es wird keine Tilgung vereinbart, Sondertilgungen zu jedem Zinsanpassungszeitraum möglich.
Vorteile	Zinsbegrenzung, Wandlungsrecht zu jedem Zinsanpassungszeitraum, dann auch Ablösung ohne Vorfälligkeitsentschädigung möglich. Geeignet, wenn sich der Finanzierungsrahmen ändert und vor endgültiger Festschreibung eine Teiltilgung erfolgen soll. Als Zwischenkredit trotz Cap-Prämie günstiger als eine Zwischenfinanzierung im Kontokorrent.
Nachteile	In Niedrigzinsphasen ohne Zinsuntergrenze, da der Zins kaum weiter nach unten gehen wird. Cap-Prämie bei kurzer Laufzeit (aufgrund von Sondertilgungen) effektiv relativ hoch.

berechnet, die sich aus der Laufzeit und der Höhe der Zinsobergrenze ergibt. Übersicht Cap-Darlehen in Tab. 4.13.

4.3 Kombination der Finanzierungsformen

Klassische und spezielle Finanzierungsformen werden in der Praxis häufig miteinander zu einem Gesamtfinanzierungskonzept kombiniert.

Hierzu sind nachstehende Beispiele dargestellt. Die Kombination verschiedener Finanzierungsbausteine kann unter folgenden Gesichtspunkten sinnvoll sein:

1. unter (Sonder-)Tilgungsgesichtspunkten

Kombiniert werden ein klassisches Annuitätendarlehen und ein zinsvariables (Sondertilgungs-)Darlehen. Für das Annuitätendarlehen wird eine längere Zinsbindung vereinbart, während der andere Teil variabel finanziert wird und damit eine große Flexibilität für Sondertilgungen gegeben ist. Andererseits können so auch Zinsentwicklungen abgewartet werden. Es ist zu beachten, dass sich bei steigenden Zinsen Nachteile ergeben können.

2. unter Konditionsgesichtspunkten

Ein fest konditioniertes Annuitätendarlehen wird mit einem Darlehen mit Zinsbegrenzung (Cap-Darlehen) kombiniert. Dieser „Darlehens-Mix" ermöglicht eine günstige (Misch-)Kondition, falls der variable Teil (also das Cap-Darlehen) mit einem niedrigeren Zinssatz angeboten wird als ein vergleichbares Festdarlehen. Der Kunde ist über bestehende Chancen und Risiken aus dem variablen Darlehensteil zu informieren.

3. unter Zinssicherheitsgesichtspunkten

Bei dieser Finanzierungsvariante wird ein Bausparvertrag über 200 % der notwendigen Finanzierungssumme abgeschlossen. Die Bank finanziert dann einerseits mit einem tilgungsfreien Darlehen die Investition und gleichzeitig die Soforteinzahlung für den Bausparvertrag (falls der Kunde dafür nicht seine Eigenmittel einsetzen möchte). Bis zur Zuteilung zahlt der Darlehensnehmer festgeschriebene Zinsen für das endfällige Darlehen und den Vorfinanzierungskredit. Sobald der Bausparvertrag zugeteilt wird, löst der Darlehensnehmer mit der Bausparsumme das endfällige Darlehen und die Vorfinanzierung ab und zahlt danach die Raten für das Bauspardarlehen. Da die Zinsen für das endfällige Darlehen bis zur Zuteilung des Bausparvertrages festgeschrieben sind und das Bauspardarlehen grundsätzlich feste Zinssätze hat, ist eine vollständige Zinssicherheit gegeben. Auch bei den Kombinationsfinanzierungen ist seitens der Kreditinstitute auf die bei den endfälligen Darlehen notierten Informationen hinzuweisen. Zusätzlich kommen hier noch die nachstehenden Punkte dazu:

–   Auch wenn der Bausparer sich in der Sparphase die Ansparleistung nicht mehr leisten kann, ist natürlich die Restschuld unverändert, der Bausparvertrag nur mit Verlusten aufzulösen. Hinzu käme eine Vorfälligkeitsentschädigung.

–   Die steuerliche Anerkennung der Sollzinsen bei der Variante zu 3. kann nicht garantiert werden.

–   Der Einsatz der Riester-Förderung muss genau besprochen und abgewogen werden.

–   Beim Einsatz eines Bausparvertrages muss der Vorauskredit in jedem Falle bis zur Zuteilung des Bausparvertrages festgeschrieben werden.

–   Zum vernünftigen Vergleich mit anderen Darlehensformen wäre die Angabe eines Gesamteffektivzinses notwendig.

4.4 Innovative Finanzierungsformen

Die Finanzierungsangebote der Banken bei Immobilieninvestitionen haben sich in den letzten Jahren erheblich verbreitert. Während die zuvor dargestellten klassischen und speziellen Finanzierungsformen von nahezu allen Finanzierungsinstituten angeboten werden, sind „innovative" Finanzierungsformen bzw. Ausgestaltungen nicht bei allen Banken im Standardangebot. Tab. 4.14 zeigt einige dieser Finanzierungsformen auf.

Tab. 4.14: Handlungsempfehlungen zur Finanzierungsoptimierung.

Festzinskredite mit freiem Kündigungsrecht	Gegen einen allerdings spürbaren Zinsaufschlag können bei einigen Anbietern Festzinsdarlehen vereinbart werden, bei denen neben regelmäßigen Zins- und Tilgungsraten jederzeit Sondertilgungen erfolgen können. Auch eine komplette Rückzahlung (nach einer Sperrfrist von 2–3 Jahren) ohne Vorfälligkeitsentschädigung ist ohne Angabe von Gründen möglich. Ein derartiges Kündigungsrecht kann Geld wert sein, wenn die Baugeldzinsen im Darlehensverlauf sinken, denn damit ist auch eine jederzeitige Umschuldung möglich. Bei einem „normalen" Festzinsdarlehen ist man an die Festschreibungsfrist, mindestens aber für 10 Jahre gebunden. Besonders geeignet sind derartige Vereinbarungen für Kreditnehmer, die zu noch unbestimmten Zeiten größere Kreditteile ablösen wollen. Einzelne Institute sind bereit, in Notfällen oder bei berufsbedingten Umzügen und dadurch notwendigem Verkauf die Komplettablösung ohne Vorfälligkeitsentschädigung zuzulassen, auch dafür wird ein Zinszuschlag berechnet. Die Darlehensnehmer sollten genau prüfen, ob ein solch weitgehendes Kündigungsrecht wirklich gebraucht wird, denn der Zinsaufschlag ist beachtlich. Gleichzeitig ist zu bedenken, dass der Vorteil des Kündigungsrechts von der Zinsentwicklung abhängig ist und es sich bei steigenden Zinsen kaum rechnet.
Darlehen mit Sondertilgungsrecht und der Möglichkeit, die Sondertilgung wieder zurück zu holen	Das Darlehen beinhaltet das Recht, bereits erfolgte Sondertilgungen rückgängig zu machen. Drei kostenfreie Rückzahlungen von mind. 5.000 € sind innerhalb der 10-jährigen Zinsbindungsfrist möglich. Bei diesem Kreditmodell ist es nicht nötig, zusätzliche Rücklagen für „Notfälle" zu bilden. Trotzdem wird ein schneller Schuldenabbau angeboten. Die Rückzahlungsoption verteuert die Kondition.
Fremdwährungsdarlehen	Aufgrund der extrem niedrigen Zinsen am deutschen Kapitalmarkt sind derartige Darlehen derzeit nicht im Fokus. Fremdwährungsdarlehen sind eine reine Währungsspekulation. Mit der Wohnimmobilienkreditrichtlinie 2016 sind für Fremdwährungsdarlehen Verbesserungen eingetreten: Bei einem Vertrag über Immobiliar-Verbraucherdarlehen in Fremdwährung hat der Darlehensgeber den Darlehensnehmer unverzüglich zu informieren, wenn der Wert des noch zu zahlenden Restbetrags oder der Wert der regelmäßigen Raten in der Landeswährung des Darlehensnehmers um mehr als 20 % gegenüber dem Wert steigt, der bei Zugrundelegung des Wechselkurses bei Vertragsabschluss gegeben wäre (§ 493 (4) BGB. Damit wird dem Darlehensnehmer zumindest die Möglichkeit eingeräumt, entsprechend zu reagieren. Die grundbuchliche Absicherung erfolgt meist mit bis zu 130 % des Ausgangsdarlehens. Auch daran ist das erhöhte Risiko zu erkennen.

Tab. 4.14: (fortgesetzt)

Kredite mit unbegrenzter Tilgungsmöglichkeit	Für Kreditnehmer mit unregelmäßigen oder stark schwankenden Einkünften lohnt sich ein Kreditmodell mit unbegrenzt hohen Sondertilgungen ab dem 3. Jahr. Selbst die vorzeitige Rückzahlung ist möglich. Die jährlichen Sondertilgungen müssen mind. 10.000 € betragen. Diese Sondertilgungsmöglichkeit kostet natürlich einen Zinsaufschlag.
Reservierungs-Hypothek oder auch Forward-Darlehen für die Erstfinanzierung	Analog der Handhabung bei einem Forward-Darlehen wird die Kondition für mindestens 6 bis max. 24 Monate gesichert, ohne dass Gebühren und Bereitstellungszinsen anfallen. Dieses Angebot wird allerdings nur an bonitätsmäßig einwandfreie Kunden gemacht, die auch ein ausreichendes Eigenkapital (etwa 30 %) vorweisen können. Der Kreditnehmer ist dadurch davor geschützt, dass bis zum Abschluss eines Bau- oder Kaufvertrages die Zinsen ansteigen.

4.5 Nominalzins vs. Effektivzinssatz

Der Nominalzinssatz gibt den Zinssatz an, der für den Darlehensbetrag für die vereinbarte Laufzeit berechnet wird und die entsprechende Zinsrate des Kreditnehmers bestimmt. Häufig werden in der Werbung Nominalzinssätze ausgewiesen, die i.d.R. nur unter optimalen Grundvoraussetzungen zutreffen. Beispielsweise wird von einer maximalen Beleihung von 60 % des Beleihungswertes ausgegangen, beste Bonität der Kreditnehmer vorausgesetzt oder eine kurze Kreditlaufzeit (= hohe Tilgungsraten) unterstellt. Oftmals richten sich die Angebote auch nur auf Neukunden.

Bei einer Finanzierung, die diese Grundvoraussetzungen nicht erfüllt, sind meist deutlich höhere Sollzinsen notwendig. Geht die Beleihung über die Realkreditgrenze (60 % des Beleihungswertes) oder gar über 80 % hinaus, wird meist ein merklicher Zinsaufschlag fällig. Für den Darlehensnehmer ist es deshalb wichtig zu wissen, wie der Darlehensgeber das Beleihungsobjekt und daraus folgernd den Beleihungswert einschätzt und wie die Bonität beurteilt wird. Es ist auch wichtig zu wissen, bis zu welchem Betrag der „normale" Zinssatz vergeben wird. Wenn kein zusätzliches Eigenkapital eingebracht werden kann, lohnt es sich gegebenenfalls, über Darlehenssplitting nachzudenken, d.h. den Finanzierungsbedarf entsprechend der Beleihungswertanforderungen aufzuteilen. Mit den Berechnungstools der Immobilienbroker im Internet ist der Unterschied relativ einfach zu ermitteln.

Der effektive Jahreszins entspricht den Gesamtkosten des Kredits, ausgedrückt als jährlicher Prozentsatz. Der Effektivzins gibt den Zinssatz unter Einrechnung aller Kosten an. Die einzubeziehenden Kostenbestandteile sind in der Preisangabenverordnung (PAngV) festgelegt (siehe Anlage 8).

Zielsetzung der Effektivzinsangabe ist es, Kreditangebote unterschiedlicher Anbieter mit gleicher Zinsbindung unter Berücksichtigung aller Kostenbestandteile (Nominalzinssatz, Zinsbindungsfrist, Disagio, Zahlungs- und Verrechnungstermine für Zins und Tilgung) vergleichbar zu machen, um Verbrauchern bei den Angeboten unterschiedlicher Finanzierungsinstitute größere Transparenz zu bieten.

Seit Juni 2010 verlangt die Verbraucherkreditrichtlinie die Angabe des effektiven Jahreszinses für die Gesamtlaufzeit des Darlehens. Dies führt in der Praxis zu Problemen, da die Bank nach Ablauf der Zinsbindung einen fiktiven Ausschlusszins unterstellen muss, für deren Ermittlung es keine Vorschriften gibt. Bei der hohen Wettbewerbsintensität der Banken liegt es nahe, das diese eher mit niedrigen Anschlusszinsen rechnen, die den Gesamteffektivzins günstig ausweisen. Der Gesamteffektivzins wird dadurch zu einer Angabe ohne hohen Aussagewert. Lediglich bei Volltilgerdarlehen, bei denen die Gesamtlaufzeit identisch mit der Zinsbindungsfrist ist, sind anfänglicher Effektivzins und Gesamteffektivzins gleich.

Für die ab dem 21.3.2016 abgeschlossenen Immobilienkredite schreibt die Wohnimmobilienkreditrichtlinie lediglich einen „effektiven Jahreszins" vor, der auch Vermittlungskosten und sonstige Kosten wie die für die Immobilienbewertung berücksichtigt. Gebühren für die Eintragung von Grundschulden werden beim effektiven Jahreszins nur berücksichtigt, wenn deren Höhe bekannt ist. Ansonsten muss die Gebühr als nicht bekannte Kosten benannt werden.

Auch die Wohnimmobilienkreditrichtlinie hat bezüglich der Effektivverzinsung keine vollständige Transparenz erbracht, da Kreditnebenkosten – wie Wertschätzungsgebühren (0,2–0,3 % der Darlehenssumme) oder Bereitstellungszinsen (ca. mtl. 0,25 % des nicht in Anspruch genommenen Darlehensbetrages) – nicht vollständig im Effektivzins berücksichtigt sind. Ein Disagio ist in der Effektivzinsangabe enthalten.

Bestimmte Kreditnebenkosten sind in der Effektivzinsangabe nach der PAngV nicht enthalten. Daher ist es sinnvoll, diese absoluten Kosten gleichfalls auf Effektivzinsbasis umzurechnen (vgl. Tab. 4.15).

Tab. 4.15: Auswirkungen der Kreditnebenkosten auf den Effektivzins.

Nebenkosten in % des Darlehens	Erhöhung des Effektivzinses bei Zinsbindung von 5 Jahren um %	Erhöhung des Effektivzinses bei Zinsbindung von 10 Jahren	Erhöhung des Effektivzinses bei Zinsbindung von 15 Jahren
0,5	0,13	0,08	0,06
1,0	0,26	0,16	0,13
1,5	0,39	0,24	0,20
2,0	0,52	0,33	0,27
2,5	0,65	0,41	0,34
3,0	0,78	0,49	0,41
3,5	0,92	0,58	0,48
4,0	1,05	0,66	0,55

Neben der fehlenden Einbeziehung aller Kreditkosten ist gegenüber der Effektivzinsbetrachtung kritisch einzuwenden, dass nur Darlehen mit gleicher Zinsbindung und identischem Tilgungssatz verglichen werden können und über die Tilgungsdauer des

Darlehens und die Gesamtzinslast keine Aussagen möglich sind. Berechnungsmodalitäten und die Formel zur Effektivzinsberechnung ergeben sich aus Anlage 8.

Um Konditionen unterschiedlicher Anbieter einfach zu vergleichen, sollte sich der Immobilieninvestor lediglich die Restschulden der Darlehen am Ende der Sollzinsbindungsfrist ansehen. Hier gilt die Regel, dass das Darlehen mit der geringsten Restschuld zum Ende der Zinsbindungsfrist das günstigste ist. Zu achten ist hierbei auf gleiche Vorgaben wie Darlehenssummen, Disagio, Dauer der Festzinsbindung, Tilgungshöhe und Verrechnungszeitpunkt.

4.5.1 Konditionsvergleich

Unter einer Schaufensterkondition versteht man die in der Werbung in den Vordergrund gestellten Baufinanzierungskonditionen, die nur unter optimalen Grundvoraussetzungen zutreffen, also von einer maximalen Beleihung von 60 % des Beleihungswertes ausgehen, gute Bonität der Kreditnehmer voraussetzen und meist eine kurze Kreditlaufzeit (= hohe Tilgungsraten) unterstellen. Oft bezieht sich das Angebot auch nur auf Neukunden.

Die Verbraucherkreditrichtlinie hat für die Werbung klare Regeln vorgegeben. So darf nicht ein besonders niedriger Zinssatz herausgestellt werden, ohne auf die anderen Bedingungen und Kosten einzugehen. Weiterhin müssen diese Angaben mit einem realistischen Beispiel erläutert werden. In der Praxis wird diesem Erfordernis zwar nachgekommen, die kleingedruckten Beispiele werden von den Immobilieninteressenten aber oft nicht nachvollzogen. Bei einer „normalen Finanzierung" sind meist deutlich höhere Beleihungsausläufe notwendig. Geht die Beleihung über die Realkreditgrenze (60 % des Beleihungswertes) hinaus, wird meist ein merklicher Zinsaufschlag fällig. Für den Darlehensnehmer ist es deshalb wichtig zu wissen, wie der Darlehensgeber seine Bonität, das Beleihungsobjekt und den Beleihungswert einschätzt. Manchmal bietet sich ein Darlehenssplitting an. In diesem Fall wird das Darlehen durch Grundschulden auf verschiedene Objekte besichert oder die Finanzierung in einen Realkreditanteil bei einem Institut und einen nachrangigen Kreditanteil bei einem anderen Darlehensgeber durchgeführt.

Der Beleihungsauslauf bestimmt maßgeblich die Höhe der tatsächlichen Zinsen. Daher ist bei Eigennutzung ein höchstmöglicher Eigenkapitaleinsatz zu empfehlen. Die Auswirkungen des Beleihungsauslaufs auf die Nominalzinsen ist in Tab. 4.16 zu erkennen.

Ein Konditionenvergleich mit identischen Grunddaten sollte stets zeitnah erfolgen. Bei jedem Finanzierungsanlass ist einem Investor zu empfehlen, mehrere Finanzierungsangebote einzuholen und zu vergleichen. Dies kann anhand der Effektivzinsen (unter Einbeziehung der Restschuld) geschehen, ferner sollten auch diejenigen Kosten berücksichtigt werden, die nicht im Effektivzins enthalten sind. Internet und Finanzierungsplattformen haben Investoren höhere Markttransparenz gebracht. Mit

Tab. 4.16: Vom Beleihungsauslauf abhängige Konditionen.

Beleihungsauslauf (in % des Beleihungswertes)	Kondition	Beispiel 10 J. fest
60 % des Beleihungswertes	optimale Kondition	1,55 %
80 % des Beleihungswertes	Aufschlag 0,10–0,15 %	1,80 %
90 % des Beleihungswertes	Aufschlag 0,35–0,45 %	2,20 %
100 % des Beleihungswertes	Aufschlag 0,80–1,00 %	3,15 %

Vergleichsrechnern können Investoren alle Finanzierungsvarianten prüfen. Alternativangebote sind ein bewährtes Mittel, um eine optimale Kondition zu erreichen. Anlage 23 bietet eine Checkliste für einen Angebotsvergleich.

4.5.2 Bedeutung und Folgen von Disagien

Das Disagio (Damnum) bezeichnet eine Vorabzahlung von Zinsen, die bei der Auszahlung der Darlehenssumme von der Bank einbehalten werden und ein Entgelt für die Ermäßigung des Zinssatzes für die Zeit der Zinsfestschreibung darstellt. Beispielsweise erhält der Kreditnehmer bei einem Disagio von 4 % und einem Darlehen von nominal 100.000 € nur 96.000 € ausgezahlt. Zu verzinsen und zu tilgen ist aber das Nominaldarlehen. Bei Inanspruchnahme eines Disagios zahlt der Kreditnehmer für den Zeitraum der Zinsfestschreibung einen niedrigeren Sollzinssatz im Vergleich zur Darlehensvollauszahlung.

In Ausnahmefällen kann auch bei variabel gestalteten Konditionen ein Disagio vereinbart werden. Keinesfalls sollte ein Disagio dazu eingesetzt werden, um den dadurch möglichen niedrigeren Nominalzins als echte, langfristig sichere Belastung darzustellen. Das Disagio muss bei der Effektivzinsangabe berücksichtigt werden und erhöht diesen.

Seit 1996 kann ein Disagio bei der Finanzierung von selbstgenutzten Immobilien steuerlich nicht mehr abgesetzt werden. Daher ist für Eigennutzer die Vereinbarung eines Disagios wenig sinnvoll. Kapitalanleger, die Immobilien vermieten, können ein Disagio steuerlich dann absetzen, wenn die Darlehenszinsen für mindestens 5 Jahre festgeschrieben sind und das Disagio maximal 5 % der Darlehenssumme beträgt.

Das Disagio zählt steuerlich zu den Geldbeschaffungskosten und ist bei den Einkünften aus Vermietung und Verpachtung im Jahr der Kreditauszahlung absetzbar. Dadurch werden höhere Werbungskosten (Disagio **und** Zinsaufwand) im ersten Jahr einer Darlehenslaufzeit erzielt, in den Folgejahren ist die Zinsbelastung im Vergleich zu einer Zinsvereinbarung ohne Disagio reduziert. Der erhöhte Steuervorteil im ersten Jahr wird durch geringere Werbungskosten in den Folgejahren relativiert.

Auch für Kapitalanleger hat ein Disagio in der Niedrigzinsphase kaum noch Bedeutung; dies könnte sich erst wieder als sinnvoll erweisen, wenn sich das Zinsniveau deutlich erhöht.

Die unterschiedliche steuerliche Auswirkung eines Disagios anhand eines Beispiels in den Tab. 4.17 und 4.18 dargestellt.

Beispiel:

Kauf und Miete wirksam zum	1.1.2014
Gesamtkosten ETW	198.000 €
AfA-Basis	160.000 €
Finanzierung	190.000 €
Zins	2,5 % 15 Jahre fest
Tilgung	1 %
Auszahlung	95 % (Disagio 5 %)
monatliche Mieteinnahme	712 €
jährliche Mieteinnahme	8.544 €

oder alternativ:

Finanzierung bei 100 % Auszahlung
15 Jahre fest,
Zinssatz 3 %.

Tab. 4.17: Vergleichsrechnung mit Disagio.

	Kauf ETW 1.Jahr	Kauf ETW Folgejahre
Mieteinkünfte	8.544 €	8.544 €
Disagio	9.500 €	0
Notar-/Gerichtskosten	1.250 €	0
Schuldzinsen	4.750 €	4.750 €
2 % lineare AfA	3.200 €	3.200 €
Einkünfte aus V + V	**−10.156 €**	**+ 594 €**

Das Disagio bewirkt im ersten Jahr einen hohen Steuervorteil, in den Folgejahren sind die Einkünfte positiv und führen sogar zu steuerpflichtigen Einnahmen.

Tab. 4.18: Vergleichsrechnung ohne Disagio.

	Kauf ETW 1.Jahr	Kauf ETW Folgejahre
Mieteinkünfte	8.544 €	8.544 €
Notar-/Gerichtskosten	1.250 €	0
Schuldzinsen	5.700 €	5.700 €
2 % lineare AfA	3.200 €	3.200 €
Einkünfte aus V + V	**−1.606 €**	**−356 €**

Ohne Disagio bewirken nur die Einmalkosten etwas höhere negative Einkünfte aus V+V, in den Folgejahren ist der Steuereffekt zu vernachlässigen.

4.5.3 Tilgungshöhe/-dauer

Die Tilgung ist die kreditvertraglich vereinbarte Leistung des Darlehensnehmers zur Rückzahlung seines Darlehens. Sie kann endfällig, in festen Raten oder annuitätisch erfolgen. Ein Darlehen ist, soweit keine Tilgungsaussetzung oder Endfälligkeit vereinbart worden ist, von dem auf die Vollauszahlung folgenden Fälligkeitstermin ab zu tilgen.

Die annuitätische Tilgung ist die in der Immobilienfinanzierung am häufigsten vereinbarte Tilgungsform und erfolgt meist in zeitlich festgesetzten (monatlich, vierteljährlich, halbjährlich, jährlich), gleich bleibenden Raten. Der im Darlehensvertrag genannte Tilgungssatz gilt nur für die erste Rate. Er erhöht sich bei den Folgeraten in dem Umfang, in dem der an Sollzinsen zu zahlende Betrag sinkt.

Die Höhe des Tilgungssatzes entscheidet über die Gesamtlaufzeit des Darlehens. Der zusätzliche Tilgungseffekt aus dem Annuitätenprinzip führt mit der Regeltilgung zu einer Laufzeitverkürzung. Die Verrechnung der Tilgungsleistungen ist unterschiedlich. Der Immobilieninvestor findet in den vorvertraglichen Informationen Hinweise über die genauen Berechnungsmodalitäten. Die in den Darlehenszusagen von Annuitätendarlehen gemachten Aussagen zur Tilgung müssten neben dem Tilgungssatz auch die Ergänzung – zzgl. ersparter Zinsen – enthalten.

Aus Tab. 4.19 ist zu ersehen, dass der früher durchaus übliche Tilgungssatz von 1 % p.a. bei den aktuell extrem niedrigen Darlehenszinsen zu keinesfalls akzeptablen Darlehenslaufzeiten führen würde und deshalb ein Tilgungssatz von 2 % p.a. die absolute Untergrenze darstellt.

Aus der Tilgungstabelle ist abzulesen, dass bei einem Zinssatz von 6 % und 1 % Tilgung die Laufzeit etwa 33 Jahren beträgt. Bei 4 % Zinsen und 1 % Tilgung wären es mehr als 40 Jahre, bei 2 % Zinsen käme eine Laufzeit von 55 Jahren zustande.

Die Ursache für den Laufzeiteffekt erklärt sich durch das Annuitätenprinzip. Weil die Restschuld durch die laufende Tilgung abnimmt, enthält die Kreditrate einen immer kleiner werdenden Zinsanteil. Der Tilgungsanteil steigt nach jeder Rate um die Zinsen, die der Kreditnehmer mit der Tilgung spart. Diese Zinsersparnis und damit der zusätzliche Tilgungsanteil fallen umso niedriger aus, je niedriger der Zinssatz für das Darlehen ist. Deshalb ist es ratsam, die Zinsersparnis in der Niedrigzinsphase von Anfang an für eine erhöhte Tilgung zu nutzen, um der Tilgungsfalle zu entgehen.

Als Tilgungsfalle wird die Gefahr bezeichnet, den (geringen) Tilgungseffekt aus den ersparten Zinsen in Niedrigzinsphasen zu vernachlässigen. Berücksichtigt man die Darlehenslaufzeit **und** die Tilgungsdauer, so erkennt man die Auswirkungen eines geringen Tilgungssatzes in einer Niedrigzinsphase, da sich dann die Rückzahlung des Baukredits extrem in die Länge ziehen wird. Wird aufgrund des derzeit niedrigen Zins-

Tab. 4.19: Tilgungsdauer.

Nominalzins	Bei Anfangstilgung von …% Laufzeit in Jahren					
	1 %	2 %	3 %	4 %	5 %	7 %
1 %	69,5	40,7	33,8	22,4	18,3	13,5
1,5 %	61,3	37,4	27,3	21,4	17,8	13,1
2 %	55,0	34,7	25,5	20,3	16,9	12,5
2,5 %	50,1	32,5	24,3	19,5	16,2	12,2
3 %	46,4	30,7	23,2	21,3	15,9	11,9
3,5 %	43,1	29,0	22,2	18,0	15,3	11,8
4 %	40,7	27,9	21,5	17,6	14,9	11,5
4,5 %	38,0	26,3	20,5	16,9	14,4	11,1
5 %	36,7	25,7	20,1	16,6	14,5	11,0
5,5 %	34,5	24,1	19,0	15,9	13,7	10,8
6 %	33,4	23,8	18,8	15,7	13,5	10,6

Die Jahreswerte sind gerundet.
Abweichungen der Laufzeit sind von der Tilgungsverrechnung abhängig.

niveaus und einem relativ geringen Tilgungssatz einen hohen Finanzierungsrahmen suggeriert, so besteht die Gefahr, dass rechnerisch ein viel zu hoher Finanzierungsrahmen ausgewiesen wird und damit zwangsläufig anderseits kein Spielraum beim Tilgungssatz vorhanden ist. Die absolute Laufzeit eines Darlehens ist darüber hinaus beachtenswert, wenn man berücksichtigt, dass das Objekt spätestens bei Eintritt in die Rente bezahlt sein sollte. Laufzeiten von 30 Jahren und mehr kommen nur für junge Darlehensnehmer in Betracht. Die Wohnimmobilienkreditlinie gibt deshalb – wie schon angesprochen – feste Regeln bei der Kreditwürdigkeitsprüfung vor.

Berücksichtigt man das statistische Durchschnittsalter zum Zeitpunkt des Immobilienerwerbs, so startet der Darlehensnehmer erst mit 40 Jahren.

Will bzw. muss er dann mit 63, 65 oder 67 Jahren schuldenfrei sein, müsste er bei heutigen Zinsen mit einer Tilgung zwischen 3 und 4 % starten oder falls er dies nicht verkraften kann, sich zumindest Sondertilgungsoptionen freihalten und am besten auch regelmäßig nutzen.

Tab. 4.20: Restschuld nach 10 Jahren in % der Darlehenssumme.

Anfangstilgung	Zinssatz 2 %	Zinssatz 2,5 %	Zinssatz 3 %	Zinssatz 3,5 %
1 %	88,94	88,65	88,35	88,05
2 %	77,88	77,30	76,71	76,09
3 %	66,82	65,96	65,06	64,14
4 %	55,78	54,61	53,42	52,19

Tab. 4.21: Restschuld nach 15 Jahren in % der Darlehenssumme.

Anfangstilgung	Zinssatz 2 %	Zinssatz 2,5 %	Zinssatz 3 %	Zinssatz 3,5 %
1 %	82,52	81,82	81,09	80,31
2 %	65,05	63,66	62,17	60,62
3 %	47,57	45,47	43,26	40,93
4 %	30,10	27,29	24,94	21,24

Tab. 4.22: Restschuld nach 20 Jahren in % der Darlehenssumme.

Anfangstilgung	Zinssatz 2 %	Zinssatz 2,5 %	Zinssatz 3 %	Zinssatz 3,5 %
1 %	75,43	74,09	72,64	71,09
2 %	50,87	48,17	45,28	42,19
3 %	26,30	22,26	17,92	13,28

Die Restschuld muss zum Ende des Zinsfestschreibungszeitraums zu neuen Konditionen verkraftbar sein. Anhand der Tab. 4.20, 4.21, und 4.22 kann für die gängigen Festschreibungszeiträume die Restschuld nach Ablauf der Zinsfestschreibung abgelesen werden, um mit diesen Werten eine Kontrollrechnung (z. B. mit einer 8 %-Annuität) durchzuführen.

Außer bei Volltilger- und Bauspardarlehen treffen die Laufzeitangaben nur dann zu, wenn auch nach Ende der Sollzinsbindungszeit die gleichen Konditionen gelten, was als unrealistisch zu bewerten ist. Die Wohnimmobilienkreditrichtlinie hat daran nichts geändert, denn dort wird der „angenommene Sollzinssatz nach Ende der Sollzinsbindung" in gleicher Höhe angenommen wie der zuvor vereinbarte Zinssatz.

Während die Kreditinstitute keine Daten über den Beleihungsauslauf ihrer Darlehenskunden veröffentlichen, zeigt die Trendinformation Dr. Klein derartige Zahlen. Danach liegt der durchschnittliche Beleihungsauslauf bei 78,25 % und zeigt einen moderaten Anstieg. Der durchschnittliche Tilgungssatz liegt bei 2,73 %, was darauf schließen lässt, dass viele Investoren das niedrige Zinsniveau für eine möglichst schnelle Entschuldung nutzen.

4.6 Finanzierungsplan

Der Finanzierungsplan enthält die Darlehenssummen der einzelnen Finanzierungsbausteine, die Höhe des Fremd- und Eigenkapitals (incl. Eigenleistungen) und die vom Darlehensnehmer zu leistende monatliche Rate. Damit gewinnt der Investor einen Überblick über die monatlichen Belastungen. Ein vereinfachtes Muster zeigt Tab. 4.23.

Tab. 4.23: Muster-Finanzierungsplan.

Gesamtaufwand							163.000
Finanzierung	Sollzins	Zins	fest für	Tilgung	Tilgung	p.a.	
XX Bank	2 %	2.000	15	3 %	3.000	5.000	100.000
Kreditbank	3 %	1.500	10	2 %	1.000	2.500	50.000
Fremdkapital							150.000
Eigenkapital							13.000
Eigenleistung							0
		3.500			4.000	7.500	163.000
monatliche Rate						625	

Ergänzt wird der Finanzierungsplan durch Tilgungspläne für die einzelnen Darlehen, aus denen die Zins- und Tilgungsleistungen und die sich daraus ergebende Restschuld entweder bis zur Vollrückzahlung oder bis zum Ende der Festschreibungszeit ergeben. (Siehe auch Finanzierungsplan mit Kontrollrechnungen Anlage 24).

Wohnkostenbelastung

Auf der Basis des Finanzierungsplanes ist dann die Gesamtbelastung inklusive der Immobilienfinanzierung festzustellen, wobei die Heiz- und Energiekosten, die Steuern und die Versicherungsaufwendungen vom Verkäufer der Immobilie übernommen werden, bei Neubauobjekten oft nur geschätzt werden können. Empfehlenswert ist es deshalb, nach einem Jahr diese Berechnung mit den dann vorliegenden exakten Daten vorzunehmen (Tab. 4.24).

Für Mieter oder Eigentümer eines bisher selbst genutzten anderen Objektes bietet es sich an, die neue Wohnkostenbelastung mit der früheren Belastung abzugleichen, um Klarheit über die veränderten künftigen Zahlungen zu erhalten (vgl. Tab. 4.25).

4.7 Finanzierungsbeispiele

Für Leser mit konkreten Finanzierungsabsichten finden sich in der Anlage 32 einige Finanzierungsbeispiele.

Tagesaktuelle Konditionen können in den Beispielen natürlich nicht berücksichtigt werden.

Die Musterbeispiele zeigen aber Struktur und Vorgehensweise einer Finanzierungsstrategie auf und können an die jeweiligen Marktkonditionen angepasst werden.

Es werden dargestellt:
1. Kauf eines gebrauchten Einfamilienhauses
2. Neubau eines Einfamilienhauses

Tab. 4.24: Wohnkostenbelastung.

Position	€
Summe der jährlichen Zinsaufwendungen (alle Darlehen)	
Summe der jährlichen Tilgungsaufwendungen (alle Darlehen)	
jährliche Bausparbeiträge als Tilgungsersatz	
jährliche Lebensversicherungsbeiträge als Tilgungsersatz	
jährliche Riester-Aufwendungen als Tilgungsersatz	
Risikolebens-/Restschuldversicherungsbeiträge	
Heizung/Strom/Wasser/Abwasser	
Kanal/Müllabfuhr/Oberflächenwasser	
Wohngebäudeversicherung	
Hausrat-/Haftpflichtversicherung	
Grundsteuern	
Finanzierungs- und Bewirtschaftungskosten p.a.	
das entspricht einer Monatsbelastung von	

Tab. 4.25: Kontrollrechnung Mietkosten-/Selbstnutzerkosten.

bisherige Wohnfläche	m^2
bisherige Miete inkl. Nebenkosten (Mietkosten) pro m^2/mtl.	€
künftige Wohnfläche	m^2
künftige Wohnkostenbelastung (Selbstnutzerkosten) pro m^2/mtl.	€

2a. Erläuterungen zur Riester-Förderung

3. Neubau eines Zweifamilienhauses

4. Kauf einer vermieteten Eigentumswohnung mit Eigenkapitaleinsatz

5. Kauf einer vermieteten Eigentumswohnung mit Vollfinanzierung

6. Forward-Darlehen

7. Cap-Darlehen

Jede Finanzierung wird bewertet und es werden Kontrollrechnungen zum Ende der jeweiligen Sollzinsbindung angesprochen.

5 Ablaufphasen einer Immobilienfinanzierung

Die idealtypischen Ablaufphasen zur Realisierung einer Immobilienfinanzierung sind im zeitlichen Ablauf nicht immer überschneidungsfrei, bieten aber einen sinnvollen Ansatz, um die mit einer Immobilienfinanzierung verbundenen Aktivitäten von der Beratung bis hin zur Darlehensrückzahlung zu systematisieren

Bei Anfragen zur Immobilienfinanzierung und bei Erstberatungen durch Broker oder Finanzierungsinstitute stehen Kreditbedarf, die wirtschaftliche Tragfähigkeit, Erwerbsform und entsprechende Objektdaten im Vordergrund der Gespräche. Diese Aspekte werden nachfolgend behandelt.

5.1 Phase 1: Beratung

Die Beratung, die ein Immobilieninvestor in Anspruch nimmt, wird von seiner Entscheidung bestimmt, ob ein Haus gekauft oder gebaut werden soll. Für die Suche nach einem geeigneten Objekt und für die Prüfung des Objektes bei der Besichtigung können die Anlagen 25 und 26 genutzt werden.

Nachdem der Immobilieninvestor eine Kauf- oder Bauentscheidung getroffen hat, wird er sich zunächst über die am Markt tätigen Finanzierungsinstitute und deren Produkte informieren. Im Anschluss daran wird er Beratungsgespräche führen, um die Finanzierbarkeit der Immobilie zu prüfen.

Dem Immobilieninvestor muss klar sein, dass es sich um die wahrscheinlich wichtigste finanzielle Entscheidung handelt und die Qualität seiner Beratung für eine optimale Finanzierung von entscheidender Bedeutung ist. Die Finanzierung muss infolge der Langfristigkeit in seine Lebensphase passen und sich an seiner finanziellen Leistungsfähigkeit orientieren. Der Finanzierungsberater wird dem Baufinanzierungsinteressenten nach dem Beratungsgespräch vorvertragliche Informationen nebst Produktempfehlung (vgl. Abschnitt 5.1.2) aushändigen sowie ein Darlehensangebot unterbreiten.

5.1.1 Prüfung der Finanzierbarkeit

Bei der Realisierung einer Immobilienfinanzierung geht es für den Immobilieninvestor und für den Kreditgeber letztlich um die zentrale Frage, welcher Kreditbedarf sich aus der geplanten Immobilieninvestition ergibt.

Hierfür sind zwei Größen maßgebend:
1. Die Gesamtkosten für den Kauf oder den Neubau einer Immobilie.
2. Das verfügbare Eigenkapital.

https://doi.org/10.1515/9783110437874-006

Nähere Ausführungen über die Ermittlung der Gesamtkosten und der Bestandteile des Eigenkapitals finden sich in den Abschnitten 3.1 und 3.2. Der Kreditbedarf lässt sich durch zwei unterschiedliche Ansätze ermitteln: Von den Gesamtkosten für den Kauf oder Erwerb der Immobilie wird das ermittelte verfügbare Eigenkapital abgezogen; als Saldo ergibt sich der Kreditbedarf gemäß Tab. 5.1.

Tab. 5.1: Kreditbedarf bei konkreter Immobilie.

	€
Kaufpreis/Herstellungskosten der Immobilie	
+ Erwerbsnebenkosten/Zusatzkosten	
+ Sicherheitsreserve	
= Gesamtkosten	
− verfügbares Eigenkapital zzgl. Eigenleistungen	
= Kreditbedarf	

Möglich ist aber auch eine andere Vorgehensweise, die sich dann anbietet, wenn Kaufpreis oder Gesamtkosten einer Immobilie noch nicht feststehen. Der Kreditbedarf bzw. der mögliche Finanzierungsrahmen wird dann unter Berücksichtigung der monatlich frei verfügbaren Liquidität ermittelt werden. Die Vorgehensweise ist hierbei wie folgt:

a) Zunächst ist der monatlich frei verfügbare Betrag des Kreditnehmers zu ermitteln. Vereinfacht kann folgendes Schema zugrunde gelegt werden:

Beispiel:

Monatliches Nettoeinkommen	3.500 €
+ sonstige Einkünfte	400 €
− mtl. Kosten für Lebenshaltung	1.600 €
= frei verfügbares Einkommen	2.300 €

b) Das monatliche frei verfügbare Einkommen wird dann auf Jahresbasis durch den erwarteten Kapitaldienst dividiert. Bezogen auf unser Beispiel und einen Kapitaldienst von 5 % (= 2 % Zinsen + 3 % Tilgung) ergibt sich dann folgende Rechnung:

$$2300 \times 12 = 27.600/0,05 = 552.000 \,€$$

Der maximale Kreditrahmen würde sich demnach auf 552.000 € belaufen. Neben dieser Basis-Rechnung ist eine „Worst-Case-Rechnung" zu empfehlen, bei der ein fiktiver höherer Kapitaldienst – zum Beispiel 8 % – unterstellt wird. Dann ergäbe sich folgende Modifikation:

$$2300 \times 12 = 27.600/0,08 = 345.000 \,€$$

Mit einer „Worst-Case-Betrachtung" werden die Risiken einer möglichen Zinssatzerhöhung nach Ablauf der Zinsfestschreibung mit einem höheren Kapitaldienst antizipiert. Vereinfachend wird hierbei davon ausgegangen, dass sich das frei verfügbare Einkommen in dieser Zeit nicht verändert hat. Je nach geplanter (und realistisch unterstellter) Lebenssituation (z. B. veränderte Familiengröße, Wegfall eines weiteren Einkommens, berufliche Veränderung etc.) kann dieser Betrag aber auch höher oder niedriger angesetzt werden.

Inzwischen ist diese vereinfachte Rechnung standardmäßiger Bestandteil der Immobilien- und Finanzierungswerbung geworden.

Tabelle 5.2 zeigt ein anderes Beispiel. In diesem Fall wird von einem Immobilieninvestor ausgegangen, der derzeit zur Miete wohnt und plant, eine Immobilie zu erwerben:

Beispiel:
Investor zahlt derzeit mtl. 1000 € Miete,
erbringt monatlich 300 € Sparleistungen,
verfügt über 25.000 € Eigenkapital und kann vorsichtig kalkuliert
Eigenleistungen mit einem Gegenwert von 10.000 € erbringen.
Er rechnet mit einem Nominalzins von 2 % und möchte 3 % tilgen.

Tab. 5.2: Kurzanalyse Gesamtfinanzierungsrahmen.

Ausgangswert ist der monatlich verfügbare Betrag für das Wohnen und die bisherige durchschnittliche monatliche Sparleistung			
Kaltmiete			
1.000 €	monatlich	ergibt Jahresbetrag	€ 12.000
+ Sparleistung			
300 €	monatlich	ergibt Jahresbetrag	€ 3.600
= zusammen			
1.300 €	monatlich	ergibt Jahresbetrag	€ 15.600
Nominalzins* 2 %	Tilgung ** 3 %	ergibt Annuität von 5 %	finanzierbar*** € 312.000
		zuzüglich Eigenkapital	€ 25.000
		zuzüglich Eigenleistung	€ 10.000
		daraus ist ein Gesamtaufwand zu finanzieren von	€ 347.000
		darin enthalten sind etwa 15 % Nebenkosten (Grunderwerbsteuer, Makler, Notar, Grundbuchamt)	€ 46.000
		Finanzierbarer (Kauf-)Preis	€ 301.000

* es sollte der Nominalzins bei einer Sollzinsbindungsfrist von mindestens 10 besser noch von 15 oder 20 Jahren angesetzt werden.
** absolute Untergrenze für den Tilgungssatz sind 2 % Der Tilgungssatz ist abhängig von der gewünschten Gesamtlaufzeit
*** Jahresbeitrag dividiert durch Annuität multipliziert mit 100

Wenn dieser finanzierbare Gesamtrahmen ausreicht, die ins Auge gefasste Immobilie zu erwerben und innerhalb eines vertretbaren Zeitraumes (z. B. bis zum Renteneintritt) zu bezahlen, kann der Immobilienerwerb vorgenommen und die Finanzierung durchgeführt werden.

Ein Blankomuster zur Ermittlung des Gesamtkostenrahmens findet sich in Anlage 27.

5.1.2 Produkt- und Darlehensangebot

Nach der Beratung erhält der Immobilieninteressent vorvertragliche Informationen und eine Produktempfehlung, die in unserem folgenden Beispiel zugleich ein Darlehensangebot enthält.

Übersicht Ihrer Ziele
Folgende Ziele haben Sie uns genannt:

Ziel	Realisierungszeitpunkt
Kauf einer Eigentumswohnung	15.12.2016

Folgende Gesamtkosten haben wir gemeinsam festgestellt und Ihnen einen Lösungsvorschlag dafür erstellt:

Kostenaufstellung	Betrag
Notarieller Kaufpreis	198.000,00 €
Grunderwerbsteuer	12.870,00 €
Notar- Gerichtskosten	3.960,00 €
keine Maklergebühren	0,00 €
Gesamtkosten	**214.830,00 €**

An Eigenkapital können Sie einsetzen

bereits in unserem Haus vorhanden	50.000 €
anderweitig stehen zur Verfügung	14.830 €

Kapitalbedarf **150.000 €**

Empfohlene Finanzierungsvariante:
Sie haben die Entscheidung über den Wohnungskauf getroffen und wir haben die Kosten zusammengestellt und Ihr vorhandenes Eigenkapital geprüft. Ein Teilbetrag ist bereits auf Konten im Hause verbucht, den Restbetrag werden Sie kurzfristig überweisen. Alle Beträge können sofort abgerufen werden.

Nun stellt sich die Frage nach der geeigneten Finanzierung. Dabei spielen Ihre persönlichen Komponenten eine wesentliche Rolle:

– In welchem Zeitraum möchten Sie ihr Darlehen zurückzahlen?
– Wollen Sie fest kalkulierbare monatliche Rückzahlungsraten oder sind Sie bei der Kalkulation eher flexibel?

Ihr Berater Herr Josef Schmitz hat mit Ihnen die Finanzierungsformen und mögliche Kombinationen besprochen. In dem Gespräch wurden Finanzierungsvarianten mit „10 Jahre Sollzinsbindung" favorisiert und die Einbeziehung von KfW-Mitteln aus dem Wohnungseigentumsprogramm vorgesehen.

Zur Erreichung Ihres Ziels benötigen Sie noch   150.000 €

Mit den folgenden Produktempfehlungen können Sie Ihre Ziele realisieren.

Darlehensangebot	IMMOBANK
Bezeichnung	Immo Bau-Geld
Darlehensbetrag	100.000 €
Nettodarlehensbetrag	**100.000 €**
Auszahlung am	15.12.2016
Sollzinssatz p.a.	2,50 %
Sollzinsbindung bis	15.12.2026
Effektiver Jahreszins	**2,53 %**
Monatliche Rate (Annuität)	395,83 €
Erste Teilzahlung am	15.1.2017
Letzte Teilzahlung am	15.12.2026
Anfängliche Tilgung	2,25 %
Gesamtlaufzeit bis	15.12.2026
Bereitstellungsprovision nach dem 3. Monat	0,25 % pro Monat
Optionale Sondertilgung pro Kalenderjahr	5.000,00 €

Zahlungen während der Sollzinsbindung

Zinsen und Gebühren insgesamt	21.967,76 €
Tilgung in den 10 Jahren	25.532,24 €
Gesamtbetrag	47.500,00 €
Restschuld nach Sollzinsbindung	74.467,76 €

Zahlungen über die Gesamtlaufzeit

Sollzinsbetrag	42.118,59 €
Tilgungsbetrag	100.000,00 €
Gesamtbetrag	142.118,59 €
Angenommener Sollzinssatz nach Ende der Sollzinsbindung	2,50 %

Darlehensangebot	KfW
Bezeichnung	Wohneigentum
Darlehensbetrag	50.000 €
Nettodarlehensbetrag	**50.000 €**
Auszahlung am	15.12.2016
Sollzinssatz p.a.	1,20 %
Sollzinsbindung bis	15.12.2026
Effektiver Jahreszins	**1,21 %**
Monatliche Rate (Annuität)	165,45 €
Erste Teilzahlung am	15.1.2017
Letzte Teilzahlung am	15.12.2026
Anfängliche Tilgung	2,77 %
Gesamtlaufzeit bis	15.12.2026

Zahlungen während der Sollzinsbindung

Zinsen und Gebühren insgesamt	5.142,54 €
Tilgung in den 10 Jahren	14.707,46 €
Gesamtbetrag	19.850,00 €
Restschuld nach Sollzinsbindung	35.292,54 €

Zahlungen über die Gesamtlaufzeit

Sollzinsbetrag	9.563,56 €
Tilgungsbetrag	50.000,00 €
Gesamtbetrag	59.563,56 €
Angenommener Sollzinssatz nach Ende der Sollzinsbindung	1,20 %

Der Gesamtbetrag der Finanzierung stellt die voraussichtlich zu leistenden Zahlungen aus den beiden Finanzierungsbausteinen dar. Der Zeitraum erstreckt sich bis zum Ende der Finanzierung.

Bitte beachten Sie, dass sich die Sollzinssätze nach Ende der Sollzinsfestschreibungsfrist verändern können und wir bei der Kostenentwicklung von gleichbleibenden Zinsen ausgegangen sind.

Zusätzlich fallen noch Kosten im Zusammenhang mit der Bestellung von Grundschulden an, wie Notarkosten, Kosten für das Grundbuchamt sowie die Kosten für die Gebäudeversicherung.

Das Angebot ist vorbehaltlich der Genehmigung durch den Kompetenzträger sowie einer noch durchzuführenden Bonitätsprüfung gemäß den Richtlinien unseres Hauses. Ein Anspruch auf eine Finanzierungszusage kann aus diesem Angebot nicht hergeleitet werden.

Ausführliche Tilgungspläne sind Bestandteil der Darlehensangebote und diesem Dokument zusammen mit den ESIS-Merkblättern (siehe Anlage 4) beigefügt.

5.1.3 Tilgungsplan

Die Aushändigung eines Tilgungsplanes gehört zu den wichtigsten vorvertraglichen Informationen. Damit gewinnt der Immobilieninteressent – unabhängig von allen Verträgen und komplizierten Erklärungen und Fachbegriffen – Transparenz, was und wann zu zahlen ist und wie sich sein Schuldenstand entwickelt.

Obwohl das zugrundeliegende Darlehen nur eine Zinsfestschreibung von 10 Jahren hat, wird vorab schon ein Gesamttilgungsplan von über 30 Jahren vorgelegt. Dabei wird, wie vorab schon dargestellt davon ausgegangen, dass sich Zins- und Tilgungssatz nach 10 Jahren nicht verändern (vgl. Tab. 5.3). Die Unterstellung eines gleichen Sollzinssatzes nach 10 Jahren ist aber völlig unrealistisch. Daher besteht für die Restschuld in Höhe von 35.287,74 € im Jahr 2026 ein Zinserhöhungsrisiko.

5.2 Phase 2: Finanzierungsprämissen

Die Realisierbarkeit einer Finanzierung kann nur bei einer vollständigen Erfassung aller relevanten Einkommens- und Vermögensdaten beurteilt werden. Die nachzuweisenden Zahlen zeigen, ob die monatliche Belastung ausreicht, um das erforderliche Darlehen zu bedienen. Die für eine Finanzierung erforderlichen Unterlagen sind aus Anlage 28 zu ersehen.

5.2.1 Kapitaldienstfähigkeit

Bei einer Immobilienfinanzierung wird unter Kapitaldienstfähigkeit die Fähigkeit eines Kreditnehmers verstanden, den monatlichen Schuldendienst aus Zinsen und Tilgung nachhaltig, das heißt dauerhaft, zu erbringen. Die Einnahmen und Ausgaben des Kreditnehmers und sein monatlicher Liquiditätsüberschuss werden analysiert und dokumentiert. Dabei darf weder auf Pauschalen noch auf Durchschnittswerte zurückgegriffen werden.

Bei mangelnder Kapitaldienstfähigkeit sind Kreditausfälle zu befürchten. Für Immobilienfinanzierungen wird eine Kapitaldienstfähigkeit zwischen 6 und 8 % als dauerhaft vertretbar angenommen. Ein zu niedriger Kapitaldienstfähigkeitswert deutet darauf hin, dass schon bei geringen negativen Veränderungen beim Einkommen (Selbstnutzer) oder bei Mietausfall (Kapitalanleger) zwangsläufig Engpässe entstehen werden.

Nachweise zum Einkommen

Für Angestellte und Beamte ist das Einkommen anhand von Gehalts- oder Bezugsmitteilungen relativ einfach nachzuweisen. Üblich sind drei aktuelle Monatsabrechnun-

Tab. 5.3: Muster-Gesamttilgungsplan.

Jahr	Schuldenstand Vorjahr	Raten€	Sollzins	Tilgung	Restschuld
2017	50.000,00	1.985,45	592,35	1.393,10	48.606,90
2018	48.606,90	1.985,45	575,55	1.409,91	47.197,00
2019	47.197,00	1.985,45	558,53	1.426,92	45.770,08
2020	45.770,08	1.985,45	541,32	1.444,14	44.325,94
2021	44.325,94	1.985,45	523,89	1.461,56	42.864,38
2022	42.864,38	1.985,45	506,25	1.479,20	41.385,18
2023	41.385,18	1.985,45	488,41	1.497,05	39.888,13
2024	39.888,13	1.985,45	470,34	1.515,11	38.373,02
2025	38.373,02	1.985,45	452,06	1.533,39	36.839,63
2026*	36.839,63	1.985,45	433,56	1.551,89	35.287,74
2027	35.287,74	1.985,45	414,83	1.570,62	33.717,12
2028	33.717,12	1.985,45	395,88	1.589,57	32.127,55
2029	32.127,55	1.985,45	376,70	1.608,75	30.518,80
2030	30.518,80	1.985,45	357,29	1.628,16	28.890,64
2031	28.890,64	1.985,45	337,64	1.647,81	27.242,83
2032	27.242,83	1.985,45	317,76	1.667,69	25.575,14
2033	25.575,14	1.985,45	297,64	1.687,81	23.887,33
2034	23.887,33	1.985,45	277,27	1.708,18	22.179,15
2035	22.179,15	1.985,45	256,66	1.728,79	20.450,38
2036	20.450,38	1.985,45	235,80	1.749,65	18.700,71
2037	18.700,71	1.985,45	214,69	1.770,76	16.929,94
2038	16.929,94	1.985,45	193,32	1.792,13	15.137,82
2039	15.137,82	1.985,45	171,70	1.813,75	13.324,06
2040	13.324,06	1.985,45	149,81	1.835,64	11.488,43
2041	11.488,43	1.985,45	127,67	1.857,79	9.630,84
2042	9.630,84	1.985,45	105,25	1.880,20	7.750,44
2043	7.750,44	1.985,45	82,56	1.902,89	5.847,55
2044	5.847,55	1.985,45	59,60	1.925,85	3.921,70
2045	3.921,70	1.985,45	26,36	1.949,09	1.972,61
2046	1.972,61	1.985,45	12,85	1.972,61	0,00
Gesamt	**50.000,00**	**59.563.56**	**9.563,56**	**50.000,00**	**0,00**

gen, die zweckmäßigerweise eine jährliche Fortschreibung enthalten sollten. Auch die Daten der elektronischen Lohnsteuerbescheinigung sind als nachhaltiger Einkommensnachweis eines ganzen Jahres zu nutzen. Kontrolliert wird in der Gehaltsabrechnung die Zusammensetzung des Einkommens, mögliche Sonderzahlungen und Boni werden auf ihre Nachhaltigkeit geprüft, aber auch die Dauer der Steuerfreibeträge.

Altersversorgungsnachweise

Die künftige Altersversorgung wird steuerlich unterschiedlich behandelt, deshalb sind sowohl die Nachweise, als auch die daraus zu errechnenden Einkommen nur aus heutiger Sicht zu schätzen. Insbesondere bei einer Lebensphasenbetrachtung nach der Wohnimmobilienkreditrichtlinie ist es für den Berater und den Investor notwendig, sich mit der Einkommenssituation im Rentenalter auseinanderzusetzen. Als Nachweise dienen:

–   Aktuelle Renteninformationen,
–   Informationen über Rentenanwartschaften,
–   Hochrechnung von Altersrenten,
–   Entwicklung von persönlichen Versorgungskonten,
–   Renteninformationen von Rentenversicherern,
–   Rückkaufswerte von Lebensversicherungsverträgen,
–   Leibrentenverträge.

Besonderheiten bei Selbstständigen/Freiberuflern

Wirtschaftlich Selbstständige und Freiberufler können bei einer privaten Baufinanzierung nicht so einfach eingeschätzt werden wie festangestellte oder verbeamtete Kreditnehmer. Deren Einnahmen sind anhand von Gehaltsnachweisen relativ einfach und präzise festzustellen. Weitaus schwieriger ist dies, wenn die Einkünfte unregelmäßig, also schwankend sind und nicht so einfach nachgewiesen werden können. Die Prüfung von mehreren zeitnahen Gewinn- und Verlustrechnungen oder Bilanzen bzw. von Einnahmen-Überschussrechnungen erfordert viel mehr Aufwand.

Deshalb ist es für den Immobilieninvestor wichtig, vor einer Kreditaufnahme abzuklären, welche Anforderungskriterien an den wirtschaftlich Selbstständigen oder den Freiberufler gestellt werden und ob die dazu notwendigen Unterlagen auch vorgelegt werden können. Als selbstverständlich wird vorausgesetzt, dass die Geschäftszahlen „positiv" sind und die selbstständige Tätigkeit mindestens schon 3 Jahre ausgeübt worden ist. Neben der Schufa-Auskunft wird in der Regel auch eine Bankauskunft eingeholt.

Eine wichtige Rolle spielt auch der jeweilige Partner. Hat beispielsweise der Ehepartner ein „geregeltes, festes Einkommen so ist die Finanzierung eher möglich. Dabei muss allerdings der Partner auch 2. Darlehensnehmer und Miteigentümer werden.

Haben Kreditnehmer Einkünfte aus verschiedenen Einkunftsarten, ist es zweckmäßig, eine Steuer- und Liquiditätsberechnung vorzunehmen, um zu einer realistischen Einkommensbeurteilung zu kommen. Diese rein kalkulatorische Rechnung dient der exakten Einschätzung der Einkommensverhältnisse für den Kreditgeber und den Kreditnehmer (vgl. Anlage 30).

Gleichzeitig wird der aktuelle Steuerbescheid gegebenenfalls mit Anlagen aus der Einkommensteuererklärung herangezogen.

Exkurs: Einkommensteuererklärung/Steuerbescheid
Von besonderer Aussagekraft ist der aktuelle Steuerbescheid, der auf der eingereichten Einkommensteuererklärung beruht. Die Unterlagen müssen zeitnah sein.

Abgabetermin der Einkommensteuererklärung ist für Privatpersonen seit 2017 der 31.7. des folgenden Jahres. Für Angehörige der steuerberatenden Berufe wird die Frist auf den 30.11. des Jahres und auf Antrag bis zum 30.4. des Folgejahres verlängert. Unabhängig von diesen Fristen ist selbstverständlich, dass die Finanzierungsinstitute aktuelle Unterlagen verlangen und sich zur Abrundung möglicherweise die letzte Einkommensteuererklärung mitsamt den Anlagen vorlegen lassen. Es ist also nicht ratsam, zum Zeitpunkt einer Darlehensantragsstellung die Steuererklärungen nicht ordnungsgemäß abgegeben zu haben. Mit dem Steuerbescheid oder hilfsweise der Steuererklärung können die verschiedenen Einkunftsarten belegt werden.

Einkünfte aus Gewerbebetrieb werden mittels der Anlage G erklärt. Bei Bruttoeinnahmen ab 17.500 € ist für jeden Betrieb, soweit keine Bilanz erstellt wird, zusätzlich eine Anlage EÜR abzugeben. Nach § 35 EStG besteht eine Steuerermäßigung bei gewerblichen Einkünften durch die Anrechnung der Gewerbesteuer. Der Abzug ist auf die tatsächlich zu zahlende Gewerbesteuer beschränkt. Mit der Anlage G werden auch Veräußerungsgewinne bei Veräußerung/Aufgabe eines ganzen Betriebs, eines Teilbetriebs oder eines ganzen Mitunternehmeranteils erklärt. Derartige einmalige Bezüge werden aus der Langzeitbetrachtung herausgenommen.

Einkünfte aus selbstständiger Arbeit werden mittels der Anlage S erklärt. Bei Bruttoeinnahmen ab 17.500 € ist für jede Tätigkeit, soweit keine Bilanz erstellt wird, zusätzlich eine Anlage EÜR abzugeben. Erklärt werden hiermit auch Veräußerungsgewinne bei Veräußerung/Aufgabe eines ganzen Betriebs, eines Teilbetriebs, eines ganzen Mitunternehmeranteils. Handhabung dabei wie vorab beschrieben.

Die Einnahmen-/Überschussrechnung ist eine Gewinnermittlung nach § 4 Abs. 3 EStG. Grundsätzlich handelt es sich um eine reine Geldrechnung, also um eine vereinfachte Gewinnermittlung durch Gegenüberstellung von Einnahmen und Ausgaben in einer Periode. Lediglich die Abschreibung erfolgt hier nicht nach dem Kassenprinzip.

Während der Betriebsvermögensvergleich eine vermögensorientierte Erfolgsmessung darstellt, handelt es sich bei der Einnahmenüberschussrechnung um eine zahlungsorientierte Erfolgsmessung. Für jeden Betrieb ist eine gesonderte Einnahmen-/Überschussrechnung zu erstellen. Liegen die Betriebseinnahmen für den Betrieb unter der Grenze von 17.500 €, kann die Gewinnermittlung formlos erfolgen. Ansonsten ist eine Gewinnermittlung nach amtlich vorgeschriebenem Vordruck (Anlage EÜR) anzufertigen und der Einkommensteuererklärung mit den Anlagen G und/oder S beizufügen.

Die Anlage EÜR ist eine obligatorische Anlage zur Einkommensteuererklärung für Gewerbetreibende, Freiberufler und Land- und Forstwirte, die eine Einnahmen-/Überschussrechnung erstellen.

Einkünfte aus nicht selbstständiger Arbeit werden mittels der Anlage N erklärt, wobei jeder Ehegatte mit Einkünften eine eigene Anlage N abzugeben hat. Dabei sind alle Angaben zum Arbeitslohn und den Versorgungsbezügen vorab dem Finanzamt durch die Lohnsteuerbescheinigungen bekannt, es findet also nur noch ein Abgleich dieser Daten statt. Weiterhin erfasst werden die Lohnersatzleistungen, die eigentlich steuerfrei sind, aber für den Progressionsvorbehalt berücksichtigt werden.

Die Einkünfte aus Vermietung und Verpachtung werden ermittelt durch Gegenüberstellung von Einnahmen und Ausgaben aus bebauten und unbebauten Grundstücken, die im Inland belegen sind. Dazu gehören auch Anteile an Einkünften aus:
– Bauherrengemeinschaften,
– Erwerbergemeinschaften,
– geschlossenen Immobilienfonds,
– Grundstücksgemeinschaften,
– Gesellschaften, Grundstücksgemeinschaften.

Guthabenzinsen von Bausparverträgen gehören zu den Einnahmen aus Vermietung und Verpachtung, wenn der Bausparvertrag in einem engen Zusammenhang mit der Anschaffung, Herstellung oder Erhaltung dieses Gebäudes steht. Beiträge zur Instandhaltungsrücklage der Gemeinschaft der Wohnungseigentümer sind nicht bereits zum Zeitpunkt der Abführung als Werbungskosten abziehbar, sondern erst bei Verausgabung der Beträge für Erhaltungsaufwendungen.

Die Einkünfte aus Renten (erklärt mittels der Anlage R) ergeben sich für die gesetzlichen Renten aus den aktuellen Rentenbescheiden, wobei für die Besteuerung der Beginn der Rente maßgebend ist. Renten aus privaten Rentenversicherungen werden über Leistungsmitteilungen bestätigt und je nach Rentenbeginn nur mit dem Ertragsanteil besteuert. Auch für Renten aus Altersvorsorgeverträgen und aus der betrieblichen Altersversorgung werden Leistungsmitteilungen erteilt.

Alle diese Daten werden übrigens automatisch über die Steueridentifikationsnummer direkt an die zuständigen Finanzämter übertragen.

Gesamteinschätzung des Einkommens

Wichtig für Darlehensnehmer ist die Frage, wie Kreditinstitute die Einkommenssituation insbesondere bei verschiedenen Einkunftsarten einschätzen, die teilweise (quellen-)besteuert und teilweise unversteuert fließen, bzw. wie konkret dabei vorgegangen wird. Dies trifft im Besonderen auf Selbstständige und Freiberufler, aber auch auf Kapitalanleger mit Einkünften aus Vermietung und Verpachtung zu. Diese Kreditkunden sollten darauf vorbereitet sein und die Unterlagen vor der Weitergabe selbst prüfen. Zur bankinternen Prüfung siehe Anlage 36.

Folgende Aspekte werden bei den Einnahmen berücksichtigt:
– Ergebnis soll das Einkommen nach Steuern sein,
– die Einkommen/Einkünfte sind zeitnah nachzuweisen,

- sie müssen nachhaltig erzielbar sein,
- jede Einkunftsart wird methodisch durchleuchtet,
- dafür müssen aktuelle Gewinnermittlungen vorliegen,
- die Bilanzen werden nach einheitlichen Kriterien geprüft und gegliedert,
- Branchenvergleiche werden hinzugezogen,
- die Konkurrenzsituation wird begutachtet,
- auch die Einnahmenseite wird genauestens geprüft,
- Beispiel: Mieteinnahmen, Mieterqualität, Mieterbonität, Mietverträge. Zinseinnahmen, dazugehörige Geldanlagen.

Muster einer Einnahmenrechnung vgl. Tab. 5.4.

Keinesfalls darf die Ausgabenrechnung (vgl. Tab. 5.5) für die Haushaltsführung mit Pauschalsätzen berechnet werden, da ein solches Vorgehen das individuelle Ausgabeverhalten nicht berücksichtigt. Im Kreditgeschäft werden Pauschalierungen bestenfalls als Mindestangaben verwendet, die nicht unterschritten werden dürfen. Eine große Unsicherheit ist bei den Aufwendungen für die Gesundheit gegeben.

Kreditrating

Anhand der Gegenüberstellung von monatlichen Einnahmen und Ausgaben wird eine Liquiditätsrechnung erstellt, die zeigt, wie viele freie Mittel jeden Monat zur Verfügung stehen.

Diese Liquiditätsrechnung (vgl. Tab. 5.6) ist Bestandteil einer professionellen Kreditprüfung. Die freien Mittel werden in Relation zum Gesamteinkommen gestellt. Daraus ergeben sich Einstufungskriterien für das persönliche Liquiditätsrechnung.

Wichtig: Zusätzliche Einkommensunterlagen wie Steuerbescheide, Einnahmen-/Überschussrechnungen, Bilanzen, Gewinn und Verlustrechnungen für mind. 3 zeitnahe Jahre sind erforderlich.

Einige Institute finanzieren ausschließlich Retailkunden oder haben unterschiedliche Konditionen für Selbstständige/Freiberufler.

5.2.2 Vermögen und Schulden

Neben der Einnahmen-/Ausgabenanalyse wird der Kreditgeber eine Gegenüberstellung von Vermögen (vgl. Tab. 5.7) und Schulden (vgl. Tab. 5.8) zum Zeitpunkt der neuen Immobilieninvestition vornehmen und eine Verschuldungsquote (Schulden in % des Vermögens) ermitteln.

Damit wird festgestellt, ob auch nach der geplanten Immobilieninvestition noch eine Vermögensüberdeckung besteht und ob die Einkünfte aus dem Vermögen und die Belastungen aus dem Fremdkapital in der Einnahmen- und Ausgabenrechnung berücksichtigt worden sind.

Tab. 5.4: Einnahmenrechnung auf Monatsbasis.

Einnahmenrechnung per:		
Einkommen aus	**Zufluss**	**Betrag in € (Monatswert)**
Nettoeinkommen aus nichtselbstständiger Tätigkeit	monatlich	
darin:		
regelmäßige Überstunden	monatlich	
Sonderzahlungen	jährlich	
Boni	jährlich	
Weihnachtsgeld	jährlich	
ergebnisabhängige Zahlung	jährlich	
Urlaubsgeld	jährlich	
weiteres Nettoeinkommen		
Minijob	monatlich	
Erträge aus Kapitalanlagen		
Zinsen/Dividenden	jährlich	
Erträge aus Immobilien		
Mieteinnahmen	monatlich	
Pachteinnahmen	monatlich	
Renten		
gesetzliche Renten	monatlich	
Betriebsrenten	monatlich	
Renten aus Riester-Verträgen	monatlich	
private Renten aus Rentenversicherungen	monatlich	
Leibrenten	monatlich	
Einkünfte		
aus gewerblicher Tätigkeit	jährlich	
aus selbstständiger Tätigkeit	jährlich	
aus Land- und Forstwirtschaft	jährlich	
sonstige Einkünfte	jährlich	
zeitlich befristete Einkünfte		
Kindergeld	monatlich	
Elterngeld/Mutterschaftsgeld	monatlich	
Unterhalt	monatlich	
Wohngeld	monatlich	
Aufwendungszuschuss	monatlich	
Krankengeld	monatlich	
Arbeitslosengeld	monatlich	
Gesamteinnahmen	**jährlich**	
Gesamteinnahmen	**monatlich**	

Tab. 5.5: Ausgabenrechnung auf Monatsbasis.

Ausgabenrechnung per:		
Ausgaben für	**fällig**	**Betrag in € (Monatswert)**
Haushaltsführung für ... Erwachsene ... Kinder	mtl.	
Kindertagesstätte/Kindergarten	mtl.	
Schulgeld	mtl.	
Unterstützung Studium	mtl.	
Unterstützung Eltern	mtl.	
Unterhalt Ehefrau	mtl.	
Unterhalt Kinder	mtl.	
gezahlte Leibrenten	mtl.	
Kraftstoff für Kfz	mtl.	
Kfz-Steuer	jährlich	
Kfz-Versicherung	jährlich	
gesetzliche Krankenversicherung	mtl.	
private Krankenversicherung	mtl.	
Haftpflichtversicherung	jährlich	
Pflegeversicherung	mtl.	
Zusatzkrankenversicherung	mtl.	
Berufsunfähigkeitsversicherung	mtl.	
Risikolebensversicherung	mtl.	
Zuzahlungen/Praxisgebühr/Arzneimittel	mtl.	
Hobby/Sport/Freizeit	jährlich	
Urlaub	jährlich	
Miete	mtl.	
Miet-Nebenkosten	mtl.	
Energiekosten	mtl.	
Heizkosten	mtl.	
Kanal/Abwasserkosten	mtl.	
Festnetz/Mobilfunk/Internet	mtl.	
Kabelanschluss/Rundfunk-TV-Gebühren	mtl.	
eigene Baufinanzierungsrate	mtl.	
Grundsteuern	vtlj.	
Gebäudeversicherung	jährlich	
Kreditraten	mtl.	
Leasingraten	mtl.	
Baufinanzierungsraten für vermietete Objekte	mtl.	
Unterhaltskosten für vermietete Objekte	mtl.	
Steuervorauszahlungen	vtlj.	
Ausgaben insgesamt	**monatlich**	
Ausgaben insgesamt	**jährlich**	
feste Sparleistungen	**fällig**	
Bausparrate	mtl.	
Übertrag auf Sparkonto	mtl.	
Kapitallebensversicherung	mtl.	
Rentenversicherung	mtl.	
Direktversicherung	mtl.	
Investment-Sparplan	mtl.	
Riester-Vertrag	mtl.	

Tab. 5.6: Überschussrechnung auf Monatsbasis.

Stand per:	
kalkulatorische Gesamteinnahmen auf den Monat gerechnet	€
abzüglich Gesamtausgaben auf den Monat gerechnet	€
abzüglich Gesamtsparleistungen auf den Monat gerechnet	€
ergibt einen monatlichen Überschuss von	€
das entspricht einem Anteil an den Gesamteinnahmen von %	%

Bei Ehepaaren und Partnern können – je nach Güterstand – jeweils getrennte Aufstellungen notwendig werden, sofern kein gesetzlicher Güterstand besteht und haftungsrechtliche Unterschiede vorhanden sind.

Tab. 5.7: Übersicht über Vermögensarten.

Vermögen	Wert/Kurswert/Verkehrswert Rückkaufswert in €	für Investition vorgesehen in €
Kontoguthaben		
Tagesgeld		
Spareinlagen		
Festgeld		
Geldvermögen insgesamt		
festverzinsliche Wertpapiere		
Aktien		
Immobilienfonds		
Investmentfonds		
Effekten insgesamt		
Lebensversicherungen		
Rentenversicherungen		
Altersvorsorgevermögen		
Versicherungs-/Rentenansprüche		
unbebaute Grundstücke		
eigengenutzte Immobilien		
vermietete Immobilien		
neues Objekt		
Immobilien insgesamt		
andere wichtige Vermögenswerte		
Gesamtsumme Vermögen		

Tab. 5.8: Übersicht über Kredite und Verbindlichkeiten.

Schulden/Fremdkapital	Summe in €	besichert durch
Ratenkredite/Konsumkredite		
Autokredite		
Geschäftskredite		
Kontokorrentkredite		
Wertpapierkredite		
Kreditkartenkredite		
Baufinanzierungskredite		
Steuerschulden		
Privatschulden		
sonstige Verbindlichkeiten		
Gesamtsumme Schulden		

5.2.3 Bankinterne Kennzahlen

Zur Feststellung der wirtschaftlichen Tragfähigkeit einer Baufinanzierung bzw. einer Immobilieninvestition nutzen Banken häufig verschiedene Kennzahlen, die Investoren kennen sollten:

1. Vorgabe einer Höchstbelastungsgrenze für Darlehensnehmereinkommen
Baufinanzierungsrate maximal 35–45 % des monatlichen Familiennettoeinkommens ohne Sonderleistungen. Ideal wären weniger als 33 %. Je niedriger das Familiennettoeinkommen ist, desto geringer ist die Höchstbelastungsgrenze anzusetzen. Deshalb sind die Höchstbelastungsgrenzen, die Banken akzeptieren, auch häufig an bestimmte Einkommensklassen oder Mindestlebenshaltungskosten gekoppelt, die für die Haushaltsmitglieder nach Abzug der Kapitaldienstkosten verbleiben müssen.

2. Tragbarkeit der Belastung aus der Restschuld nach Ende der ersten Zinsfestschreibung mit einer Kapitaldienstquote von 8 %
Diese Kontrollrechnung zeigt, ob am Ende einer Zinsbindung die wirtschaftliche Leistungsfähigkeit eines Kreditnehmers ausreicht, um eine Annuität von 8 % auf die verbleibende Restschuld zu bedienen.

Dazu ein Beispiel:
Tragbarkeitsprüfung bei einem Darlehen mit einer aktuellen Annuität von 5 %, nach Ablauf der Zinsbindung mit einer unterstellten Annuität von 8 %.

Darlehen	Zins	Tilgung	Annuität	fest für	mtl. Rate	jährliche Rate	Restschuld nach 10 Jahren
200.000	2 %	3 %	5 %	10	833	10.000	133.640

Restschuld	unterstellte Annuität	monatliche Rate	jährliche Rate	Ergebnis
133.640	8 %	891	10.691	Belastung tragbar

Fazit: Die Belastung ist auch unter „Worst-Case-Bedingungen" tragbar. Das Beispiel zeigt aber auch deutlich, dass in diesem Fall eine Tilgung unter 3 % p.a. nicht ausreichend wäre.

3. Fremdmittelquote (Verschuldungsquote) max. das 6-fache Jahresnettoeinkommen

Dazu ein Beispiel:
Verschuldungsquote bei einem Darlehen von 200.000 €/Jahresnettoeinkommen von 63.428 €

Jahresnettoeinkommen aller Kreditnehmer €	Multiplikator 4	Multiplikator 5	Multiplikator 6
63.428	253.712	317.140	380.568

Fazit: Bei dem Darlehen von 200.000 € würde eine Verschuldungsquote von 3,15 vorliegen. Dies wäre gut vertretbar. Ausgehend von dem vorliegenden Jahresnettoeinkommen wäre ein Kreditbetrag bis ca. 380.000 € möglich.

4. Eigenkapitalquote bei Eigennutzern mindestens 20 % der Gesamtkosten

5.2.4 Bonität

Das Kreditinstitut wird zur Prüfung der vorstehend beschriebenen Sachverhalte und zur weiteren Bearbeitung eines Kreditantrags umfangreiche Informationen über die wirtschaftlichen Verhältnisse der(s) Kreditnehmer(s) und des zu finanzierenden Immobilienobjektes anfordern. Werden Kredite beantragt oder aufgenommen, besteht seitens der Kreditgeber die gesetzliche Verpflichtung zur Bonitätsprüfung des Kreditnehmers.

Um möglichst schnell, eine Kreditentscheidung der Bank zu erhalten und eine schnelle Realisierung der Immobilieninvestition zu ermöglichen, sollten die nachstehend genannten Unterlagen vor Kontaktaufnahme mit der Bank so weit wie möglich zur Verfügung stehen.

Die wirtschaftliche Leistungsfähigkeit ist ein wesentliches Entscheidungskriterium für eine Darlehensaufnahme. Die finanziellen Belastungen aus einer Immobilienfinanzierung müssen unter Berücksichtigung der persönlichen Lebensumstände langfristig getragen werden können. Zur Bonitätsprüfung werden folgende persönliche Unterlagen von einem Kreditinstitut üblicherweise eingefordert und sind von dem Kreditnehmer vorzubereiten:

- Einkommensnachweise der letzten drei Monate (z. B. Lohn- oder Gehaltsabrechnungen, Rentenbescheide etc.).
- Einkommensteuerbescheide der letzten zwei Jahre.
- Eigenkapitalnachweise (z. B. aktueller Depotauszug, Kontenauszüge).
- Schulden-/Vermögensübersicht (mit Nachweisen).
- Immobilienaufstellung, falls weiterer Grundbesitz vorhanden ist (Muster Anlage 29)
- Gesamtkostenplanung über die zu erwerbende/zu erstellende Immobilie.

Haben Kreditnehmer Einkünfte aus verschiedenen Einkunftsarten, wird die Bank eine Steuer- und Liquiditätsberechnung vornehmen, um zu einer realistischen Einkommensbeurteilung zu kommen.

Die Bonitätsermittlung bei wirtschaftlich Selbstständigen und Freiberuflern ist schwieriger, da deren Einkünfte unregelmäßig sind und durch Zusatzunterlagen nachgewiesen werden müssen. Erforderlich sind Gewinn- und Verlustrechnungen, Bilanzen bzw. Einnahmen-/Überschussrechnungen der letzten 3 Geschäftsjahre. Grundsätzlich wird vorausgesetzt, dass die Geschäftszahlen aktuell und „positiv" sind und die selbstständige Tätigkeit mindestens schon 3 Jahre ausgeübt worden ist. Wirtschaftlich Selbstständige und Freiberufler sollten daher frühzeitig abklären, welche Unterlagen im Vorfeld der Kreditbeantragung vorgelegt werden müssen. Im Rahmen der Bonitätsprüfung werden die Banken auch Schufa- und Selbstauskünfte einholen.

Die **Schufa** (Schutzgemeinschaft für Kreditsicherung) ist eine Auskunftei, die Daten von natürlichen Personen speichert und an Vertragspartner (vor allem Kreditinstitute, Kreditkarten- und Leasinggesellschaften) im EU-Binnenmarkt bei Anfrage übermittelt, um Informationen zur Beurteilung deren Kreditwürdigkeit zu geben. Nur die Vertragspartner haben die Möglichkeit, diese Einkünfte einzuholen. Nach § 34 Absatz 2 des Bundesdatenschutzgesetzes hat aber jeder Bundesbürger gegen Vorlage seines Personalausweises einmal jährlich Anspruch auf eine Selbstauskunft mit Angabe des Schufa-Basis-Scores. Dieser prozentuale Wert wird alle drei Monate aktualisiert.

Die Daten können auch unter www.meineschufa.de direkt abgefragt werden. Immobilieninvestoren ist anzuraten, die eigene Auskunft vor einem Kreditgespräch einzusehen, um vor unliebsamen Überraschungen geschützt zu sein.

Erfahrungsgemäß sorgen oft folgende Fakten für unkorrekte Einstufungen:

- Handyverträge,
- veraltete Daten, vergessene Löschungen,
- reine Konditionsanfragen bei mehreren Instituten,
- falsche Informationen durch Namensverwechslung, falsche Anschrift u.a.

Gerade bei Online-Finanzierungen ist der Basisscore von enormer Wichtigkeit. Deshalb hier nochmals die Zusammenfassung der Grundlagen mitsamt einem Praxisbeispiel:

Die Prognose wird nach Auskunft der Schufa anhand moderner mathematisch-statistischer Verfahren erstellt und basiert auf den zur Person des Kreditantragstellers bei der SCHUFA gespeicherten Daten, eine regelmäßige Kontrolle ist daher angeraten. Der Basisscore wird alle drei Monate aktualisiert. Der durchschnittliche Basisscore liegt laut Schufa bei 91 %. Verbraucher werden mit einem deutlich erhöhten bis hohen Risiko bewertet und zahlen möglicherweise auch entsprechende Risikozuschläge, wenn der Basisscore darunter liegt. Im Baufinanzierungsbereich wird im Gegensatz zu den Kaufkrediten und auch Kfz-Finanzierungen wegen der geringen Margen ein besonders hoher Maßstab angelegt (vgl. Tab. 5.9).

Tab. 5.9: Basisscore der Schufa.

Beispiel:	**Basisscore : 99,08 % von möglichen 100 %** **Berechnungsdatum 5.11.2016**
	Der Basisscore wird grundsätzlich alle drei Monate aktualisiert. Der Basisscore gibt die Wahrscheinlichkeit an, mit der ein Kunde einen Kredit termingerecht zurückzahlen bzw. seine Rechnungen vertragsgemäß begleichen wird. Diese Prognose wird anhand moderner mathematisch-statistischer Verfahren erstellt und basiert auf den zu Ihrer Person bei der SCHUFA gespeicherten Daten. Falls Sie mehr über das Thema Score erfahren möchten, hat die Schufa weitere Informationen unter www.schufa.de/score/ zusammengestellt.
	Übrigens, der Basisscore in unserem Beispiel war ein Jahr zuvor bei 97,80 %. Die einzige (hier positive) Veränderung war der Wegfall eines Handyvertrages.
	Schufa Verbraucherservicezentrum Hannover, Postfach 5640, 30056 Hannover, *Fax 0511/1239770. Service Tel. Nr. 01805/724832*

Natürlich müssen falsche Informationen korrigiert werden. Der Basisscore ist als Wahrscheinlichkeitswert wichtig für die Risikoeinschätzung (vgl. Tab. 5.10). Im Baufinanzierungsgeschäft werden höhere Bonitätsanforderungen gestellt als im Konsumentenkreditgeschäft.

Die Selbstauskunft ist ein von der Bank vorgefertigtes Formular zur Befragung eines Kreditantragstellers über seine wirtschaftliche Situation. Die Richtigkeit und Vollständigkeit der Angaben wird durch Unterschrift bestätigt. Das Kreditinstitut prüft die gemachten Angaben anhand von bereits eingereichten Unterlagen oder verpflichtet den Kunden, entsprechende Nachweise vorzulegen. Der Kunde willigt mit der Selbstauskunft ein, dass seitens des Kreditgebers seine personenbezogenen Daten zum Zweck der Dokumentation des Darlehensantrages und zur internen Nutzung gespeichert und verarbeitet werden. Die Angaben sind unbedingt wahrheitsgemäß zu machen, da falsche Angaben die Kreditwürdigkeit stark beeinträchtigen würden.

Tab. 5.10: Wahrscheinlichkeitswert im Baufinanzierungsgeschäft.

Wahrscheinlichkeitswert (Basisscore) im Baufinanzierungsgeschäft	aus dem Basisscore ergibt sich diese Risikoeinschätzung
0,0 %–50,0 %	Kredit nicht vertretbar
50,1 %–80,0 %	sehr hohes Kreditrisiko
80,1 %–90,0 %	hohes Kreditrisiko
90,1 %–94,9 %	erhöhtes Kreditrisiko
95,0 %–97,4 %	geringes, vertretbares Kreditrisiko
97,5 %–100 %	sehr geringes Kreditrisiko

Als „wirtschaftliches Führungszeugnis" hat die Selbstauskunft eine praktische Bedeutung nicht nur bei einer Kreditaufnahme, sondern beispielsweise auch bei der Wohnungs- und Arbeitsplatzsuche. Die potenziellen Vertragspartner haben zwar keinen Rechtsanspruch auf deren Vorlage, machen aber im Rahmen ihrer Vertragsfreiheit den Abschluss eines Vertrages oftmals davon abhängig. Bei der Vorbereitung auf ein Beratungsgespräch sollte man sich an den vorerwähnten Fakten orientieren und eine „Selbstdiagnose" anhand folgender Punkte durchführen (Tab. 5.11) und auf die teils sehr detaillierten Fragen vorbereitet sein.

5.3 Phase 3: Bewertung und Beleihung

Sowohl für den Investor als auch das finanzierende Kreditinstitut ist die Bewertung der Immobilie von ausschlaggebender Bedeutung. Während bei einer Kapitalanlage der Standort der Immobilie meist frei gewählt werden kann, ist bei eigengenutzten Immobilien die Standortwahl meist durch den Arbeitsplatz vorbestimmt.

5.3.1 Makro- und Mikrolage des Objektes

Die Lage einer Immobilie spielt für die Objektbewertung eine entscheidende Rolle. Dabei ist zwischen der Makro- und Mikrolage einer Immobilie zu unterscheiden.

Während die Makrolage regionale Standortfaktoren berücksichtigt, umfasst die Mikrolage spezifische, nur auf ein konkretes Grundstück bezogene Standortfaktoren. Daher ist eine Makrolage immer durch unterschiedliche Mikrolagen gekennzeichnet. Der Immobilieninvestor wird sich als Hauskäufer oder Bauherr vorrangig für die individuellen Lagemerkmale der Immobilie interessieren. Hierzu zählen:
– Grundstückslage,
– Stadtteil-Image,
– Infrastruktur,
– Verkehrsmittelanbindung,

Tab. 5.11: „Selbstdiagnose" vor einem Beratungsgespräch.

Selbstdiagnose vor dem Beratungsgespräch	
Wie hoch ist mein Schufa-Basisscore (Wahrscheinlichkeitswert)?	
Sind alle Eintragungen in meiner Schufa-Auskunft korrekt?	
Wenn Basisscore schlechter als 95 % ist, müssen sie ggf. zu einzelnen Eintragungen etwas sagen können.	
Kennen Sie als Selbstständiger/Freerufler ihre Bank-/Kreditauskunft?	
Sind die Gesamtinvestitionskosten vollständig ermittelt?	
Haben Sie vorab geklärt „Wie viel Kreditfinanzierung kann ich mir leisten"?	
Stimmt die Realität mit Ihren Wunschvorstellungen überein?	
Ist ihr eigener Finanzierungsplan plausibel?	
Liegt die voraussichtliche Monatsbelastung unter 25 % des Einkommens?	
Kann ich mögliche Einkommensveränderungen auffangen?	
Ist das Objekt bis zum Renteneintritt bezahlt?	
Ist die Restschuld aus dem dann ermäßigten Einkommen noch tragbar?	
Sind Veränderungen im Familienverbund zu erwarten?	
Ist in absehbarer Zeit Nachwuchs geplant?	
Wann gehen die Kinder aus dem Haus?	
Welche „Finanzierungsbausteine" bringe ich mit?	
Kann ich möglicherweise KfW-Darlehen oder Zuschüsse beantragen?	
Kann ich mein laufendes Einkommen mit aktuellen Unterlagen belegen?	
Kann bzw. möchte ich Wohn-Riester an Anspruch nehmen?	
Ist das vorgesehene Eigenkapital frei verfügbar?	
Ist das Eigenkapital durch eigene Sparleistung entstanden?	
Könnten Eigenkapitalersatzmittel eingesetzt werden?	
Ist der Verwendungszweck plausibel?	
Wer soll Kreditnehmer werden?	
Habe ich Vergleichskonditionen?	
Welche Sicherheiten werden gestellt?	
Wie sind die Sicherheiten aus meiner Sicht zu bewerten?	
Wie sind die Sicherheiten aus Sicht der Bank tatsächlich bewertet?	
Kenne ich den Beleihungswert?	
Wie ist der Beleihungsauslauf in % des Beleihungswertes?	
Hat der 2. Kreditnehmer eigene Einkünfte?	
Welcher Sicherungszweck soll bestimmt werden?	
Können Sie alle Daten der Selbstauskunft belegen?	
Wie beurteilen sie die Sicherheit ihres Arbeitsplatzes/ihres Einkommens?	
Könnten Bürgschaften oder Drittsicherheiten verlangt werden?	
Wie werden sie reagieren, wenn Versicherungsschutz angesprochen wird?	
Ist das Ergebnis meiner Selbstdiagnose auf meiner eigenen Sicht zufriedenstellend?	

- Erreichbarkeit von Einrichtungen für Bildung, Sport, Freizeit, Kultur,
- Nähe von Einkaufsmöglichkeiten,
- Nähe zu Dienstleistungen, z. B. Ärzten, Apotheken, Krankenhäusern,
- Erkenntnisse aus Flurkarte/Katasterunterlagen,
- Grundstückszuschnitt,
- Möglichkeiten der Grundstücksausnutzung (GRZ, GFZ),
- Bodenbeschaffenheit,
- Stellplatzsituation,
- Erschließungszustand (Kanal, Gas, Wasser, Strom, Breitbandkabel),
- Geplante zusätzliche Erschließung,
- Kostenbeteiligung der Gemeinde/Stadt,
- Umfang der Versorgungseinrichtungen,
- Nutzungsbeschränkungen.

Die Makrolage einer Immobilie ist durch folgende Standortfaktoren gekennzeichnet:
- Flächennutzungsplan,
- Landesentwicklungsplan,
- Städteplanung,
- Sanierungspläne,
- Bebauungspläne,
- Verkehrsplanung, und Verkehrsanbindung,
- tatsächliche Bevölkerungsentwicklung,
- Bevölkerungsprognose.
- Sozialstruktur in der Region,
- Arbeitslosenquote,
- Einzelhandelsrelevante Kaufkraftkennziffer,
- Umsatzkennziffer
- Wohnkostenanteil an der Kaufkraft,
- Arbeitsplatzangebote,
- Höhe der örtlichen Grundsteuern und Abgaben,
- regionaler Grundstücksmarkt,
- regionale Mietmarktentwicklung.

Für Kapitalanleger sind Entwicklungen des Makro-Standortes von größerer Bedeutung als für Eigennutzer, da Anleger vor allem langfristige Renditeaussichten prüfen. Diese hängen in stärkerem Maße von den sich häufiger ändernden Gegebenheiten des Makrostandortes ab (z. B. Wohnungsnachfrage, Entwicklung der Haushalte, Altersstruktur, soziale Strukturen).

Beispiel für die Erläuterung der Mikrolage eines Grundstücks:
Das Bewertungsgrundstück liegt in zentraler Wohnlage ca. 500 m westlich des Stadtzentrums und der Haupteinkaufsstraße „Kölnstraße" von Brühl. Das Stadtzentrum von Köln liegt rund 14 km entfernt.

In der Umgebung befinden sich Einfamilienhäuser und kleinere Mehrfamilienhäuser, die überwiegen als Eigentumswohnungen genutzt werden. Geschäfte des täglichen Bedarfs, schulische, kinderbetreuende und kirchliche Einrichtungen sind in fußläufiger Entfernung vorhanden. Eine Stadtbahnhaltestelle mit Verbindung nach Köln und Bonn ist ca. 800 m entfernt. Die Bundesbahn-Haltestelle Kierberg ist in 500 m Entfernung fußläufig zu erreichen. Der Anschluss an das Netz der Bundesautobahnen erfolgt über mehrere max. 5 km entfernte Anschlussstellen.

5.3.2 Objektunterlagen

Anhand von Objektunterlagen wird die finanzierende Bank nachvollziehen, ob die angegebenen Gesamtkosten plausibel sind. Darüber hinaus ist die Bank daran interessiert, die Werthaltigkeit der Immobilie zu ermitteln, da der aufzunehmende Kredit mit einem Grundpfandrecht auf der neu zu erwerbenden oder zu errichtenden Immobilie abgesichert werden soll. Daher ist die Prüfung von Objektunterlagen ein wichtiger Bestandteil jeder Immobilienbewertung. Die bei der Bank einzureichenden Objektunterlagen können danach differenziert werden, ob es sich um ein Bauvorhaben (Tab. 5.12) oder um ein bestehendes Gebäude (Tab. 5.13) handelt. Bei Eigentumswohnungen werden zusätzlich spezielle Objektunterlagen (Tab. 5.14) benötigt.

Tab. 5.12: Objektunterlagen bei Bauvorhaben.

Bauzeichnungen
Amtlicher Lageplan, Katasterunterlagen (Flurkarte)
Baubeschreibung und Bauzahlenberechnung (Berechnung des umbauten Raums sowie der Wohn- und Nutzfläche und/oder der Bruttogrundfläche)
Wärmebedarfsberechnung
Übersicht über die voraussichtlichen Gesamtkosten
Grundstückskaufvertrag oder Entwurf
aktueller Grundbuchauszug
Auszug aus dem Baulastenverzeichnis
Baugenehmigung
Gesamtkostenaufstellung

5.3.3 Bewertungsgrundlagen

Immobilienbewertungen erfolgen bei Kauf oder Verkauf, Erbauseinandersetzungen oder Beleihungen. Zur Verfügung steht eine Reihe von Bewertungsverfahren, die je nach Bewertungsanlass herangezogen werden (Prinzip der Zweckadäquanz). Hierzu zählen das Sachwert-, das Ertragswert- und das Vergleichswertverfahren (vgl. hierzu § 4 BelWertV).

Tab. 5.13: Objektunterlagen bei bestehenden Wohngebäuden.

Bauzeichnungen/Bauantragsunterlagen (soweit vorhanden)
Amtlicher Lageplan, Katasterunterlagen (Flurkarte)
Baubeschreibung und Bauzahlenberechnung (Berechnung des umbauten Raums sowie der Wohn- und Nutzfläche und/oder der Bruttogrundfläche)
Energieausweis
Aufstellung über vorgesehene Renovierungs-/Modernisierungsmaßnahmen
Grundstückskaufvertrag
Grundbuchauszug
Erbbaurechtsvertrag
Auszug aus dem Baulastenverzeichnis
Gebäudefeuerversicherungsnachweis
Objektfotos
Gesamtkostenaufstellung

Tab. 5.14: Objektunterlagen bei Eigentumswohnungen.

Lage und Umfeld
Gebiet mit angespanntem Wohnungsmarkt?
Bauweise des Wohnkomplexes
Alter, Zustand
Anzahl der Wohneinheiten
Anteil der Eigennutzer
Sondernutzungsrechte
Wohnungsgrundrisse
Teilungserklärung und Aufteilungsplan
letzte Protokolle der Eigentümerversammlungen
Miteigentumsanteil
Wohnflächenberechnung
Energieausweis
Wirtschaftsplan/aktuelle Wohngeldabrechnung
Kaufvertrag
Wohnungs-Grundbuchauszug
bei vermieteten Wohnungen: Mietvertrag/örtlicher Mietspiegel
Gilt in diesem Gebiet die Mietpreisbremse oder die abgesenkte Kappungsgrenze?
Wohngeld-Mietenstufe?

In Deutschland sind die Bewertungsverfahren durch eine Rechtsverordnung des Bundesministeriums für Verkehr, Bau und Stadtentwicklung festgelegt. Neben dem Baugesetzbuch (BauGB) und der Immobilien-Wertermittlungsverordnung (ImmoWertV), dem Bewertungsgesetz (BewG), dem Bausparkassengesetz, dem Pfandbriefgesetz und der Beleihungswertvermittlungsverordnung (BelWertV) sind Richtlinien für die Immobilienbewertung gesetzlich erlassen worden und werden fortlaufend aktualisiert.

Für die Immobilienbewertung ergeben sich drei Bewertungsanlässe:
- **Erstbewertungen** sind bei allen Immobilien erforderlich, die im Rahmen einer Darlehensvergabe erstmalig zu bewerten sind.
- **Folgebewertungen** für bereits vorhandene Wertermittlungen ergeben sich durch eine zeitliche Terminierung (z. B. alle drei Jahre), durch regulatorische Anforderungen auf Basis der regelmäßigen Immobilienwertüberwachung oder aufgrund besonderer Anlässe (z. B. bei Zahlungsstörungen).
- **Plausibilisierungen** von extern erstellten Gutachten durch interne Gutachter.

Nach der Beleihungswert-Ermittlungsverordnung, der Solvabilitätsverordnung und § 20a KWG in Verbindung mit § 16 des Pfandbriefgesetzes ist die Neutralität und Unabhängigkeit eines Gutachters von der Kreditentscheidung zu gewährleisten. Dies bedeutet:
- die Unabhängigkeit von Kreditentscheidung/Kreditvertrieb und Objektvermittlung/Objektverkauf sowie Objektvertrieb,
- kein verwandtschaftliches, rechtliches oder wirtschaftliches Verhältnis zwischen Gutachter und Kreditnehmer,
- kein Eigeninteresse des Gutachters am Ergebnis des Gutachtens,
- organisatorische Unabhängigkeit des Gutachters von der kreditbearbeitenden/ -entscheidenden Stelle.

Das schriftliche Gutachten dient der Ermittlung des Beleihungswertes. Gutachten, die vom Darlehensnehmer vorgelegt oder in Auftrag gegeben worden sind, dürfen nicht zugrunde gelegt werden. Zur Erstellung des Gutachtens werden die Objektunterlagen herangezogen, die der Immobilieninvestor der Bank überlassen hat.

Von der Einhaltung der öffentlich-rechtlichen Bestimmungen (Genehmigungen, Auflagen, Abnahmen, Konzessionen etc.) sowie der formellen und materiellen Legalität hinsichtlich Bestand und Nutzung des gesamten Anwesens wird ausgegangen. Das bankübliche Gutachten ist kein Bausubstanz- oder Schadensgutachten. Deshalb werden auch keine bautechnischen Untersuchungen durchgeführt. Die Funktionsfähigkeit einzelner Bauteile, sowie der technischen Ausstattung wird nicht überprüft.

Bewertung durch Bankmitarbeiter
Nach § 24 der Beleihungswertermittlungsverordnung kann bei der Beleihung eines im Inland gelegenen wohnwirtschaftlich genutzten Objekts auf die Erstellung eines externen Gutachtens verzichtet werden, wenn der auf dem Objekt abzusichernde Darlehensbetrag unter Einbeziehung der Vorlasten den Betrag von 400.000 € nicht übersteigt. Die Bewertung darf in diesen Fällen von institutsinternen, besonders geschulten Mitarbeitern vorgenommen werden. Sie dürfen nicht identisch sein mit der Person, die die abschließende Kreditentscheidung trifft oder den Beleihungswert festsetzt. Pfandbriefinstitute und Hypothekenbanken, die schwerpunktmäßig auch gewerbli-

che Immobilienfinanzierungen vornehmen, verfügen häufig über eigene Abteilungen, in denen Bauingenieure bzw. Bausachverständige (Taxatoren) als angestellte Mitarbeiter tätig sind.

Zu den Aufgaben der internen Gutachter bzw. fachkundigen Mitarbeiter der Kreditinstitute gehört auch die Plausibilisierung von externen Gutachten. Dabei wird geprüft, inwieweit die institutsspezifischen Bewertungsansätze berücksichtigt wurden. Die Dokumentation dieser Plausibilisierung wird mit einem Protokoll als Anhang zum externen Gutachten vorgenommen. Für diese Bewertung entstehen dem Kreditnehmer keine Kosten oder nur dann, wenn die Kostenübernahme vorab ausdrücklich vereinbart wurde.

Bewertung durch externe Gutachter

Externe Gutachten werden von den Kreditinstituten nur bei komplexen Bauvorhaben oder Immobilieninvestitionen in Auftrag gegeben. Zumeist handelt es sich hierbei um gewerbliche Objekte oder um Mehrfamilienhäuser mit besonderen bautechnischen Merkmalen.

Der Gutachter muss über besondere Kenntnisse und Erfahrungen auf dem Gebiet der Immobilienbewertung verfügen. Eine entsprechende Qualifikation als Sachver-

Tab. 5.15: Unterlagen von einem amtlich bestellten Gutachter in NRW.

Luftbildaufnahme
Übersichtskarte im Maßstab 1: 250.000
Stadtplan im Maßstab 1 : 20.000
Auszug aus dem Flächennutzungsplan
Katasterkarte im Maßstab 1 : 1.000
Grundrisse und Schnitt
Mietverträge
Mietspiegel der betreffenden Stadt
Wohnungsmarktbeobachtung der WFA NRW
Wohnimmobilienpreisspiegel des IVD
Gewerbemietspiegel der IHK
Baupreisindizes des Statistischen Bundesamtes
Bodenrichtwertkarte des zuständigen Gutachterausschusses
Grundbuchauszug
Auskunft zum Bauplanungsrecht
Auskunft aus dem Altlastenkataster
Auskunft aus dem Baulastenverzeichnis
Auskünfte zur beitrags- u. abgabenrechtlichen Situation durch die Gemeinde
Ausführliche Besichtigung des Objektes von innen und außen mit Bilddokumentation
Energieausweis
Wärmebedarfsberechnung

ständiger oder Gutachter für die Wertermittlung von Immobilien wird bei einer staatlich anerkannten oder nach DIN akkreditierten Stelle erworben. Ein amtlich bestellter (zertifizierter) Gutachter wird umfangreichere Unterlagen (siehe Tab. 5.15) hinzuziehen.

5.3.4 Zentrale Bewertungsbegriffe

Der Immobilieninvestor wird im Rahmen seiner Kreditverhandlungen und der Objektbewertung mit einer Reihe von unterschiedlichen Begriffen konfrontiert. Die Kenntnis dieser Fachtermini ist für seine Kommunikation mit Banken oder Finanzierungsvermittlern von zentraler Bedeutung. Hierzu zählen insbesondere die Begriffe:

Realkredit/Personalkredit

Unter Realkrediten werden mittel- und langfristige Kredite verstanden, die gegen eine dingliche Sicherheit an Grundstücken gewährt werden. Wirtschaftlich entscheidend ist die Haftung des beliehenen Grundstücks, während die persönliche Zahlungsfähigkeit des Kreditnehmers nachrangige Bedeutung hat (§ 4 BelWertV). Die Realkrediteigenschaft ist für das Kreditportefeuille der Institute von großer Bedeutung, da diese Vorteile bei der Eigenkapitalbindung (Anrechnung nur zu 50 %) erbringt.

Der Personalkreditteil ist die Quote eines Immobilienkredites, der nicht durch das Objekt, sondern nur durch die persönliche Kreditwürdigkeit des Kreditnehmers getragen wird.

Verkehrswert/Marktwert

Der Verkehrswert ist der aktuelle Marktwert eines Objektes und wird nach § 194 Baugesetzbuch durch den Preis bestimmt, der zu dem Zeitpunkt, auf den sich die Ermittlung bezieht, im gewöhnlichen Geschäftsverkehr nach den rechtlichen Gegebenheiten und tatsächlichen Eigenschaften, der sonstigen Beschaffenheit und der Lage des Grundstücks ohne Rücksicht auf ungewöhnliche oder persönliche Verhältnisse zu erzielen wäre. Er ist im Wesentlichen maßgeblich für den Verkaufspreis einer Immobilie.

Der Marktwert nach den Vorgaben des International Valuation Standard Commitee ist der geschätzte Betrag, zu dem eine Immobilie in einem funktionierenden Immobilienmarkt zum Bewertungsstichtag zwischen einem verkaufsbereiten Verkäufer und einem kaufbereiten Erwerber nach angemessenem Vermarktungszeitraum in einer Transaktion im gewöhnlichen Geschäftsverkehr verkauft werden könnte, wobei jede Partei mit Sachkenntnis, Umsicht und ohne Zwang handelt. Der Marktwert wird aus dem aktuellen Marktgeschehen abgeleitet und ist ein stichtagsbezogener Wert, der nur eine kurze Gültigkeit besitzen kann. Für das Gutachten wird von einer Identität des Verkehrs- und des Marktwertes ausgegangen.

Beleihungswert

Der Beleihungswert nach § 16 Abs. 2 PfandBG ist ein spezifisch kreditwirtschaftlicher Begriff. Während der Verkehrswert einen stichtagsbezogenen Wert darstellt, ist der Beleihungswert ein auf einen langen Zeitraum gerichteter Zukunftswert. Er ist der Wert, den das Beleihungsobjekt während des gesamten Beleihungszeitraums aller Voraussicht nach verkörpert. Daher sind beim Beleihungswert nur die dauernden Eigenschaften des Grundstückes und des Ertrages zu berücksichtigen. Spekulative Elemente sind außen vor zu lassen. Durch ihn wird primär die Höhe des Kredits nach oben begrenzt. Der Beleihungswert darf einen auf eine transparente Weise und nach einem anerkannten Bewertungsverfahren ermittelten Marktwert nicht übersteigen.

Zu unterscheiden sind:

ermittelter Beleihungswert	Der zum Zwecke der Beleihung ermittelte Wert. Die Ermittlung durch die Sachverständigen oder die autorisierten Mitarbeiter dient der Schätzung der auf Dauer sicheren Wertobergrenze.
festgesetzter Beleihungswert	Der festgesetzte Beleihungswert ist der bei der Beleihung angenommene Wert. Seine Festsetzung erfolgt im Rahmen des Kreditvergabe- oder des Kreditentscheidungsprozesses durch die Kompetenzträger des jeweiligen Kreditinstituts.

Es gilt das Niedrigstwertprinzip:
Ist der notarielle Kaufpreis niedriger als der ermittelte Beleihungswert, so wird regelmäßig der Kaufpreis gleich Beleihungswert angenommen.

Beleihungsgrenze

Die Beleihungsgrenze begrenzt den Maximalwert eines Grundstücks, den Kreditinstitute nach gesetzlichen und satzungsmäßigen Vorschriften dinglich beleihen dürfen.

Für Beleihungen der Pfandbriefbanken liegt die Beleihungsgrenze bei 60 % des Beleihungswertes. Diese Grenze gilt auch für dinglich gesicherte Kredite von Sparkassen und anderen Kreditinstituten. Ein Überschreiten dieser Beleihungsgrenze ist nur möglich, wenn für den übersteigenden Betrag Bürgschaften der öffentlichen Hand oder anderer öffentlich-rechtlicher Institutionen gestellt werden.

Bei Bausparkassen ist seit 2016 eine Beleihung bis zu 100 % des Beleihungswertes zulässig.

Banken und Sparkassen können einen über der 60-prozentigen Beleihungsgrenze liegenden Kreditbedarf bei entsprechender Bonität mit einem Personalkreditanteil abdecken.

Beleihungsauslauf

Der Beleihungsauslauf ergibt sich als Quotient aus Darlehensbeträgen und Beleihungswert. Die Summe aller Darlehen einer Baufinanzierung wird prozentual in Relation zum Beleihungswert gesetzt. Liegt der Beleihungsauslauf unter 60 % handelt es sich um einen Realkredit, eine darüber liegende Beleihung wird als Personalkredit bezeichnet (§ 4 BelWertV).

Je niedriger der Beleihungsauslauf ist, desto höher ist der Eigenkapitalanteil und desto niedriger die Belastung des Kreditnehmers durch Zins und Tilgung. Da das Ausfallrisiko der Banken mit steigendem Beleihungsauslauf zunimmt, verlangen diese – gestaffelt nach der Höhe der Überschreitung – eine zusätzliche Risikoprämie, die sich in einem höheren Kreditzins niederschlägt. Grundsätzlich sollte bei einer Finanzierung ein Beleihungsauslauf von 80 % des Beleihungswertes nicht überstiegen werden.

In Kreditinstituten ist es übliche Praxis, dass die Kreditkompetenzen im Baufinanzierungsbereich an den Beleihungsauslauf und nicht an die Darlehenshöhe gekoppelt werden. Gegebenenfalls werden dann vorrangige Finanzierungen (anderer Institute) in diese Rechnung mit einbezogen. Auch beim Scoring wird der Beleihungsauslauf berücksichtigt.

Beispiel zum Beleihungswert bzw. Beleihungsauslauf

Gesamtkosten Hauskauf	440.000 €
Verkehrswert der Immobilie	400.000 €
Beleihungswert (BLW)	360.000 €
Gesamtfinanzierung = Beleihungsauslauf (BA)	320.000 €
Realkreditgrenze (60 % vom Beleihungswert)	216.000 €
Beleihungsauslauf in Prozent (BA/BLW)	88,89 %

Einheitswert

Der Einheitswert ist ein Begriff aus der Steuerlehre. Hierunter versteht man den vom zuständigen Finanzamt festgesetzten Richtwert für Grundstücke und Gebäude. Auf Basis des Einheitswertes wird der Grundsteuermessbescheid und daraus abgeleitet die Grundsteuer und ggf. die Gewerbesteuer ermittelt. Hierüber wird ein besonderer Bescheid erteilt. Grundsätzlich wird für jedes Grundstück in der Bundesrepublik der Einheitswert festgestellt; eine Erstellung kann unterbleiben wenn eindeutig feststeht, dass der Einheitswert für keine Steuer benötigt wird. Im Rahmen der geplanten Grundsteuerreform wird es erforderlich werden, für alle etwa 35 Millionen Grundstücke in Deutschland neue Einheitswerte zu ermitteln.

Versicherungswert

Der Versicherungswert einer Immobilie ist der versicherte Wert der Aufbauten eines Grundstückes, er orientiert sich am Wiederbeschaffungswert der Immobilie. Hierbei wird der Boden wird nicht berücksichtigt.

Der Versicherungswert ist wie die Versicherungssumme eine Begrenzung der Entschädigungsleistung. Aufgrund des vorherrschenden Bereicherungsverbotes darf ein Versicherungsunternehmen nicht mehr als den gleitenden Neuwert, der dem Baupreisindex für Wohngebäude folgt, zu Grunde zu legen.

Grundbesitzwert

Grundbesitzwerte werden seit 2009 unter Berücksichtigung der tatsächlichen Verhältnisse und der Wertverhältnisse nach den §§ 157–187 Bewertungsgesetz zum Bewertungsstichtag seitens der Finanzbehörden festgestellt. Damit ist eine verbindliche Grundlage für Zwecke der Erhebung der Erbschafts- und Schenkungsteuer vorgegeben (vgl. Anlage 19).

5.3.5 Sachwertverfahren

Das Sachwertverfahren ist in den §§ 21–23 ImmoWertV bzw. in den §§ 14–18 BelWertV geregelt und wird von Kreditinstituten im Regelfall für eigengenutzte oder eigennutzungsfähige Wohnimmobilien eingesetzt.

Danach ergibt sich der Sachwert einer Immobilie aus den gewöhnlichen Herstellungskosten (Bauwert plus Baunebenkosten), den baulichen Außenanlagen (zum Beispiel Einfriedungen, Mauern, befestigte Wege etc.) sowie dem Bodenwert. Gebäudewert (Bauwert) und Bodenwert werden zunächst also getrennt ermittelt. Dabei wird zunächst der Neubauwert des Objektes festgestellt, der anschließend um Altersabschläge (Abschreibung) gemindert wird. Der auf diese Weise ermittelte „vorläufige Sachwert" wird dann noch um besondere Marktanpassungen (Sachwertfaktoren) und ggf. objektspezifische Grundstücksmerkmale korrigiert.

Zu den Bestimmungsfaktoren des Sachwertes im Einzelnen:

a) Herstellungskosten (Bauwert)

Zur Ermittlung des Gebäudesachwerts ist von den sogenannten Regelherstellungskosten eines Gebäudes auszugehen. Hierunter werden die gewöhnlichen Herstellungskosten je Flächeneinheit (Brutto-Grundfläche) verstanden. Aktuell werden vorrangig die Normalherstellungskosten 2010 angewendet (vgl. Abb. 5.1). Bei diesen Indexverfahren werden die Baupreise von 2010 zugrunde gelegt und mit 100 gleichgesetzt. Die Anpassung der Regelherstellungskosten erfolgt anhand der vom Statistischen Bundesamt veröffentlichten Baupreisindizes.

Exkurs: Brutto-Grundfläche
Die Brutto-Grundfläche ist die Summe der Grundflächen aller Grundrissebenen eines Bauwerks. Nicht dazu gehören Grundflächen von nicht nutzbaren Dachgeschossen (Höhe < 1,25m) oder konstruktiv bedingten Hohlräumen (DIN 277). Liegen keine Angaben dazu in den (alten) Bauzahlenberechnungen vor, wird die Brutto-Grundfläche aus den Wohnflächen ermittelt (Umrechnung ca. 1 : 1,28)

Keller-, Erdgeschoss		Dachgeschoss voll ausgebaut						Dachgeschoss nichtausgebaut				
Standardstufe		1	2	3	4	5		1	2	3	4	5
freistehende Einfamilienhäuser³	1.01	655	725	835	1 005	1 260	1.02	545	605	695	840	1 050
Doppel- und Reihenhäuser	2.01	655	685	785	945	1 180	2.02	515	570	655	790	985
Reihenmittelhäuser	3.01	655	640	735	885	1 105	3.02	480	535	615	740	925

Keller-, Erd-, Obergeschoss		Dachgeschoss voll ausgebaut						Dachgeschoss nichtausgebaut				
Standardstufe		1	2	3	4	5		1	2	3	4	5
freistehende Einfamilienhäuser³	1.11	655	725	835	1 005	1 260	1.12	570	635	730	880	1 100
Doppel- und Reihenhäuser	2.11	655	685	785	945	1 180	2.12	535	595	685	825	1 035
Reihenmittelhäuser	3.11	655	640	735	885	1 105	3.12	505	560	640	775	965

Erdgeschoss, nicht unterkellert		Dachgeschoss voll ausgebaut						Dachgeschoss nichtausgebaut				
Standardstufe		1	2	3	4	5		1	2	3	4	5
freistehende Einfamilienhäuser³	1.21	790	875	1 005	1 215	1 515	1.22	585	650	745	900	1 125
Doppel- und Reihenhäuser	2.21	740	825	945	1 140	1 425	2.22	550	610	700	845	1 055
Reihenmittelhäuser	3.21	695	770	885	1 065	1 335	3.22	515	570	655	790	990

Erd-, Obergeschoss, nicht unterkellert		Dachgeschoss voll ausgebaut						Dachgeschoss nichtausgebaut				
Standardstufe		1	2	3	4	5		1	2	3	4	5
freistehende Einfamilienhäuser³	1.31	720	800	920	1 105	1 385	1.32	620	690	790	955	1 190
Doppel- und Reihenhäuser	2.31	675	750	865	1 040	1 300	2.32	580	645	745	895	1 120
Reihenmittelhäuser	3.31	635	705	810	975	1 215	3.32	545	605	695	840	925

Abb. 5.1: Normalherstellungskosten 2010.
(Quelle: Bewertungsgesetz/Bundesanzeiger)

Bei den vorstehenden Kostenansätzen der Standardstufen sind Ausstattungsstandards nach Tab. 5.16 zu bewerten.

Um die Normalherstellungskosten 2010 an die Preisverhältnisse am Wertermittlungsstichtag anzupassen, wird der Baupreisindex für Neubauten (2010 = 100) herangezogen. Die Werte werden vierteljährlich fortgeschrieben und zeitnah veröffentlicht (vgl. Tab. 5.17).

Tab. 5.16: Gebäudestandards.

1	einfachste, nicht zeitgemäße Ausstattung
2	einfache, nicht zeitgemäße Ausstattung
3	normale, durchschnittliche Ausstattung
4	gehobene Ausstattung
5	aufwändige Ausstattung

Tab. 5.17: Baupreisindex für den Neubau (2010: 100).

Bezugszeitpunkt	%
5/2011	102,5
5/2012	105,2
5/2013	107,4
5/2014	109,2
5/2015	110,9
5/2016	112,5
5/2017	115,4

Quelle: Statistisches Bundesamt

In den Bauzahlenberechnungen, die einer Wertermittlung zugrunde gelegt werden, sind vielfach keine Bruttogrundflächen (BGF) ausgewiesen. Jahrzehntelang wurde der Rauminhalt (umbauter Raum) für die einzelnen Geschosse und als Gesamtwert berechnet. Dazu gehörte auch die exakte Wohnflächenberechnung.

Zur Ermittlung der Herstellungskosten können deshalb auch Raummeterpreise zugrunde gelegt werden, die nach Ortsklassen und Bauausführung (einfach, gut, komfortabel) unterschieden werden. Sie werden üblicherweise für Objekte angesetzt, die konventionell gebaut und nicht älter als 10 Jahre sind.

Die Raummeterpreise werden ausschließlich für eine vereinfachte, überschlägige Wertermittlung angesetzt (siehe Tab. 5.18).

Tab. 5.18: Raummeterpreise nach Ortsklassen Stand 12/2016.

Ortsklassen	einfach	gut	komfortabel
ländliche Gebiete, Kleinstädte > 15.000 Einwohner	215 €	265 €	290 €
Städte > 150.000 Einwohner	250 €	315 €	330 €
Großstädte, Ballungsräume < 150.000 Einwohner	285 €	350 €	380 €

b) Bodenwert

Dieser wird ermittelt durch Erhebungen über:

- die örtliche Lage, die Größe und den Zuschnitt des Grundstücks,
- die Art und das Maß der baurechtlich festgesetzten Nutzungsmöglichkeiten,
- die tatsächliche Nutzung,
- die Art und Beschaffenheit der Zuwegungen,
- die wichtigsten wirtschaftlichen und verkehrstechnischen Verbindungen,
- die Anschlussmöglichkeiten an Versorgungsleitungen und Kanalisation,
- die noch anfallenden Erschließungsbeiträge und
- die vorhandenen Richtwerte und Vergleichspreise.

Der Bodenwert ist nach Quadratmetern der Grundstücksfläche anzusetzen. Basis ist die Richtwertkarte. In allen größeren Kommunen bestehen Gutachterausschüsse. Nach § 196 BauGB sind von der Geschäftsstelle des Gutachterausschusses Kaufpreissammlungen anhand der vorliegenden und ständig neu hereinkommenden Kaufvertragsausfertigungen zu führen. Die Ausschüsse überprüfen die Verträge, sortieren besonders nicht vergleichsfähige Grundstücke aus und ermitteln durchschnittliche Lagewerte (Richtwerte) für Boden unter Berücksichtigung des unterschiedlichen Entwicklungsstandes, die in regelmäßigen Abständen ortsüblich bekannt gegeben werden. Über diese Bodenrichtwerte kann sich jedermann in der Geschäftsstelle informieren, die Richtwertauskünfte sind kostenlos erhältlich.

Diese sind bei der Ermittlung des Bodenwertes heranzuziehen und zu würdigen. Für bankinterne Bewertungen finden die Richtwerte nur Anwendung, wenn die in der Richtwertkarte genannten Eckdaten auf das zu bewertende Grundstück zutreffen. Zu diesen Eckdaten zählen: GRZ, GFZ, Grundstücksgröße, Bebauungsmöglichkeit, Zahl der Vollgeschosse, Grundstücksform und -zuschnitt etc.

Eine Richtwertkarte wird meist in Form eines Stadtplanes erstellt, in dem die Bodenrichtwerte und die Eigenschaften der Richtwertgrundstücke eingetragen sind. Jeder Immobilieninvestor sollte über diese Richtwerte informiert sein, bevor er mit seinem Kreditinstitut oder einem anderen Vertragspartner in Verhandlungen tritt. Auch die Finanzämter bedienen sich für ihre Zwecke der Richtwertkarten.

Mit den Richtwerten lässt sich der Richtwert (Bodenwert) einfach ermitteln:

Grundstücks-größe m²	× Richtwert pro m²	= Grundstücks-wert €	+ Erschließungs-kosten	= Bodenwert

Inzwischen haben viele Kommunen die Richtwertkarten auch im Internet veröffentlicht, so in NRW unter: www.boris.nrw.de.

c) Bauliche Außenanlagen.

Zu den Außenanlagen gehören Entwässerungs- und Versorgungsanlagen (Kanal, Wasser, Strom, Gas, Telefon, Kabel). Außerdem alle anderen Entwässerungs- und Versorgungsanlagen außerhalb der Gebäude. Ferner die Hof- und Wegbefestigung, Einfriedungen, Gartenanlagen und Pflanzungen etc. Sie betragen durchschnittlich etwa 5 % des reinen Bauwertes.

Ausnahmen bilden gegebenenfalls stark vom üblichen Standard abweichende aufwändige Außenanlagen, für die etwa 8–12 % des reinen Bauwertes veranschlagt werden.

d) Garagen und Stellplätze.

Für Garagen und Stellplätze werden vereinfachend zusätzlich feste Bewertungsansätze (vgl. Tab. 5.19) angewendet.

Tab. 5.19: Bewertungsansätze Garagen/Stellplätze.

Art	Wertansatz	Art	Wertansatz
Garage	10.000 €	Kellergarage	10.000 €
Doppelgarage	15.000 €	Carport	6.000 €
Stellplatz	4.000 €	Tiefgarage	15.000 €

e) Altersabschreibung (Alterswertminderung).

Die Altersabschreibung betrifft die Minderung des Herstellungswertes wegen Alter und Abnutzung. Die Minderung richtet sich nach dem Verhältnis der Restnutzungsdauer zur Nutzungsdauer der baulichen Anlage. Sie wird in einem Prozentsatz des Herstellungswerts ausgedrückt.

Bei der Bestimmung der Wertminderung kann je nach Art und Nutzung der baulichen Anlage unter Berücksichtigung des Alters und des Erhaltungszustandes von einer gleichmäßigen (linearen) oder von einer mit zunehmendem Alter sich verändernden Wertminderung ausgegangen werden. In der vereinfachten Form wird von einer jährlichen Wertminderung von 1 % ausgegangen.

Genauer kann die anzusetzende Höhe der Altersabschreibung aus der Tab. 5.20 entnommen werden.

f) Marktanpassung/Sicherheitsabschlag.

Der Marktanpassungsfaktor berücksichtigt die aktuellen Marktbedingungen. Er wird aus dem Verhältnis tatsächlicher Kaufpreise und den rechnerisch ermittelten vorläufigen Sachwert gebildet. Die örtlichen Gutachterausschüsse veröffentlichen die Marktanpassungsfaktoren in ihren jährlichen Grundstücksmarktberichten.

Tab. 5.20: Altersabschreibung.

Lebensdauer 60 nach Jahren:	Lebensdauer 80	Lebensdauer 100	a* AfA in %	b**	c***
3	4	5	3	0	5
6	8	10	6	1	10
9	12	15	9	2	15
12	16	20	12	4	20
15	20	25	16	6	25
18	24	30	20	9	30
21	28	35	24	12	35
24	32	40	28	16	40
27	36	45	33	20	45
30	40	50	38	25	50
33	44	55	43	30	55
36	48	60	48	36	60
39	52	65	54	42	65
42	56	70	60	49	70
45	60	75	66	56	75
48	64	80	72	64	80
51	68	85	79	72	85
54	72	90	86	81	90
57	76	95	93	90	95
60	80	100	100	100	100

Anzuwenden ist:
Spalte a* bei üblicher guter Unterhaltung der Gebäude,
Spalte b** bei äußerst sorgfältiger Unterhaltung der Gebäude,
Spalte c*** bei sehr nachlässiger Unterhaltung der Gebäude

Um eventuellen Baupreissenkungen und damit der nachhaltigen Gültigkeit der Ansätze für die Herstellungskosten Rechnung zu tragen, sind die Baukosten um einen Sicherheitsabschlag von mindestens 10 % zu kürzen. Angewendet werden in der Praxis 10 % für neue Wohngebäude, 15 % für Fertighäuser und bis zu 20 % für Altbauten.

Das Sachwertverfahren im Ablaufschema ist aus Abb. 5.2. zu ersehen.

5.3.6 Ertragswertverfahren

In der Bankpraxis wird dieses Verfahren grundsätzlich bei allen vermieteten Objekten angewendet, bei denen die Erzielung einer Rendite im Vordergrund steht.

Der Ertragswert ist der kapitalisierte Reinertrag des Beleihungsobjektes. Bei der Ermittlung ist der Ertrag zu Grunde zu legen, der unabhängig von der Person des jeweiligen Besitzers bei ordnungsgemäßer Bewirtschaftung voraussichtlich für die Dauer der Beleihung nachhaltig erzielt werden kann.

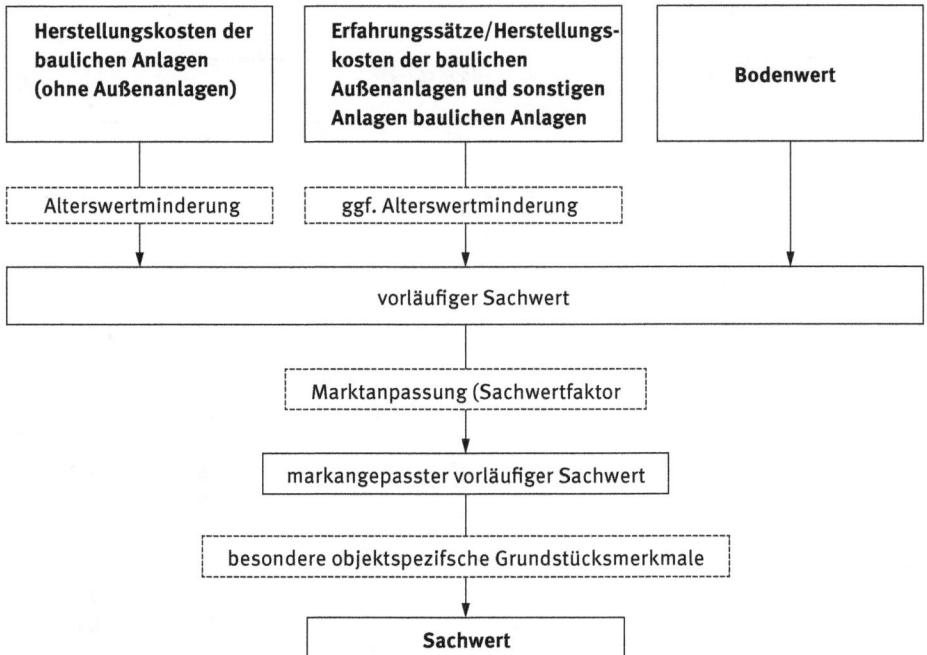

Abb. 5.2: Ablaufschema Sachwertverfahren (Quelle Bundesanzeiger)
Muster einer kompakten Sachwertermittlung siehe Anlage 15.

Grundsätzlich kann zwischen dem vereinfachten oder dem „gespaltenen" Ertrags-wertverfahren unterschieden werden.

Beim vereinfachten Ertragswertverfahren wird der Reinertrag mit einem Renten-barwertfaktor – in der Praxis häufig als „Vervielfältiger" oder „Kapitalisierungsfaktor" bezeichnet – multipliziert. Als Ergebnis erhält man den Ertragswert der Immobilie (vgl. Tab. 5.21).

Tab. 5.21: Vereinfachtes Ertragswertverfahren.

Vereinfachtes Ertragswertverfahren
Wohn-/Nutzfläche × nachhaltige mtl. Nettokaltmiete × 12
+ Garagen/Stellplätze
= Rohertrag (Jahresbruttomiete)
– Bewirtschaftungskosten (mind. pauschal 25 % der Jahresnettokaltmiete)
= Reinertrag (Jahresnettomiete)
× Vervielfältiger (Kapitalisierungsfaktor)
= Ertragswert

$$\text{Vereinfachter Ertragswert} = \frac{\text{Jahresnettomiete} \times 100}{\text{Kapitalisierungszinssatz}}$$

Der Rentenbarwert zinst die Glieder einer Zahlungsreihe (Jahresnettomieten) unter Berücksichtigung von Zins und Zinseszins ab und addiert die Barwerte zu einer Einzahlung. Er errechnet sich nach folgender Formel:

$$\text{Rentenbarwert} = \frac{(1 + i)^{n-1}}{(1 - i)^n}$$

(i bezeichnet den Liegenschaftszins und n die Restnutzungsdauer der Immobilie).

Im Gegensatz zu einem analytisch abgeleiteten Kapitalmarktzinssatz wird der Liegenschaftszinssatz empirisch abgeleitet, und zwar von der Anzahl der Kaufpreise und den Reinerträgen, die den Gutachterausschüssen vorliegen. Bei der Festlegung des Liegenschaftszinses ist höchste Genauigkeit erforderlich, da bereits kleine Abweichungen erhebliche Wertunterschiede verursachen (siehe auch Anlage 37).

Bei wohnwirtschaftlicher Nutzung darf der Kapitalisierungszins nicht unter 5 %, bei gewerblicher Nutzung nicht unter 6 % in Ansatz gebracht werden (vgl. § 12 (4) der Beleihungswertermittlungsverordnung). In der Wertermittlungspraxis der Kreditinstitute wird mit den Werten nach Tab. 5.22 gerechnet.

Tab. 5.22: Kapitalisierungszinssatz.

Objekt	Kapitalisierungszins
Wohnungsneubau	5,0 % bis 5,5 %
Wohnungsaltbau	5,0 % bis 6,0 %
Mietwohnhäuser	5,5 % bis 6,5 %

Beim allgemeinen Ertragswertverfahren („gespaltenes Ertragswertverfahren") wird der Reinertrag um den Betrag der Bodenverzinsung gemindert. Die Summe aus dem kapitalisierten Reinertrag der Immobilie und des separat ermittelten Bodenwertes ergibt dann den Ertragswert (vgl. Tab. 5.23).

Das Verfahren ist immer dann besonders sinnvoll, wenn der Bodenwertanteil sehr hoch und/oder die Restnutzungsdauer kürzer als 30 Jahre ist. Bodenwertverzinsung und Kapitalisierungszinssatz müssen identisch sein. § 12 (4) der Beleihungswertermittlungsverordnung bestimmt, dass bei wohnwirtschaftlicher Nutzung 5 % nicht unterschritten werden dürfen.

Bei der Ertragswertermittlung wird regelmäßig auf die nachhaltig erzielbare Miete abgestellt. Ausschlaggebend ist die Jahresnettomiete, welche mit einem entsprechen-

Tab. 5.23: Allgemeines Ertragswertverfahren.

Allgemeines Ertragswertverfahren
Wohn-/Nutzfläche × nachhaltige mtl. Nettokaltmiete × 12
+ Garagen/Stellplätze
= Rohertrag (Jahresbruttomiete)
– Bewirtschaftungskosten   (mind. pauschal 25 % der Jahresnettokaltmiete)
= Reinertrag (Jahresnettomiete)
– Bodenwertverzinsung
= verminderter Reinertrag
× Vervielfältiger (Kapitalisierungsfaktor)
= Zwischensumme
+ Bodenwert
= Ertragswert

den Zinssatz zu kapitalisieren ist. Maßgebend ist derjenige Vervielfältiger (Kapitalisierungsfaktor lt. Tab. 5.24), der nach der Restnutzungsdauer der baulichen Anlage und nach dem zu Grunde gelegten Zinssatz in Betracht kommt.

Exkurs: Restnutzungsdauer

Hierunter versteht man die restliche wirtschaftliche Nutzungsdauer, die bei ordnungsgemäßer Nutzung und Bewirtschaftung des Bauwerks noch erwartet werden kann. Bei ihrer Bemessung ist im Gegensatz zur technischen Lebensdauer ausschließlich auf den Zeitraum abzustellen, in dem die bauliche Anlage bei ordnungsgemäßer Unterhaltung und Bewirtschaftung noch wirtschaftlich betrieben werden kann und den allgemeinen Anforderungen an gesunde Wohn- und Arbeitsverhältnisse oder an die Sicherheit der auf dem betroffenen Grundstück und im umliegenden Gebiet wohnenden Menschen entsprechen. Die wirtschaftliche Restnutzungsdauer ist unter Berücksichtigung der sich in zunehmend kürzer werdenden zeitlichen Abständen wandelnden Nutzeranforderungen objektspezifisch anhand der Fragestellung, wie lange die Vermietbarkeit des Objekts zu den angenommenen Erträgen gesichert erscheint, einzuschätzen.

Als Bewirtschaftungskosten sind die für eine ordnungsgemäße Bewirtschaftung und zulässige Nutzung entstehenden regelmäßigen Aufwendungen zu berücksichtigen, die nicht durch Umlagen gedeckt sind. Sie setzen sich zusammen aus:
– den Verwaltungskosten,
– den Betriebskosten,
– den Instandhaltungskosten,
– dem Mietausfallwagnis.

Üblich bei der Ertragsbewertung von Wohnimmobilien ist überwiegend kein individueller sondern ein pauschaler Ansatz (Tab. 5.25) der Bewirtschaftungskosten in % des Rohertrages.

Tab. 5.24: Kapitalisierungsfaktoren/Vervielfältigungstabelle.

bei einer Restnutzungsdauer von ... Jahren / bei einem Zinssatz in Höhe von	Zinssatz 5 %	Zinssatz 5,5 %.	Zinssatz 6 %	Zinssatz 6,5 %
10	7,72	7,54	7,36	7,19
20	12,46	11,95	11,47	11,02
30	15,37	14,53	13,76	13,06
40	17,16	16,05	15,05	14,15
50	18,26	16,93	15,76	14,72
55	18,63	17,23	15,99	14,90
60	18,93	17,45	16,16	15,03
65	19,16	17,62	16,29	15,13
70	19,34	17,75	16,38	15,20
75	19,48	17,85	16,46	15,25
80	10,60	17,93	16,51	15,28
81	19,62	17,94	16,52	15,29
82	19,63	17,96	16,53	15,30
83	19,65	17,97	16,53	15,30
84	19,67	17,98	16,54	15,31
85	19,68	17,99	16,55	15,31
86	19,70	18,00	16,56	15,32
87	19,71	18,01	16,56	15,32
88	19,73	18,02	16,57	15,32
89	19,74	18,03	16,57	15,33
90	19,75	18,03	16,58	15,33
91	19,76	18,04	16,58	15,33
92	19,78	18,05	16,59	15,34
93	19,79	18,06	16,59	15,34
94	19,80	18,06	16,60	15,34
95	19,81	18,07	16,60	15,35
96	19,82	18,08	16,60	15,35
97	19,82	18,08	16,61	15,35
98	19,83	18,09	16,61	15,35
99	19,84	18,09	16,61	15,35
100	19,85	18,10	16,62	15,36

Wesentlich präziser wäre allerdings eine Staffelung nach Baualtersklassen und der Miethöhe oder aber der Ansatz von Mindestbewirtschaftungskosten für einzelne Wohngebäude. Hierbei bieten die in Tab. 5.26 genannten Bandbreiten eine Orientierungsgröße.

Der tatsächliche Wert einer Immobilie hängt natürlich wesentlich von der Restnutzungsdauer ab. Bei Neubauten sind dies regelmäßig 80–100 Jahre. Deshalb wird bei einer Sachwertermittlung ein prozentualer Abschlag gemacht, während bei der

Tab. 5.25: Pauschale Bewirtungskosten.

Objektart	Bewirtschaftungskosten pauschal in % des Rohertrages
Neubauten von EFH,ZFH, MFH,ETW	25–30 %
Wohnimmobilien, älter als 20 Jahre	25–35 %
Wohn- und Geschäftshäuser	30–35 %

Tab. 5.26: Individuelle Bewirtschaftungskosten.

	in %	in € p.a. und Einheit
Betriebskosten	2–3 %	
Instandhaltungskosten Wohnung	10–15 %	absolute Untergrenze 7,50 €/m^2
Instandhaltungskosten Garage/Stellplatz		30–80 €
Mietausfallwagnis	2 % und mehr	
Verwaltungskosten Wohnung	5–10 %	200–275 €
Verwaltungskosten Garage/Stellplatz		25–50 €
Abschreibung	2–5 %	

Ertragswertermittlung dies durch den entsprechenden Kapitalisierungszins berücksichtigt wird.

Wichtig für Kapitalanleger

Falls der Ertragswert durch einen externen Gutachter ermittelt wurde, sollte die Berechnung anhand folgender Fragen plausibilisiert werden:
– Sind die Mieten nachhaltig erzielbar?
– Ist die Mieterstruktur berücksichtigt?
– Ist das Wohnumfeld angesprochen?
– Liegt eine öffentliche Förderung und damit Mieteinschränkung vor?
– Bestehen Unterschiede zwischen Mietspiegel und Gutachteransatz?
– Sind Einschränkungen in den Mietverträgen vereinbart?
– Sind Mietvorauszahlungen geleistet worden?
– Ist die Mietkaution vorhanden?
– Wurden ausreichende Bewirtschaftungskosten berücksichtigt?
– Ist ein üblicher Kapitalisierungszins (5–5,5 %) angesetzt?

Muster einer Ertragswertberechnung siehe Anlage 16.
   Zusatzangaben zu den Wertermittlungsbögen sind in Anlage 17 aufgeführt.
   Das Ablaufschema eines Ertragswertverfahrens ist aus Abb. 5.3 zu ersehen.

Allgemeines Ertragswertverfahren	**Vereinfachtes Ertragswertverfahren**	**Periodisches Ertragswertverfahren**

jährlicher Rohertrag		Roherträge der Perioden im Betrachtungszeitraum

abzüglich Bewirtschaftungskosten		abzüglich Bewirtschaftungskosten

jährlicher Reinertrag		Reinerträge der Perioden im Betrachtungszeitraum

abzüglich Bodenwertverzinsungsbetrag

Reinanteil der baulichen Anlagen

Kapitalisierung		Abzinsung auf den Wertermittlungsstichtag

vorläufiger Ertragswert der baulichen Anlagen	Barwert des Reinertrags	Barwert der Reinerträge der Perioden im Betrachtungszeitraum

		Summer der Barwerte im Betrachtungszeitraum

		Zuzüglich abgezinster Restwert des Grundstücks

zuzüglich Bodenwert	Zuzüglich abgezinster Bodenwert

vorläufiger Ertragswert

gegebenenfalls zusätzliche Marktanpassung

marktangepasster vorläufiger Ertragswert

gegebenenfalls Berücksichtigung besonderer objektspezifischer Grundstücksmerkmale

Ertragswert

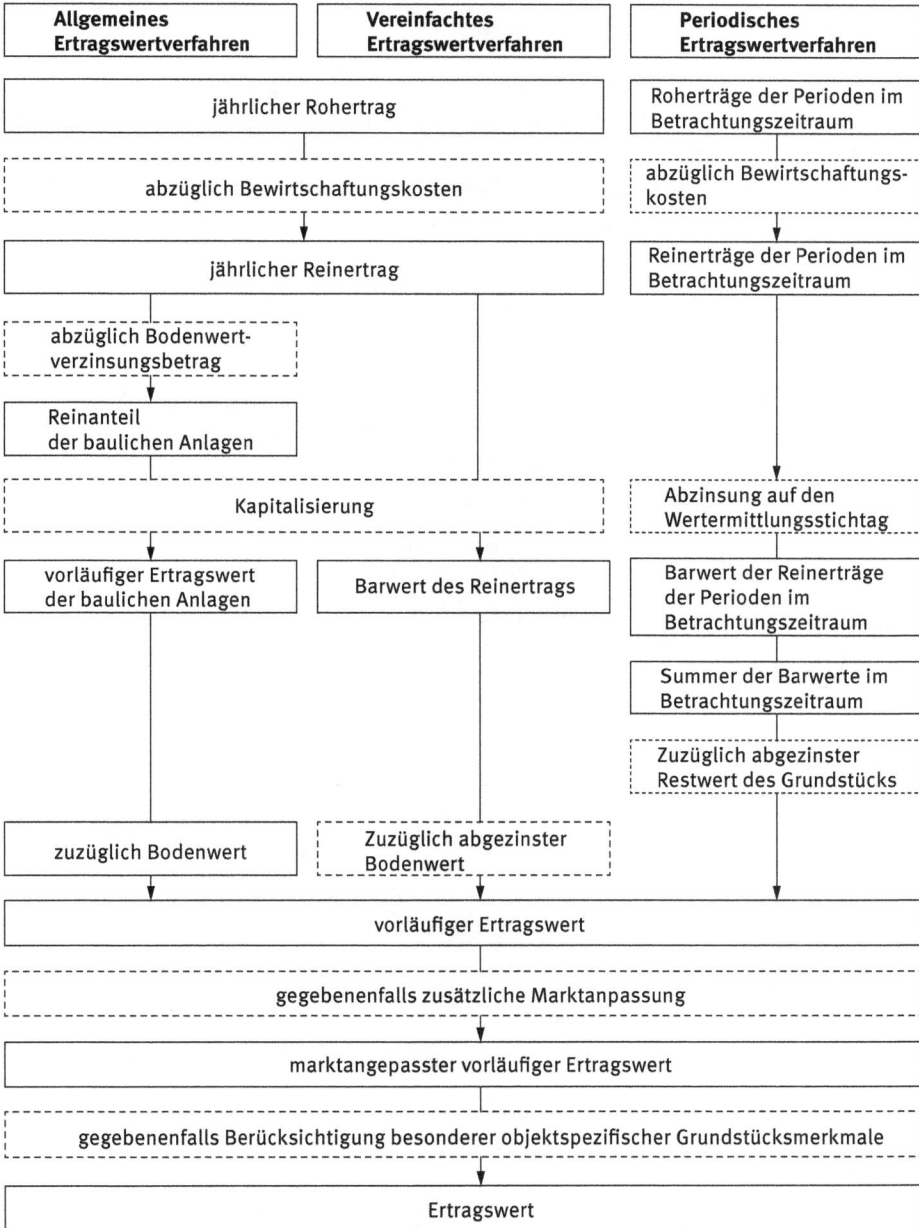

Abb. 5.3: Ablaufschema Ertragswertverfahren.
(Quelle Bundesanzeiger)

5.3.7 Vergleichswertverfahren

Beim Vergleichswertverfahren werden nachhaltig erzielbare Vergleichspreise von Grundstücken bzw. Objekten herangezogen, die mit dem zu bewertenden Objekt hinreichend übereinstimmen (Vergleichsgrundsätze). Das Vergleichswertverfahren wird in der Praxis häufig bei bauähnlichen Reihenhäusern, bei der Bodenwertermittlung von unbebauten Grundstücken oder bei Wohnungs- und Teileigentum angewendet (vgl. Abb. 5.4).

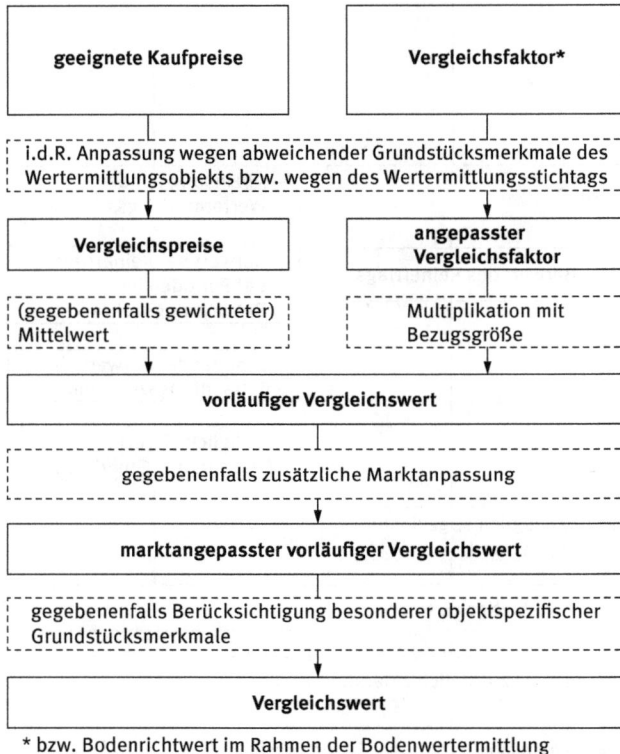

```
┌─────────────────────────┐      ┌─────────────────────────┐
│   geeignete Kaufpreise   │      │    Vergleichsfaktor*     │
└─────────────────────────┘      └─────────────────────────┘
┌───────────────────────────────────────────────────────────┐
│ i.d.R. Anpassung wegen abweichender Grundstücksmerkmale des │
│ Wertermittlungsobjekts bzw. wegen des Wertermittlungsstichtags │
└───────────────────────────────────────────────────────────┘
┌─────────────────────────┐      ┌─────────────────────────┐
│    Vergleichspreise      │      │      angepasster         │
│                          │      │    Vergleichsfaktor      │
└─────────────────────────┘      └─────────────────────────┘
┌─────────────────────────┐      ┌─────────────────────────┐
│ (gegebenenfalls gewichteter) │  │   Multiplikation mit     │
│ Mittelwert               │      │   Bezugsgröße            │
└─────────────────────────┘      └─────────────────────────┘
┌───────────────────────────────────────────────────────────┐
│             vorläufiger Vergleichswert                      │
└───────────────────────────────────────────────────────────┘
┌───────────────────────────────────────────────────────────┐
│         gegebenenfalls zusätzliche Marktanpassung           │
└───────────────────────────────────────────────────────────┘
┌───────────────────────────────────────────────────────────┐
│      marktangepasster vorläufiger Vergleichswert            │
└───────────────────────────────────────────────────────────┘
┌───────────────────────────────────────────────────────────┐
│ gegebenenfalls Berücksichtigung besonderer objektspezifischer │
│ Grundstücksmerkmale                                          │
└───────────────────────────────────────────────────────────┘
┌───────────────────────────────────────────────────────────┐
│                    Vergleichswert                           │
└───────────────────────────────────────────────────────────┘
```

* bzw. Bodenrichtwert im Rahmen der Bodenwertermittlung

Abb. 5.4: Ablaufschema Vergleichswertverfahren.
(Quelle Bundesanzeiger)

Ein unmittelbarer Preisvergleich liegt vor, wenn der Verkehrswert sich direkt aus den Kaufpreisen ableiten lässt, die zeitnah für vergleichbare Objekte bezahlt worden sind. Die Vergleichspreise können aus Kaufpreis- oder Marktdatensammlungen entnommen werden, die von den Gutachterausschüssen mitgeteilt werden.

Ein mittelbarer Preisvergleich liegt vor, wenn sich wertbeeinflussende Merkmale der Grundstücke und ihre Zeitnähe zum Bewertungsstichtag unterscheiden. In einem solchen Fall ist eine wertmäßige Anpassung des jeweiligen Vergleichsgrundstücks erforderlich. Die Rechtsprechung betrachtet Abweichungen der wertbeeinflussenden Merkmale, die sich in Zu- oder Abschlägen auf die Vergleichspreise ergeben, von bis zu 30–35 % als vertretbar.

Bei der Beleihungswertermittlung auf der Basis des Vergleichswertverfahrens ziehen die Kreditinstitute einen Sicherheitsabschlag in Höhe von mindestens 10 % ab. Anhand Tab. 5.27 kann eine Vergleichswertermittlung für eine Eigentumswohnung vorgenommen werden.

Tab. 5.27: Vergleichswertermittlung für eine Eigentumswohnung.

Wohnfläche in m²	× angemessener Preis pro m²/Wohnfläche	Ergebnis
TG-Plätze/Stellplätze/Garagen	× Einzelpreis	
	Zwischensumme	
	abzüglich 10 % Sicherheitsabschlag	
	Sachwert der Eigentumswohnung	

5.3.8 Plausibilitätskontrollen

Eine Möglichkeit zur vereinfachten Plausibilitätskontrolle von Wertansätzen bei Immobilien, insbesondere von Renditeobjekten ist das sogenannte „Vielfache". Es reicht für überschlägige Überprüfungen aus, muss aber bei einer konkreten Beleihung präzisiert werden.

Beispiel vermietete Eigentumswohnung:

Jahresnettomiete:	8.000 €
Verkehrswertindikation:	das 18-fache
Verkehrswert:	144.000 €

Bei Eigentumswohnungen sollte die Jahresnettomiete mindestens 4 bis 5 % des Kaufpreises betragen, bei älteren Objekten mindestens 6 %.

Hieraus folgen die nachstehenden „Vervielfacher":

	Vervielfacher
Mietrendite 4 % des Kaufpreises	25
Mietrendite 5 % des Kaufpreises	20
Mietrendite 6 % des Kaufpreises	16,7

Beispiel neue Eigentumswohnung:
Jahresnettomiete: 8.000 €
Mietrendite: 5 % des Kaufpreises
max. Kaufpreis: 160.000 €

5.3.9 Bewertungsbeispiele

Zur praktischen Umsetzung sind in den Anlagen Bewertungsbeispiele aufgeführt, die die angesprochenen Bewertungsmethoden abbilden.

Die fiktiven Beispiele sind mit aktuellen Werten erstellt.

Anlage 33	Bewertung eines eigengenutzten Einfamilienhauses im Sachwertverfahren
Anlage 34	Bewertung einer neugebauten Eigentumswohnung, die eigengenutzt werden soll
Anlage 35	Bewertung einer neugebauten Eigentumswohnung, die fremdvermietet werden soll

Die Musterbeispiele zeigen Struktur und Vorgehensweise bei einer Bewertung auf und machen die sich daraus ergebenden Finanzierungsüberlegungen und die Auswirkungen auf den Beleihungsauslauf deutlich. Insbesondere die allein durch die Nutzung unterschiedliche Bewertung der ansonsten identischen Eigentumswohnung fällt sofort auf.

5.4 Phase 4: Kreditentscheidung und Darlehensvertrag

Für den Immobilieninvestor ist diese Phase entscheidend, um seine Immobilienfinanzierung zu realisieren. Nach umfangreichen vorvertraglichen Beratungen und der Zusammenstellung relevanter Daten mit Produktempfehlung erfolgt nun eine detaillierte Kreditwürdigkeitsprüfung seitens der Bank. Umfang und Inhalt dieser Prüfung werden auch davon bestimmt, ob die Immobilie eigengenutzt oder fremdvermietet werden soll. Am Ende der Kreditwürdigkeitsprüfung trifft die Bank eine Kreditentscheidung. Bei einem positiven Votum erhält der Immobilieninvestor eine Darlehenszusage, die ihm ermöglicht, das Bau- oder Kaufvorhaben umzusetzen.

5.4.1 Kreditwürdigkeitsprüfung

Die Bereitstellung von Kreditmitteln für den Immobilieninvestor setzt eine sorgfältige Kreditwürdigkeitsprüfung der finanzierenden Bank voraus. Die Kreditprüfung umfasst eine persönliche und materielle Bonitätsprüfung des Kreditnehmers sowie die Einschätzung des Beleihungswertes der zugrundeliegenden Immobilie.

Das Kreditwesengesetz (KWG) schreibt diese Kreditwürdigkeitsprüfung bei Immobiliar-Verbraucherdarlehen im neuen § 18a explizit vor. Danach muss die Kreditwürdigkeitsprüfung ergeben, dass es bei einem Immobiliar-Verbraucherdarlehensvertrag wahrscheinlich ist, dass der Darlehensnehmer seinen Verpflichtungen, die im Zusammenhang mit dem Darlehensvertrag stehen, vertragsgemäß nachkommen wird (siehe auch Anlage 49).

Kreditwürdigkeit ist gegeben, wenn eine Kreditgewährung unter persönlichen und sachlichen Gesichtspunkten vertretbar erscheint, d.h. wenn erwartet werden kann, dass der Kreditnehmer willens und fähig ist, dem sich aus dem Kreditvertrag ergebenden Zins- und Tilgungsdienst fristgerecht und in vollem Umfang nachzukommen. Die Kreditwürdigkeitsprüfung darf sich nicht **hauptsächlich** darauf stützen, dass der Wert der Wohnimmobilie den Darlehensbetrag übersteigt oder auf die Annahme, dass der Wert der Wohnimmobilie zunimmt, es sei denn, der Darlehensvertrag dient zum Bau oder zur Renovierung der Wohnimmobilie. Für die Entscheidungsfindung ist in erster Linie die Kreditwürdigkeit des Kreditinteressenten ausschlaggebend, da jedes Kreditinstitut nur an einer planmäßigen, absprachegemäßen Rückzahlung Interesse haben kann und nicht an einer Verwertung der Sicherheiten.

Die wesentlichen Informationsquellen der Bank für eine solche Bonitätseinschätzung sind:

- Nachweise über die Einkommens- und Vermögensverhältnisse (z. B. Einkommensnachweise, Vermögensnachweise, Steuerbescheide, Grundbuchauszüge).
- Nachweise über bestehende Kredit- oder Leasingverträge mit entsprechenden Valutenbescheinigungen.
- SCHUFA Auskunft (z. B. andere Kreditaufnahmen, Kreditkarten, Kontonutzungen, Mahnbescheide).
- Selbstauskunft des Antragstellers (z. B. Alter, Ausbildung, familiäre Verhältnisse, bestehendes Arbeitsverhältnis, Einkommens- und Vermögensverhältnisse).

Ist der Antragsteller bereits Bankkunde, sind durch die bisherige Kontoführung und sein Zahlungsverhalten weitere Rückschlüsse auf seine Bonität möglich (Kontoscoring).

Bei der Kreditentscheidung wird der vorgelegte Finanzierungsplan des Investors dahingehend geprüft, ob die Aufwendungen für die zu finanzierende Investition ausreichend kalkuliert sind. Weiterhin werden die lückenlose Belegung der Aufwendungen und der Nachweis der geschlossenen Gesamtfinanzierung überprüft. Wird Eigenkapital eingesetzt, wird die Bank sich nachweisen lassen, dass diese Mittel zum benötigten Zeitpunkt frei verfügbar sind.

Einsatz von Kreditscoringverfahren

Die Bonitätsprüfung bei Privatkundenkrediten wird heute von den meisten Banken durch Kreditscoringverfahren unterstützt. Dabei handelt es sich um ein mathematisch-statistisches Prognose-Verfahren, das Bonitätsmerkmale (Bonitätsindikatoren) von Kreditinteressenten in Punkten bewertet, um potentielle Ausfallrisiken bestimmen zu können. Auswahl und Gewichtung der Bonitätsindikatoren ergeben sich aus den Erfahrungen mit früheren Baufinanzierungskrediten. Bei der Ausprägung der Merkmale wird statistisch signifikant danach unterschieden, ob sie bei leistungsgestörten oder nicht leistungsgestörten Krediten aufgetreten sind.

Eigenkapitalanteil, Einkommen, Beruf, Familienstand oder Eigenleistungen könnten bei einer Baufinanzierung als Bonitätsindikatoren herangezogen werden. Zeigen die bisherigen Erfahrungen, dass Personen mit einer längeren Verweildauer in einer Firma ihren Kreditverpflichtungen störungsfreier nachkommen als Personen mit häufigerem Stellenwechsel, so würde die Ausprägung einer längeren Verweildauer in einer Firma mit einer höheren Punktzahl bewertet, als wenn Kreditnehmer häufiger ihren Arbeitgeber wechseln. Beispielhaft sind in Tab. 5.28 einige Gewichtungskriterien aufgezählt, die in die Ermittlung eines Kreditscoring mit entsprechender Gewichtung einfließen:

Tab. 5.28: Ausprägungen von Gewichtungskriterien.

Wertung der Einkommensverhältnisse
– schwach, klare Risiken erkennbar, unklare Verhältnisse
– noch ausreichend, nicht bekannt
– zufrieden stellend, durchschnittlich
– einwandfrei
Zusätzliche Informationen
– Stabilität des Arbeitsplatzes/Einkommens
– Zukunftsperspektiven/berufliche Qualifikation
– Vertrauenswürdigkeit als Kreditnehmer
– persönliche Situation
Wichtige Kennzahlen
– freie Mittel in % des Gesamteinkommens nach Finanzierung
– Eigenmittel in % des Vermögens vor Finanzierung

Aus der Addition der Einzelpunkte für etliche Bonitätsindikatoren ergibt sich für den Antragsteller dann eine Gesamtpunktzahl, die seine Bonität und sein Ausfallrisiko für die Bank bestimmen. Daraus ergibt sich eine Ratingskala, die beispielhaft in Tab. 5.29 dargestellt ist.

Die Rating- oder Scoringverfahren tragen zu einer systematischen Bonitätsanalyse bei, ermöglichen eine Prognose über die Ausfallwahrscheinlichkeit der Kredite,

Tab. 5.29: Ratingskala und Ausfallwahrscheinlichkeit.

Rating-skala	Klassifikation Kreditnehmer mit	Ausfallwahrscheinlichkeit 6 Stufen Angaben in %	Bankrating 26 Stufen
I	sehr guter bis guter Bonität	0,00–0,29	AAA – BBB
II	guter bis zufriedenstellender Bonität	0,30–0,69	BBB – BB +
III	befriedigender bzw. noch guter Bonität	0,70–1,49	BB + – BB–
IV	überdurchschnittlichem bis erhöhtem Risiko	1,50–2,99	BB– – B +
V	hohem Risiko	3,00–7,99	B + – B–
VI	sehr hohem Risiko	ab 8,00	ab B–

Quelle: Deutsche Bank

objektivieren und beschleunigen Kreditentscheidungen und erleichtern risikoad-äquate Konditionen. Die Grenzen des Kreditscoring zeigen sich dann, wenn Standard-merkmale für eine Bonitätsanalyse nicht ausreichen.

Besonderheiten bei Renditeimmobilien (Kapitalanleger)

Bei fremdgenutzten Immobilien wird die Bank zusätzliche Unterlagen benötigen und in die Kreditwürdigkeitsprüfung einbeziehen. Bei der Finanzierung von Rendite-immobilien werden die Kreditwürdigkeit des Investors und die Ertragskraft der geplanten Investition gleichwertig berücksichtigt.

Dies erklärt sich daraus, dass die Immobilie nicht selbst genutzt wird, sondern die Kreditbedienung zu wesentlichen Teilen aus dem Objekt heraus erwirtschaftet werden soll.

Daher werden neben den oben genannten Bonitätsunterlagen auch Zusatzunter-lagen zum Objekt verlangt, um das Objekt- und das Vermietungsrisiko einzuschätzen (vgl. Tab. 5.30).

Tab. 5.30: Ratingkomponenten für ein Objektrisiko.

Allgemeine Kundendaten	Angaben zum Kunden und persönliche Daten, Angaben zum Selbststän-digen/Freiberufler (z. B. Existenzgründungsjahr, Rechtsform). Dauer der Geschäftsbeziehung.
Makrostandort	Aktuelle und prognostizierte Wirtschaftskraft, Zuwanderungs-/Abwande-rungssaldo, Bandbreite der Mieten.
Mikrostandort	Lagequalität des Objektes, Verkehrsinfrastruktur, Beurteilung des Mieter-marktes, Mieterbonität/Mieterstruktur.
Objektmerkmale	Art des Objektes (ETW, Neubau, Altbau), Gebäudequalität, Bausubstanz, Größe/Lage des Objektes, Funktionalität des Grundrisses, Vermietungs-risiko, Miete pro qm, Nebenkosten pro qm, Renovierungsbedarf.

Ist die zu erwerbende Immobilie bereits vermietet, wird die Bank eine Wirtschaft-lichkeitsberechnung durchzuführen, die zeigt, ob der Kapitaldienst aus den Mietein-künften erbracht werden kann. Hierfür sind die in Tabelle 5.31 genannten Unterlagen erforderlich.

Tab. 5.31: Zusatzunterlagen bei vermieteten Immobilien.

Unterlagen	Prüfungsumfang
Mietvertrag	Objekt, Mietdauer (befristet oder unbefristet), Kündigungsfristen, Mietzins (Höhe und Anpassungen), Betriebskosten, Betriebskosten-vorauszahlung.
Mietgarantie	Eine Mietgarantie ist ein Vertrag über eine vom Verkäufer zugesagte Mindestmiete, die über eine bestimmte Dauer abgegeben wird. Sollte das Objekt nur zu einem geringeren Mietzins oder überhaupt nicht vermietet werden können, übernimmt der Garant die Differenz zur vereinbarten Mindestmiete. Die Beurteilung der Mietgarantie richtet sich nach der Bonität des Garanten
Wirtschaftsplan	Der Wirtschaftsplan ist der Haushaltsplan einer Eigentümergemein-schaft für ein Kalenderjahr mit dem Ziel, den monatlich zu zahlenden Hausgeldvorschuss als Beitrag zu den Lasten und Kosten des gemeinschaftlichen Eigentums des einzelnen Wohnungseigentümers zu ermitteln.
Lastenberechnung	Berechnungsübersicht zur Ermittlung der finanziellen Belastung aus einer Immobilieninvestition. Die Lastenberechnung setzt sich zusammen aus: – dem Kapitaldienst (Zins und Tilgung), – der Bewirtschaftung (Verwaltungskosten, Betriebskosten, Instandhaltungskosten und Mietausfallwagniskosten).
Wirtschaftlichkeits-berechnung	Die Wirtschaftlichkeitsberechnung berücksichtigt die Kosten der Investition, die Finanzierung (Höhe und Art) sowie die erwarteten Einnahmen und Ausgaben aus dem Immobilienerwerb.

Wird die Immobilie teilweise eigengenutzt oder ist die Immobilie noch nicht vermietet, rücken die wirtschaftlichen Verhältnisse des Kreditnehmers und die Beurteilung des Objekt- und Vermietungsrisikos in den Vordergrund der Kreditwürdigkeitsprüfung. Zum einen wird anhand einer Steuer- und Liquiditätsberechnung die Einkommens-situation des Investors unter Berücksichtigung der Baufinanzierungsaufwendungen analysiert, zum anderen wird das Objektrisiko analysiert und eine Wirtschaftlichkeits-rechnung über die geplante Immobilieninvestition durchgeführt.

Geplante/projektierte und nicht vermietete Wohnimmobilien sind im Vergleich zu fertiggestellten oder vermieteten Objekten in stärkerem Maße risikobehaftet,
– da Investitionsdaten nur teilweise feststehen (Investitionsrisiko),
– da Durchführungsrisiken von der Planung bis zur Fertigstellung bestehen (Fertig-stellungsrisiko),

– da erzielbare Mieten und Standortentwicklung nur beschränkt prognostizierbar sind (Mietertragsrisiko) und
– da konzeptionelle Fehleinschätzungen (Bauzeit, Konzeption, Mieterstruktur etc.) den Investitionserfolg schmälern können (Konzeptionsrisiko).

5.4.2 Darlehensentscheidung und -zusage

Die Darlehensentscheidung ist das Endergebnis einer sorgfältigen Analyse und Prüfung der vorliegenden Bonitäts- und Objektunterlagen.

Ausgehend von dem Finanzierungsplan wurde geprüft, ob die Aufwendungen für die zu finanzierende Investition ausreichend kalkuliert sind und die monatliche Belastung nachhaltig tragbar ist. Weiterhin wurden die Belege zu den Kosten (und Erträgen bei Renditeobjekten) plausibilisiert und der Nachweis der geschlossenen Gesamtfinanzierung überprüft. Wird Eigenkapital eingesetzt, wurde vorab geprüft, ob diese Mittel zum benötigten Zeitpunkt frei verfügbar sind.

Aus Abb. 5.5 ist der Ablauf einer Darlehensanfrage bis hin zu einer Darlehensentscheidung ersichtlich.

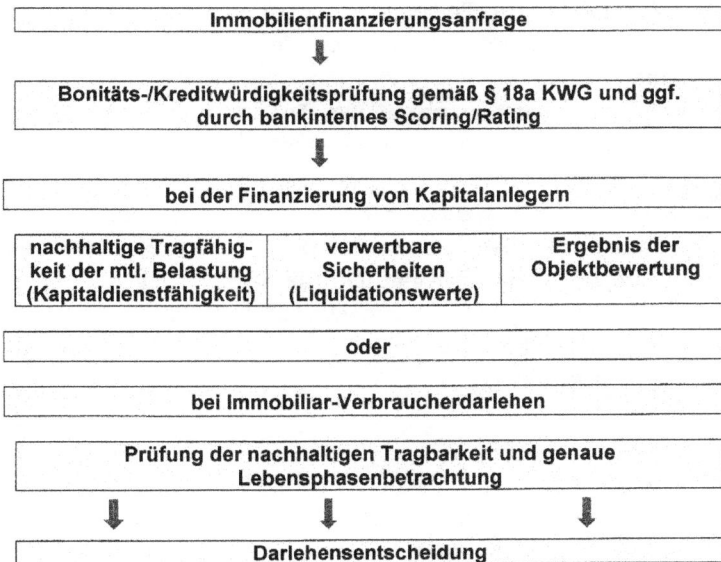

Abb. 5.5: Ablauf einer Darlehens-Entscheidung.
(Quelle: Eigene Darstellung)

Im Falle einer positiven Darlehensentscheidung erhält der Immobilieninvestor eine Kreditzusage der Bank.

Das Kreditinstitut bestätigt darin das Zustandekommen des beantragten Kredites rechtsverbindlich („Antragsverfahren"). Wird die Darlehensannahme zuerst vom Immobilieninvestor unterschrieben, ist der gegengezeichnete Darlehensvertrag durch das Kreditinstitut als Darlehenszusage anzusehen („Annahmeverfahren"). Mit dem geschlossenen Darlehensvertrag und dem Zugang beim Immobilieninvestor erlangt das Widerrufsrecht Geltung.

Der Kreditnehmer wird den Vertrag in allen Einzelheiten prüfen und mit den Angaben aus den vorvertraglichen Informationen vergleichen.

Das Hauptaugenmerk wird er auf die Auszahlungsvoraussetzungen (Auflagen) richten, insbesondere dann, wenn die Zusagen hinsichtlich der Erfüllung der Auflagen befristet sind. Je weniger Auflagen in der Zusage enthalten sind, desto verbindlicher ist die Darlehenszusage und je schneller erfolgt die Darlehensauszahlung. Besteht die Finanzierung aus Bausteinen verschiedener Kreditinstitute, so wird darauf zu achten sein, dass die Auszahlungsvoraussetzungen miteinander kompatibel sind.

5.4.3 Gestaltung des Darlehensvertrages

Der Darlehensvertrag bedarf der Schriftform, konkrete Formvorschriften gibt es hierfür nicht. Er enthält im Wesentlichen die Personalien der Darlehensnehmer, den Darlehensbetrag, die Konditionen des Darlehens (Darlehenszins, evtl. Disagio, Tilgung), den Zeitraum der Zinsbindung und Regelungen über mögliche Sondertilgungen. Weiterhin aufgeführt sind die im Zusammenhang mit dem Darlehen anfallenden Kosten (Darlehensgebühr, Schätzkosten u.a.), die zu stellenden Sicherheiten sowie die Auszahlungsvoraussetzungen.

In einem Ergänzungsblatt werden weitere, darlehensnehmerbezogene Angaben dokumentiert. Diese Unterlage ist Bestandteil des Darlehensvertrages, ebenso die Darlehensbedingungen und die Widerrufsbelehrung. Die vertragsrelevanten Daten werden in den Darlehensvertrag aufgenommen und vom Kunden unterschrieben. Die Unterschriftsprüfung obliegt jedem Kreditinstitut und kann nicht durch einen Kreditvermittler oder Bauträger ersetzt werden.

Rechtliche Einordnung
Durch den Darlehensvertrag wird der Darlehensgeber verpflichtet, dem Darlehensnehmer einen Geldbetrag in der vereinbarten Höhe zur Verfügung zu stellen. Der Darlehensnehmer ist verpflichtet, dem Darlehensgeber einen geschuldeten Zins zu zahlen und bei Fälligkeit das zur Verfügung gestellte Darlehen zurückzuzahlen (§§ 488 ff. BGB). Die Vereinbarung wird in einem Darlehensvertrag festgehalten.

Wenn der Darlehensnehmer eines Immobiliar-Darlehensvertrags dem Darlehensgeber mitteilt, dass er eine vorzeitige Rückzahlung des Darlehens beabsichtigt, ist der Darlehensgeber verpflichtet, ihm unverzüglich die für die Prüfung dieser Möglichkeit

erforderlichen Informationen zu übermitteln (§ 493 (5) BGB. Diese Informationen müssen folgende Angaben enthalten:
- Auskunft über die Zulässigkeit der vorzeitigen Rückzahlung.
- Im Falle der Zulässigkeit die Höhe des zurückzuzahlenden Betrags.
- Gegebenenfalls die Höhe der Vorfälligkeitsentschädigung.

Bestimmungen bei Verzug des Darlehensnehmers und bezüglich der Kündigungsrechte für Immobiliendarlehensverträge sind in § 503 BGB geregelt. Kaufen Eheleute gemeinsam eine Immobilie, so nehmen i.d.R. auch beide gemeinsam Baufinanzierungsdarlehen hierfür auf. Beide Darlehensnehmer haften gesamtschuldnerisch für den in Anspruch genommenen Betrag und auch für eine durch die Darlehensratenbelastung auf dem laufenden Konto eines Darlehensnehmers entstandene Kontoüberziehung.

Zusatzangaben zum Darlehensvertrag

In einem Ergänzungsblatt oder einer Selbstauskunft werden zusätzliche darlehensnehmerbezogene Angaben zur wirtschaftlichen Situation (Einkommens- und Vermögenssituation, Finanzierungsplan u.a.) dokumentiert. Diese Unterlagen sind Bestandteil des Darlehensvertrages. Wird das Darlehen über einen Immobilienmakler abgewickelt, so bestätigt dieser die Richtigkeit und Vollständigkeit dieser Angaben und verpflichtet sich, dem Kreditinstitut notwendige Unterlagen zur Verfügung zu stellen, falls die Daten nicht aus der Kontoführung und vorhandenen Konten und Depots beim Kreditinstitut nachprüfbar sind.

Darüber hinaus muss der Immobilieninvestor in die sogenannte Schufa-Klausel einwilligen. Er gibt seine Zustimmung, dass seine personenbezogenen Daten zum Zwecke der Dokumentation des Darlehensantrages und zur internen Nutzung im Kreditinstitut elektronisch gespeichert und verarbeitet werden.

Weiterhin wird das Kreditinstitut ermächtigt, hinsichtlich des dem Darlehensantrag zugrundeliegenden Grundbesitzes Einsicht in das Grundbuch zu nehmen, Bankauskünfte über die Kreditwürdigkeit einzuholen und Kontakt zum Steuerberater aufzunehmen, falls dies erforderlich ist.

5.4.4 Vertragsbestandteile des Immobiliar-Verbraucherdarlehens

In der Wohnimmobilienkreditrichtlinie ist nicht von Wohnimmobilienkrediten oder Immobilienfinanzierungen, sondern von Immobiliar-Verbraucherdarlehen die Rede. Die möglichen Bestandteile eines Immobiliar-Verbraucherdarlehensvertrages sind aus Tab. 5.32 ersichtlich.

Tab. 5.32: Bestandteile des Immobiliar-Verbraucherdarlehensvertrages.

Darlehensnehmer	Alle Darlehensnehmer mit persönlichen Daten wie Geburtsdatum, Geburtsname, Staatsangehörigkeit, Anschrift, Beruf, Position im Beruf, Beschäftigungsdauer, Familienstand, Kinderzahl.
Darlehensdaten	Darlehensnummer, Darlehensbetrag, Sollzinssatz in % p.a., Festschreibung/gebunden für Jahre/Monate) oder Sollzinssatz in % veränderlich Auszahlungskurs, Zinsbegrenzung Untergrenze, Obergrenze Prämie in % Tilgung in % p.a., evtl. Aussetzung für Jahre, Zahlbarkeit der Rate, Ratenhöhe, Anzahl der Raten/Laufzeit in Jahren/Monate, effektiver Jahreszins in %, Bereitstellungsprovision in % p.a., evtl. frei für (x) Monate, Vertragslaufzeit, EZB-Zinssatz in % im Monat vor der letzten Zinsanpassung, Art des Darlehens, Zinsbegrenzungsprämie, Disagio, Gutachterkosten, Vermittlungsprovision, Nettodarlehensbetrag.
Weitere Kosten ohne Berücksichtigung im effektiven Jahreszins	Jährliche oder Einmalprämien für die Risiko- LV, Summe der einmaligen Kosten für Sicherheiten, jährliche Kosten für Sicherheiten, jährliche einmalige Kosten, jährliche weitere Kosten.
Tilgungsersatz Verträge zur Vermögensbildung (bei endfälligen Darlehen)	Verträge wie z. B. Lebensversicherung, Rentenversicherung, Fondsgebundene Kapitallebensversicherung/Rentenversicherung, Bausparvertrag, Investmentsparvertrag, Ansparrate/Prämie, Abschlussgebühr, jährliche sonstige Kosten, Fälligkeit/Laufzeit.
Einzugs-/Belastungsermächtigung	Einzugsermächtigung für die lfd. Zins- und Tilgungsleistungen bzw. für Zinsen und Bereitstellungsprovisionen während der Auszahlungsphase.
Zu stellende Sicherheiten/Versicherungen	z. B. Grundschuld mit persönlicher Haftungsübernahme und Zwangsvollstreckungsunterwerfung, Abtretung bzw. Verpfändung aller Ansprüche aus den für die Darlehensablösung vorgesehenen Lebens-/Rentenversicherungen, Bausparverträgen, Sparplänen, Investmentsparplänen bzw. den Darlehen anderer Gläubiger. Pfandrecht an Wertpapieren, Sonstige Sicherheiten.
Schufa Klausel zu grundpfandrechtlich gesicherten Kreditanträgen für jeden Darlehensnehmer	Einwilligungserklärung der Darlehensnehmer zur Übermittlung von Kreditdaten über Beantragung, Aufnahme und Rückzahlung. Übermittelt werden auch Daten aufgrund nichtvertragsgemäßen Verhaltens.
Darlehensbedingungen	Kosten, Bereitstellungsprovision, Auszahlungen/Sollzinsen während der Auszahlungsphase, Zwischenkredit, Verzinsung während der Vertragslaufzeit, Zeitraum der Sollzinsbindung, Art und Weise der Anpassung des gebundenen Sollzinssatzes, Art und Weise der Anpassung bei veränderlichem Sollzinssatz, Annahmen zur Berechnung des effektiver Jahreszinses und zur Vertragslaufzeit, Laufende Tilgung/Tilgung bei Endfälligkeit/Verrechnung von Tilgungsleistungen, Sicherheiten, Offenlegung der wirtschaftlichen Verhältnisse, Außerordentliches Kündigungsrecht des Kreditinstituts, Pfandrecht, mehrere Darlehensnehmer, Abschluss des Darlehensvertrages. Übertragungsklausel und Befreiung vom Bankgeheimnis.

Tab. 5.32: (fortgesetzt)

Jährliches Sondertilgungsrecht	Jährliches Sondertilgungsrecht während der ersten Sollzinsbindung. Vereinbarung über ein jährliches Sondertilgungsrecht, meist mit einem prozentualen Anteil und einer Mindestsondertilgung zu einem bestimmten Jahrestermin.
Auszahlungsvoraussetzungen	Nachweise zu den Sicherheiten. Nachweise zum Beleihungsobjekt. Nachweise zur persönlichen Situation. Nachweise zur Finanzierung.
Hinweis auf Abtretbarkeit der Darlehensforderungen und Übertragbarkeit des Vertragsverhältnisses	**Standardklausel:** Die Bank darf ohne Zustimmung des Darlehensnehmers die Forderungen aus dem Darlehensvertrag und den dafür vereinbarten Sicherheiten, insbesondere die Grundschulden an einen Dritten abtreten oder für den Dritten treuhänderisch halten oder das Vertragsverhältnis einschließlich der Sicherheiten auf einen Dritten übertragen, soweit nicht der Darlehensnehmer der Übertragung zustimmen muss. **oder alternativ** die **Pfandbriefklausel:** Die Bank darf nur in den unter a) bis c) genannten Fällen Forderungen aus dem Darlehensvertrag ohne Zustimmung des Darlehensnehmers abtreten oder das Vertragsverhältnis auf einen Dritten übertragen. Darüber hinaus wird die Bank keine Forderungen aus dem Darlehensvertrag oder das Vertragsverhältnis mit dem Darlehensnehmer auf einen Dritten übertragen. a) Herausgabe von Hypothekenpfandbriefen b) Abtretung gekündigter Darlehen c) Übertragung des Darlehensverhältnisses nach dem Umwandlungsgesetz
Angaben zu dem/den wirtschaftlich Berechtigten nach dem Geldwäschegesetz	Erklärung der Darlehensnehmer, dass sie auf eigene Rechnung handeln.
Hinweis auf das Widerrufsrecht jedes einzelnen Darlehensnehmer	Widerrufsrecht, Form des Widerrufs, Fristlauf, Adressat des Widerrufs, Widerrufsfolgen.
Verzicht auf den Zugang der Annahmeerklärung der Bank in Schriftform	Der Darlehensnehmer verzichtet darauf, dass ihm die Annahmeerklärung der Bank in Schriftform zugeht.
Empfangsbestätigung jedes einzelnen Darlehensnehmers	Vorvertragliche Informationen zur Darlehensvermittlung, Abschrift des Darlehensvertrages, Widerrufsbelehrung, Aufklärungsblatt: Besonderheiten bei Tilgungsaussetzung.

5.4.5 Verbraucherschutz

Der Verbraucherschutz bei Finanzdienstleistungen verfolgt die Zielsetzung, Verbraucher in die Lage zu versetzen, Finanzentscheidungen nachzuvollziehen und nach eigenen Zielen und Möglichkeiten auszurichten

Der Verbraucherschutz ist 2002 in das BGB übernommen worden (§§ 305–310 u.a.). Verbraucher ist jede natürliche Person, die ein Rechtsgeschäft zu einem Zweck abschließt, der weder ihrer gewerblichen noch ihrer selbstständigen beruflichen Tätigkeit zugerechnet werden kann. Mit der Verbraucherkreditrichtlinie 2010 und der Wohnimmobilienkreditrichtlinie 2016 wurden die Verbraucherrechte weiter verstärkt. Verbraucher können jetzt stärker vor Überschuldung und Immobilienverlust geschützt werden. Die von den Kreditinstituten (und den Vermittlern) vorzunehmenden vorvertraglichen Informationspflichten sind entsprechend umfangreicher und transparenter gestaltet.

Die Kreditinstitute und/oder die eingeschaltete Berater/Vermittler (vormals nur mit Gewerbeerlaubnis nach § 34c der Gewerbeordnung, seit dem 21.3.2016 mit der Ergänzung nach § 34i GewO) sind verpflichtet, jeden Verbraucher, der eine Baufinanzierung mit oder ohne grundpfandrechtliche Besicherung abschließen möchte oder auch nur eine Beratung über ein derartiges Vorhaben wünscht, mit vorvertraglichen Informationen zu bedienen und ihn ausführlich über sein Widerrufsrecht zu belehren.

Der Verbraucher ist also darüber zu informieren, was ein Immobiliar-Verbraucherdarlehen ist und wie es funktioniert. Der Darlehensinteressent erhält Informationen,
–   welche Voraussetzungen er als Vertragspartner in einem Immobiliar-Verbraucherdarlehensvertrag erfüllen muss,
–   welche finanziellen Verpflichtungen sich aus der Darlehensaufnahme ergeben,
–   welche Zinsvarianten es gibt und
–   welche Kosten entstehen.

Grundgedanke dabei ist, dass eine Finanzierung gut durchdacht sein sollte, da sie i.d.R. mit hohen langfristigen Verpflichtungen verbunden und in den meisten Fällen die wichtigste finanzielle Entscheidung im Leben ist.

5.4.6 Vorvertragliche Informationen

Der Gesetzgeber schreibt in § 491a BGB vorvertragliche Informationspflichten bei Verbraucherdarlehensverträgen vor, zu denen auch wohnwirtschaftliche Kredite für Privatpersonen zählen. Diese werden durch ein „Europäisches Standardisiertes Merkblatt (ESIS-Merkblatt) erfüllt, das ursprünglich als freiwilliger Verhaltenskodex von europäischen kreditwirtschaftlichen Verbänden und Verbraucherschutzorganisationen für wohnwirtschaftliche Kredite konzipiert wurde. Das ESIS-Merkblatt enthält im Wesentlichen folgende Informationen:

- Kreditgeber/Darlehensgeber/ggf. Kreditvermittler,
- Beschreibung der Hauptmerkmale des Kredits,
- Zinssatz und andere Kosten,
- Häufigkeit, Höhe und Anzahl der Raten,
- Beispiel eines Tilgungsplanes,
- Sollzins und effektiver Jahreszins,
- Gesamtbetrag des Kredits,
- zusätzliche Auflagen,
- Rechte des Kreditnehmers,
- vorzeitige Rückzahlung,
- Beschwerden,
- Konsequenzen für den Kreditnehmer bei Nichteinhaltung der Bestimmungen aus dem Kreditvertrag,
- Sollzinssatz,
- effektiver Jahreszins,
- Vertragslaufzeit,
- Darlehensbedingungen,
- Widerrufsbelehrungen.

Diese vorvertraglichen Informationen sind bezogen auf jeden geplanten Finanzierungsbaustein nach einer Beratung in einem Merkblatt auszuhändigen. Sie tragen dazu bei, den Immobilieninvestor vor Darlehensabschluss über die wichtigsten Komponenten seiner Finanzierung zu informieren. Auch bei Nachfinanzierungen, Fremdwährungsdarlehen, Prolongationen bzw. Umschuldungen mit verträglichen Änderungen, die über die reine Zinsanpassung hinausgehen, Darlehen gegen Negativerklärungen oder Ersatzsicherheit und Bausparverträge sind entsprechende vorvertragliche Informationen bereitzustellen. Von der vorvertraglichen Informationspflicht nicht betroffen sind:
- KfW Wohneigentumsprogramme,
- Zinsanpassungen zum Ende der Zinsbindung,
- Bausparvertragsänderungen.

Anlage 4 zeigt ein konkretes Beispiel über die Inhalte des Merkblattes

5.4.7 Widerrufsbelehrung/Widerrufsfolge

Bei einem Verbraucherkreditvertrag hat der Immobilieninvestor nach Abschluss des Darlehensvertrages ein Widerrufsrecht von 14 Tagen. Nähere Informationen zum Widerrufsrecht sind in den vorvertraglichen Informationsunterlagen (z. B. im ESIS-Merkblatt) und natürlich im Darlehensvertrag enthalten. Fehlerhafte Widerrufsbelehrungen, die den gesetzlichen Anforderungen nicht entsprechen, haben zur Folge, dass die Kreditverträge auch Jahre nach dem Abschluss widerrufen werden können.

Dieses „ewige Widerrufsrecht" ist durch die am 21. März 2016 in Kraft getretene Wohnimmobilienkreditrichtlinie erheblich beschnitten worden. Bei Immobiliar-Darlehensverträgen, die seit dem 21. März 2016 abgeschlossen werden, ist das Widerrufsrecht – wenn belehrt worden ist – auf maximal ein Jahr und 14 Tage verlängert worden. Danach hat der Darlehensnehmer (bei fehlerhafter Belehrung) nunmehr das Recht zum Widerruf des Darlehensvertrags innerhalb von einem Jahr und 14 Tagen. Hierüber muss er von der finanzierenden Bank schriftlich informiert werden.

Im Falle eines wirksamen Widerrufs muss der Darlehensnehmer innerhalb von 30 Tagen das Darlehen, soweit es bereits ausgezahlt ist, zurückzahlen und für den Zeitraum zwischen der Auszahlung und der Rückzahlung des Darlehens den vereinbarten Sollzins entrichten. Die Frist beginnt mit der Absendung der Widerrufserklärung. Die Kreditinstitute und/oder die eingeschalteten Berater/Vermittler sind verpflichtet, jeden Verbraucher, der eine Baufinanzierung mit oder ohne grundpfandrechtliche Besicherung abschließen möchte oder auch nur eine Beratung über ein derartiges Vorhaben wünscht, mit vorvertraglichen Informationen zu bedienen und ihn ausführlich über sein Widerrufsrecht zu belehren.

Diese Widerrufsinformation ist Bestandteil des Darlehensvertrages und hat beispielsweise folgenden Wortlaut:

„Der Darlehensnehmer kann seine Vertragserklärung innerhalb von 14 Tagen ohne Angabe von Gründen in Textform (z. B. Brief, Fax, E-Mail) widerrufen. Die Frist beginnt nach Abschluss des Vertrags, aber erst, nachdem der Darlehensnehmer alle Pflichtangaben nach § 492 Absatz 2 BGB erhalten hat. Der Darlehensnehmer hat alle Pflichtangaben erhalten, wenn sie in der für den Darlehensnehmer bestimmten Ausfertigung seines Antrags oder in der für den Darlehensnehmer bestimmten Ausfertigung der Vertragsurkunde oder in einer für den Darlehensnehmer bestimmten Abschrift seines Antrags oder der Vertragsurkunde enthalten sind und dem Darlehensnehmer eine solche Unterlage zur Verfügung gestellt worden ist. Über in den Vertragstext nicht aufgenommene Pflichtangaben kann der Darlehensnehmer nachträglich auf einem dauerhaften Datenträger informiert werden; die Widerrufsfrist beträgt dann einen Monat. Der Darlehensnehmer ist mit der nachgeholten Widerrufsfrist nochmals auf den Beginn der Widerrufsfrist hinzuweisen. Zur Wahrung der Widerrufsfrist genügt die rechtzeitige Absendung des Widerrufs, wenn die Erklärung auf einem dauerhaften Datenträger (z. B. Brief, Telefax, E-Mail) erfolgt. Der Widerruf ist zu richten an XX Bank, Köln, Hohe Str.11, 50668 Köln"

Werden mehrere Finanzierungsbausteine unterschiedlicher Institute eingesetzt, so ist für jeden Vertragspartner eine eigene Widerrufsbelehrung erforderlich. Beim Abschluss von Sicherheitenverträgen (z. B. Bürgschaft oder Abtretung einer Lebensversicherung) muss ebenfalls eine separate Widerrufsbelehrung erfolgen.

Die Beratung über die Vertragslaufzeit ist u.E. zumindest während der Niedrigzinsphase immer noch zu oberflächlich. Die von Verbraucherschützern, aber auch von der Bundesbank vorgeschlagenen Klarstellungen sind noch keineswegs durchgängig umgesetzt.

Auf die sogenannte Zins- oder Tilgungsfalle (vgl. Abschnitt 4.5.3) wird selten hingewiesen, obwohl bei den aktuell extrem niedrigen Zinsen ein erhöhtes Zinsänderungsrisiko bei Ende der Sollzinsbindungsfrist vorhersehbar ist. Um hier späteren Klagen wegen unzureichender Beratung aus dem Wege zu gehen, wäre es notwendig, den Kunden nach umfassender Information eine Beratungsunterlage unterschreiben zu lassen.

5.5 Phase 5: Kreditbesicherung und Eigentumsübergang

Der Eigentumsübergang einer Immobilie erfolgt in vier Phasen:
1. Abschluss eines notariellen Kaufvertrags,
2. Prüfung von Auflagen und Vollzugsvoraussetzungen,
3. Antrag zur Eigentumsüberschreibung und
4. Eintrag in das Grundbuch.

Nachfolgend werden die Phasen des Eigentumsübergangs und die dingliche Besicherung des Darlehens näher erläutert werden.

5.5.1 Notarieller Kaufvertrag

Der Kaufvorgang bei einer Immobilientransaktion erfordert einen notariellen Kaufvertrag (§ 311b Abs. 3 BGB). Die Beurkundungspflicht umfasst dabei nicht nur die Verpflichtung einer Eigentumsübertragung, sondern auch alle Abreden, die hinsichtlich der Immobilienübertragung getroffen werden. Dies betrifft z. B. Vereinbarungen über das Zubehör oder Einrichtungsgegenstände einer Immobilie, die keine wesentlichen Bestandteile des Gebäudes sind, aber mitübertragen werden sollen. Es ist zu empfehlen, bei einem Mitverkauf von Mobiliar (Einbauschränke, Küche, Beleuchtungskörper etc.) einen angemessenen Teil des Kaufpreises im beurkundeten Kaufvertrag auszuweisen, da sich hierdurch die Bemessungsgrundlage für die Grunderwerbssteuer reduziert.

Sobald ein verbindliches Kreditangebot eines Finanzierungsinstituts vorliegt, sollte der Kauf oder Erwerb einer Immobilie notariell beurkundet werden. Erst danach sollte der Kreditvertrag unterschrieben werden. Damit wird sichergestellt dass beim Scheitern eines Kaufvertrages für den zugesagten Kredit keine Vorfälligkeitsentschädigung anfällt.

5.5.2 Eigentumsübergang der Immobilie

Für die Abwicklung aller einzelnen Schritte zum Eigentumsübergang ist die Einschaltung eines Notars erforderlich. Der Notar ist als unabhängiger Träger eines öffentlichen Amtes unparteiischer Betreuer der Beteiligten und untersteht der öffentlichen Dienstaufsicht.

Der Notar kann bei einer Immobilientransaktion auch als Treuhänder fungieren; das Grundstückgeschäft wird dann „Zug-um-Zug" abgewickelt. Der Käufer überweist den Kaufpreis auf ein Notaranderkonto. Dieses Konto wird auch als „Anderkonto" bezeichnet; damit wird zum Ausdruck gebracht, dass es sich um Geld von Dritten handelt. Nach dem Eingang des Geldes auf diesem Anderkonto veranlasst der Notar die Umschreibung (Berichtigung) der Eigentumsverhältnisse.

Erst wenn das Eigentumsrecht des Erwerbers gesichert ist, erfolgt die Überweisung des Geldes an den Verkäufer. Mit dem wirtschaftlichen Übergang gehen alle Nutzungsrechte sowie alle mit dem Grundstück verbundenen Lasten auf den Käufer über.

Prüfung von Auflagen und Vollzugsvoraussetzungen

In der zweiten Phase einer Immobilientransaktion hat der Notar Auflagen und Vollzugsvoraussetzungen zu prüfen. Hierzu gehört die Verpflichtung des Verkäufers, das Grundstück lastenfrei zu übertragen, was eine Löschung eingetragener Grundpfandrechte voraussetzt. Auch weitere Nebenleistungspflichten müssen vollständig in den Kaufvertrag aufgenommen und beurkundet werden (Räumung der Immobilie, Baumaßnahmen, Mängelbeseitigung etc.).

Im Kaufvertrag wird häufig der Käufer bevollmächtigt, dass Grundstück mit Grundschulden vor dem Eigentumsübergang zu belasten. Ohne diese Bevollmächtigung könnte der Käufer das von der Bank zugesagte Darlehen nicht in Anspruch nehmen.

Formell erteilt das Kreditinstitut nach der darlehensvertraglichen Einigung mit dem Darlehensnehmer dem eingeschalteten Notar dazu den schriftlichen Auftrag (Notarauftragsschreiben), Grundpfandsicherheiten zu beurkunden. In diesem Auftragsschreiben wird das Kreditinstitut mitteilen, mit welchen Bedingungen diese Kreditsicherheiten ausgestattet werden sollen. Gleichzeitig wird der Notar gebeten:
- vor der Beurkundung das Grundbuch einzusehen,
- die Bestellung auf den vorgegebenen Vordrucken zu beurkunden,
- notwendige oder zweckmäßige Änderungen mit dem Kreditinstitut abzustimmen,
- unverzüglich nach Beurkundung dem Kreditinstitut eine vollstreckbare Ausfertigung der Grundschuldbestellungsurkunde zu erteilen,
- beim zuständigen Amtsgericht die Eintragung zu beantragen,
- zu veranlassen, dass dem Kreditinstitut nach Eintragung eine beglaubigte Grundbuchabschrift zugestellt wird,

- dem Grundbuchamt mitzuteilen, dass sich das Kreditinstitut für die Kosten, die der Besteller vereinbarungsgemäß zu tragen hat, dem Grundbuchamt gegenüber verbürgt,
- ggf. eine Rangbestätigung zu erteilen. Hierbei handelt es sich um die schriftliche Bestätigung des Notars, dass nach Prüfung der Sachlage z. B. ein beurkundetes Grundpfandrecht die ausbedungene Rangstelle erhalten wird. In der Finanzierungspraxis erfolgt vielfach eine Kreditauszahlung aufgrund der auch als Notarbestätigung bezeichneten Erklärung.

In dieser Phase fällt auch die Eintragung einer Auflassungsvormerkung für den Erwerber. Durch diese wird verhindert, dass der Verkäufer das Grundstück ein weiteres Mal – ggf. zu einem höheren Preis – verkaufen kann. Die Auflassungsvormerkung ist die am häufigsten vorkommende Vormerkung in Abt. II des Grundbuchs.

Von den Vollzugsvoraussetzungen einer Grundbucheintragung sind ferner zu nennen:
- Verzichtserklärung der Kommune auf ihr gesetzliches Vorkaufsrecht (§ 24 BauGB),
- Unbedenklichkeitsbescheinigung des Finanzamtes, als Nachweis, dass die Grunderwerbsteuer gezahlt worden ist.

5.5.3 Eintrag ins Grundbuch

Wenn alle Auflagen und Vollzugsvoraussetzungen erfüllt sind und alle erforderlichen Unterlagen vorliegen, wird der Notar beim Grundbuchamt den Eintrag zur Eigentumsumschreibung stellen. Die Kaufpreiszahlung muss zu diesem Zeitpunkt erfolgt sein. Damit die Umschreibung und die Eintragungen vollzogen werden, müssen die dafür erhobenen Gebühren der zuständigen Gerichtskasse bezahlt worden sein.

Der Übergang des Eigentums an den Erwerber erfolgt erst mit seiner Eintragung in das Grundbuch.

Das Grundbuch ist ein öffentliches Register, welches beim zuständigen Amtsgericht über alle Grundstücke des betreffenden Bezirks geführt wird und öffentlichen Glauben genießt. Jedes Grundstück oder Wohnungseigentum hat ein eigenes Grundbuchblatt (vgl. Tab. 5.33).

Mit dem rechtlichen Übergang gehen alle Nutzungsrechte sowie alle mit dem Grundstück verbundenen Lasten auf den Käufer über. Vor der Eintragung ist der Erwerber kein Eigentümer des Grundstücks.

Das Grundbuch gibt Auskunft über die Rechtsverhältnisse des Grundstückes. Zugunsten desjenigen, welcher ein Recht an einem Grundstück erwirbt, gilt der Inhalt des Grundbuches als richtig, es sei denn, dass ein Widerspruch gegen die Richtigkeit eingetragen oder die Unrichtigkeit dem Erwerber bekannt ist.

Inzwischen sind die früheren papiermäßigen Grundbücher bundesweit digitalisiert. Die Internet-Grundbucheinsicht, also das automatisierte Grundbuchabrufver-

Tab. 5.33: Aufteilung des Grundbuchblattes.

Aufschrift	1. Amtsgericht
	2. Grundbuchbezirk
	3. Bandnummer
	4. Grundbuchblattnummer
Bestandsverzeichnis	**1. Kennzeichnung des Grundstücks**
	Vermessungsbezirk, Flurstück, Wirtschaftsart
	(Hof und Gebäudefläche, Ackerland, Bauernhof)
	2. mit dem Eigentum am Grundstück verbundenen Rechten
	(z. B. Wegerechte, Leitungsrechte u.a.)
Abteilung I	**1. Eigentum**
	2. Grundlage der Eintragung
	(z. B. Auflassung, Erbschein, Zuschlag)
Abteilung II	**1. Lasten**
	Grundstücksrechte (z. B. Nießbrauch, Wohnungsrecht)
	2. Beschränkungen (bezüglich Rechte in Abt. I und II)
	Verfügungsbeschränkungen (z. B. Insolvenzverfahren,
	Zwangsverwaltungs- und Zwangsversteigerungsverfahren)
	Vormerkung
	Widerspruch
Abteilung III	**1. Grundpfandrechte**
	Hypotheken, Grundschulden, Rentenschulden
	2. Beschränkungen (die Grundpfandrechte betreffend)

fahren ist in den Bundesländern eingeführt, die früheren Papiergrundbücher sind weitgehend abgeschafft. Unter Beachtung der gesetzlichen Voraussetzungen können z. B. Notare, Kreditinstitute, Finanzmarktplätze u.a. unmittelbar Einsicht nehmen und sich die Grundbuchblätter als PDF-Dokument ausdrucken.

Das elektronische Grundbuch wird auf einem landeseigenen Zentralserver geführt. Dort erfolgt die dauerhafte und unveränderliche Speicherung der Daten. Mit der Freigabe einer Eintragung durch das zuständige Grundbuchamt mittels einer elektronischen Signatur werden die Daten in die zentrale Datenbank übertragen. Zur Teilnahme an dem Abrufverfahren muss sich der Berechtigte anmelden. Nach Freigabe durch die zuständige Behörde besteht die Möglichkeit, über Datenträger auf diese Daten zurückzugreifen. Dies erspart die Akteneinsicht vor Ort und die Vorlage der Akte. Die Kosten einer solchen Einrichtung sind in der Verordnung über Grundbuchabrufverfahrensgebühren geregelt. Aufgrund der elektronischen Anbindung an das Kataster steht dem Grundbuchamt auch in elektronischer Form eine strukturierte Datenbasis für die Recherche nach Grundbüchern über Angaben zum Flurstück und zu Eigentümern zur Verfügung.

Die für jede Eintragung in das Grundbuch erforderliche, öffentliche oder öffentlich beglaubigte Urkunde sowie sonstige Unterlagen zu den Grundbuchblättern werden in der **Grundakte** geführt, wobei jedes Grundbuchblatt ein besonderes Aktenstück erhält. Außerdem befindet sich in der Grundakte ein Ausdruck (früher Handblatt), aus dem die aktuelle Grundbuchblatt-Situation ersichtlich ist. Die Grundakte sollte eingesehen werden, wenn aus den Grundbuchblättern offene Fragen entstehen.

In Abt. I des Grundbuchs sind die Eigentumsverhältnisse dargestellt. Außerdem ist erkennbar, aufgrund welcher Grundlage und zu welchem Zeitpunkt Änderungen der Eigentumsverhältnisse erfolgt sind (Auflassung, Erbschein, Zuschlag in einem Zwangsversteigerungstermin).

Aus Abt. II sind Lasten und Beschränkungen ersichtlich. Grundstücksrechte wie Nießbrauchrechte oder Wohnrechte schränken den Grundstückseigentümer in der Nutzung oder Ertragserzielung stark oder vollständig ein und werden bei einer Grundstücksbewertung maßgeblich berücksichtigt.

Abt. III des Grundbuchs umfasst die Grundpfandrechte, auf die in den Kapiteln 5.5.5 und 5.5.6 näher eingegangen wird.

5.5.4 Administrative Folgen des Immobilienerwerbs

Mit der Eintragung in das Grundbuch ist der Investor Eigentümer der Immobilie geworden, auf den Rechte und Pflichten zukommen. Anders als bei einer Geldanlage, die oft von einer Bank begleitet und verwaltet wird, gehört die Verwaltung der Immobilie zu den direkten Aufgaben des Eigentümers. Während sich der Kapitalanleger dabei meist professioneller Hilfe bedient (z. B. Hausverwaltungen), muss der Eigennutzer neue administrative Aufgaben übernehmen.

Es ist sinnvoll, für jede Immobilie einen Objektordner anzulegen und dort die wichtigsten Unterlagen zum Objekt auf einem Deckblatt festzuhalten. Muster für Eigennutzer finden sie in Anlage 38 bzw. für Kapitalanleger in der Anlage 39. Diese Daten und Unterlagen werden auch benötigt, wenn wichtige Grundsatzentscheidungen wie Verkauf, Übertragung aber auch Aus- und Umbauten anstehen. Gleichfalls wären bei Nachfinanzierungen oder einem Gläubigerwechsel alle denkbaren Informationen auf einen Blick verfügbar.

Der Wohneigentümer sieht sich mit dem Einzug in das neue Haus/die neue Wohnung mit einer Reihe von ihm bislang nicht bekannten Fragen konfrontiert. Als Grundstückseigentümer ist er verpflichtet, Grundbesitzabgaben zu zahlen. Dazu gehören Grundsteuern, Abfallgebühren, Straßenreinigungskosten, Abwassergebühren, Oberflächenwassergebühren. Die Kommunen erteilen jährlich Bescheide über die Grundbesitzabgaben an den offenkundigen Eigentümer des jeweiligen Grundstücks. Die Erhebung der Grundbesitzabgaben erfolgt nach Maßgabe der einschlägigen Gesetze und Satzungen. Einwände, die sich gegen die in den Satzungen festgelegten Gebührensätze oder die Höhe des Grundsteuerhebesatzes richten, sind nach dem Bürokratieabbaugesetz II unmittelbar dem zuständigen Verwaltungsgericht vorzubringen.

Auch das Finanzamt meldet sich kurzfristig mit einem Einheitswertbescheid. Dies ist ein amtlicher Bescheid des zuständigen Finanzamtes mit Ausweis des Einheitswertes und des Nachweises der Berechnung. Gleichfalls ist der Ausfertigungsgrund vermerkt.

Der Einheitswert ist ein festgesetzter Richtwert für Grundstücke und Gebäude, nach dem der Grundsteuermessbetrag und daraus die Grundsteuer ermittelt werden. Der Wert liegt deutlich unter dem tatsächlichen Wert eines Grundstücks. Die Festsetzung erfolgt:

- bei bebauten Grundstücken nach dem Ertragswertverfahren oder
- bei aufwändigen Gebäuden und Ein- und Zweifamilienhäusern nach dem Sachwertverfahren.

Grundsätzlich wird für jedes Grundstück in der Bundesrepublik der Einheitswert festgestellt (§ 19 Abs. 1 Nr. 1 BewG). Eine Nachfeststellung des Einheitswerts ist vorzunehmen, wenn eine wirtschaftliche Einheit neu entsteht (§ 23 BewG).

Über jede Baugenehmigung erhält das zuständige Finanzamt eine Information, d.h. alle genehmigungspflichtigen Aus- und Umbauten werden aktenkundig. Das Finanzamt übersendet daraufhin dem Grundstückseigentümer neue Erklärungsvordrucke zur Einheitsbewertung, um zu prüfen, ob der Einheitswert neu oder nachträglich geändert festgestellt werden muss. Dieser Erklärung müssen Bauunterlagen (Lageplan, Bauzeichnung, Baubeschreibung, Massen- und Flächenberechnungen) beigefügt werden. Anhand dieser Unterlagen wird meist ein veränderter Einheitswert festgestellt.

Den Bescheid muss sorgfältig geprüft werden, da die Auswirkungen langfristig bestehen werden. Der Einheitswertbescheid enthält auch den Grundsteuermessbescheid. Nähere Details zur Grundsteuer sind aus Anlage 40 zu ersehen.

5.5.5 Besicherung durch Grundpfandrechte

Für Immobiliendarlehen ist typisch, dass sie durch ein Grundpfandrecht dinglich besichert werden. Die Grundpfandrechtsbestellung kann nur durch den Grundstückseigentümer erfolgen, der allerdings nicht unbedingt identisch mit dem Darlehensnehmer sein muss. Hierbei ist zwischen Hypothek, Grund- und Rentenschuld zu unterscheiden. Darüber hinaus können weitere Zusatzsicherheiten vereinbart werden.

Hypothek

Die Hypothek ist eine Belastung des Grundstückes in der Weise, dass an denjenigen, zu dessen Gunsten die Hypothek eingetragen ist, eine bestimmte Geldsumme aus dem Grundstück wegen einer Forderung zu zahlen ist (§ 1113 Abs. 1 BGB). Die Hypothek sichert also eine bestimmte Forderung und ist mit dieser verbunden (Grundsatz der

Akzessorietät). Ohne entsprechende Forderung kann also eine Hypothek nicht weiter fortbestehen. In der aktuellen Baufinanzierungspraxis werden Hypotheken – wenn überhaupt – nur noch von Versicherungsgesellschaften als Darlehenssicherungsmittel eingetragen. Dies ist darauf zurückzuführen, dass die Hypotheken wegen der Akzessorietät nicht flexibel sind. Ist der Eigentümer persönlicher Schuldner und zahlt er seine Schulden zurück, so erlischt die Forderung und die Hypothek geht als Eigentümergrundschuld auf ihn über. Ist der Eigentümer mit dem Schuldner nicht identisch und zahlt zurück, so geht die Hypothek kraft Gesetz auf ihn als Eigentümerhypothek über.

Grundschuld

Die Grundschuld kann als Briefgrundschuld oder als Buchgrundschuld vor einem Notar bestellt werden (§§ 1191 bis 1198 BGB). Die Grundschuld ist das wichtigste Sicherungsmittel eines jeden Immobilienkredites. Daher gehen wir auf dieses Grundpfandrecht ausführlicher ein: Die Grundschuld kennt im Gegensatz zur Hypothek keine Bindung an eine persönliche Forderung (Abstraktheit der Grundschuld) und stellt eine unbedingte Zahlungsverpflichtung aus dem Grundstück dar. Sie setzt keine Forderung voraus. Voraussetzung für die Eintragung der Grundschuld in das Grundbuch ist die Einigung zwischen dem Grundstückseigentümer und dem Gläubiger. Die Verbindung zwischen einer Forderung und einer Grundschuld wird über den Sicherungszweck mittels einer sogenannten Sicherungszweckerklärung hergestellt. Die Sicherungsabrede darf nicht in das Grundbuch eingetragen werden. Eine Umwandlung der Grundschuld in eine Hypothek ist möglich.

Als Sicherheit für eine private Baufinanzierung wird grundsätzlich eine vollstreckbare Grundschuld vereinbart. Grundschuldbestellungsurkunden sehen vor, dass der Grundstückseigentümer auch die persönliche Haftung übernimmt und sich gleichzeitig der sofortigen Zwangsvollstreckung in sein gesamtes Vermögen (erfasst sind damit auch Lohn- und Gehaltsansprüche oder anderer Grundbesitz) unterwirft. Damit bedarf es nicht mehr einer Klage zur Durchsetzung der Forderung des Kreditinstitutes. Die dingliche Haftung ergibt sich aus dem Gesetz (1120 ff. BGB).

Rechtlich handelt es sich bei diesem Titel um ein abstraktes Schuldversprechen/Schuldanerkenntnis mit freiwilliger Zwangsvollstreckungsunterwerfung. Wenn auch dieser persönliche Vollstreckungstitel ein eigenes Zugriffsrecht auf das sonstige Vermögen des Darlehensnehmers darstellt, ist durch die Verbindung mit der Grundschuld nur eine alternative einmalige Befriedigung möglich. Die Erklärung zur persönlichen Haftungsübernahme darf nur vom Darlehensnehmer verlangt werden, jedoch nicht von einem Grundstückseigentümer, der nicht zugleich Darlehensnehmer ist.

Die Grundschuld bleibt häufig bestehen, auch wenn das Darlehen getilgt ist, da sie möglicherweise für andere Finanzierungen neu genutzt werden kann. Zur Löschung der Grundschuld benötigt man eine Löschungsbewilligung, die der Gläubiger in notariell beglaubigter Form erteilt.

Die Bestellung einer Grundschuld kann formlos geschehen. Gläubiger haben jeweils eigene Formulare mit Angaben über die Höhe der Grundschuld, den Zinssatz, den Rang, die Unterwerfungsklausel in die persönliche Haftung, die sofortige Vollstreckbarkeit und ein Schuldanerkenntnis. Voraussetzung für die Eintragung der Grundschuld in das Grundbuch ist die Einigung zwischen dem Grundstückseigentümer und dem Gläubiger. Für die Entstehung der Grundschuld ist die Eintragung (§ 873 BGB) und bei einer Briefgrundschuld die Übergabe des Briefes erforderlich (§§ 1117 Abs. 1, 1192 Abs. 1 BGB). Die Grundschuldbestellungsurkunde enthält folgende Angaben:

- Urkundenrolle, Datum,
- Notarbezeichnung, vollständige Bezeichnung und Anschrift des Kreditnehmers und/oder Eigentümers,
- Grundbuch- und Flurbezeichnungen,
- Gläubigerbezeichnung,
- Kapital, Nebenleistungen, Zinshöhe,
- Hinweise auf Formulare des Kreditinstituts und
- Hinweis auf Unterschriften der Erschienenen und des Notars.

Sofern im Grundbuch der Briefausschluss nicht vermerkt ist, handelt es sich immer um eine Grundschuld mit Brief. Diese Grundschuld erwirbt der Gläubiger erst mit Übergabe des Grundschuldbriefes. Bis zu diesem Zeitpunkt steht die Grundschuld dem Eigentümer zu. In der Praxis ist die Briefgrundschuld vielseitiger verwendbar, da nur Briefgrundschulden außerhalb des Grundbuches abgetreten werden können.

Eine Briefgrundschuld ist zwar flexibler, erfordert aber mehr Verwaltungsaufwand. Auch aus Kostengründen lassen daher die Kreditinstitute in der Regel Buchgrundschulden eintragen. Durch eine Klausel in der Grundschuldbestellungsurkunde kann die Buchgrundschuld (vorübergehend) flexibel gestaltet werden.

Rentenschuld

Die Rentenschuld ist eine Sonderform der Grundschuld (§ 1199 Abs. 1 BGB). Bei der Rentenschuld wird kein Kapital, sondern eine Rente aus einem Grundstück bezahlt. Dabei wird eine Grundschuld in der Weise bestellt, dass in regelmäßig wiederkehrenden Terminen eine bestimmte Geldsumme aus dem Grundstück zu zahlen ist. Bei der Bestellung ist eine Ablösesumme im Grundbuch anzugeben. Das Recht zur Ablösung steht dem Eigentümer zu. Die Rentenschuld kommt häufig bei Altenteilverträgen und bei dem Verkauf einer Immobilie auf Rentenbasis vor.

5.5.6 Einzelfragen zu Grundpfandrechten

Hinsichtlich der Grundpfandrechte gibt es eine Fülle von Einzelfragen, auf die wir im Rahmen dieses Buches nur kursorisch eingehen können. Im konkreten Einzelfall wird der Notar mit dem Immobilieninvestor die offenen Probleme klären. Hierzu zählen im Wesentlichen Fragen zum Haftungsverbund, Zweck und Höhe der dinglichen Zinsen, die Zwangsvollstreckungsunterwerfung, die Sicherungszweckerklärung und der Rückgewährsanspruch.

Haftungsverbund

Die gesetzliche Haftung erstreckt sich zunächst auf das Grundstück. Dabei ist es rechtlich möglich, das Grundstück lediglich mit einem Bruchteil zu belasten, wenn dieses Grundstück im Miteigentum mehrerer Personen steht (§ 1114 BGB). Ein Alleineigentümer kann dagegen nicht nur einen Teil seines Grundstückes mit einer Grundschuld belasten. Sollte dennoch lediglich ein Teil des Grundstückes belastet werden, so muss dieser Teil zunächst von dem Grundstück abgetrennt und als selbstständiges Grundstück im Grundbuch eingetragen werden. Gegenstand des Haftungsverbandes sind auch alle wesentlichen zu diesem gehörenden Bestandteile sowie die Erzeugnisse des Grundstücks (§ 94 BGB).

Dingliche Zinsen

Während bei Hypotheken der dingliche Zins immer dem Zinssatz der gesicherten Forderung entspricht, sind die im Grundbuch eingetragenen Zinsen bei einer Grundschuld unabhängig von den Zinsen des Darlehens (§ 1192 Abs. 2 BGB). Daher weichen die dinglichen Zinsen deutlich von den in den Darlehensverträgen vereinbarten Zinsen ab.

Es empfiehlt sich (für den Gläubiger), bei Grundschulden den dinglichen Zins so hoch zu wählen, dass in jedem Fall auch spätere Zinserhöhungen des gesicherten Darlehens oder mögliche Verzugszinsen (§ 288 Abs. 1 BGB) mit erfasst werden. Üblich sind Zinssätze zwischen 12 % und 18 %. Würden spätere Anpassungen des dinglichen Zinses notwendig, würde dies Kosten und Aufwand verursachen.

Schuldanerkenntnis/Zwangsvollstreckungsunterwerfung

Da ein Darlehensnehmer für das Immobiliendarlehen auch mit seinem sonstigen Vermögen haftet, ist es üblich, dass das Kreditinstitut ein notarielles, vollstreckbares Schuldanerkenntnis des Darlehensnehmers in Höhe des Grundschuldbetrags erhält, mit dem sich der Darlehensnehmer der sofortigen Zwangsvollstreckung in sein gesamtes Vermögen unterwirft.

Aus der Grundschuld heraus hat der Gläubiger gegenüber dem Grundstückseigentümer den Anspruch, dass eine bestimmte Geldsumme aus dem Grundstück zu zahlen ist. Kommt der Darlehensnehmer seinen Verpflichtungen nicht nach, muss notfalls zwangsweise – im Wege der Zwangsversteigerung oder Zwangsverwaltung – gegen den Grundstückseigentümer vorgegangen werden.

Voraussetzung für eine solche Maßnahme ist allerdings das Vorliegen eines sogenannten Titels. Die Grundschuld selbst stellt lediglich ein Pfandrecht dar und beinhaltet nicht zwangsläufig einen zur Durchsetzung der Zwangsvollstreckung erforderlichen Vollstreckungstitel. Man müsste vielmehr gegen den Eigentümer eine Klage auf Duldung der Zwangsvollstreckung mit dem Ziel der Erlangung eines solchen Titels erheben.

Da das Kreditinstitut ein solches zeitaufwändiges Verfahren vermeiden möchte, wird es sich eine sogenannte Unterwerfungserklärung – Schuldanerkenntnis – verschaffen (vgl. § 794 Abs.1 Nr. 5). Dies geschieht in aller Regel mittels der banküblichen Grundschuldbestellungsurkunden.

Eine solche Erklärung bedarf allerdings der notariellen Beurkundung. Nach dem Text der Vordrucke gibt dabei der Grundstückseigentümer die Unterwerfungserklärung nicht nur für sich selbst ab. Er bindet vielmehr auch alle zukünftigen Grundstückseigentümer. Diese Ausdehnung der Haftung bedarf allerdings der Eintragung ins Grundbuch. Das Muster einer Grundschuldbestellungsurkunde mit Unterwerfungserklärung ist in Anlage 41 beigefügt.

Sicherungszweckerklärung

Im Gegensatz zur Hypothek ist eine Grundschuld nicht akzessorisch. Daher besteht keine gesetzliche Verbindung zur Sicherung des Darlehens. Deshalb bedarf es neben der Bestellung einer Grundschuld einer zusätzlichen Sicherungsabrede zwischen Sicherungsgeber und Sicherungsnehmer. Durch diese Abrede wird festgestellt, für welche Ansprüche die Sicherheit herangezogen werden darf.

Durch eine solche Sicherungsabrede – auch Zweckerklärung genannt – wird also die Verbindung zwischen der Sicherheit (z. B. dem Grundpfandrecht) und der gesicherten Forderung hergestellt. Darüber hinaus verstärkt das Kreditinstitut mittels solcher Zweckerklärungen seine Rechtsposition. So erhält das Kreditinstitut beispielsweise:

– das Recht zur Besichtigung des Grundstückes,
– das Recht auf Vorlage von Miet-/Pachtverträgen,
– das Recht, notfalls Gebäudeversicherungen abzuschließen und/oder zu bedienen,
– die Ermächtigung zur Einholung von Auskünften über rückständige öffentliche Grundstückskosten, Einheitswerte, Gebäudeversicherungswerte sowie über Forderungshöhe, Kreditzusagen oder bestehende Sicherheiten von Gläubigern vorrangiger oder gleichrangiger Rechte.

Enge Zweckerklärungen die den Sicherungszweck regelmäßig auf Ansprüche aus einem bestehenden engen Rechtsverhältnis eingrenzen, sind in der Praxis völlig unproblematisch – allerdings mit der Konsequenz, dass für weitere Rechtsverhältnisse gegebenenfalls neue Sicherungsabreden getroffen werden müssten. Sogenannte weite Zweckerklärungen, die grundsätzlich alle bestehenden künftigen und bedingten Ansprüche aus der Geschäftsverbindung umfassen, sind dagegen nur wirksam, wenn

– Personenidentität zwischen Grundstückseigentümer und Darlehensnehmer besteht.
– Der Grundstückseigentümer und der Kreditnehmer persönlich und wirtschaftlich so eng miteinander verbunden sind, dass das Risiko für Grundstückseigentümer berechenbar unvermeidbar ist.
– Bei fehlender Personenidentität individuell auf den weiten Umfang der Zweckerklärung hingewiesen wurde.

Mit der Wohnimmobilienkreditrichtlinie 2016 ist festgelegt worden, dass ein für ein Immobiliar-Verbraucherdarlehen eingetragenes Grundpfandrecht nicht der Sicherung von Ansprüchen aus einem Allgemein-Verbraucherdarlehensvertrag (z. B. auch Kontoüberziehung oder Kreditlinie) herangezogen werden kann, selbst wenn dies in einer Sicherungsabrede vereinbart wurde. Anlage 42 zeigt das Muster einer (engen) Sicherungszweckerklärung.

Rückgewährsanspruch
Wenn der Sicherungszweck entfallen ist, steht dem Immobilieninvestor ein Anspruch auf Rückerlangung der gestellten Sicherheit zu. Wenn die Forderung durch Zahlung bei einer Hypothek erloschen ist, entsteht kraft Gesetzes eine Eigentümergrundschuld (§§ 1163 Abs. 1, 1177 Abs. 1 BGB). Bei einer Grundschuld muss der Sicherungsgeber nach Erledigung des Sicherungszwecks von der Bank eine Rückgewähr verlangen. Handelt es sich um eine Grundschuld mit weiter Zweckerklärung, kann ein entsprechender Anspruch erst nach Beendigung der gesamten Geschäftsverbindung geltend gemacht werden. Bereits durch Tilgung der persönlichen Forderung wird ein Rückgewährsanspruch für den Eigentümer begründet. Der Anspruch ist abtretungsberechtigt und pfändbar. Da das Recht bestimmbar ist, kann es bereits bei der Bestellung der Grundschuld abgetreten werden.

5.5.7 Zusatzsicherheiten

Neben dem Realkreditteil (Objektkredit) kommt der Berücksichtigung des nachrangigen Kreditteils (Personalkredit) Bedeutung zu. Oftmals werden für den letzteren Teil Zusatzsicherheiten verlangt, zumindest aber Risikolebensversicherungen obligatorisch zur Auflage gemacht. Die Zusatzsicherheiten werden mittels eines vorformulierten Vertrages bestellt. Hierzu zählen im Baufinanzierungsbereich beispielsweise:

- Verpfändungen von Kontoguthaben und Depots,
- Höchstbetragsbürgschaften,
- Abtretung von Lebensversicherungsansprüchen,
- Abtretung von Risikolebensversicherungsansprüchen,
- Abtretung von Bausparverträgen,
- Verpflichtungserklärung zur Grundschuldbestellung (Negativerklärung),
- Verpfändung von Immobilienfonds-Anteilen.

Die Bürgschaft ist eine Erklärung Dritter, im Falle einer Zahlungsunfähigkeit des Schuldners für dessen Verbindlichkeiten einzustehen. Bei einer Bürgschaft wird das Kreditinstitut den Bürgen zur Zahlung auffordern, wenn der Hauptschuldner seine Zahlungen einstellt. Der selbstschuldnerische Bürge haftet für die Kreditverpflichtungen des Hauptschuldners in vollem Umfang und wird wirksam, sobald die Kreditforderung fällig gestellt wird. Der formularmäßige Bürgschaftstext der Kreditinstitute umfasst üblicherweise einen weiten Sicherungszweck, d.h. die Bürgschaft dient zur Sicherung aller bestehenden und künftigen, auch bedingten und befristeten Forderungen.

Für Baufinanzierungs- und andere Tilgungskredite wird normalerweise eine Höchstbetragsbürgschaft mit engem Sicherungszweck gefordert.

5.6 Phase 6: Auszahlung des Darlehens

Die Darlehensauszahlung erfolgt erst, wenn die im Darlehensvertrag festgelegten Auszahlungsvoraussetzungen erfüllt sind. Dazu gehört, dass alle Sicherheiten gestellt und insbesondere die Grundpfandrechte vereinbarungsgemäß und rangrichtig bestellt worden sind.

Das Kreditinstitut ist berechtigt, die ordnungsgemäße Verwendung der Darlehen zu überwachen. Bei fertigen Gebäuden wird die Darlehensauszahlung meist in einem Betrag gegen Kaufpreislegung vorgenommen, bei Neubauten wird in Teilbeträgen nach dem Bautenstand ausgezahlt.

Können nicht alle Bedingungen eines Kaufvertrages ohne vorherige Zahlung erfüllt werden, so ist die Zahlung auf ein Notaranderkonto im Treuhandwege üblich. Gleiches kann gelten, wenn Auszahlungen erforderlich werden und die Sicherheiten noch nicht bestellt sind. Es ist üblich, dass zunächst Eigenmittel eingesetzt werden, bevor auf die zugesagten Darlehensbeträge zurückgegriffen wird.

5.6.1 Teilauszahlungen

Bei konventionell zu erstellenden Gebäuden, wie beim Kauf einer Immobilie von einem Bauträger, sowie beim Kauf von Fertighäusern und Massivhäusern ist es erforderlich, die Auszahlung nach dem Bautenstand in Teilbeträgen vorzunehmen. Dies setzt eine vorherige Bautenstandskontrolle oder eine Bescheinigung des bauleitenden Architekten voraus. Die Auszahlungsraten orientieren sich an den Prozentsätzen der Makler- und Bauträgerverordnung.

Der Bautenstandsbericht ist ein Kontrollbericht eines Sachverständigen oder Mitarbeiters des Kreditinstituts über unangemeldete Besichtigungen der Baustelle. Ziel ist es, Qualität und Fortschritt der ausgeführten Baugewerke zu überprüfen und festzustellen, ob die veranschlagten Baukosten eingehalten werden können. Die Berichte werden durch aktuelle Fotonachweise ergänzt. Der Bericht ist eine grundsätzliche Voraussetzung vor Auszahlung von Teilbeträgen durch das Baufinanzierungsinstitut (vgl. Tab. 5.34).

Die Teilauszahlungen orientieren sich an dem festgestellten Fertigstellungsgrad. Zu berücksichtigen ist,, dass einmalige Kosten normalerweise in voller Höhe von der ersten Auszahlungsrate abgezogen werden. Bei Folgeauszahlungen ist dann der bereits für die vorherigen Auszahlungen laufende Zins und ggf. eine Bereitstellungsprovision zu kalkulieren. Diese Kosten schränken den nominalen Kreditspielraum ein; daher sind solche Kosten vorab bei den Bauzeitzinsen zu berücksichtigen. In vielen Fällen werden diese Kosten auch per Einzugsermächtigung fortlaufend abgebucht.

Vor der letzten Teilauszahlung erfolgt die abschließende Besichtigung der fertig gestellten Anlage durch den beauftragten Sachverständigen des Darlehensgebers.

Die Benutzung der durch die Behörden zu besichtigenden Anlagen darf erfolgen, wenn sie ordnungsgemäß fertiggestellt und sicher benutzbar sind. Die Benutzung geschieht also auf Risiko des Bauherrn.

5.6.2 Vollauszahlungen

Vollauszahlungen sind beim Kauf von fertigen oder gebrauchten Immobilien üblich. Aufgrund der „Zug um Zug-Abwicklung" wird der Gegenwert (zumindest bis zur Höhe des Kaufpreises) meist auf ein Notaranderkonto des eingeschalteten Notars zu treuen Händen überwiesen. Dieser gibt die Mittel erst dann an den Verkäufer weiter, wenn die Auflagen und Vollzugsvoraussetzungen erfüllt sind.

Diese Treuhandzahlung ist immer dann notwendig, wenn nicht alle Bedingungen des Kaufvertrages ohne vorherige Zahlung erfüllt werden können. Gleiches kann gelten, wenn Auszahlungen erforderlich werden und die Sicherheiten noch nicht oder noch nicht ranggerecht bestellt sind.

Tab. 5.34: Bautenstandsbericht.

Grundstück	
Eigentümer	
Architekt	
Objektzustand	***Fertigstellungsgrad in %***
Gesamtobjekt	
Kellergeschoss	
Untergeschoss	
Obergeschoss	
einzelne Rohbaugewerke	***Fertigstellungsgrad in %***
Erdarbeiten	
Maurerarbeiten	
Beton/Stahlarbeiten	
Zimmerer	
Dachdecker	
Klempner	
Grundleitungen	
einzelne Ausbaugewerke	***Fertigstellungsgrad in %***
Heizungsinstallation/Lüftung	
Sanitärinstallation	
Elektroinstallation	
Kunst-/Naturstein	
Innenputzarbeiten	
Estricharbeiten	
Fliesenarbeiten	
Schreiner/Fenster	
Glaser	
Schlosser	
Treppen/Geländer	
Rollladen/Jalousien	
Anstrich/Tapezierarbeiten	
Bodenbeläge	
Wärmedämmung	
Außenputz	
Zusammenfassung	
entspricht Bauausführung der Planung/Baugenehmigung?	
Gesamteindruck von der Baustelle?	
Tag der Besichtigung	
Uhrzeit	
ausgefertigt von	

Bei einer Vollauszahlung werden alle Kosten, Zinsen und Bereitstellungsprovisionen vom Auszahlungsbetrag abgezogen.

5.7 Phase 7: Darlehensrückzahlung und Kündigungsgründe

Im Kreditvertrag ist geregelt, welche Zins- und Tilgungsraten (= Kapitaldienst) zu leisten sind. Ferner hat der Darlehensnehmer den Darlehensgeber ermächtigt, diese Leistungsraten zu festen Terminen (meist monatlich) von seinem Konto einzuziehen.

Solange die Darlehensverpflichtungen vertragsgemäß erfüllt werden, ist das auf lange Dauer ausgerichtete Vertragsverhältnis wirksam. Die Modalitäten der Kreditbedienung sind im Darlehensvertrag eindeutig festgelegt und müssen vom Kreditnehmer beachtet werden. Da die Immobilieninvestition häufig durch mehrere Finanzierungsbausteine erfolgt, ist es zweckmäßig, dass der Investor für jeden Finanzierungsbaustein eine Auflistung der Vertragsdaten vornimmt (vgl. Tab. 5.35). Die Datenerfassung ist auch für bereits länger laufende „Altdarlehen" sinnvoll. Wichtig sind vor allem die teilweise weit in der Zukunft liegenden Termine. Die Banken werden zwar von sich aus tätig, wenn Zinsbindungsfristen ablaufen, aber es ist nützlich, wenn der Investor sich vorab über aktuelle Zinsentwicklungen informiert. Wurden für einzelne Finanzierungsbausteine die Zinsen länger als 10 Jahre festgeschrieben, so wird an die Sonderkündigungsmöglichkeit nach § 489 BGB erinnert. Dieses Recht muss der Darlehensnehmer von sich aus geltend machen. Es ist insbesondere in Niedrigzinsphasen wichtig, die Veränderungen des Zinsniveaus zu beobachten. Bewegt sich der Zinstrend nach oben, so könnte schon bis zu 48 Monate vor Ende der Zinsbindung über ein Forward-Darlehen entschieden werden. Alternativ könnten auch mögliche Tilgungsersatzmittel erhöht werden, um beispielsweise früher die Zuteilung eines Bausparvertrages zu bekommen.

Falls Sondertilgungsoptionen vereinbart wurden, besteht in den Jahren der Zinsfestschreibung die Möglichkeit einer schnelleren Rückführung des Darlehens. Zu beachten ist, dass unterlassene Sondertilgungen nicht in den Folgejahren nachgeholt werden können.

Alle laufenden Finanzierungen sollten – unabhängig vom eigentlichen Zinsfestschreibungszeitraum – regelmäßig aktualisiert und daraufhin geprüft werden, ob die Finanzierung nicht weiter optimiert werden kann.

Für jede einzelne Finanzierung sind daher zweckmäßigerweise die Daten z. B. anhand der jährlichen Darlehensbestätigung nach Tab. 5.36 fortzuschreiben.

5.7.1 Planmäßiger Darlehensverlauf

Nach der Darlehensvollauszahlung beginnt der vertraglich vereinbarte planmäßige Ablauf mit den vereinbarten Rückzahlungs- und Verzinsungsmodalitäten. Die meist

Tab. 5.35: Vertragsdaten eines Immobiliendarlehens.

Darlehensvertrag Nr.	
Vertragsdaten	
Darlehensgeber	
1. Darlehensnehmer	
2. Darlehensnehmer	
Bürge	
Entsprechen die Darlehensbedingungen den vorvertraglichen Informationen?	
Ist eine Schufa-Klausel unterschrieben worden?	
Weiterverkauf des Kredits ausgeschlossen?	
Abtretungsverbot der Grundschuld vereinbart?	
Widerrufsbelehrung wirksam seit	
Konditionen	
Darlehensbetrag	
Darlehen voll ausgezahlt am	
Zinssatz	
Effektivzinssatz	
Zinsfestschreibung für	
Ende des Zinsfestschreibung	
Restschuld am Ende der Zinsbindung	
Tilgungssatz	
Sondertilgungsmöglichkeit p.a.	
Tilgungsersatz für endfällige Darlehen	
jährliche Überprüfung der Werthaltigkeit des Tilgungsersatzes	
Besicherung	
Grundschuld in Höhe von	
Rangstelle im Grundbuch	
Sicherungszweckerklärung eng/weit?	
Verkehrswert der Immobilie	
Beleihungswert	
Werthaltigkeit der Objekt-Sicherheit	
Wert evtl. Zusatzsicherheiten	
Auswirkungen auf die Bonität	
Schufa-Basiscore vor Kreditbeantragung	
Ist dieser Baukredit der Schufa gemeldet?	
Schufa-Basisscore nach Kreditzusage?	

Tab. 5.36: Darlehensentwicklung.

	Vorjahr	lfd. Jahr
Darlehensstatus:		
Darlehensnehmer		
Kontonummer		
Darlehensgeber		
Ursprungskredit	€	€
Aktuelle Darlehensvaluta	€	€
Zinssatz in %	%	%
fest bis		
Tilgungssatz	%	%
Kapitaldienst insgesamt	€	€
Fortschreibung der geleisteten Sondertilgungen	€	€
Zusatzinformationen:		
Sonderkündigungsrecht eingeräumt?		
bei Tilgungsersatzmittel Bausparvertrag Saldo zum Jahresende	€	€
bei Tilgungsersatzmittel Lebensversicherung Rückkaufswert zum Jahresende	€	€
veränderter Verkehrswert/aktueller Marktwert	€	€
hat sich der Beleihungsauslauf geändert?		
heutige Konditionen für ein Forward-Darlehen bei meinem Darlehensgeber	%	%
Vorlaufzeit bei dem Forward-Darlehen		
Forward-Konditionen bei einem Drittanbieter	%	%
dortige Vorlaufzeit		

monatlichen Ratenzahlungen werden vom Immobilieninvestor in Form von Daueraufträgen oder Lastschrifteinzügen an die Bank erbracht. Der Darlehensnehmer erhält je nach Darlehensform entweder Kontoauszüge, mindestens aber jährliche Abrechnungen über den Darlehensstand, die geleisteten Zinsen und die erbrachten Tilgungen.

Insbesondere die Zinsabrechnung dient bei vermieteten Objekten als Beleg für die Geltendmachung der Zinsen als Werbungskosten bei den Einkünften aus Vermietung und Verpachtung in der Einkommensteuererklärung (siehe auch Anlage 40).

5.7.2 Unplanmäßiger Darlehensverlauf

Wenn sich die persönlichen Lebensumstände eines Darlehensnehmers gravierend ändern und mit finanziellen Engpässen einhergehen, sollte der Investor unverzüglich

Kontakt mit seinem Darlehensgeber aufnehmen. Zielsetzung ist dabei, Lösungsmöglichkeiten für eine Liquiditätsüberbrückung zu finden und eine Kreditkündigung mit einer folgenden Verwertung der Sicherheiten zu vermeiden. Treten bei einem Darlehen Leistungsstörungen auf, so wird das entweder durch Kontoscoring oder durch anfallende Mahnlisten (falls kein Girokonto oder Gehaltskonto beim Kreditgeber unterhalten wird) festgestellt. Da die Darlehensraten in der Regel über Lastschriften eingezogen werden, löst jede Lastschriftrückgabe sofort eine Reaktion der finanzierenden Bank aus. Zunächst wird versucht, Gründe für die Verschlechterung der Zahlungsfähigkeit festzustellen. Unabhängig davon wird das gesetzlich vorgeschriebene Mahnverfahren in Gang gesetzt, d.h. 14 Tage nach Fälligkeit wird die rückständige Rate schriftlich angemahnt. Ist die Mahnung wirkungslos, erfolgt eine zweite Mahnung, in der auch eine Darlehenskündigung angedroht wird. Bleibt auch die zweite Mahnung erfolglos und sind Bemühungen zur Wiederherstellung geordneter Verhältnisse ergebnislos, wird eine Darlehenskündigung – unter Beachtung der sonstigen Kündigungsvoraussetzungen – ausgesprochen.

Das Kreditinstitut kann den Darlehensvertrag wegen Zahlungsverzugs kündigen, wenn der Darlehensnehmer mit mindestens zwei aufeinanderfolgenden Teilzahlungen ganz oder teilweise **und** mit mindestens 2,5 % des Darlehensnennbetrages in Verzug ist und das Kreditinstitut dem Darlehensnehmer erfolglos eine zweiwöchige Frist zur Zahlung des rückständigen Betrags mit der Erklärung gesetzt hat, dass es bei Nichtzahlung innerhalb der Frist die gesamte Restschuld verlangen wird. Nach Kündigung des Darlehens werden Verzugszinsen fällig (vgl. Tab. 5.37). Grundlage der Verzugszinsen ist der Basiszinssatz der Bundesbank. Bei grundpfandrechtlich gesicherten Verbraucherdarlehensverträgen werden Basiszinsen + 2,5 % berechnet (§§ 497 (1) und 503 BGB).

Tab. 5.37: Verzugszinssatz.

gültig seit	Verzugszinssatz
1.1.2013	2,37 %
1.7.2013	2,12 %
1.1.2014	1,87 %
1.7.2014	1,77 %
1.1.2015	1,67 %
1.7.2015	1,67 %
1.1.2016	1,67 %
1.7.2016	1,62 %
1.1.2017	1,62 %
1.7.2017	1,62 %

Quelle: Deutsche Bundesbank

Der Basiszins (Leitzins) verändert sich zum 1. Januar und 1. Juli eines jeden Jahres um die Prozentpunkte, um welche die Bezugsgröße seit der letzten Veränderung des Basiszinssatzes gestiegen oder gefallen ist. Bezugsgröße ist der Zinssatz für die jüngste Hauptrefinanzierungsoperation der Europäischen Zentralbank vor dem ersten Kalendertag des betreffenden Halbjahres (§ 247 BGB). Die Deutsche Bundesbank gibt den geltenden Basiszinssatz unverzüglich nach den genannten Zeitpunkten im Bundesanzeiger bekannt. An der Entwicklung des Basiszinssatzes ist im Übrigen abzulesen, welche Auswirkungen die Niedrigzinsphase hat. Seit dem Jahr 2013 ist der Basiszins sogar negativ (vgl. Tab. 5.38).

Tab. 5.38: Basiszinssatz.

gültig seit	Basiszinssatz
1.1.2013	−0,13 %
1.7.2013	−0,38 %
1.1.2014	−0,63 %
1.7.2014	−0,73 %
1.1.2015	−0,83 %
1.7.2015	−0,83 %
1.1.2016	−0,83 %
1.7.2016	−0,88 %
1.1.2017	−0,88 %
1.7.2017	−0,88 %

Quelle: Deutsche Bundesbank

5.7.3 Zahlungsstörungen

Zahlungsstörungen sind in der Regel auf Liquiditätsengpässe des Darlehensnehmers zurückzuführen. Diese entstehen, wenn sich die Ausgaben ungeplant erhöhen und/oder Einnahmen ausfallen.

Ausgabenerhöhungen sind i.d.R. einfacher zu überbrücken, während Reduzierungen der Einnahmen weit schwieriger zu lösen sind. Besondere Schwierigkeiten entstehen, wenn Ausgabenerhöhungen und Einnahmenreduzierungen zeitgleich auftreten.

Die häufigsten Rückzahlungsstörungen, die oft zu Leistungsstörungen führen, treten auf durch:

1. Ungeplante Ausgabenerhöhungen z. B. durch:
- fehlerhafte Kostenermittlung/ungeplante Kostensteigerung,
- unrealistischer Ansatz der Eigenmittel,
- Überschätzung der Eigenleistungen,

- nachträgliche Erschließungskosten,
- Nichtbeachtung von behördlichen Auflagen,
- Beseitigung von Baumängeln oder unsichtbaren Grundstückslasten,
- extreme Erhöhung der Nebenkosten (Energiekosten, Versicherung, Grundsteuer),
- Unterhaltskosten infolge Scheidung,
- höhere Zinsbelastung nach Ablauf der Festzinsbindung.

2. Ungeplante Einnahmenverringerungen z. B. wegen:

- Einkommensverlust infolge von Arbeitslosigkeit oder Kurzarbeit,
- Wegfall des Kindergeldes,
- Wegfall von Steuervorteilen,
- längerer Krankheit,
- Arbeitsunfähigkeit,
- Wegfall von Einkünften (Mieteinnahmen, Kapitaleinkünfte),
- Einkommensreduzierung bei Erwerbsminderung, Vorruhestand, Altersteilzeit, Renteneintritt,
- Falscheinschätzung möglicher Steuervorteile,
- Überbewertung von Nebeneinkünften,
- Wegfall von Einkünften anderer Familienmitglieder.

Hilfestellungen des Kreditgebers

Je eher bei Liquiditätsschwierigkeiten Kontakt mit dem Kreditinstitut gesucht und nach Lösungsmöglichkeiten gesucht wird, umso wahrscheinlicher ist es, zu einer Restrukturierung der Finanzierung zu kommen. Handelt es sich nur um eine temporäre Zahlungsstörung, die sich absehbar erledigt, so wird es auch im Interesse der finanzierenden Bank liegen, problemlösende Maßnahmen zu finden. Hierzu zählen:

- befristete Tilgungsaussetzung,
- Tilgungsstreckung,
- Umschuldungsvereinbarungen,
- Stundungsvereinbarungen,
- Leistungshilfe-/Überbrückungsdarlehen,
- Zinszugeständnisse (Hochzinsphase).

Stundungsgesuche kommen in der Praxis häufig vor. In der Wohnungsbaufinanzierung besteht allerdings die Gefahr, dass die Nachholung gestundeter Raten die späteren Monatsbelastungen weiter erhöht und zu einem erneuten Liquiditätsengpass des Immobilieninvestors führt. Eine Stundung ist am wirkungsvollsten, wenn die Raten an das Ende der Gesamtzahlungen angehängt werden können.

Bei einer sehr langen Restlaufzeit des Darlehens ist dies aus Kostengründen aber nicht immer sinnvoll, da eine Stundung die Zinsbelastung beträchtlich erhöht. Da der

Tilgungsanteil der ersten Jahre in der Monatsrate relativ gering ist, dürfte die zeitlich begrenzte Inanspruchnahme von Überziehungskrediten in der Regel billiger sein als eine Stundung.

Problematisch ist es, wenn für das zu stundende Darlehen eine Bürgschaft mit engem Sicherungszweck besteht. Bei einer Stundung, mit der die Fälligkeit des Darlehens hinausgeschoben wird, ohne dass ein neuer Darlehensvertrag abgeschlossen wird, haftet ein Bürge nur für den am Ende der ursprünglich vorgesehenen Darlehenslaufzeit bestehenden Saldo. Er haftet nicht für während des Stundungszeitraums vorgenommene Darlehenserhöhungen und die in dieser Zeit angefallenen Zinsen. Zur Problembehandlung werden oft neue Absprachen und Vereinbarungen getroffen. Werden solche Angebote nicht genutzt oder klare Zusagen erneut nicht eingehalten, sind weitere Hilfsmaßnahmen aussichtslos.

Ist die Zahlungsstörung struktureller Art, so ist es inzwischen üblich, dass die Kundenbetreuung derartiger Kredite in einer Spezialabteilung vorgenommen wird („Intensivbetreuung").

In diesem Falle wird die Bank prüfen,
- in welchem Zustand sich das beliehene Objekt befindet,
- ob der Kreditnehmer einem freihändigen Verlauf zustimmen wird und der erwartete Verkaufserlös für die Darlehensrückführung ausreicht,
- ob es sinnvoll oder möglich ist, das Objekt zu vermieten,
- ob und wann eine Zwangsversteigerung durchgeführt werden kann.

Bei einer strukturellen Zahlungsstörung, die zu einem „notleidenden Darlehen" führt, kann eine Schadensbegrenzung nur durch Verwertung der Sicherheiten erfolgen. Vorab wird zunächst versucht, durch einen freihändigen Verkauf für alle Beteiligten die wirtschaftlich beste Lösung zu finden.

5.7.4 Außerordentliche Kündigungsgründe der Bank

Der Kreditgeber kann nach § 490 BGB, den Darlehensvertrag außerordentlich kündigen. Eine fristlose Kündigung des Darlehens ist zulässig, wenn ein wichtiger Grund vorliegt, der die Fortführung des Darlehens der Bank unzumutbar werden lässt. Ein wichtiger Grund liegt insbesondere vor,
- wenn die Voraussetzungen für die Auszahlung des Darlehens gemäß den Darlehensbedingungen nach Ablauf des Auszahlungstermins nicht erfüllt werden;
- das Darlehen nach Ablauf des Auszahlungstermins nicht abgenommen wird;
- wesentliche Angaben in den Beleihungsunterlagen, im Darlehensvertrag oder in der Selbstauskunft/dem Zusatzblatt nicht zutreffend sind;
- Grundschulden mit einem schlechteren als dem vereinbarten Rang im Grundbuch eingetragen werden;

- der Darlehensnehmer der Verpflichtung zur Offenlegung seiner wirtschaftlichen Verhältnisse nicht nachgekommen ist;
- ohne Zustimmung der Bank ein Wechsel im Eigentum der belasteten Grundstücke erfolgt.

Besteht der wichtige Grund in der Verletzung einer vertraglichen Pflicht, ist die Kündigung erst nach erfolglosem Ablauf einer zur Abhilfe bestimmten angemessenen Frist oder nach erfolgloser Abmahnung zulässig.

5.7.5 Kündigungsrechte des Darlehensnehmers

Besondere Umstände können den Darlehensnehmer veranlassen, sein Immobiliendarlehen zu kündigen. Die entsprechende Regelung findet sich im § 489 BGB.

Ordentliches Kündigungsrecht
Bei dem ordentlichen Kündigungsrecht ist danach zu unterscheiden, ob es sich um Darlehen mit Festzinsvereinbarungen oder um solche mit variablen Zinsen handelt.

1. Darlehen mit Festzinsvereinbarung:
- Nach Ablauf der Zinsbindung, wenn die Dauer der Zinsbindung kürzer ist als die Darlehenslaufzeit und noch keine Konditionsanschlussvereinbarung getroffen wurde; Die Kündigung muss der Bank einen Monat vor Ablauf der Sollzinsbindungsfrist zugegangen sein (§ 489 Abs. 1 Nr. 1 BGB).
- Immobiliendarlehen, die nicht durch ein Grundpfandrecht gesichert sind, kann der Kreditnehmer kündigen, wenn seit Auszahlung des Kredits ein halbes Jahr vergangen ist. Die Kündigungsfrist hierfür beträgt 3 Monate.

2. Darlehen mit variabler Zinsvereinbarung:
- Kündigung jederzeit unter Einhaltung einer Kündigungsfrist von drei Monaten (§ 489 Abs. 2 BGB).
- Einige Banken bieten gegen Zinsaufschlag Immobiliendarlehen an, die der Immobilieninvestor nach Ablauf einer Sperrfrist von beispielsweise 2 Jahren kostenfrei zurückzahlen kann.

Eine Kündigung des Darlehensnehmers gilt als nicht erfolgt, wenn er den geschuldeten Betrag nicht binnen zwei Wochen nach Wirksamwerden der Kündigung zurückzahlt.

Das ordentliche Kündigungsrecht des Darlehensnehmers kann nicht durch Vertrag ausgeschlossen oder erschwert werden.

Außerordentliches Kündigungsrecht

Eine außerordentliche Kündigung und Rückzahlung des Darlehens vor Ablauf der Festzinsbindung ist nur bei einem berechtigten Interesse des Darlehensnehmers möglich. Ein solches berechtigtes Interesse liegt vor, wenn die wirtschaftliche Handlungsfreiheit des Darlehensnehmers unangemessen eingeschränkt wird.

Anlässe einer vorzeitigen Kündigung ergeben sich im Wesentlichen durch drei Fälle:

1. Verkauf des Objektes:

Eine vorzeitige Kündigung eines Festzinsdarlehens wird dann notwendig, wenn der Darlehensnehmer seine Immobilie verkaufen muss oder möchte. Da dieser Verkauf nur lastenfrei erfolgen kann, sind aus dem Verkaufserlös alle bestehenden Darlehen ablösen und die Sicherheiten freizugeben. In diesem Fall wird eine Kündigung des Festzinsdarlehens erforderlich.

2. Notwendigkeit weiterer Kreditaufnahme:

Ein Interesse des Immobilieneigentümers besteht auch dann, wenn er gezwungen ist, seine komplette Bankverbindung zu einem anderen Institut zu verlegen. Dies kann dann der Fall sein, wenn der Darlehensnehmer zum Beispiel für Umbaumaßnahmen weitere Kreditmittel benötigt, die die finanzierende Bank nicht bereitstellen möchte. Findet der Immobilieninvestor eine andere Bank, die ihm die weiteren Mittel bewilligt, dann erfolgt eine vorzeitige Kündigung. Meist fordert die andere Bank im Rahmen des Finanzierungswechsels auch die Übertragung der kompletten Bankverbindung.

3. Zinsgünstige Umschuldung:

Eine weitere Situation für eine vorzeitige Kündigung liegt vor, wenn ein Darlehensnehmer aufgrund der Verbesserung des Zinsniveaus zu seinen Gunsten eine Umschuldung vornehmen möchte. Durch die neue Wohnimmobilienkreditrichtlinie ist die Bank nunmehr verpflichtet, dieser Kündigung zuzustimmen.

5.7.6 Vorfälligkeitsentschädigung

Gemäß Paragraf 490 Abs. 2 BGB steht dem Kreditinstitut bei außerordentlicher Kündigung durch den Kreditnehmer ein Nachteilsausgleich, also eine Vorfälligkeitsentschädigung zu.

Bei der Berechnung der Vorfälligkeitsentschädigung geht es darum, den Schaden zu ermitteln, der dem Kreditinstitut durch vorzeitige Zurückzahlung des Festzinsdarlehens entstehen wird. Hierdurch soll gewährleistet werden dass das Kreditinstitut durch die Kündigung des Festzinsdarlehens nicht schlechter gestellt wird, als es gestanden hätte, wenn das Darlehen zu den vereinbarten Konditionen fortgeführt worden wäre. Bei einem stetig steigenden Zinsniveau kann es sein, dass dem Kreditinstitut aus der kürzeren Restlaufzeit gar kein Schaden entsteht, sondern dieser

Ertrag den Schaden sogar aufwiegt oder zumindest deutlich verringert. Zur Ermittlung des entstandenen Schadens kann das Kreditinstitut die Aktiv-Aktiv-Methode oder die Aktiv-Passiv-Methode anwenden.

Der **Aktiv-Aktiv-Vergleich** unterstellt, dass die Bank in der Lage ist, die vorzeitig zurückgeführten Darlehensmittel für die Restlaufzeit an neue Kunden auszureichen. Mit dem Begriff Restlaufzeit ist allerdings nicht die Restlaufzeit des Darlehens gemeint, sondern der Zeitraum der geschützten Zinserwartung. Es geht also nur um den Zeitraum bis zum Ablauf der Festzinsvereinbarung. Nach Ablauf von zehn Jahren hätte der Darlehensnehmer ohnehin ein gesetzliches Kündigungsrecht des Festzinsdarlehens. Dafür gilt allerdings eine Kündigungsfrist von 6 Monaten, also könnte das Kreditinstitut bei einem solchen Darlehen nur bis zum Ablauf von 10 ½ Jahren Vorfälligkeit beanspruchen.

Das Kreditinstitut vergleicht den Ertrag, den es erwirtschaftet hätte, wenn das Darlehen bis zur Fälligkeit der Festzinsvereinbarung fortgeführt worden wäre, mit dem Ertrag der durch eine erneute Kreditausreichung für die Restlaufzeit erwirtschaftet werden könnte.

Die Vorfälligkeitsentschädigung setzt sich beim Aktiv-Aktiv-Vergleich zusammen aus dem Zinsmargenschaden und dem Zinsverschlechterungsschaden abzüglich der anteiligen Risiko- und Verwaltungskosten. Die ständige Rechtsprechung betrachtet aktuell einen Zinsmargenschaden von 0,5 % als angemessen. Da die Aktiv-Aktiv Methode zur Offenlegung der Zinsmarge führt, wird sie in der Praxis nur von wenigen Kreditinstituten angewendet.

Der **Aktiv-Passiv-Vergleich** ist in der Praxis am weitesten verbreitet. Dieser Methode liegt die theoretische Überlegung zu Grunde, dass der vom Kunden zurückgezahlte Darlehensbetrag für die Restlaufzeit wieder angelegt wird. Dies bedeutet, dass der Ertrag, den das Kreditinstitut aus dem Darlehen erwirtschaften könnte, mit dem Ertrag verglichen wird, den es durch die Anlage des Rückzahlungsbetrages erzielen wird. Der Ertragsverlust ist durch den Kunden in Form einer Vorfälligkeitsentschädigung zu erstatten.

Dem Kreditinstitut entsteht bei der Wiederanlage des zurückgezahlten Betrages zum einen ein Schaden aufgrund eines niedrigeren Zinses infolge der kürzeren Laufzeit und zum anderen aufgrund eines niedrigeren Zinses im Falle eines allgemeinen rückläufigen Zinsniveaus. Für die Berechnung gelten folgende Grundsätze

- Einhaltung der Cash-Flow-Methode. Hierbei ist zu berücksichtigen, dass Zins- und Tilgungsleistungen – je nach Kreditvertrag – unterjährig zu verschiedenen Zeitpunkten geleistet werden können. Bei der Berechnung ist der Nominalzins zugrunde zu legen.
- Ermittlung des Wiederanlagezinses auf Basis der für die Laufzeit gültigen Angaben der Deutschen Bundesbank. Die Zugrundelegung des Pfandbriefindex (PEX), der sich aus 30 verschiedenen Pfandbriefen mit unterschiedlichen Pfandbriefen und Laufzeiten zusammensetzt, ist den Banken vom BGH untersagt worden.

– Abzinsung mit realer Zinsstrukturkurve. Für fällige Raten die für einen bestimmten Zeitraum erbracht werden, muss ein Wiederanlagesatz für den gleichen Zeitraum zugrunde gelegt werden.
– Risikokosten müssen in % der Darlehenssumme berechnet und für die nicht in Anspruch genommene Laufzeit dem Kunden erstattet werden.
– Verwaltungskosten müssen volumenunabhängig veranschlagt und für die nicht in Anspruch genommene Laufzeit anteilig zurückerstattet werden.
– Transparenz der Schadensberechnung. Der Investor muss die Berechnung der Vorfälligkeit nachvollziehen können.
– Sondertilgungen sind bei der Berechnung der Vorfälligkeit zu berücksichtigen, da die Bank bezüglich dieser Beträge keine rechtlich geschützte Zinserwartung hat. Hat der Investor in der Vergangenheit regelmäßig Sondertilgungen geleistet, wird die Bank davon ausgehen, dass er auch in Zukunft zu einer ordnungsgemäßen Bedienung fähig gewesen wäre. Dadurch verringert sich der vom Investor zu zahlende Vorfälligkeitsbetrag. Schwieriger ist die Entscheidung, wenn der Investor unregelmäßig Sondertilgungen geleistet hat. In diesem Fall wird in der Praxis häufig der Nachweis verlangt, dass er zur Sondertilgung auch in Zukunft wirtschaftlich in der Lage gewesen wäre. Vor diesem Hintergrund sollte am besten immer das höchstmögliche Sondertilgungsrecht vereinbart werden.

Tab. 5.39: Vorfälligkeitsentschädigung nach der Aktiv-Passiv Methode.

Vertragsdaten	
Vertragsbeginn	01.11.2009
Ende der Sollzinsbindung	31.10.2019
Restschuld aktuell am 15.11.2015	141.300 €
Sollzinssatz (Nominalzinssatz)	3,56 %
derzeitige Ratenhöhe	823 €
Ratenzahlung	monatlich
geplanter Kündigungstermin (Fälligkeit des Kaufpreises)	15.01.2016
jährliche Sondertilgungsoption	nicht vereinbart
erfolgte in diesem Jahr eine Sondertilgung	nein
Ergebnis	**€**
Zinsverschlechterungsschaden	17.753,92
Bearbeitungsentgelt	200,00
abzgl. Risikoersparnis (basierend auf 0,1 %)	465,85
abzgl. Verwaltungskostenersparnis	183,87
Vorfälligkeitsentschädigung	**17.304,20**
Hinweise:	
Für diese Berechnungen sind die Wiederanlagezinsen auf Basis der für die Laufzeit gültigen Angaben der Bundesbank verwendet worden.	
beigefügt ist die Berechnung über den fiktiven Darlehensverlauf ab dem Kündigungszeitpunkt	

Ein Berechnungsbeispiel für die Aktiv-Passiv-Methode findet sich in Tab. 5.39. Hierin wurde davon ausgegangen, dass die Vorfälligkeitsentschädigung durch den Verkauf des selbstgenutzten Hauses ausgelöst wurde.

5.8 Phase 8: Anschlussfinanzierung

In Deutschland sind die meisten Immobilienfinanzierungen durch eine Festzinsbindung gekennzeichnet. Hieraus folgt, dass die Immobilienfinanzierung in der Regel eine Abschnittsfinanzierung ist, die nach Beendigung einer Zinsbindung bei dem bisherigen oder einem anderen Kreditgeber neue Konditionsvereinbarungen erfordert.

Ist ein fester Zinsbindungszeitraum vereinbart, so ist der Darlehensgeber verpflichtet, rechtzeitig seinen Darlehensnehmer zu unterrichten, ob und zu welchen Konditionen er das Darlehensverhältnis fortsetzen will. Bei variabel finanzierten Darlehen beträgt die Kündigungsfrist 3 Monate. Eine gleichartige Situation besteht bei Darlehen, die ohne grundpfandrechtliche Besicherung aufgenommen wurden. Hier ist es wichtig, die Zinsentwicklung im Auge zu behalten und bei einem erwarteten Anstieg des Zinsniveaus in ein Darlehen mit Festzinsbindung umzuschulden. Bei Darlehen mit variablen Zinsen sollte der Immobilieninvestor darauf achten, wie sich die Referenzzinssätze entwickeln. Da derartige Darlehen mit einer dreimonatigen Kündigungsfrist ausgestattet sind, kann bei einer sich abzeichnenden Zinserhöhung in ein Darlehen mit Festzinsbindung umgeschuldet werden.

Auch sollte man spätestens zu diesem Zeitpunkt die aktuellen Konditionen der Finanzierungsplattformen aufrufen und kann dann gut vorbereitet das Angebot des bisherigen Kreditgebers abwarten, das – wie gesetzlich vorgeschrieben – etwa 3 Monate vor Ablauf der Sollzinsbindungsfrist ins Haus kommt. Spätestens dann sind beide Vertragspartner aufgerufen, ein neues Beratungsgespräch zu führen.

5.8.1 Anschlussfinanzierung beim bisherigen Darlehensgeber

Die Anschlussfinanzierung beim bisherigen Darlehensgeber kann in Form einer Prolongation oder Umschuldung erfolgen. Von einer Prolongation spricht man, wenn die Zinsen an das aktuelle Marktniveau angepasst werden und die Tilgungsrate i.d.R. unverändert bleibt. Eine Umschuldung liegt vor, wenn die Anschlussfinanzierung grundlegend andere Konditionsbestandteile (Laufzeiten, Tilgungsraten etc.) beinhaltet oder auf andere Darlehensformen zurückgreift.

Prolongation
Bei der anstehenden Prolongation hat der Immobilieninvestor i.d.R. eine gute Verhandlungsposition, denn die schwierige Anfangsphase einer Finanzierung ist

vorüber, alle Sicherheiten sind bestellt, das Beleihungsobjekt hat eine Wertsteigerung erfahren, es ist möglicherweise schon einiges getilgt und vor allem ist über einen langen Zeitraum die Bonität durch regelmäßige Zahlungen nachgewiesen worden.

Umschuldung

Wird eine Baufinanzierung nach Ablauf der Zinsbindung umgeschuldet, müssen individuelle Anpassungen in einem neuen Darlehensvertrag vereinbart werden. Hierunter fallen z. B. folgende Vertragsbestandteile:
-   Änderung der Ratenhöhe (Erhöhung oder Reduzierung ohne Verlängerung der Laufzeit),
-   Änderung der Zahlungsweise (monatlich/vierteljährlich),
-   Änderung der Zinsbindungsfrist (ohne Verlängerung der ursprünglichen Darlehenslaufzeit),
-   vorzeitige Tilgung (Löschung tilgungsfreier Jahre),
-   Wechsel der Tilgungsart (annuitätisch/endfällig),
-   Änderung der Rückzahlungsvereinbarung bei endfälligen Darlehen.

Kommt es bis zum Fälligkeitstermin nicht zu einem neuen Vertragsverhältnis mit dem bisherigen Darlehensgeber, so wird das Baudarlehen – zu variablen Sollzinsen – zunächst fortgeführt.

Umschuldungen kommen in der Praxis häufig vor, wenn Baufinanzierungsdarlehen mit variablen Konditionen in längerfristige Darlehen umgestellt werden. Solche variabel verzinslichen Darlehen mit zumeist kurzer Laufzeit sind von Immobilieninvestoren häufig in Hochzinsphasen abgeschlossen wurden, mit der bereits feststehenden Absicht, diese nach Absinken der Zinsen langfristig umzuschulden.

5.8.2 Wechsel des Darlehensgebers

Falls der Immobilieninvestor bei einer Anschlussfinanzierung das Kreditinstitut wechselt, ist dies gleichbedeutend mit einer neuen Kreditaufnahme. Es erfolgt eine neue Kreditprüfung, die sowohl die Bonität des Kreditnehmers beleuchtet, als auch das Objekt einer Überprüfung unterzieht. Auf die veränderte Situation bei der Kreditwürdigkeitsprüfung aufgrund der Wohnimmobilienkreditrichtlinie hatten wir bereits hingewiesen.

Dazu müssen die sogenannten Wechselkosten (Aufwendungen für die Abtretung und Umschreibung der Grundpfandrechte oder die Neubestellung der Sicherheiten) einkalkuliert werden. Es ist günstiger, bestehende Grundpfandrechte abzutreten, als zu löschen und neu einzutragen. Jedoch setzt eine Abtretung voraus, dass Briefgrundschulden eingetragen sind.

Die Wechselkosten liegen in der Praxis deutlich unter 1 % der Restkreditsumme. Der Hauptkostenanteil besteht in der notwendigen Abtretung oder der Neueintragung der Grundpfandrechte, sowie den erforderlichen Löschungskosten. Dafür muss ein Notar bemüht werden. Ein Zinsunterschied von beispielsweise 0,5 % bei einem Restdarlehen von 100.000 Euro bringt in 10 Jahren eine Ersparnis von 5.000 Euro, ein Institutswechsel würde aber im ungünstigsten Fall Kosten von etwa 1.000 Euro verursachen.

Positiv dabei ist, dass aufgrund der zwischenzeitlichen Tilgung und/oder einer Sondertilgung, sowie einer inzwischen eingetretenen Wertsteigerung des Beleihungsobjektes bei dem neuen Darlehensgeber ein wesentlich günstigerer Beleihungsauslauf Grundlage der Konditionsgestaltung sein kann. Da für die Anschlussfinanzierung der Gesamtberatungsbedarf nicht mehr so hoch ist, sind gerade derartige Finanzierungen auch für Direktbanken höchst interessant. Viele Kreditinstitute haben günstige Volltilgerdarlehen im Angebot, die oft nur im Neugeschäft eingesetzt werden. Will man diese empfehlenswerte Anschlussfinanzierungsform nutzen, ist möglicherweise ein Institutswechsel notwendig.

Nach Erhebungen der Verbraucherschutzorganisationen verlängern vier von zehn Hauseigentümern ihren Immobilienkredit bei ihrer „alten Bank", ohne Vergleichsangebote einzuholen. Dabei gelten für Neukunden oft bessere Konditionen als für Bestandskunden. Eigentlich ist dies kaum verständlich, denn gerade bei einer Anschlussfinanzierung ist es einfacher, Konditionsvergleiche anzustellen, da die Grunddaten feststehen und Erfahrungen vorliegen.

5.8.3 Abschluss eines Forward Darlehens

Mit einem Forward-Darlehen können Darlehensnehmer für ihre Anschlussfinanzierung bis zu fünf Jahren vor Ablauf der regulären Zinsbindung eine „Vorratsfinanzierung" vereinbaren. Derzeit verlangen Kreditinstitute pro Jahr Vorlaufzeit einen Zinsaufschlag von 0,10 bis 0,30 Prozentpunkten im Vergleich zu einem Darlehen mit gleicher Laufzeit. Dieser Zinszuschlag ist institutsbezogen unterschiedlich und der Höhe nach entsprechend der jeweilig notwendigen Vorlaufzeit gestaffelt. Je kürzer die Vorlaufzeit, desto niedriger der Zinsaufschlag.

Der Immobilieninvestor sichert sich damit die aktuellen niedrigen Zinsen, auch wenn die Anschlussfinanzierung erst in den nächsten Jahren notwendig wird. Er geht dabei von der Zinserwartung aus, dass die Zinsen im Zeitpunkt der Anpassung höher sind als die aktuellen Konditionen einschließlich Zinsaufschlag. Die neue Zinsfestschreibungszeit sollte möglichst langfristig (10 Jahre und länger) gewählt und ersparte Zinsen für eine Erhöhung der Tilgungsraten genutzt werden. Von Nachteil ist, dass die vereinbarten Zinsen fix sind, auch wenn es zu weiteren Zinssenkungen kommen sollte. Allerdings gibt es auch Forward- Darlehen mit Kündigungsrecht, die diesen Nachteil ausschließen.

Eine besondere Besicherung dieses Darlehens ist nicht erforderlich, weil die bestehende Grundschuldsicherheit später lediglich ausgetauscht wird. Diese Frage stellt sich möglicherweise nur, wenn das Forward-Darlehen bei einem anderen Institut aufgenommen wird.

Von Vorteil kann auch sein, dass zum Zeitpunkt der Ablösung der „alten Finanzierung" durch das Forward-Darlehen durch zwischenzeitliche Wertsteigerung der Immobilie, die bereits erfolgte Teiltilgung und mögliche Sondertilgungen das neue Darlehen einen wesentlich niedrigeren Beleihungsauslauf hat und auch dies zu einem günstigeren Konditionsangebot führt. Auch Volltilgervarianten sind als Forward-Darlehen vorstellbar, ebenso wie Sonderabsprachen, die auf individuelle zeitliche Wünsche abstellen.

Forward-Darlehen eignen sich auch dann, wenn beispielsweise bei der Zinsfälligkeit eine Sondertilgung erfolgen soll. In diesem Fall wird das Forward-Darlehen über die dann noch benötigte Restschuld abgeschlossen. Zwingend notwendig ist das Forward-Darlehen für alle diejenigen, die aufgrund ihrer (eingeschränkten) Einkommenssituation unbedingt eine sichere und fest kalkulierbare Belastung brauchen und bei einem Zinsanstieg befürchten müssten, die Hausbelastung nicht mehr tragen zu können.

Wer notfalls auch einen höheren Zins zahlen und/oder die Zinsen als Werbungskosten steuerlich absetzen kann, ist nicht der typische Forward-Darlehensnehmer.

Weiterhin ist zu beachten, dass viele Kreditinstitute in den ersten 3,6 oder 12 Monaten nach Vertragsabschluss keine Bereitstellungszinsen verlangen. In diesen Fällen ist ein normaler Anschlusskredit die bessere Lösung. Die Forward-Darlehen eignen sich insbesondere dann, wenn die Vorlaufzeit (also die zins- und darlehenslose Bereithaltungszeit) mindestens 12 Monate und maximal 4 Jahre beträgt. Viele Institute haben für diese Darlehensform auch Mindestbeträge (z. B. 50.000 €) festgelegt.

In der Werbung findet man sogar Hinweise, der Investor solle bereits bis zu 5 Jahre im Voraus über diese Form der Zinssicherung nachdenken. Zu bedenken ist dabei, dass es sich um eine Spekulation auf künftige Zinsentwicklungen handelt, die sich in den vergangenen Jahren zu keiner Zeit gerechnet hat. Um dies richtig einzuordnen, sollte man sich die Zuschläge in Tab. 5.40 ansehen, die dann im gesamten neuen Festschreibungszeitraum zu zahlen sind.

Tab. 5.40: Zinszuschläge bei Forwarddarlehen.

Vorlaufzeit für Darlehen mit 10 Jahren Zinsbindung	durchschnittlicher Zuschlag im Vergleich zu einem Darlehen ohne Vorlaufzeit
2 Jahre	0,40 %
3 Jahre	0,62 %
4 Jahre	0,73 %

Quelle: Dr. Klein 2/16

6 Chancen und Risiken einer Immobilieninvestition

Wie jede Investition sind auch Investitionen in Immobilien mit Chancen und Risiken verbunden. Anders als Geldanlagen sind Immobilieninvestitionen aber immer langfristig, standort- und objektgebunden. Dies trifft auch auf die Chancen und Risiken zu, denen wir uns nachfolgend zuwenden.

6.1 Chancen

Selbstnutzer und Kapitalanleger erwerben Immobilien, weil sie in dieser Investition Chancen sehen, die den hohen Kapitaleinsatz rechtfertigen. Selbstnutzer sehen im Immobilienerwerb neben Unabhängigkeit und individueller Gestaltung ihrer Wohnsituation eine Chance auf Wertsteigerung, eine Möglichkeit zum inflationsgeschützten Vermögensaufbau und einen Beitrag zur Altersvorsorge. Kapitalanleger hoffen bei ihrer Investition auf eine hohe Netto-Mietrendite, auf Wertzuwachs ihres Objektes und auf hohe Steuerersparnisse. Diese Chancenerwartungen von Selbstnutzer und Kapitalanleger sind nicht eindeutig abgrenzbar, sondern können sich in unterschiedlichen Konstellationen vermischen.

Chancen auf Wertsteigerung

Über die Wertsteigerung von Immobilien lassen sich in der Vorschau nur spekulative Aussagen treffen. Fakt ist aber, dass Wohnimmobilien in den letzten Jahrzehnten einen deutlichen Wertzuwachs verzeichneten, was beim Verkauf der Immobilien zu attraktiven Gesamtrenditen geführt hat. Im europäischen und historischen Vergleich sind die Hauspreise in Deutschland immer noch niedrig. Während die Preise in Deutschland im Zeitraum 2005–2014 durchschnittlich um 15 Prozent gestiegen sind, kletterten sie in Dänemark um 30 %, in Finnland um 40 %, in Norwegen um 85 % und in Schweden um rd. 90 %. Berücksichtigt man die weiterhin hohe Immobiliennachfrage durch Selbstnutzer und Kapitalanleger bei einem unverändert knappen Angebot und unterstellt mittelfristig ein weiterhin niedriges Zinsniveau, so ist auch in den kommenden Jahren mit Wertsteigerungspotenzialen bei Immobilien zu rechnen. Dies schließt nicht aus, dass diese Entwicklung für Objekte in unattraktiven Lagen nicht zutrifft.

Inflationsgeschützter Vermögensaufbau

Immobilien tragen dazu bei, das Vermögen gegen steigende Preise abzusichern, da der reale Wert erhalten bleibt und bei steigender Nachfrage nach Sachwerten eher weiter anwächst. Auch wenn die Inflationsrate sich derzeit auf einem niedrigen Niveau befin-

https://doi.org/10.1515/9783110437874-007

det und daher keinen unmittelbaren Anreiz für eine Immobilieninvestition bietet, wird mittelfristig ein Anstieg erwartet. Dieser löst zeitverzögert Preissteigerungseffekte bei Bestandsimmobilien aus und wird die Nachfrage nach Immobilien zusätzlich verstärken.

Immobilien als Bestandteil der Altersvorsorge

Die Immobilie als Instrument zur privaten Altersvorsorge hat erst seit wenigen Jahrzehnten das Interesse von Anlegern und Altersvorsorgesparern auf sich gezogen. Ursächlich hierfür sind der demografische Wandel und die künftige Entwicklung der Renten.

Da immer weniger Berufstätige immer mehr Rentner „finanzieren" müssen und sich die Lebenserwartung der heutigen und künftigen Rentner ständig weiter erhöht, wird das Rentenniveau längerfristig weiter sinken (vgl. Tab. 6.1). Eine zusätzliche private Altersabsicherung auf freiwilliger Basis wird daher immer dringlicher.

Tab. 6.1: Lebenserwartung.

Lebenserwartung im Alter 65				Änderung in Jahren gegenüber Sterbetafel 2012//2014	
	Sterbetafel 2012/2014	2060 Basisannahme	2060 starker Anstieg	2060 Basisannahme	2060 starker Anstieg
Männer	17,7	22,3	24,7	+ 5,2	+ 7,6
Frauen	20,9	25,5	27,4	+ 5,1	+ 7,0
Differenz	3,2	3,2	2,7	./. 0,1	./. 0,6

Quelle: Statistisches Bundesamt

Mit der Anschaffung einer eigenen Immobilie können bereits in frühen Jahren nicht nur Unabhängigkeit und individuelle Wohnvorstellungen realisiert, sondern zugleich ein Beitrag zur eigenen Altersvorsorge geleistet werden. Die Immobilie wird insbesondere dann zu einer geeigneten Altersvorsorgeinvestition, wenn das eigene Haus oder die vermietete Wohnung spätestens zum Rentenbeginn abbezahlt ist. Zur Entschuldung der Immobilie können auch die bereits dargestellten Möglichkeiten von Wohn-Riester genutzt werden. Die eingesparte Miete im Alter steht für den Eigennutzer praktisch als zweite Rente zur Verfügung, schafft finanzielle Freiräume und ist weder mit Steuern noch mit Sozialversicherungsabgaben belastet. Je nach persönlicher Lebenssituation kann die Immobilie vermietet, verkauft oder verrentet werden. Die Veräußerung von privatem Haus- und Grundbesitz, z.B. wenn eine kleinere Wohnung bezogen werden soll, löst keine Einkommensteuer aus. Voraussetzung ist, dass es sich nicht um ein Spekulationsgeschäft handelt. Hiervon ausgenommen sind Objekte, die im Zeitraum zwischen Anschaffung oder Fertigstellung und Veräußerung ausschließlich zu eigenen Wohnzwecken oder im Jahr der Veräußerung und in den beiden vorangegangenen Jahren zu eigenen Wohnzwecken genutzt wurden.

Erstaunlich ist allerdings in diesem Zusammenhang, dass nach einer kürzlich veröffentlichten Studie sich die Gruppe der 50- bis 65-Jährigen nur bedingt damit befasst, wie man mit dem Grundbesitz im Alter umzugehen gedenkt und welche Anforderungen man an ein sogenanntes barrierefreies Wohnen stellt. Dem Trend nach zieht es die älteren Jahrgänge wieder zurück in die Städte. Wenn nicht gleichzeitig junge Familien einen gegensätzlichen Effekt bewirken, wird dies in den Großstädten für noch mehr Wohnungsknappheit und noch höhere Preise sorgen.

Vorteilhafte Bewertung von Immobilien bei Verkauf, Erbschaft und/oder Schenkung
Für Immobilien gilt die Zehn-Jahres-Frist, d.h. der Gesetzgeber geht von einem Veräußerungsgeschäft mit einem Veräußerungsgewinn aus, wenn der Zeitraum zwischen der Anschaffung und der Veräußerung nicht mehr als 10 Jahre beträgt. Eine Erbschaft oder Schenkung gilt steuerlich nicht als Anschaffung. Maßgeblich ist dann nicht der Zeitpunkt der Erbschaft oder Schenkung, sondern der Zeitpunkt der Anschaffung durch den Erblasser/Schenker. Weiterhin besteht die Möglichkeit, ein Objekt bereits vorzeitig weiterzugeben, sich aber den Ertrag weiterhin durch ein Nießbrauchrecht zu sichern. Dann findet zwar ein Eigentumswechsel statt, aber der Nießbraucher erzielt weiterhin Mieten und damit Einkünfte aus Vermietung und Verpachtung, trägt aber auch alle Kosten für Steuern, Versicherungen, Reparaturen etc. Nähere Informationen zur Übertragung von Grundbesitz finden sich in Anlage 43.

Steuerersparnisse durch Immobilien
Es ist noch nicht lange her, da waren Immobilien das Steuersparmittel schlechthin. Bauspar- und Erwerbermodelle wurden oft ungeprüft gekauft und auch finanziert. Durch teilweise überzogene steuerliche Anreize (Sonderabschreibungen, Vorsteuerabzug etc.) haben Kapitalanleger weitestgehend ohne Eigenkapital finanziert und Grundsätze einer soliden Kapitalanlage (Substanz, Werthaltigkeit, langfristige Rendite, angemessener Preis) außer Acht gelassen. Einzig der mögliche steuerliche Vorteil stand im Fokus. Nicht selten führten solche Finanzierungen in die Zwangsversteigerung

Seit Jahren sind die Abschreibungsmöglichkeiten für Immobilieninvestitionen reduziert worden, inzwischen werden Neubauten und Altbauten, die der Vermietung dienen, steuerlich einheitlich behandelt und können nur noch mit 2 % p.a. abgeschrieben werden. Die früher mögliche degressive Abschreibung ist komplett weggefallen. Eine Ausnahme bilden lediglich noch denkmalgeschützte Objekte. Diese werden weiterhin sowohl für Eigennutzer als auch für Vermieter durch hohe Abschreibungssätze steuerlich begünstigt.

Die steuerlichen Maßnahmen und Anreize haben jahrzehntelang die Wohnungsversorgung und insbesondere den privaten Wohneigentumserwerb begünstigt. Andererseits haben diese Förderungen die öffentliche Haushalte belastet, sind aber nur einer bestimmten Bevölkerungsgruppe zugutegekommen (siehe Anlage 9).

Vermietete Objekte werden weiterhin steuerlich begünstigt. Die Abschreibungsmöglichkeiten für Neuinvestitionen sind reduziert, da nur noch die lineare Abschreibung möglich ist. Durch die extrem niedrigen Finanzierungszinsen ermäßigen sich die Werbungskosten.

Der steuerliche Aspekt bei einer Immobilieninvestition hat damit an Bedeutung verloren, die Lage kann sich aber wieder verändern, wenn eine Zinswende kommt. Zudem bieten insbesondere Gebrauchtimmobilien durch dauerhafte und möglicherweise sofort abschreibbare Renovierungs- und Modernisierungsmaßnahmen weiterhin gute Abschreibungsmöglichkeiten.

Eine steuerliche Kalkulationsbasis bildet eine Investitionsrechnung ab (vgl. Tab. 6.2), die für jedes einzelne Objekt angefertigt werden sollte (Anlage 44).

Die Höhe der tatsächlichen Miete bildet die Grundlage, es ist allerdings sinnvoll, auch den aktuell gültigen qualifizierten Mietspiegel im Auge zu behalten. Die Kalkulation sollte immer dann erneuert werden, wenn sich einzelne Parameter ändern.

Kapitalanleger müssen Einkünfte aus Vermietung und Verpachtung erklären (siehe Anlage 45). Ist ein Disagio gezahlt worden, sollten die Hinweise in Anlage 46 berücksichtigt werden.

Die verbilligte Überlassung von Wohnraum (Vermietung an nahe Angehörige) ist eine weiterhin mögliche interessante Steuersparmöglichkeit (siehe Anlage 46).

Hingewiesen sei nochmals auf den Umstand, dass die Immobilie bei Eintritt in das Rentenalter weitgehend entschuldet sein sollte, oder so viel Ertrag abwirft, dass daraus alle notwendigen Aufwendungen ohne Inanspruchnahme anderer Einkunftsquellen gedeckt werden können.

In Anlage 47 sind Tipps zur richtigen steuerlichen Gestaltung nachzulesen.

Attraktive Renditen durch laufende und nachhaltige Mieterträge

Die Rendite von Immobilienanlagen war lange Jahre für Kapitalanleger eher enttäuschend, konnten doch im Kapitalmarkt deutlich höhere Renditen erzielt werden. Nachdem sich inzwischen viele Anlagen als unsicher erwiesen haben und die Renditen für sichere Anlagen (z. B. „gute" Staatsanleihen) nur noch sehr gering oder sogar negativ ausfallen, hat sich die Situation verändert, zumal bei den „Anlageimmobilien" noch zusätzliche Steuervergünstigungen eine Rolle spielen.

Der Kapitalanleger verfolgt das Ziel, für seine Immobilieninvestition eine attraktive Gesamtrendite zu erzielen. Diese ergibt sich aus der Netto-Mietrendite (= Mietreinertrag) nach Steuern und einer Wertzuwachsrendite bei Verkauf der Immobilie.

Tab. 6.2: Beispiel-Kalkulation einer vermieteten Immobilie.

Objektanschrift:	Rodenkirchener Str.324 50997 Köln		
Objektart:			Eigentumswohnung
Wohnfläche in m²			74.28
Gebäudeherstellungskosten bzw. anteilige Gebäudekosten = AfA-Basis			194.500 €
fertiggestellt am		angeschafft am 27.3.2015	
ortsübliche Vergleichsmiete m²	8,50	tatsächliche Nettokaltmiete m²	9,00
Wohnungsmiete*	monatlich 666		7.992
Garagenmieten	monatlich 50		600
sonstige Mieterträge	monatlich		0
Gesamterträge	**monatlich**		**8.592**
Fremdfinanzierung	220.000		ausgezahlt am: 1.4.2015
	Zinssatz 2,35 %		fest für 15 Jahre
Fremdkapitalzinsen	jährlich		5.170
Tilgung	2 % p.a.		4.400
nicht umlegbare Nebenkosten (kalkulatorisch mindestens. 0,75 € pro m² Wohnfläche)			666
Gesamtaufwendungen			10.236
Liquiditätsunterdeckung vor Steuern			**1.644**
Steuerliche Betrachtung			
Gesamterträge			**8.592**
Werbungskosten			
Fremdkapitalzinsen	5.170		
Nebenkosten	666		
2 % lineare AfA auf Gebäudekosten	3.890		
Werbungskosten gesamt	**9.726**		**9.726**
Einkünfte aus V + V			**−1.134**
			Kalkulatorische Gesamtrechnung
Gesamtaufwendungen inkl. Tilgung			10.236
Gesamterträge			8.592
Steuerersparnis** auf Basis einer Durchschnittsbelastung durch die Einkünfte aus V+V	Individueller Steuersatz 42 %		476
Liquiditätsüberschuss nach Steuern			**0**
Liquiditätsunterdeckung nach Steuern**			**−1.168**
in diesem Ergebnis enthaltene Tilgung			**jährlich**
nachrichtlich:			
Gesamtkosten			**249.100**
eingesetztes Eigenkapital			**29.100**
Miete-Kosten-Verhältnis			**28,99**

* Netto-Kaltmiete (die Betriebskostenvorauszahlungen bleiben unberücksichtigt)
** der Steuervorteil erhöht sich um den ersparten Solidarzuschlag/ggf. die Kirchensteuer

Steuerliche Aspekte spielen zwar eine wichtige Rolle, die Netto-Mietrendite der Immobilieninvestitionen hängt allerdings in starkem Maße von den sich häufiger ändernden Marktgegebenheiten ab (z. B. Wohnungsnachfrage, Entwicklung der Haushalte, Altersstruktur).

Vermieter finanzieren ihre Immobilieninvestition häufig mit endfälligen Darlehen. Aber auch private Kapitalanleger werden darauf achten, dass spätestens mit dem Beginn des Rentenalters diese Finanzierungen abgeschlossen sind. Er wird dann entweder verkaufen und aus dem Erlös Zinserträge generieren oder die Mieteinnahmen (dann allerdings versteuert) als Zusatzrente nutzen. In den Tab. 6.3 und 6.4 sind Brutto- und Nettorenditenberechnungen an einem Beispiel dargestellt.

Beispiel:

Kaltmiete p.a.	13.200 €
Garagenplatz	600 €
Kaufpreis	248.000 €
Nebenkosten	29.360 €
Renovierung	8.600 €
Gesamtaufwand	286.360 €

Tab. 6.3: Errechnung der Bruttorendite für vermietete Immobilien.

Bruttorendite für vermietete Immobilien		
	€/monatlich	€/jährlich
Kaltmiete Wohnung	1.200	13.200
Garagen/Stellplätze	50	600
sonstige Erträge aus dem Objekt	0	0
Gesamterträge	1.250	13.800
		€
Gesamtaufwand/Objektkosten inkl. aller Nebenkosten		286.360
Gesamtaufwand × 100		28.636.000
		in %
Gesamtertrag/Gesamtaufwand × 100		
Bruttorendite		4,82
Vervielfältiger		20,75

Grundsätzlich wird die Nettorendite als Entscheidungs- und Vergleichsmaßstab für alternative Anlageoptionen herangezogen. Bei beiden Berechnungen handelt es sich um Anfangsrenditen; nicht berücksichtigt sind daher Zinseszinsen, Mietsteigerungspotenziale und ggf. steuerliche Auswirkungen. Weitere Renditeberechnungsvorlagen ergeben sich aus Anlage 48.

Tab. 6.4: Errechnung der Nettorendite für vermietete Immobilien.

Nettorendite für vermietete Immobilien		
	€/monatlich	€/jährlich
Kaltmiete Wohnung		13.200
Garagen/Stellplätze		600
sonstige Erträge aus dem Objekt		0
Gesamterträge		13.800
./. Instandhaltungskosten (mindestens 1 %)		100
./. Mietausfallwagnis (mindestens 1 %)		150
./. Verwaltungskosten (mindestens 1 %)		300
./. nicht umlagefähige Kosten (mindestens 5 %)		700
Nettoerträge		**12.550**
Kaufpreis/Gestehungskosten		248.000
Erwerbsnebenkosten (Grunderwerbsteuer, Makler, Notar, Gericht)		29.760
Renovierung/Sanierungskosten		8.600
Gesamtinvestition		286.360
Nettoerträge / Gesamtinvestition × 100		
Nettorendite		**4,38 %**
Vervielfältiger		**22,82**

6.2 Risiken

Eine Immobilieninvestition ist für Selbstnutzer und Kapitalanleger mit einem hohen Kapitaleinsatz verbunden. Dies erklärt die Notwendigkeit, auch die Risiken einer Immobilieninvestition zu kennen, die je nach Erwerbszeitpunkt, Objekt, Person und Finanzierungsform unterschiedliche Ausprägung und Bedeutung haben. Bei Eintritt dieser Risiken kann es zu erheblichen Vermögenseinbußen und finanziellen Belastungen bis hin zum Objektverlust kommen. Oft sind die dargestellten Risiken nicht unabhängig voneinander, was dazu führen kann, dass mehrere Einzelrisiken gleichzeitig auftreten und sich verstärken können. Im Folgenden wird zwischen gesamtwirtschaftlichen und individuellen Risiken unterschieden.

6.2.1 Gesamtwirtschaftliche Risiken

Gesamtwirtschaftliche Risiken sind auf makroökonomische Veränderungen zurückzuführen, die von Immobilieninvestoren nicht zu beeinflussen sind. Zu den gesamtwirtschaftlichen Risiken zählen Konjunktur- und Zinsänderungs- und Marktpreisrisiken.

Konjunkturrisiken

Bei einer Konjunkturabschwächung oder einer negativen Konjunkturerwartung sinken in der Regel auch die Bauinvestitionen, die Nachfrage nach Immobilien und die Immobilienpreise. Häufig gehen mit dieser Entwicklung Arbeitsplatzverluste sowie stagnierende oder rückläufige Einkommen einher, welche die Kapitaldienstfähigkeit der Immobilieninvestoren für Immobilien mit Restschulden einschränken können.

Zinsänderungsrisiken

Der für Immobilienfinanzierungen relevante Kapitalmarktzins unterliegt Schwankungen. In den vergangenen Jahren haben sich typische Niedrigzinsphasen (unter 5 %) und Hochzinsphasen (über 7 %) gezeigt. Aktuell liegt der Kapitalmarktzins extrem niedrig, aber alle Experten erwarten mittelfristig einen moderaten Zinsanstieg. Selbst wenn ein solcher Zinsumschwung erkennbar wird, kann nicht vorhergesagt werden, wie hoch die Zinsen steigen, wie lange diese Phase dauert und wann der Trend zum Stillstand kommt oder sich umkehrt. Immobilieninvestoren mit kurzfristigen Sollzinsbindungen und geringer Tilgung laufen daher Gefahr, nach einer Trendumkehr am Ende ihrer Zinsbindung, einen höheren Kapitaldienst erbringen zu müssen, der ihre wirtschaftliche Leistungsfähigkeit übersteigt. Notleidende und leistungsgestörte Kredite wären die Folge.

Marktpreisrisiken

Betrachtet man die derzeitige Preissituation für Wohnimmobilien in Deutschland, so lässt sich feststellen, dass in ländlichen Gebieten ein eher stagnierendes oder rückläufiges Preisniveau festzustellen ist, während in Ballungsgebieten, insbesondere in den sieben Top-Städten (Hamburg, Berlin, Köln, Düsseldorf, Stuttgart, München, Frankfurt) und ihren Einzugsgebieten in den letzten Jahren Immobilien- und Mietpreise stark angestiegen sind und weiter steigen. Hält dieser Trend an, könnte dies zur Bildung einer „Immobilienpreisblase" führen, die bei Konjunkturabschwächung und steigenden Zinsen „platzen" könnte. Immobilienpreisblasen stellen für Kreditnehmer und -geber gleichermaßen eine Bedrohung dar: Sinkenden Verkehrswerten stehen dann hohe Kreditverpflichtungen der Darlehensnehmer gegenüber, die bei Verkauf der Immobilie und/oder höherem Zinsniveau zu steigenden Kreditausfällen und notleidenden Darlehen führen können.

6.2.2 Individuelle Risiken

Die individuellen Risiken einer Immobilieninvestition können in objektbezogene, persönliche und kreditgeberverursachte Risiken unterschieden werden. Sie betreffen nicht den Immobilienmarkt insgesamt, sondern den einzelnen Darlehensnehmer und das von ihm erworbene oder erstellte Objekt. Viele dieser Risiken können in ihrem möglichen Schadensausmaß im Vorfeld durch geeignete Maßnahmen vermindert oder vermieden werden.

a) **Objektbezogene Risiken** ergeben sich aus einem Wertrückgang der erworbenen oder erstellten Immobilie. Wenngleich das insgesamt (noch) steigende Immobilienpreisniveau Objektrisiken derzeit begrenzt, sind diese im Einzelfall auch aktuell durchaus vorhanden. Dies gilt insbesondere dann, wenn der Immobilieninvestor gezwungen ist, das Objekt in einer wenig attraktiven Lage kurzfristig zu veräußern. Zu diesen Risiken zählen u.a.:

   – rückläufige oder stagnierende Immobiliennachfrage am jeweiligen Standort,
   – unvorhersehbarer standortbedingter Wertrückgang (z. B. Bau einer Autobahn, einer Durchgangsstraße etc.),
   – sichtbar werdende Mängel in der Bausubstanz mit hohem Sanierungsbedarf,
   – kostenintensive gesetzliche oder behördliche Auflagen,
   – Nichtgewährung von objektbezogenen Förderungen.

b) **Persönliche Risiken** ergeben sich dann, wenn sich die laufenden Einkünfte unerwartet vermindern oder die laufenden finanziellen Belastungen plötzlich steigen. Eine unerwartete Verminderung der laufenden Einkünfte kann eintreten durch:

   – Arbeitslosigkeit,
   – Wegfall/Rückgang des Einkommens des Darlehensnehmers,
   – Ungeplante Altersteilzeit,
   – Krankheit,
   – Erwerbsminderung,
   – Rückgang von Sonderzahlungen/Provisionen,
   – Wegfall von Steuervorteilen oder staatlichen Vergünstigungen,
   – Berufswechsel, Umschulungen oder Arbeitsplatzwechsel,
   – Rückgang/Wegfall von Mieteinnahmen oder Kapitaleinkünften,
   – Rückgang/Wegfall von Einkommen der Ehefrau und/oder sonstigen Familienangehörigen.

   Eine ungeplante Erhöhung der laufenden Belastungen kann sich ergeben durch:

   – finanzielle Verpflichtungen infolge von Zinserhöhungen, Leasingverpflichtungen, Ratenkrediten etc.,
   – Nachfinanzierungen bei Immobilienobjekten,
   – Erhöhung der Lebenshaltungskosten und der objektgebundenen Bewirtschaftungskosten,
   – Unterhaltsleistungen infolge von Scheidung oder Unterstützung von Familienangehörigen,
   – Sonstige persönliche Umstände, welche die wirtschaftliche Leistungsfähigkeit des Darlehensnehmers beeinträchtigen.

   Siehe dazu auch Anlage 49.

c) **Kreditgeberverursachte Risiken** können entstehen durch falsche Beratung, durch Fehler in der Kreditwürdigkeitsprüfung (falsche Bonitätseinschätzung), durch Mängel in der Objektbewertung, oder durch Fehler in der Sachbearbeitung. Hierzu zählen:

- Überschätzung der Kapitaldienstfähigkeit bei der Kreditwürdigkeitsprüfung,
- Fehleinschätzung des nachhaltig realisierbaren Einkommens,
- formell nicht richtige bzw. unvollständige Sicherheiten,
- keine marktgerechte Wertermittlung bzw. zu weitgehende Beleihung,
- Kompetenzüberschreitungen,
- Auszahlungen ohne Anpassung an den Baufortschritt bzw. mangelhafte Baufortschrittskontrolle,

Tab. 6.5: Finanzierungsbedingte Risiken.

Renditerisiko	Bei endfälligen Darlehen können sich gegebenenfalls die Tilgungsersatzleistungen wie Kapitallebensversicherungen und Investmentfondsanteile wertmäßig nicht so entwickeln, wie vorausgeplant. Dann reicht oft die Ablaufleistung nicht zur Tilgung aus und der Darlehensnehmer könnte gezwungen sein, die Differenz auszugleichen.
Zinsänderungsrisiko	Bei Ablauf der Zinsbindungsfrist könnte sich das Zinsniveau deutlich verändert haben. Dies wäre insbesondere bei endfälligen Darlehen gravierend. Durch die ausgesetzte Tilgung ist dann der Darlehensbetrag unverändert hoch. Eigentlich wäre deshalb sinnvoll, den Zinsfestschreibungszeitraum der Endfälligkeit anzupassen, obwohl man selbst dann wegen des Renditerisikos immer noch keine absolute Sicherheit hätte.
Bindungsrisiko	Kredite sind normalerweise an das Objekt gebunden. Bei einem notwendigen Verkauf müssen möglicherweise die Kredite vorzeitig zurückgezahlt werden, dies kann beträchtliche Vorfälligkeitsentschädigungen nach sich ziehen. Auch Tilgungsersatzmittel wie Kapitallebensversicherungen können nur mit erheblichen Verlusten vorzeitig aufgelöst werden. Besonders kompliziert würde dies, wenn Wohn-Riester eingesetzt wurde. Die Vereinbarung von Sondertilgungsrechten mildert zumindest die Höhe der Vorfälligkeitsentschädigung etwas ab.
Steuerrisiko	Werden Kapitallebensversicherungen als Tilgungsersatz abgetreten, sind die umfangreichen Vorschriften (steuerliche Auswirkungen bei der Abtretung der Versicherungsverträge) genauestens zu beachten, ansonsten drohen steuerliche Verluste. Änderungen bei der steuerlichen Behandlung von Lebensversicherungserträgen sind möglich. Beim Verkauf von vermieteten Immobilien innerhalb von 10 Jahren fallen ggf. steuerpflichtige Veräußerungsgewinne an.
Forderungsverkaufsrisiko	Falls im Darlehensvertrag nicht ausdrücklich ausgeschlossen, können Darlehensgeber die Forderungen nebst Sicherheiten weiterverkaufen. Im Risikobegrenzungsgesetz sind dazu Regelungen enthalten.

- Fehleinschätzung der Wiederverkäuflichkeit des Objektes,
- fehlende Berücksichtigung finanzieller Reserven.
- finanzierungsbedingte Risiken in bestimmten Finanzierungsbausteinen (vgl. Tab. 6.5).

Der Einsatz von Wohn-Riester-Verträgen bei der Eigenheimfinanzierung ist, wie in Abschnitt 4.2.3 angesprochen, durchaus empfehlenswert. Dennoch ist es notwendig, die vorhandenen Risiken zu kennen (vgl. Tab. 6.6).

Tab. 6.6: Risiken von Riester-Darlehen.

Steuerrisiko	Die jährlichen Zulagen und die Steuervorteile werden einem fiktiven Wohnförderkonto gutgeschrieben und mit 2 % jährlich verzinst. Das angesammelte Guthaben wird bei Rentenbeginn nachgelagert versteuert. Das bedeutet, dass spätestens mit 68 Jahren und längstens bis zum 85. Lebensjahr Steuern gezahlt werden müssen. Statt der laufenden jährlichen Steuerzahlung kann bei einem Steuerrabatt von 30 % auch in einer Summe gezahlt werden, dafür müsste allerdings eine Rücklage gebildet werden, die zum richtigen Zeitpunkt zur Verfügung stehen muss. Wichtig ist allerdings festzuhalten, dass auch nach Berücksichtigung dieser nachgelagerten Besteuerung ein Wohn-Riester-Darlehen einem ungeförderten Darlehen vorzuziehen ist, da die Zinsersparnis infolge der höheren und damit kürzeren Tilgung über der viel späteren Steuerzahlung liegt.
Förderrisiko	Es ist zwingend notwendig, die geförderte Wohnung bis zum Rentenalter selbst zu nutzen, ansonsten sind Zulagen und Steuerersparnisse (über zusätzliche Sonderausgaben) vollständig zurückzuzahlen. Allerdings ist ein „Austausch" der Wohnung/Immobilie möglich, wenn dies z. B. aus beruflichen Gründen notwendig wird,
Altersvorsorgerisiko	Mit dem lastenfreien Objekt und der damit einhergehenden Mietfreiheit ist grundsätzlich ein Vorteil verbunden. Dennoch muss sich der Kunde bewusst sein, dass die Riester-Förderung eigentlich für den Aufbau einer zusätzlichen Altersrente gedacht ist. Diese fällt hierbei natürlich weg, stattdessen kommt die zusätzliche Belastung aus der nachgelagerten Besteuerung hinzu.
Zinsbindungsrisiko	Eigentlich ist es ein Vorteil, wenn insbesondere bei den Wohn-Riester-Darlehen der Bausparkassen die Zinsen über eine sehr lange Zeit oder sogar die gesamte Laufzeit festgeschrieben sind. Eine Auflösung dieser Finanzierung im Notfall ist allerdings kostspielig.

Risiken aus der Refinanzierung können sich auch auf Kreditnehmer auswirken (Anlage 52).

7 Risikominderung durch Versicherungen

Zur Reduzierung des Gesamtrisikos von Immobilieninvestitionen bieten sich insbesondere Versicherungen an. Im Vordergrund steht dabei zunächst die objektbezogene Absicherung durch Sachversicherungen. Hierbei ist zwischen Versicherungen während der Bauphase und Versicherungen bei fertiggestellten Objekten zu unterscheiden.

Zu den wichtigen Versicherungen während einer Bauphase zählen:

1. Bauleistungsversicherung: Unvorhergesehene Bauschäden während der Bauzeit werden hierdurch abgedeckt.
2. Bauherrenhaftpflicht: Deckt Personenschäden auf der Baustelle ab.
3. Bauhelferunfallversicherung: Sichert Bauhelfer aus dem Familien- und Freundeskreis bei Eigenleistungen ab.
4. Feuerversicherung für den Rohbau: Deckt Feuerschäden während der Bauzeit ab.

Bei fertiggestellten Objekten bieten folgende Versicherungen eine Risikoabdeckung:

1. **Wohngebäudeversicherung**
   Diese Versicherung deckt Schäden durch Feuer, Sturm, Hagel und Leitungswasser ab und kann mit weiteren Versicherungsleistungen kombiniert werden. Schon bei Baubeginn kann eine Wohngebäudeversicherung abgeschlossen werden, dann sind Feuerschäden am Rohbau bereits mitversichert.
2. **Elementarschadenversicherung**
   Diese Versicherung ist insbesondere für Hauseigentümer zu empfehlen, deren Immobilien in durch Hochwasser, Lawinen, Erdrutsche etc. gefährdeten Gebieten liegen.
3. **Haus- und Grundbesitzerhaftpflichtversicherung**
   Diese Versicherung ist insbesondere für Eigentümer vermieteter Immobilien bedeutend. Sie deckt das Risiko ab, wenn Dritte auf dem Grundstück zu Schaden kommen.
4. **Öltankversicherungen**
   Zwingend erforderlich bei Heizungsanlagen, die mit Öl betrieben werden. Diese Versicherung deckt Schäden ab, die das Öl bei Austritt in das Grundwasser oder in Fließgewässern verursacht. Sie kann auch als Zusatz zur privaten Haftpflichtversicherung abgeschlossen werden.
5. **Hausratversicherung**
   Bei Bezug in eine neue Immobilie ist eine Hausratversicherung, die Schäden bei Hausratgegenständen absichert, empfehlenswert bzw. es ist zu prüfen, ob eine schon bestehende Hausratversicherung anzupassen ist.

https://doi.org/10.1515/9783110437874-008

Die Versicherungsgesellschaften ermitteln den Feuerversicherungswert des Gebäudes nach Preisen von 1914. Der Wert entspricht dem Aufwand für die Wiederherstellung eines Gebäudes der gleichen Art, Ausführung und Ausstattung.

Zur Ermittlung des tatsächlichen Versicherungswertes wird dieser Wert jährlich mit einer bestimmten Richtzahl multipliziert (Prämienrichtzahlen zur verbundenen Wohngebäude-Versicherung in Deutschland).

Diese Richtzahl wird den jeweiligen Marktpreisen angeglichen (vgl. Tab. 7.1).

Tab. 7.1: Prämienrichtzahlen Wohngebäude-Versicherung (1914 = 100).

wirksam ab	Prämienrichtzahl
1.1.2010	1520
1.1.2011	1540
1.1.2012	1566
1.1.2013	1580
1.1.2014	1660
1.1.2015	1660
1.1.2016	1720
1.1.2017	1760

Jeder Eigentumswechsel hat zur Folge, dass der Versicherungsvertrag gemeinsam mit dem Gebäude auf den Erwerber übergeht. Dadurch tritt kein versicherungsloser Zustand ein. Die entsprechenden Regelungen befinden sich im Versicherungsvertragsgesetz und sind Schutzvorschriften für den Erwerber. Bei einer Veräußerung hat nur der Erwerber das Recht zur Kündigung des Versicherungsvertrages. Das Kündigungsrecht kann nur innerhalb eines Monats ab dem Eigentumswechsel (grundbuchamtliche Eintragung in Abt. I) mit sofortiger Wirkung oder zum Schluss der laufenden Versicherungsperiode wahrgenommen werden.

Neben den genannten Sachversicherungen sind zwei Versicherungen besonders wichtig und für Immobilieninvestoren zu empfehlen: Hierzu zählt die Risikolebensversicherung bzw. die Restschuldversicherung.

Das Todesfallrisiko sollte grundsätzlich abgesichert werden. Dies gilt insbesondere dann, wenn der Immobilieninvestor Hauptverdiener ist und bei Tod eine Familie zurücklässt. Im Gegensatz zu einer Kapitallebensversicherung wird bei einer Risikolebensversicherung kein Kapital gebildet, sondern allein das Todesfallrisiko abgedeckt. Die Beiträge sind demzufolge deutlich geringer. Stirbt der Versicherungsnehmer (Haupteinkommensbezieher) wird die bei Vertragsabschluss vereinbarte Summe an die Bezugsberechtigten ausgezahlt. Mit einer Risikolebensversicherung wird die gesamte Darlehenssumme abgesichert. Die Risikolebensversicherung kann in Höhe des Anfangsdarlehens abgeschlossen werden oder mit fallender Versicherungssumme nur die Höhe der jeweiligen Restschuld abdecken.

Alternativ könnte auch eine Restschuldversicherung als Zusatzversicherung zu einem Darlehen abgeschlossen werden. Dabei wird die Versicherungssumme an die fallende Restschuld des Darlehens gekoppelt. Die Restschuldversicherung hat noch geringere Beiträge als die Risiko-LV.

8 Ausblick

Wohnwirtschaftliche Immobilieninvestoren – ob Eigennutzer oder Kapitalanleger – werden sich in den nächsten Jahren auf weitere Veränderungen des Immobilien- und Finanzierungsmarktes einstellen müssen. Ohne Anspruch auf Vollständigkeit zu erheben, sehen wir folgende bedeutende Entwicklungstrends:

1. Bei wohnwirtschaftlichen Immobilien wird sich die Differenzierung der Märkte fortsetzen: In Groß- und Universitätsstädten sind auf mittlere Sicht bei Neubau- und Bestandsimmobilien weiterhin Preissteigerungen mit moderaten Zuwachsraten zu erwarten; während sich in ländlichen Gebieten die Preise nur leicht erhöhen werden. Starken Nachholbedarf dürften attraktive Städte im Osten Deutschlands haben. Der sich fortsetzende Preisanstieg in Groß- und Universitätsstädten ist das Ergebnis eines zunehmenden Urbanisierungstrends, fehlender Anlagealternativen und eines fehlenden Angebots an Immobilien. Wo immer möglich, müsste mehr Bauland ausgewiesen werden und die Nachverdichtung schneller angegangen werden.

2. Die Speckgürtel der Ballungsgebiete werden ihren Radius ausweiten und die Nachfrage nach Wohnraum in zentralen Lagen mittelfristig entlasten. Voraussetzung hierfür sind gute und schnelle Nahverkehrsverbindungen in die Ballungszentren. Wie bereits in anderen europäischen Großstädten beobachtbar, liegen längere Anreisewege zu den Arbeitsstätten und Behörden im Trend.

3. Grundsätzlich halten wir den Eintritt eines abrupten Preisverfalls in Ballungsgebieten und ihren „Speckgürteln" für wenig wahrscheinlich. Mögliche Leistungsstörungen bei einzelnen Investoren, die in diesen Regionen investiert sind, dürften insgesamt zu keiner krisenhaften Entwicklung führen,
   - da Wanderungsbewegungen in Ballungszentren weiterhin anhalten werden,
   - die Kreditvergabe in Deutschland trotz des niedrigen Realzinses eher zurückhaltend ist,
   - da Risikoabschläge bei nicht marktgerechten Preisen im Rahmen der Objektbewertung berücksichtigt werden und
   - Kredite vorwiegend mit langfristiger Festzinsbindung ausgereicht werden, die für Investoren eine längerfristige Belastungskalkulation ermöglichen.

4. Die Gefahr einer landesweiten Immobilienpreisblase sehen wir nicht. Zwar sind die Preise in Groß- und Universitätsstädten seit 2010 um bis zu 50 % gestiegen, Anzeichen für eine exzessive Kreditvergabe oder eine Aufweichung der Kreditstandards sind aber nicht zu erkennen: Als Fazit lässt sich festhalten, dass derzeit keine allgemeine flächendeckende Überhitzung der Immobilienmärkte in Deutschland festzustellen ist, was allerdings regionale Preisübertreibungen aufgrund eines zu knappen Angebots nicht ausschließt. Die Bildung von regionalen Preisblasen erscheint insofern nicht ausgeschlossen.

https://doi.org/10.1515/9783110437874-009

5. Steuerliche und gesetzliche Regelungen tragen dazu bei, dass sich der Wohnungsbau unnötig verteuert hat und weiter verteuern wird. Im Vergleich zu vielen Nachbarländern sind Notarkosten, Grundbucheintrag und Grunderwerbsteuer deutlich höher. Insbesondere die in den letzten Jahren erhöhte Grunderwerbsteuer auf bis zu 6,5 % führt dazu, dass sich die Kosten für den Immobilienerwerb erhöhen und das jeweilige Bundesland Nutznießer steigender Immobilienpreise wird. Immobilieninvestoren müssen von weiteren preiserhöhenden Effekten aufgrund sich verschärfender Energieeffizienzvorgaben ausgehen.

6. Mit dem Gesetz zur Ergänzung des Finanzdienstleistungsaufsichtsrechts werden weitere europäische Vorgaben sowie Empfehlungen des Ausschusses für Finanzstabilität umgesetzt. So erhält die Finanzaufsicht (BaFin) zwei neue Befugnisse, um im Falle einer drohenden Immobilienblase am Immobilienmarkt einschreiten zu können.

   Mit dem Finanzaufsichtsrechtergänzungsgesetz kann die BaFin bestimmte Mindeststandards für die Vergabe von Neukrediten festlegen, wie z.B.:
   (a) Eine Obergrenze für das Verhältnis zwischen Darlehenshöhe und Immobilienwert (Loan-to-Value) so zu setzen, dass der Anteil der Fremdfinanzierung begrenzt werden kann.
   (b) Die Vorgabe eines Zeitraums, in dem die Immobilienfinanzierung zurückgezahlt sein muss, also eine fixierte Periode für die Tilgung.

   Zwei weitere Empfehlungen des Ausschusses für Finanzstabilität wurden nicht umgesetzt: Eine Obergrenze für die Fremdkapitalaufnahme im Verhältnis zum verfügbaren Einkommen (Debt Service-to-Income) und die Festlegung einer Relation, welche die Gesamtverschuldung eines Kreditnehmers in das Verhältnis zu seinem Einkommen setzt (Debt-to-Income).

7. Mittelfristig dürften Immobilieninvestoren mit steigenden Zinsen rechnen, die in zweifacher Weise auf die Immobilienpreise wirken: Zum einen werden mit steigenden Zinsen Neu- und Anschlussfinanzierungen von Immobilien teurer. Zum anderen werden mit steigenden Zinsen Anlagemöglichkeiten in Rentenpapieren, die insbesondere für institutionelle Investoren eine Alternative zur Immobilienanlage sind, attraktiver. Beide Entwicklungen werden dämpfend auf die Nachfrage nach Immobilien und die Immobilienpreise wirken. Allerdings könnte umgekehrt eine mit steigenden Zinsen einhergehende maßvolle Inflation Sachwerte noch attraktiver machen.

8. Immobilieninvestoren müssen sich neben marktbedingten Zinserhöhungen auf eine Verteuerung der Kreditkonditionen einstellen, sobald die neuen Kapitalregeln für Banken umgesetzt werden. Vor allem die geplante Risikogewichtung nach international einheitlichen Standards führt dazu, dass deutsche Kreditinstitute ihre Immobilienfinanzierungskredite künftig mit mehr Eigenkapital unterlegen müssen. Der Einsatz interner Modelle der Banken zur Risikogewichtung wird eingeschränkt. Für die Banken sind solche Modelle meist günstiger als der zentral vorgegebene Standardsatz, weil sie individueller auf die Risikoneigung der

Geschäfte abgestimmt sind. Die Regulierer wollen nun aber Untergrenzen einziehen, damit die Banken ihre Risiken und damit ihren Kapitalbedarf nicht über interne Modelle gegenüber dem Standardmodell zu stark herunterrechnen können.

Die Untergrenze wird wahrscheinlich 70 oder 80 Prozent der Standard-Berechnungsmethode betragen.

Auch die im Rahmen von Basel III ab 2018 verbindlichen Verschuldungsobergrenzen (Leverage Ratio), haben den Effekt, das Banken weniger Immobilienkredite vergeben können. Durch den Einbezug der Immobilienkredite in die Verschuldungsobergrenze werden sich die „Einstandspreise" für die Kreditinstitute erhöhen. Dies schlägt zwangsläufig auch auf die Kundenkonditionen durch.

9. Die Struktur der Baufinanzierungsanbieter wird sich für Immobilieninvestoren verändern. Der Druck auf die Zinsmargen wird die Schwerpunkte der Zugangswege zu den Finanzierungen verstärkt auf die Finanzierungsplattformen und Vermittler lenken und die vormals klassischen Finanzierungsinstitute zu überwiegend reinen „Kreditfabriken" machen. Filiallose Internetbanken und Direktbanken werden bei standardisierten Baufinanzierungen an Bedeutung gewinnen. Wettbewerbsvorteile dürften die „klassischen" Banken weiterhin in beratungsintensiven Immobilienfinanzierungen haben, bei denen spezielles Know-how gefragt ist. Es ist zu erwarten, dass sich im Markt für Baufinanzierungen in stärkerem Maße ein Preisdifferenzierung zwischen Standardimmobilienfinanzierungen (z. B. Kauf, Neubau) und beratungsintensiven Immobilienfinanzierungen (z. B. gemischt genutzte Objekte) entwickeln werden. Entgelte für individuelle Beratungsleistungen werden an Bedeutung gewinnen.

10. Noch immer verfügen deutsche Haushalte im europäischen Vergleich über relativ geringe Vermögen. Dies liegt u.a. an der vergleichsweise niedrigen Wohneigentumsquote. Eine verstärkte Wohneigentumsbildung wäre mit zwei weiteren Vorteilen verbunden. Einerseits könnte eine attraktive Vermögensbildung und andererseits eine Verbesserung der Altersvorsorge erreicht werden. Gleichzeitig würde das den Mietmarkt entlasten, da sich Eigennutzer von der Mietpreisentwicklung entkoppeln.

Durch die im Finanzaufsichtsrechtergänzungsgesetz enthaltenen Änderungen an der Umsetzung der Wohnimmobilienkredirichtlinie sind die Hürden der Kreditvergabe an junge Familien (für den Bau oder die Anschaffung) und Senioren (für Sanierungen und Renovierungen) beseitigt worden. Im Gesetzgebungsverfahren ist die Bedeutung und die Notwendigkeit des Wohnungsbaus von allen Beteiligten deutlich herausgestellt worden. „Der beste Schutz gegen steigende Mieten sind hinreichende Wohnungen".

Anlagenverzeichnis

Anlage 1:   Personenbezogene Wohneigentumsquote —— **239**
Anlage 2:   Bausparförderung —— **240**
Anlage 3:   Baufinanzierung Online —— **242**
Anlage 4:   ESIS Merkblatt —— **244**
Anlage 5:   Refinanzierungsrisiken —— **248**
Anlage 6:   Risikoadjustierte Kreditkosten —— **250**
Anlage 7:   Unterschiedliche Ermittlung des Kreditrahmens —— **251**
Anlage 8:   Preisangabenverordnung Anlage zu § 6 —— **253**
Anlage 9:   Staatliche Hilfen für Eigennutzer —— **258**
Anlage 10: Vergleichsrechnung für Immobilienangebote —— **259**
Anlage 11: Mietpreisbremse, Mietspiegel, Kappungsgrenze —— **260**
Anlage 12: Investitionsplan für eine vermietete Wohnung —— **263**
Anlage 13: Energieeinsparverordnung —— **264**
Anlage 14: Freistellungserklärung —— **266**
Anlage 15: Muster einer Sachwertberechnung —— **267**
Anlage 16: Muster einer Ertragswertberechnung —— **268**
Anlage 17: Zusatzangaben zu den Wertermittlungsbogen —— **269**
Anlage 18: Muster Terminprotokoll Zwangsversteigerung —— **270**
Anlage 19: Übersicht Grundbesitzwerte —— **272**
Anlage 20: Landesmittel —— **274**
Anlage 21: Aktuelle KfW Programme —— **277**
Anlage 22: Verschuldungsfalle —— **280**
Anlage 23: Checkliste für einen Angebotsvergleich —— **282**
Anlage 24: Finanzierungsplan mit Kontrollrechnungen —— **283**
Anlage 25: Objektbesichtigungsprotokoll —— **284**
Anlage 26: Informationen zur Objektanalyse —— **285**
Anlage 27: Gesamtkostenrahmen —— **286**
Anlage 28: Notwendige Finanzierungsunterlagen —— **287**
Anlage 29: Immobilienaufstellung zur Selbstauskunft —— **288**
Anlage 30: Steuer- und Liquiditätsrechnung —— **289**
Anlage 31: Wieviel Haus kann ich mir leisten? —— **290**
Anlage 32: Finanzierungsbeispiele —— **291**
Anlage 33: Bewertungsbeispiel EFH —— **301**
Anlage 34: Bewertungsbeispiel ETW —— **303**
Anlage 35: Bewertungsbeispiel Ertragswert —— **305**
Anlage 36: Bankinterne Unterlagenprüfung —— **307**
Anlage 37: Liegenschaftszins —— **309**
Anlage 38: Objektblatt für Objektordner Eigennutzer —— **310**
Anlage 39: Objektblatt Vermietetes Wohnobjekt —— **311**
Anlage 40: Grundsteuer —— **312**
Anlage 41: Muster einer Grundschuldbestellungsurkunde —— **314**
Anlage 42: Sicherungszweckerklärung für Grundschulden —— **316**
Anlage 43: Übertragung von Grundbesitz —— **318**
Anlage 44: Kalkulation einer vermieteten Wohnung —— **320**
Anlage 45: Einkünfte aus Vermietung und Verpachtung —— **321**
Anlage 46: Vermietung an nahe Angehörige —— **324**

https://doi.org/10.1515/9783110437874-010

Anlage 47:   Richtige steuerliche Vertragsgestaltung —— **325**
Anlage 48:   Renditeberechnungsvorlagen —— **328**
Anlage 49:   Lebensphasenbetrachtung —— **330**

Anlage 1: Personenbezogene Wohneigentumsquote

Deutschland gilt aufgrund der im internationalen Vergleich niedrigen Wohneigentumsquote von ca. 45 % als Mieterland, doch dieser Eindruck über die Wohnsituation der Bevölkerung ist schon längere Zeit nicht mehr richtig, denn nach aktuellen statistischen Daten wohnen 52 % der Menschen in Deutschland mittlerweile im eigenen Haus oder der eigenen Wohnung.

Das die persönliche Wohneigentumsquote fast 8 Prozentpunkte höher als die haushaltsbezogene Wohneigentumsquote ist, liegt einfach daran, dass die Eigentümerhaushalte (mit durchschnittlich 2,5 Personen) größer sind als die Mieterhaushalte (mit durchschnittlich 1,8 Personen). Vor allem Familien mit Kindern wohnen deutlich häufiger im Eigentum.

Doch auch hier sind die Unterschiede in den einzelnen Bundesländern enorm.

Personenbezogene Wohneigentumsquote

Saarland	64 %
Rheinland-Pfalz	62 %
Baden-Württemberg	60 %
Hessen	58 %
Schleswig-Holstein	58 %
Bayern	55 %
Niedersachsen	55 %
Thüringen	52 %
Nordrhein-Westfalen	50 %
Brandenburg	47 %
Sachsen-Anhalt	45 %
Bremen	45 %
Mecklenburg-Vorpommern	44 %
Sachsen	39 %
Hamburg	30 %
Berlin	20 %
Deutschland insgesamt	**52 %**

Quelle: Statistisches Bundesamt

Anlage 2: Bausparförderung

	Arbeitnehmersparzulage	Wohnungsbauprämie
Höhe	9 % der eingezahlten vermögenswirksamen Leistungen	8,8 % der eigenen Einzahlungen (inkl. Abschlussgebühr und der Zinsen)
jährlich begünstigte Höchstbeträge	Alleinstehende/Verheiratete 1 Arbeitnehmer 470 € pro Jahr bzw. 39,17 € pro Monat Verheiratete, 2 Arbeitnehmer doppelte Förderung	512 € Alleinstehende 1.024 € Verheiratete
Mindesthöhe begünstigter Aufwendungen p.a.	–	45,06 €
maximale staatliche Förderung p.a.	Alleinstehende/Verheiratete, 1 Arbeitnehmer 42,30 € Verheiratete, 2 Arbeitnehmer 84,60 €	45,06 € Alleinstehende 91,12 € Verheiratete
Anspruchsberechtigte	alle Arbeitnehmer (einschl. Auszubildende) sowie Beamte, Richter, Berufssoldaten	alle Bausparer, die im Sparjahr das 16. Lebensjahr vollendet haben
Einkommensgrenzen (zu versteuerndes Einkommen p. a.). Das Bruttoeinkommen kann aber erheblich höher liegen	17.900 € Alleinstehende 35.800 € Verheiratete	25.600 € Alleinstehende 51.200 € Verheiratete Liegt das zu versteuernde Einkommen über der Grenze für die Arbeitnehmersparzulage, aber innerhalb der Grenze für die Wohnungsbauprämie, kann die Wohnungsbauprämie im Rahmen der Höchstbeträge auch auf die vermögenswirksamen Leistungen in Anspruch genommen werden.
Antragsfrist	Einkommensteuererklärung 31.5. des Folgejahres	bis zu 2 Jahre seit Ablauf des Sparjahres
Beantragung	Der Bausparer erhält mit dem Kontoauszug eine VL-Bescheinigung, die er mit seiner Einkommensteuererklärung bei seinem Finanzamt einreicht.	Der Bausparer erhält mit dem Kontoauszug seinen vorbereiteten Wohnungsbauprämienantrag, den er ergänzt und unterschrieben der Bausparkasse einreicht.
Festsetzung bzw. Vormerkung	Das Finanzamt setzt die Arbeitnehmersparzulage fest und merkt sie bei der Zentralstelle der Finanzämter vor. **Achtung:** Die vermögenswirksamen Leistungen müssen vom Arbeitgeber überwiesen werden.	Die Prämie wird durch die Bausparkasse ermittelt. Der Bausparer muss auf seinem WoP-Antrag erklären, dass sein zu versteuerndes Einkommen innerhalb der Einkommensgrenzen liegt. Die festgesetzte Wohnungsbauprämie wird auf dem Bausparkonto vorgemerkt.

Vermögenswirksame Leistungen

Vermögenswirksame Leistungen sind noch in vielen Tarifverträgen verankert und werden auch unabhängig von der Einkommenshöhe gezahlt.

VL-Leistungen sind vielseitig verwendbar (Bausparverträge, Lebensversicherungen, Rentenversicherungen) und können auch als Tilgungsersatz bei der Entschuldung des Wohneigentums dienen.

Anlageform	maximale Förderung p.a.
Bausparvertrag	Arbeitnehmersparzulage 43 €
	Wohnungsbauprämie 45 €
Tilgung eines Baukredits	Arbeitnehmersparzulage 43 €
	Einkommensgrenze für die Förderung
Arbeitnehmersparzulage	17.900 € p.a.
Wohnungsbauprämie	25.600 € p.a.

Es ist eigentlich unerklärlich, dass vermögenswirksame Leistungen kaum noch im Fokus sind, obwohl sie unverändert genutzt werden können. Bei Berücksichtigung von Einkommensgrenzen werden dafür Arbeitnehmersparzulagen gewährt.

Selbst wenn die Verzinsung inzwischen meist sehr gering sein dürfte, kommen bei langfristiger Nutzung, wie aus der nachstehenden Übersicht zu ersehen, durchaus beachtliche Ergebnisse zustande

Entwicklung des Guthabens bei einem VL-Sparplan mit einer monatlichen Zahlung von 39,88 €.

Laufzeit in Jahren	Zins 1 %	Zins 1,75 %	Zins 2 %	Zins 2,5 %	Zins 3 %
7	3.470 €	3.564 €	3.596 €	3.660 €	3.726 €
13	6.644 €	6.983 €	7.101 €	7.343 €	7.595 €
19	10.013 €	10.778 €	11.048 €	11.614 €	12.215 €
25	13.589 €	14.989 €	15.484 €	16.567 €	17.731 €
31	17.385 €	19.662 €	20.500 €	22.311 €	24.318 €

Anlage 3: Baufinanzierung Online

Bei Internetbanken lassen sich viele nützliche Berechnungstools bei den diversen Anbietern herunterladen. Selbst wenn eine Finanzierungsberatung in einer Filiale und ein persönliches Beratungsgespräch bevorzugt werden, sollte diese Rechner genutzt werden, um einen ersten Überblick zu erhalten oder um Vergleiche anzustellen:

- Konditionsrechner
- Tilgungsrechner
- Volltilgungsrechner
- Haushaltsrechner
- Budgetrechner
- Notar- und Grundbuchrechner
- Vorfälligkeitsentschädigung-Rechner
- Kauf-/Mietrechner
- Forward-Rechner
- Sollzins-/Effektivzinsrechner

Der Investor kann sich auf diese Weise vielerlei Informationen verschaffen und Finanzierungsmodelle unter unterschiedlichen Prämissen „simulieren". Er hat vor allem Einblick in eine völlig transparente Konditionsgestaltung und kann z. B. feststellen, welche Bedeutung der Beleihungswert hat und wie sich die Zinssätze bei unterschiedlichem Eigenkapitaleinsatz verändern (Grenzzinssatz).

Bei einem konkreten Finanzierungswunsch übermittelt der Kunde seine persönlichen Daten, Details zu seiner Einkommens- und Vermögenssituation und Angaben zu seinem Finanzierungsvorhaben an eine Internetbank. Ein Berater nimmt dann bei Bedarf online oder telefonisch Kontakt zu ihm auf, um weitere Einzelheiten zu klären. Mittels einer Finanzierungsplattform wird die Durchführbarkeit der Anfrage beurteilt. Ist das Ergebnis grundsätzlich positiv, werden die entscheidungsrelevanten Unterlagen in Papierform angefordert. Danach erfolgt ein bindendes Konditionsangebot mit allen Angaben, welche die vorvertraglichen Informationspflichten vorschreiben. Nimmt der Interessent das Angebot an, kann der Darlehensantrag ausgedruckt werden

Der Kreditgeber prüft dann den vom Vermittler weitergeleiteten Darlehensantrag verbindlich und schickt nach positiver Entscheidung dem Darlehensnehmer den Darlehensvertrag mit den entsprechenden Anlagen (ESIS-Merkblatt, Widerrufsbelehrung etc.) zu. Dieser unterschreibt den Vertrag und schickt ihn im Post-Ident-Verfahren zurück.

Diese vorteilhafte Vertriebsform haben inzwischen natürlich auch die „klassischen Baufinanzierer" entdeckt und bieten inzwischen ebenfalls die Baufinanzierung Online an, möglicherweise sogar mit Einschaltung eines persönlichen Beratungsgesprächs in der Filiale vor Ort, nachdem die Einstiegsformalitäten online abgeschlossen worden sind. Außerdem sind die Kreditinstitute teilweise selbst in die Vermittlerrolle geschlüpft und bieten Produkte anderer Marktteilnehmer an, weil sich die Erkenntnis durchgesetzt hat, dass es besser ist, notfalls fremde Produkte gegen Provision zu vermitteln, als trotz einer intensiven und kostentreibenden persönlichen Beratung am Ende ohne Geschäftsabschluss dazustehen.

Auf diese Weise lassen sich überwiegend einfache, standardisierte Finanzierungen bearbeiten. Besonders sinnvoll ist die Online-Finanzierung beim Kauf von bereits fertiggestellten Objekten oder Altbauten, wo keinerlei Baustellenüberwachung anfällt und eine relative Kostensicherheit gegeben ist.

Die Berücksichtigung von KfW-Mitteln ist häufig möglich und wirkt sich oft konditionsverbessernd aus. Auch endfällige Darlehen gehören zum Standardangebot. Geradezu prädestiniert für Online-Finanzierungen sind Anschlussfinanzierungen und Forward-Darlehen.

Aufgelistet haben wir weitere Vermittler von Baufinanzierungen, die ausschließlich Online tätig sind. Die Angebote sind teilweise identisch, da oft die gleichen Finanzierungsplattformen genutzt werden.

Baufi Direkt	www.baufi-direkt.de
Baufi24	www.baufi24.de
Baugeld Spezialisten	www.baugeld-spezialisten.de
CosmosDirekt	www.cosmos-direkt.de
Creditfair	www.creditfair.de
Creditweb	www.creditweb.de
Degussa Bank	www.degussa-bank.de
DTW Immobilienfinanzierung	www.immobilienfinanzierung.de
Enderlein	www.enderlein.com
Fiba Immohyp	www.fiba-kredit.de
Haus & Wohnen	www.haus-wohnen.de
Planethyp	www.planet.hyp.de
Santander Direkt Bank	www.santander-direkt.de
Targobank	www.targobank.de
1822 Direktbank	www.1822direkt.de

Anlage 4: ESIS Merkblatt – am Beispiel eines Forward-Annuitätendarlehens

Inhalt	Bemerkungen
Einleitungstext	Diese Angaben stellen kein rechtsverbindliches Angebot dar. Die Angaben werden nach Treu und Glauben zur Verfügung gestellt und sind eine genaue Beschreibung des Angebots, das das Kreditinstitut unter aktuellen Marktbedingungen und auf Basis der vom Kunden bereitgestellten Informationen machen würde. Es sollte allerdings beachtet werden, dass sich die Angaben je nach Marktentwicklung ändern können. Diese Aushändigung dieses Informationsmerkblattes verpflichtet den Darlehensgeber nicht automatisch zur Darlehensbewilligung.
1. Darlehensgeber	XXXX AG 50668 Köln Hohestr.1–7
2. Produktbeschreibung	Annuitätendarlehen (Forward) Mit einem Forwarddarlehen schließen sie bereits jetzt einen Darlehensvertrag zu den vereinbarten Konditionen ab, obwohl die Auszahlung des Darlehens erst zu einem in der Zukunft liegenden Zeitpunkt erfolgt. In der Zeit vom Vertragsabschluss bis zur Auszahlung des Forwarddarlehens (sog. Forwardzeit) fallen keine Sollzinsen oder Kosten für die Bereitstellung an. Sie zahlen für das Forwarddarlehen ab Auszahlung gleich bleibende Raten während eines Sollzinsbindungszeitraums, die sowohl einen Sollzins- als auch Tilgungsanteil (Annuitäten) enthalten. Da der Sollzins aus der jeweiligen Darlehensrestschuld berechnet wird, sinkt der Sollzinsanteil an der gleichbleibenden Rate, so dass der Tilgungsanteil entsprechend steigt. Für die aufeinanderfolgenden Finanzierungsabschnitte wird ihnen der Darlehensgeber rechtzeitig vor Ablauf des Sollzinsbindungszeitraums einen neuen gebundenen Sollzinssatz anbieten. Die Besicherung des Darlehens erfolgt in der Regel durch Grundschulden in Höhe des Darlehensbetrages mit Übernahme der persönlichen Haftung. Soweit sie dem Darlehensgeber bereits Grundschulden zur Besicherung von Darlehensforderungen bestellt haben, wird der Darlehensgeber prüfen, ob diese zur Besicherung herangezogen werden können. Im Einzelfall kann die Darlehensvergabe davon abhängen, dass weitere Sicherheiten zur Verfügung gestellt werden.
3. Sollzinssatz	Anzugeben ist die Art des Sollzinssatzes und die Dauer der festgesetzten Darlehenslaufzeit z. B.: Der Sollzinssatz von 2,24 % jährlich ist gebunden bis zum 31.03.2028 (der Zeitraum des gebundenen Sollzinssatzes ist kleiner als die Darlehenslaufzeit)

Inhalt	Bemerkungen
4. Effektiver Jahreszinssatz	Der effektive Jahreszinssatz entspricht den Gesamtkosten des Kredits, ausgedrückt als jährlicher Prozentsatz. Der effektive Jahreszins erleichtert den Vergleich verschiedener Angebote: Der effektive Jahreszins im Sinne der Preisangabenverordnung beträgt 2,26 %
5.Nettodarlehensbetrag und Währung	125.000,00 EUR
6. Gesamtdauer der Darlehensvereinbarung	Auf Basis der bei Darlehensvertragsabschluss maßgeblichen Darlehensbedingungen ergibt sich eine Darlehensgesamtlaufzeit von 28 Jahren und 6 Monaten. Die Berechnung der Laufzeit erfolgt unter den Annahmen, dass 1. der Darlehensnehmer die von ihm nach dem Darlehensvertrag geschuldete Leistung bei deren Fälligkeit erbringt. 2. sich der Sollzinssatz während der gesamten Vertragslaufzeit nicht verändert. Durch eine Änderung der Konditionen (z. B. Änderungen des Sollzinssatzes) kann sich die Darlehensgesamtlaufzeit verlängern oder verkürzen.
7. Anzahl und Häufigkeit der Ratenzahlung	Die Anzahl der Raten für die Dauer der Vertragslaufzeit nach Auszahlung des Darlehens beträgt 313 und erfolgt unter der Annahme, dass der anfängliche gebundene Sollzinssatz für die gesamte Darlehenslaufzeit unverändert bleibt. Die Zahlung der Raten erfolgt monatlich.
8. Bei Annuitätendarlehen: Höhe der Ratenzahlung (kann variieren)	Die annuitätische Tilgung beträgt anfänglich 2,848 % jährlich. Ab Tilgungsbeginn ist zur Verzinsung und Tilgung für das Jahr eine gleichbleibende Leistung von 5,088 % des ursprünglichen Darlehensbetrages (2,24 Zinsen zuzüglich 2,848 % Anfangstilgung) zu zahlen. Aus den angenommenen Konditionen ergibt sich eine anfängliche monatliche Rate von 530,00 €.
7. Beispiel eines Tilgungsplanes	Der beigefügten Tabelle ist die Höhe des pro Monat zu zahlenden Betrags zu entnehmen. Das Restkapital ist der nach einer Ratenzahlung noch verbleibende zurückzuzahlende Kreditbetrag.
8. Zusätzliche Auflagen	Der Kreditnehmer muss folgende Auflagen erfüllen, um in den Genuss der im vorliegenden Dokument genannten Konditionen zu kommen: (Auflagen) Beachten Sie bitte, dass sich die in diesem Dokument genannten Kreditkonditionen ändern können, falls Sie diese Auflagen nicht erfüllen.
9.Bei wohnwirtschaftlichen Zinszahlungsdarlehen Höhe jeder regelmäßigen Zinszahlungen und der regelmäßig zur Vermögensbildung zu leistenden Zahlung	Entfällt, da Zins- und Tilgungszahlungen zu leisten sind.

Inhalt	Bemerkungen
10. Zusätzliche einmalige Kosten, soweit anwendbar	Folgende einmalige Kosten sind zusätzlich an den Darlehensgeber zu zahlen: Bereitstellungsprovision 0,25 % pro Monat ab dem 31. Monat nach Darlehensvertragsabschluss. Soweit Bereitstellungsprovisionen anfallen, werden sie zu den vereinbarten Ratenzahlungsterminen per Lastschrift von einem von ihnen zu benennenden Konto eingezogen bzw. diesem Konto belastet, wenn sie die Bank hierzu ermächtigen. Für besondere Dienstleistungen (z. B. Sicherheitswechsel), die nicht im regelmäßigen Verlauf des Darlehens liegen, können weitere Kosten anfallen, über die wir sie auf Anfrage gern informieren. Ferner tragen sie die im Zusammenhang mit dem Kreditvertrag anfallenden Grundbuch- und Notarkosten. Ggf. Gutachterkosten, wenn Wertgutachten durch einen externen Gutachter erstellt werden.
11. Zusätzliche wiederkehrende Kosten	Sie sind verpflichtet, das Gebäude samt Zubehör zum vollen – soweit möglich zum gleitenden – Neuwert gegen Feuer-, Leitungswasser- und Sturmschäden, ggf. auch Elementarschäden auf ihre Kosten zu versichern.
12. Vorzeitige Rückzahlung Kündigungsmöglichkeiten	Bei Darlehen mit gebundenem Sollzinssatz sind Tilgungsleistungen über die vereinbarte (Sonder-)Tilgung hinaus während des Sollzinsbindungszeitraumes nicht zulässig. Wenn nach dem vollständigen Empfang des Darlehens 6 Monate abgelaufen sind, können sie das Darlehen jedoch vor Ablauf der Sollzinsbindungsfrist mit einer Kündigungsfrist von 3 Monaten kündigen, wenn sie ein sogenanntes berechtigtes Interesse haben, z. B. wenn sie ihre Immobilie verkaufen. In diesem Fall müssen sie jedoch dem Darlehensgeber den dadurch entstehenden Schaden (Vorfälligkeitsschaden) ersetzen. Für den mit dieser vorzeitigen Rückzahlung verbundenen Verwaltungsaufwand berechnet der Darlehensgeber ihnen ein Entgelt. Der Schaden des Darlehensgebers wird nach den von der Rechtsprechung des BGH entwickelten Grundsätzen berechnet. Eine Rückzahlung des Darlehens ohne Entschädigung ist dagegen – unter Einhaltung einer Kündigungsfrist von einem Monat zum Ablauf jedes Sollzinsbindungszeitraumes möglich. Im Falle eines Sollzinsbindungszeitraums von mehr als 10 Jahren können sie das Darlehen außerdem nach 10 Jahren ab Voll- bzw. Restauszahlung mit einer Frist von 6 Monaten kündigen und dann entschädigungsfrei zurückzahlen. Sollten sie beschließen, den Kredit vorzeitig zurückzuzahlen, setzen sie sich bitte mit uns in Verbindung, um die genaue Höhe der Vorfälligkeitsentschädigung zum betreffenden Zeitpunkt in Erfahrung zu bringen.
13. Internes Beschwerdesystem	Beschwerden im Zusammenhang mit dem Darlehensvertrag können sie an folgende Abteilung des Darlehensgebers richten.

Inhalt	Bemerkungen
14. Repräsentativer Tilgungs-plan	Als Anlage erhalten sie den Tilgungsplan. Für die Zeit nach dem Auslaufen des Sollzinsbindungszeitraums steht der dann geltende Sollzinssatz jetzt noch nicht fest. In dem Tilgungsplan ist für den Zeitraum nach dem Auslaufen des Sollzinsbindungszeitraums daher der anfänglich vereinbarte Soll-zinssatz zugrunde gelegt worden. Der tatsächliche Sollzinssatz nach Ablauf des Sollzinsbindungszeitraums kann höher oder niedriger sein.
15. Verpflichtung, das Bank- und Gehaltskonto beim Darle-hensgeber zu führen	Es besteht keine Verpflichtung, bei der Bank ein Bank- und Gehaltskonto zu führen.
16. Widerrufsrecht	Ja Sie haben das Recht innerhalb von 14 Kalendertagen den Darle-hensvertrag zu widerrufen
17. Abtretung, Übertragung	Ja Der Darlehensgeber darf Forderungen aus dem Darlehensvertrag und die vereinbarten Sicherheiten, insbesondere die Grundschul-den, ohne Zustimmung des Darlehensnehmers an einen Dritten (z. B. Inkassounternehmen) abtreten, soweit nicht die Abtretung im Vertrag ausgeschlossen ist.
Der Darlehensgeber kann das Vertragsverhältnis ohne ihre Zustimmung auf andere Personen übertragen (z. B. bei einer Umstrukturierung des Geschäfts)	Ja Der Darlehensgeber darf das Vertragsverhältnis – einschließlich der vereinbarten Sicherheiten – auf einen Dritten (z. B. bei einer Umstrukturierung des Geschäfts) übertragen, soweit nicht der Darlehensnehmer der Übertragung zustimmen muss.

Anlage 5: Refinanzierungsrisiken

Refinanzierung ist die Mittelbeschaffung eines Kreditinstitutes. Üblich ist, dass die Ausleihungen eines Kreditinstitutes laufzeitkongruent (d.h. fristenübereinstimmend) refinanziert werden, wenn für die Kredite ein Festzinssatz vereinbart ist. In den Jahren vor der globalen Finanzmarktkrise sind die klassischen Refinanzierungsformen (insbesondere Einlagen) durch kapitalmarktbasierte Instrumente zurückgedrängt worden. Dies alles erfolgte in einem Marktumfeld aus niedrigen Zinsen, hoher Liquidität aber auch hohen Renditeansprüchen der Finanzinstitute.

Viele Kreditinstitute substituierten die klassische Refinanzierung (Einlagen, Pfandbriefe) durch kapitalmarktorientierte Refinanzierungsstrukturen. Altbewährte Ansätze wie die Fristenkongruenz von Aktiva und Passiva verloren an Bedeutung.

Die dafür entwickelten Instrumente, wie der Verkauf von Darlehensforderungen durch Verbriefung (z. B. Mortgage Backed Securities MBS) führten dazu, dass sich die Zinseinkünfte verringerten aber die Eigenkapitalquote der Kreditinstitute entlastet wurde und dadurch „ein immer größeres Rad" gedreht werden konnte.

Seinen Höhepunkt fand der Verbriefungstrend kurz vor der Immobilien- und Finanzkrise in den Jahren 2007 und 2008. Ausgangspunkt der Finanzkrise waren die durch den Einbruch im Immobilienmarkt vermehrten Ausfälle von Immobilienkrediten in den USA. Diese Kredite waren wiederum in komplexen und riskanten Strukturen verbrieft und weltweit im global vernetzten Kapitalmarkt weitergegeben worden. Die Insolvenz der Investmentbank Lehman Brothers im September 2008 sorgte für panikartiges Verhalten an den Finanz- und Kapitalmärkten. Das eigentliche Dilemma, die unterschiedlichen Verflechtungen und die Auswirkungen bei den Kreditinstituten wurden erst nach und nach sichtbar. Die späteren Erkenntnisse verdeutlichten die mangelhaften Bonitäts- und Objektbewertungen der Banken, zu geringe Eigenkapitaleinsätze der Investoren, unzureichende Risikovorsorge der Kreditinstitute und die völlig unzureichende Regulierung der nationalen und internationalen Aufsichtsbehörden. Auch hat die in den USA vorherrschende variable Zinsgestaltung nach kräftigem Zinsanstieg zu massiven Kreditausfällen der Immobilieninvestoren geführt.

Da in Europa und speziell in Deutschland wesentlich höhere Ansprüche an die Vergabe von Immobiliarkrediten gestellt werden, hat die Verbriefung von Immobilienkrediten hierzulande zu keinen wesentlichen Ausfällen geführt. Der ohnehin nur in Teilbereichen genutzte Verbriefungsmarkt ist nach der Finanzkrise stark zurückgegangen. Deshalb sind auch keine Auswirkungen auf dem Markt für Wohnimmobilienfinanzierungen festzustellen.

Viele Kreditinstitute refinanzieren sich seitdem hauptsächlich über die EZB oder die Emission von Pfandbriefen und haben sich deshalb von der dafür zuständigen BaFin die Berechtigung für die Emission von Pfandbriefen erteilen lassen.

Nach den Erhebungen des Verbandes deutscher Hypothekenbanken liegt der durch Pfandbriefe refinanzierte Baufinanzierungsmarktanteil bei über 30 % des Gesamtmarktes. Die konservative Bestimmung des Beleihungswertes, die langfristigen Zinsbindungsfristen und die begrenzten Laufzeiten machen den Pfandbriefmarkt sicher und stabil. Dadurch ist die Vergabe von Immobilienkrediten für die Kreditinstitute trotz eingeschränkter Margen weiterhin attraktiv.

Die aktuelle Lage fördert auch das Emittieren von besicherten Anleihen, doch die Möglichkeiten, sich auf diesem Wege Fremdkapital zu beschaffen, sind begrenzt. Insgesamt werden Bankanleihen am Kapitalmarkt als risikoreicher und kostenintensiver angesehen, und dies verteuert dann diese Form der Refinanzierung.

Deshalb spricht man wieder von einem Comeback der Einlagen als Refinanzierungsquelle, weil der Rückgang der Kapitalmarktrefinanzierung nur mit Einlagenwachstum auszugleichen ist.

Der Investor als Kreditnehmer ist von der Refinanzierung nur mittelbar betroffen. Von einer möglichen Verbriefung seiner Immobilienfinanzierung erhält er in der Regel keine Kenntnis. Wenn sich die Refinanzierungskosten für die Kreditinstitute verteuern, werden sich die Konditionen für Immobilienfinanzierungen entsprechend erhöhen. Die Wettbewerbsstärke eines Kreditinstitutes wird sich neben anderen Faktoren auch daran entscheiden, ob es gelingt, die günstigsten Refinanzierungsmittel zu nutzen.

Anlage 6: Risikoadjustierte Kreditkosten

Die Konditionen aller Kredite sollen nach den Vorgaben von Basel III grundsätzlich dem Einzelrisiko entsprechen. Für Verbraucherdarlehen und insbesondere für Immobiliar-Verbraucherdarlehen zur Finanzierung von selbstgenutzten/vermieteten Wohnimmobilien werden allerdings pauschale Ansätze vorgenommen.

Wenn die Darlehenskosten individuell und risikoadjustiert ermittelt würden, müsste das wie nachfolgend aufgezeigt geschehen:

Vorgaben für das Beispiel:

Zinsfestschreibung 10 Jahre	Stand 18.11.2015
Kunde mit guter bis zufriedenstellender Bonität	
Bearbeitungskosten des Kreditinstituts	0,20 %
Margenvorstellung des Kreditinstituts	0,70 %
Eigenkapitalkosten bei Kunden mit guter Bonität (wohnwirtschaftliche Immobilienfinanzierungen)	0,10 %

Ergebnis:

Risikoadjustierte Kreditkosten	Quelle	Beispiel
Refinanzierungskosten	Pfandbriefrendite	0,89 %
+ Eigenkapitalkosten	Basel II und III	0,10 %
+ Risikokosten	Ratingskala	0,40 %
+ Betriebskosten	individuell	0,20 %
+ angestrebter Gewinn/Marge	individuell	0,50 %
= Kreditkosten		**2,09 %**

Das Ergebnis ist ein individuell ermittelter Sollzins von 2,09 % bei 10-jähriger Zinsfestschreibung

Anlage 7: Unterschiedliche Ermittlung des Kreditrahmens

1. Kreditrahmen abhängig von
- der monatlichen Belastung und
- der Annuität (Zins und Tilgung).

Wird der Kreditrahmen in einer Niedrigzinsphase mit einer sehr niedrigen Annuität berechnet, so ist die Gefahr einer Verschuldungsfalle gegeben.

tragbare Monatsbelastung	Kreditrahmen bei einer Annuität (Zins- und Tilgungssatz) in % von insgesamt				
€	3 %	4 %	5 %	6 %	7 %
500	200.000	150.000	120.000	100.000	85.714
600	240.000	180.000	144.000	120.000	102.857
700	280.000	210.000	168.000	140.000	120.000
800	320.000	240.000	192.000	160.000	137.142
900	360.000	270.000	216.000	180.000	154.286
1.000	400.000	300.000	240.000	200.000	171.429
1.050	420.000	315.000	252.000	210.000	180.000
1.100	440.000	330.000	264.000	220.000	188.571
1.150	460.000	345.000	276.000	230.000	197.143
1.200	480.000	360.000	288.000	240.000	205.714
1.250	500.000	375.000	300.000	250.000	214.286
1.300	520.000	390.000	312.000	260.000	222.857
1.350	540.000	405.000	324.000	270.000	231.429
1.400	560.000	420.000	336.000	280.000	240.000
1.450	580.000	435.000	348.000	290.000	248.571
1.500	600.000	450.000	360.000	300.000	257.143

Vorgaben für das Beispiel:

mögliche Monatsbelastung	1.050 €
aktueller Zins 15 Jahre fest	2 %
Tilgungssatz	2 %
Kreditrahmen	**315.000 €**

Würde dieser Kreditrahmen voll ausgenutzt, würde das Darlehen nach 10 Jahren noch eine Restschuld von 245.322 € ausweisen. Das Zinsänderungsrisiko wäre unvertretbar hoch. Selbst wenn der Kredit noch weiter zu identischen Konditionen fortgeführt werden könnte, wäre nach 30 Jahren immer noch eine Restschuld von 56.319 € vorhanden.

Das Kreditinstitut würde also zur Laufzeitbegrenzung eine Ratenerhöhung vornehmen müssen, oder die Gesamtlaufzeit läge (immer identische Konditionen unterstellt) bei 34,69 Jahren.

2. Kreditrahmen abhängig von
- **der monatlichen Belastung,**
- **der Laufzeitbegrenzung auf 30 Jahre und**
- **der Annuität (Zins und Tilgung).**

Wird zusätzlich von Anfang an eine Laufzeitbegrenzung auf 30 Jahre durchgeführt, so ist der maximale Kreditrahmen von Anfang an deutlich geringer.

tragbare Monatsbelastung	maximales Darlehen unter Berücksichtigung einer Darlehenslaufzeit von 30 Jahren und einem Sollzinssatz von					
€	1,5 %	2 %	2,5 %	3 %	4 %	5 %
500	144.877	135.274	126.543	118.594	104.730	93.140
600	173.852	162.329	151.852	142.313	125.676	111.769
700	202.828	189.383	177.161	166.033	146.622	130.397
800	231.803	216.439	202.469	189.751	167.568	149.025
900	260.778	243.493	227.778	213.470	188.515	167.653
1.000	289.754	270.548	253.087	237.189	209.461	186.281
1.050	304.241	284.076	265.741	249.048	219.934	195.595
1.100	318.729	297.603	278.396	260.908	230.407	204.909
1.150	333.217	311.130	291.050	272.768	240.880	214.223
1.200	347.725	324.659	303.704	284.627	251.353	223.538
1.250	362.193	338.186	316.359	296.487	261.826	232.852
1.300	376.680	351.713	329.013	308.346	272.299	242.166
1.350	391.168	365.240	341.667	320.205	282.772	251.480
1.400	405.655	375.768	354.321	332.065	293.245	260.794
1.450	420.143	392.295	366.976	343.925	303.718	270.108
1.500	434.631	405.823	379.630	355.784	314.191	279.422

Beispiel:

mögliche Monatsbelastung	1.050 €
aktueller Zins 15 Jahre fest	2 %
Tilgungssatz	2 %
Kreditrahmen	**284.076 €**

Zu berücksichtigen ist aber auch in diesem Falle, dass zwar die Laufzeit in die Kalkulation mit einbezogen wurde, sich aber die Rate nach 10 Jahren nur dann nicht ändern wird, wenn die Konditionen unverändert weiterlaufen.

Die Restschuld nach 10 Jahren läge bei 207.558 €.

Auch hier ist ein nicht unbeträchtliches Zinsänderungsrisiko gegeben.

Anlage 8: Preisangabenverordnung Anlage zu § 6

Berechnung des effektiven Jahreszinses

(1) Grundgleichung zur Darstellung der Gleichheit zwischen Verbraucherdarlehens-Auszahlungsbeträgen einerseits und Rückzahlungen (Tilgung, Zinsen und Verbraucherdarlehenskosten) andererseits. Die nachstehende Gleichung zur Ermittlung des effektiven Jahreszinses drückt auf jährlicher Basis die rechnerische Gleichheit zwischen der Summe der Gegenwartswerte der in Anspruch genommenen Verbraucherdarlehens-Auszahlungsbeträge einerseits und der Summe der Gegenwartswerte der Rückzahlungen (Tilgung, Zinsen und Verbraucherdarlehenskosten) andererseits aus:

$$\sum_{k=1}^{m} C_k(1 + X)^{-t_k} = \sum_{l=1}^{m'} D_l(1 + X)^{-s_l}$$

Hierbei ist

X   der effektive Jahreszins;

m   die laufende Nummer des letzten Verbraucherdarlehens-Auszahlungsbetrags;

k   die laufende Nummer eines Verbraucherdarlehens-Auszahlungsbetrags, wobei $1 \le k \le m$;

C_k die Höhe des Verbraucherdarlehens-Auszahlungsbetrags mit der Nummer k;

t_k der in Jahren oder Jahresbruchteilen ausgedrückte Zeitraum zwischen der ersten Verbraucherdarlehensvergabe und dem Zeitpunkt der einzelnen nachfolgenden in Anspruch genommenen Verbraucherdarlehens-Auszahlungsbeträge, wobei $t_1 = 0$;

m'   die laufende Nummer der letzten Tilgungs-, Zins- oder Kostenzahlung;

l   die laufende Nummer einer Tilgungs-, Zins- oder Kostenzahlung;

D_l der Betrag einer Tilgungs-, Zins- oder Kostenzahlung;

s_l der in Jahren oder Jahresbruchteilen ausgedrückte Zeitraum zwischen dem Zeitpunkt der Inanspruchnahme des ersten Verbraucherdarlehens-Auszahlungsbetrags und dem Zeitpunkt jeder einzelnen Tilgungs-, Zins- oder Kostenzahlung.

Anmerkungen:

a) Die von beiden Seiten zu unterschiedlichen Zeitpunkten gezahlten Beträge sind nicht notwendigerweise gleich groß und werden nicht notwendigerweise in gleichen Zeitabständen entrichtet.

b) Anfangszeitpunkt ist der Tag der Auszahlung des ersten Verbraucherdarlehensbetrags.

c) Der Zeitraum zwischen diesen Zeitpunkten wird in Jahren oder Jahresbruchteilen ausgedrückt. Zugrunde gelegt werden für ein Jahr 365 Tage (bzw. für ein Schaltjahr 366 Tage), 52 Wochen oder zwölf Standardmonate. Ein Standardmonat hat 30,41666 Tage (d. h. 365/12), unabhängig davon, ob es sich um ein Schaltjahr handelt oder nicht.

Können die Zeiträume zwischen den in den Berechnungen verwendeten Zeitpunkten nicht als ganze Zahl von Wochen, Monaten oder Jahren ausgedrückt werden, so sind sie als ganze Zahl eines dieser Zeitabschnitte in Kombination mit einer Anzahl von Tagen auszudrücken. Bei der Verwendung von Tagen

 aa) werden alle Tage einschließlich Wochenenden und Feiertagen gezählt;

 bb) werden gleich lange Zeitabschnitte und dann Tage bis zur Inanspruchnahme des ersten Verbraucherdarlehensbetrags zurückgezählt;

 cc) wird die Länge des in Tagen bemessenen Zeitabschnitts ohne den ersten und einschließlich des letzten Tages berechnet und in Jahren ausgedrückt, indem dieser Zeitabschnitt durch die Anzahl von Tagen des gesamten Jahres (365 oder 366 Tage), zurückgezählt ab dem letzten Tag bis zum gleichen Tag des Vorjahres, geteilt wird.

d) Das Rechenergebnis wird auf zwei Dezimalstellen genau angegeben. Ist die Ziffer der dritten Dezimalstelle größer als oder gleich 5, so erhöht sich die Ziffer der zweiten Dezimalstelle um den Wert 1.

e) Mathematisch darstellen lässt sich diese Gleichung durch eine einzige Summation unter Verwendung des Faktors „Ströme" (A_k), die entweder positiv oder negativ sind, je nachdem, ob sie für Auszahlungen oder für Rückzahlungen innerhalb der Perioden 1 bis n, ausgedrückt in Jahren, stehen:

$$S = \sum_{k=1}^{n} A_k (1 - X)^{-t_k},$$

dabei ist S der Saldo der Gegenwartswerte aller „Ströme", deren Wert gleich null sein muss, damit die Gleichheit zwischen den „Strömen" gewahrt bleibt.

(2) Es gelten die folgenden zusätzlichen Annahmen für die Berechnung des effektiven Jahreszinses:

a) Ist dem Verbraucher nach dem Verbraucherdarlehensvertrag freigestellt, wann er das Verbraucherdarlehen in Anspruch nehmen will, so gilt das gesamte Verbraucherdarlehen als sofort in voller Höhe in Anspruch genommen.

b) Ist dem Verbraucher nach dem Verbraucherdarlehensvertrag generell freigestellt, wann er das Verbraucherdarlehen in Anspruch nehmen will, sind jedoch je nach Art der Inanspruchnahme Beschränkungen in Bezug auf Verbraucherdarlehensbetrag und Zeitraum vorgesehen, so gilt das gesamte Verbraucherdarlehen als zu dem im Verbraucherdarlehensvertrag vorgesehenen frühestmöglichen Zeitpunkt mit den entsprechenden Beschränkungen in Anspruch genommen.

c) Sieht der Verbraucherdarlehensvertrag verschiedene Arten der Inanspruchnahme mit unterschiedlichen Kosten oder Sollzinssätzen vor, so gilt das gesamte Verbraucherdarlehen als zu den höchsten Kosten und zum höchsten Sollzinssatz in Anspruch genommen, wie sie für die Kategorie von Geschäften gelten, die bei dieser Art von Verbraucherdarlehensverträgen am häufigsten vorkommt.

d) Bei einer Überziehungsmöglichkeit gilt das gesamte Verbraucherdarlehen als in voller Höhe und für die gesamte Laufzeit des Verbraucherdarlehensvertrags in Anspruch genommen. Ist die Dauer der Überziehungsmöglichkeit nicht bekannt, so ist bei der Berechnung des effektiven Jahreszinses von der Annahme auszugehen, dass die Laufzeit des Verbraucherdarlehensvertrags drei Monate beträgt.

e) Bei einem Überbrückungsdarlehen gilt das gesamte Verbraucherdarlehen als in voller Höhe und für die gesamte Laufzeit des Verbraucherdarlehensvertrags in Anspruch genommen. Ist die Laufzeit des Verbraucherdarlehensvertrags nicht bekannt, so wird bei der Berechnung des effektiven Jahreszinses von der Annahme ausgegangen, dass sie zwölf Monate beträgt.

f) Bei einem unbefristeten Verbraucherdarlehensvertrag, der weder eine Überziehungsmöglichkeit noch ein Überbrückungsdarlehen beinhaltet, wird angenommen, dass

aa) das Verbraucherdarlehen bei Immobiliar-Verbraucherdarlehensverträgen für einen Zeitraum von 20 Jahren ab der ersten Inanspruchnahme gewährt wird und dass mit der letzten Zahlung des Verbrauchers der Saldo, die Zinsen und etwaige sonstige Kosten ausgeglichen sind; bei Allgemein-Verbraucherdarlehensverträgen, die nicht für den Erwerb oder die Erhaltung von Rechten an Immobilien bestimmt sind oder bei denen das Verbraucherdarlehen im Rahmen von Debit-Karten mit Zahlungsaufschub oder Kreditkarten in Anspruch genommen wird, dieser Zeitraum ein Jahr beträgt und dass mit der letzten Zahlung des Verbrauchers der Saldo, die Zinsen und etwaige sonstige Kosten ausgeglichen sind;

bb) der Verbraucherdarlehensbetrag in gleich hohen monatlichen Zahlungen, beginnend einen Monat nach dem Zeitpunkt der ersten Inanspruchnahme, zurückgezahlt wird; muss der Verbraucherdarlehensbetrag jedoch vollständig, in Form einer einmaligen Zahlung, innerhalb jedes Zahlungszeitraums zurückgezahlt werden, so ist anzunehmen, dass spätere Inanspruchnahmen und Rückzahlungen des gesamten Verbraucherdarlehensbetrags durch den Verbraucher innerhalb eines Jahres stattfinden; Zinsen und sonstige Kosten werden entsprechend diesen Inanspruchnahmen und Tilgungszahlungen und nach den Bestimmungen des Verbraucherdarlehensvertrags festgelegt. Als unbefristete Verbraucherdarlehensverträge gelten für die Zwecke dieses Buchstabens Verbraucherdarlehensverträge ohne feste Laufzeit, einschließlich solcher Verbraucherdarlehen, bei denen der Verbraucherdarlehensbetrag innerhalb oder nach Ablauf eines Zeitraums vollständig zurückgezahlt werden muss, dann aber erneut in Anspruch genommen werden kann.

g) Bei Verbraucherdarlehensverträgen, die weder Überziehungsmöglichkeiten beinhalten noch Überbrückungsdarlehen, Verbraucherdarlehensverträge mit Wertbeteiligung, Eventualverpflichtungen oder Garantien sind, und bei unbefristeten Verbraucherdarlehensverträgen (siehe die Annahmen unter den Buchstaben d, e, f, l und m) gilt Folgendes:

aa) Lassen sich der Zeitpunkt oder die Höhe einer vom Verbraucher zu leistenden Tilgungszahlung nicht feststellen, so ist anzunehmen, dass die Rückzahlung zu dem im Verbraucherdarlehensvertrag genannten frühestmöglichen Zeitpunkt und in der darin festgelegten geringsten Höhe erfolgt.

bb) Lässt sich der Zeitraum zwischen der ersten Inanspruchnahme und der ersten vom Verbraucher zu leistenden Zahlung nicht feststellen, so wird der kürzest mögliche Zeitraum angenommen.

cc) Ist der Zeitpunkt des Abschlusses des Verbraucherdarlehensvertrags nicht bekannt, so ist anzunehmen, dass das Verbraucherdarlehen erstmals zu dem Zeitpunkt in Anspruch genommen wurde, der sich aus dem kürzesten zeitlichen Abstand zwischen diesem Zeitpunkt und der Fälligkeit der ersten vom Verbraucher zu leistenden Zahlung ergibt.

h) Lassen sich der Zeitpunkt oder die Höhe einer vom Verbraucher zu leistenden Zahlung nicht anhand des Verbraucherdarlehensvertrags oder der Annahmen nach den Buchstaben d, e, f, g, l oder m feststellen, so ist anzunehmen, dass die Zahlung in Übereinstimmung mit den vom Darlehensgeber bestimmten Fristen und Bedingungen erfolgt und dass, falls diese nicht bekannt sind,

aa) die Zinszahlungen zusammen mit den Tilgungszahlungen erfolgen,

bb) Zahlungen für Kosten, die keine Zinsen sind und die als Einmalbetrag ausgedrückt sind, bei Abschluss des Verbraucherdarlehensvertrags erfolgen,

cc) Zahlungen für Kosten, die keine Zinsen sind und die als Mehrfachzahlungen ausgedrückt sind, beginnend mit der ersten Tilgungszahlung in regelmäßigen Abständen erfolgen und es sich, falls die Höhe dieser Zahlungen nicht bekannt ist, um jeweils gleich hohe Beträge handelt,

dd) mit der letzten Zahlung der Saldo, die Zinsen und etwaige sonstige Kosten ausgeglichen sind.

i) Ist keine Verbraucherdarlehensobergrenze vereinbart, ist anzunehmen, dass die Obergrenze des gewährten Verbraucherdarlehens 170.000 Euro beträgt. Bei Verbraucherdarlehensverträgen, die weder Eventualverpflichtungen noch Garantien sind und die nicht für den Erwerb oder die Erhaltung eines Rechts an Wohnimmobilien oder Grundstücken bestimmt sind, sowie bei Überziehungsmöglichkeiten, Debit-Karten mit Zahlungsaufschub oder Kreditkarten ist anzunehmen, dass die Obergrenze des gewährten Verbraucherdarlehens 1.500 Euro beträgt.

j) Werden für einen begrenzten Zeitraum oder Betrag verschiedene Sollzinssätze und Kosten angeboten, so sind während der gesamten Laufzeit des Verbraucherdarlehensvertrags der höchste Sollzinssatz und die höchsten Kosten anzunehmen.

k) Bei Verbraucherdarlehensverträgen, bei denen für den Anfangszeitraum ein fester Sollzinssatz vereinbart wurde, nach dessen Ablauf ein neuer Sollzinssatz festgelegt wird, der anschließend in regelmäßigen Abständen nach einem vereinbarten Indikator oder einem internen Referenzzinssatz angepasst wird, wird bei der Berechnung des effektiven Jahreszinses von der Annahme ausgegangen, dass der Sollzinssatz ab dem Ende der Festzinsperiode dem Sollzinssatz entspricht, der sich aus dem Wert des vereinbarten Indikators oder des internen Referenzzinssatzes zum Zeitpunkt der Berechnung des effektiven Jahreszinses ergibt, die Höhe des festen Sollzinssatzes jedoch nicht unterschreitet.

l)   Bei Eventualverpflichtungen oder Garantien wird angenommen, dass das gesamte Verbraucherdarlehen zum früheren der beiden folgenden Zeitpunkte als einmaliger Betrag vollständig in Anspruch genommen wird:

aa) zum letztzulässigen Zeitpunkt nach dem Verbraucherdarlehensvertrag, welcher die potenzielle Quelle der Eventualverbindlichkeit oder Garantie ist, oder

bb) bei einem Roll-over-Verbraucherdarlehensvertrag am Ende der ersten Zinsperiode vor der Erneuerung der Vereinbarung.

m) Bei Verbraucherdarlehensverträgen mit Wertbeteiligung wird angenommen, dass

aa) die Zahlungen der Verbraucher zu den letzten nach dem Verbraucherdarlehensvertrag möglichen Zeitpunkten geleistet werden;

bb) die prozentuale Wertsteigerung der Immobilie, die die Sicherheit für den Vertrag darstellt, und ein in dem Vertrag genannter Inflationsindex ein Prozentsatz ist, der – je nachdem, welcher Satz höher ist – dem aktuellen Inflationsziel der Zentralbank oder der Höhe der Inflation in dem Mitgliedstaat, in dem die Immobilie belegen ist, zum Zeitpunkt des Abschlusses des Verbraucherdarlehensvertrags oder dem Wert 0 %, falls diese Prozentsätze negativ sind, entspricht.

(Quelle: Bundesgesetzblatt)

Anlage 9: Staatliche Hilfen für Eigennutzer

Die nachstehend aufgeführten Förderungen und Vergünstigungen sind direkt oder indirekt mit einer eigengenutzten Immobilie verbunden.

Bausparförderung	Bausparen wird gefördert durch Wohnungsbauprämien und Arbeitnehmersparzulagen. Unterschiedliche Einkommensgrenzen für beide Förderungswege sind zu beachten. Weitere Einzelheiten siehe Anlage 4.
Förderung VL	Jeder Arbeitnehmer kann vermögenswirksame Leistungen mit seinem Arbeitgeber vereinbaren. Meist werden diese Leistungen auch tarifvertraglich gezahlt. Es sind verschiedene Anlagemöglichkeiten vorhanden, für Wohneigentümer empfiehlt sich die Anlage in einem Bausparvertrag. Die VL werden sozialversicherungs- und steuerfrei gezahlt. Für die Arbeitnehmersparzulage gelten geringe Einkommensgrenzen.
Haushaltsnahe Dienstleistungen	Für die Inanspruchnahme von haushaltsnahen Dienstleistungen (z. B. Renovierungs-, Erhaltungs- und Modernisierungsaufwendungen, Reinigungsarbeiten, Gartenpflege etc.), die in einem inländischen Haushalt des Steuerpflichtigen erbracht werden, wird die tarifliche Einkommensteuer auf Antrag ermäßigt. Ermäßigung um 20 %, höchstens 1.200 €, der Aufwendungen des Steuerpflichtigen, die nicht Betriebsausgaben, Werbungskosten und Aufwendungen für eine geringfügige Beschäftigung sind. Nachweis mit der Rechnung und dem Überweisungsträger (nur auf Anforderung des FA). Die Steuerminderung wird nur auf die Arbeitsleistung des Handwerkers gewährt, nicht jedoch auf die angefallenen Materialkosten. Es ist deshalb zweckmäßig, entweder auf zwei getrennte Rechnungen zu bestehen, oder darauf zu achten, dass die Arbeitsleistung getrennt aufgeführt oder ausgewiesen wird. Auch Mieter können diesen Steuervorteil nutzen, benötigen dafür aber einen Nachweis durch den Vermieter.
Häusliches Arbeitszimmer	Steht für die berufliche oder betriebliche Tätigkeit kein anderer Arbeitsplatz zur Verfügung, sind die Aufwendungen bis zur Höhe von 1.250 € je Kalenderjahr als Betriebsausgaben oder Werbungskosten abziehbar. Der Betrag ist kein Pauschbetrag, sondern ein objektbezogener Höchstbetrag.
Wohngeld bzw. Lastenzuschuss	Hauseigentümer, deren Belastungen gewisse Grenzen übersteigen, haben nach dem Wohngeldgesetz einen Rechtsanspruch auf Lastenzuschuss. Der Zuschuss ist nicht zeitlich begrenzt, sondern wird so lange gezahlt, wie die Voraussetzungen hierfür vorliegen. Beantragt wird der Lastenzuschuss bei der Wohngeldstelle der Gemeinde, Stadt-, Amts- oder Kreisverwaltung. Ob und in welcher Höhe ein Lastenzuschuss gezahlt werden kann, hängt ab – vom Familieneinkommen, – von der Familiengröße, – dem Alter und der Ausstattung der Wohnung.
Steuervergünstigungen für denkmalgeschützte Objekte	Ein Steuerpflichtiger kann Aufwendungen an einem eigenen Gebäude für zehn Jahre mit 9 % wie Sonderausgaben abschreiben, wenn die Voraussetzungen der Steuerbegünstigung nach § 10 f EStG gegeben sind. Jeder Steuerpflichtige kann den § 10 f einmal im Leben ausnutzen, Verheiratete somit zweimal.

Anlage 10: Vergleichsrechnung für Immobilienangebote

	Objekt 1	Objekt 2
Wohnungsgröße in m²		
Kaufpreis je m²/Wohnfläche		
Kaufpreis in €		
Kaufnebenkosten (Grunderwerbsteuer. Makler, Notar, Grundbuchamt)		
Gesamterwerbskosten in €		
Fremdkapital		
Eigenkapital		
Monatsrate für Zins und Tilgung 3 % Zins, 2 % Tilgung		
monatliche Instandhaltungspauschale von 1,50 €/ m² Wohnfläche		
Verwaltungskostenpauschale von mindestens 25 € monatlich pro Wohneinheit		
monatlicher Gesamtaufwand ohne Bewirtschaftungskosten		
Nettokaltmiete pro qm/Wohnfläche		
monatliche Nettokaltmiete		
Unterdeckung aus der Vermietung		
oder Überdeckung aus der Vermietung		
Ergebnis		
reiner Kaufpreis		
Gesamterwerbskosten		
Kaltmiete p.a.		
abzüglich 10 % für nicht umlegbare Betriebskosten		
Nettoertrag p.a.		
Kaufpreis-Miete-Verhältnis		
Gesamtkosten-Miete-Verhältnis		
Bruttomietrendite in %		
Nettomietrendite in %		

Anlage 11: Mietpreisbremse, Mietspiegel, Kappungsgrenze

Ein Immobilieninvestor muss die aktuellen gesetzlichen Regelungen und Bestimmungen zur Miethöhe kennen, da sie seine Kalkulation maßgeblich bestimmen.

Seit dem 1. Juni 2015 gilt die **Mietpreisbremse**. Mit dieser soll wirksam die Erhöhung der Mieten – insbesondere in den Ballungszentren – gedeckelt werden. Die Mietpreisbremse besagt, dass bei Neuvermietungen die Mietpreise höchstens 10 % über der ortsüblichen Vergleichsmitte liegen dürfen. Damit soll verhindert werden, dass in Regionen mit hoher Angebotsknappheit an Wohnraum die Mieten rasant steigen. Dies betrifft vor allem Großstädte und Ballungsgebiete. Für welche Region die Mietpreisbremse gelten soll, obliegt den Bundesländern.

Die Länder haben für die Dauer von fünf Jahren die Möglichkeit, Gebiete beziehungsweise Standorte mit angespanntem Wohnungsmarkt auszuweisen und hier die Mietpreisbremse einzuführen. Ausschlaggebend dafür sind die Indikatoren

– Bevölkerungswachstum,
– Leerstandsquote,
– Mietentwicklung,
– Mietbelastung.

Einige Bundesländer sehen derzeit keinen Bedarf, die Mietpreisbremse einzuführen, mancherorts gilt sie nur in bestimmten Städten und Gemeinden.

Nicht betroffen von der Mietpreisbremse sind Vermietungen in Neubauten und Anschlussvermietungen nach umfassenden Modernisierungen. Mieter und Vermieter, deren Wohnung in einer ausgewiesenen Region liegt, sollten sich über die ortsübliche Vergleichsmiete informieren. Hierfür bietet der Mietspiegel eine wichtige Orientierung. Liegt kein Mietspiegel vor und besteht für den Mieter auch keine Zugang zu anderen Informationen, so hat er einen Auskunftsanspruch gegen den Vermieter.

Als Neubau gelten Wohnungen die nach dem 1. Oktober 2014 erstmals vermietet worden sind. Auch umfassende Modernisierungen rechnen sich nur dann, wenn ausschließlich die Miete erhöht werden kann – in der Regel auf ein Niveau von mehr als 10 % oberhalb des Mietspiegels. Als umfassend gilt eine Modernisierung, wenn mehr als ein Drittel der Mittel aufgewendet wurde, die ein vergleichbarer Neubau gekostet hätte. Eine Mieterhöhung nach solchen Umständen über die Kappungsgrenze hinaus ist erlaubt.

Ferner sind bestehende Mietverträge ausgenommen. Wenn die Miete für eine Wohnung zum 1.6.2015 bereits mehr als 10 % über der ortsüblichen Vergleichsmiete gelegen hat, darf das auch in Zukunft so bleiben; die in der Vergangenheit zulässig vereinbarte Miete muss nicht abgesenkt werden. Die wohnwirtschaftlichen Auswirkungen der Mietpreisbremse sind umstritten: Die Deutsche Bundesbank, der Sachverständigenrat zur Begutachtung der gesamtwirtschaftlichen Entwicklung und das Institut für Weltwirtschaft Kiel haben die Mietpreisbremse als volkswirtschaftlich schädlich, wohnungspolitisch kontraproduktiv und verfassungsrechtlich bedenklich bezeichnet; während die Befürworter in der Mietpreisbremse ein geeignetes Instrument sehen, den drastischen Mietanstieg in Ballungszentren für alle Einkommensgruppen zu begrenzen.

Nach unserer Ansicht schaffen regulierte Mieten keinen neuen Wohnraum; verstärkte (steuerliche) Investitionsanreize in neuen Wohnraum, eine attraktive Förderung der Wohneigentumsbildung, der Um- und Ausbau von vorhandenen Wohnraum und verstärkte Investitionen in die Infrastruktur im Speckgürtel der Ballungsgebiete dürften eher dazu beitragen, die Mietsituation zu entspannen.

Der **Mietspiegel** für frei finanzierten Wohnraum dient u.a. als Richtlinie zur Ermittlung der ortsüblichen Vergleichsmieten. Er bietet eine Orientierungshilfe zur Festlegung der Miethöhe je nach Lage, Ausstattung und Zustand einer Wohnung bzw. eines Gebäudes. Der Mietspiegel wird nach Anregung des Baugesetzbuches von örtlichen Marktteilnehmern oder der Gemeinde zusammengestellt und veröffentlicht und gegen eine Schutzgebühr herausgegeben oder kann online eingesehen werden. Er sollte alle zwei Jahre erneuert werden.

Durch die Mietrechtsreform von 2001 ist als weiteres Begründungsmittel für eine Mieterhöhung von Wohnräumen die Auskunft einer **Mietdatenbank** eingeführt worden. Im Unterschied zum Mietspiegel, der immer nur eine Momentaufnahme des Wohnungsmarktes darstellt, liegt der Vorteil der Mietdatenbank in der fortlaufenden Erfassung von Daten und damit einer ständigen Aktualisierung.

Die Mietpreisbremse ersetzt keineswegs die weiterhin gültige **Kappungsgrenze**. So bezeichnet man die Obergrenze, bis zu der eine Erhöhung einer Wohnraummiete möglich ist (§ 558 Abs. 3 BGB). Die Beachtung der Kappungsgrenze ist Grundvoraussetzung für jede Mieterhöhung, mit der die Wohnraummiete auf die ortsübliche Vergleichsmiete angehoben werden soll. Nicht zu berücksichtigen ist sie bei Mieterhöhungen aufgrund von:
- Modernisierungsmaßnahmen,
- gestiegenen Kapitalkosten,
- erhöhten Betriebskosten.

Insbesondere bei der Beurteilung von Renditeobjekten ist der Investor (und der Baufinanzierer) bei der Prüfung der vorgelegten Planrechnungen gezwungen, möglicherweise einkalkulierte Mieterhöhungen auf ihre rechtliche Durchsetzungsmöglichkeit hin zu untersuchen. Dabei muss die Kappungsgrenze als absolute Obergrenze berücksichtigt werden. Die Miete darf innerhalb von 3 Jahren in keinem Fall um mehr als 20 % angehoben werden, auch dann nicht, wenn die ortsübliche Vergleichsmiete, die grundsätzlich gefordert werden kann, höher liegt.

Die Kappungsgrenze beträgt 15 %, wenn die ausreichende Versorgung der Bevölkerung mit Mietwohnungen zu angemessenen Bedingungen in einer Kommune besonders gefährdet ist. Diese Gebiete werden von den Landesbehörden durch Rechtsverordnung für einen Zeitraum von 5 Jahren bestimmt. Nachdem insbesondere in vielen Großstädten die Kappungsgrenze von 15 % gilt, wird allgemein meistens von dieser Begrenzung ausgegangen.

Es muss demzufolge unabhängig von der grundsätzlichen Mieterhöhungsmöglichkeit immer auch die ortsübliche Vergleichsmiete beachtet werden. Andernfalls besteht die Gefahr des Mietwuchers.

Die Kappungsgrenze ist auch dann zu beachten, wenn bei einer ehemaligen Sozialwohnung erstmals nach dem Wegfall der Sozialbindung eine höhere Miete vereinbart wird.

Anlage 12: Investitionsplan für eine vermietete Wohnung

Aufgrund der Bevölkerungsprognosen und der erwarteten Wohlstandsentwicklung ist bei steigendem Wohnungsbedarf mit Wertsteigerungen zu rechnen. Dennoch sind die deutlichen regionalen Unterschiede für eine Kapitalanlage beachtenswert, aber gerade das muss ein Kapitalanleger ohnehin überprüfen und darf sich nicht auf Informationen Dritter (erst recht nicht als Prospektaussage) verlassen. Ein gutes Prüfkriterium ist immer die Frage, ob man selbst bereit wäre, die Wohnung/das Haus zu nutzen.

Investitionsschwerpunkte für vermietete Wohnungen werden nach unserer Einschätzung auch in Zukunft trotz der höheren Einstandspreise Großstädte und Ballungszentren sein.

Beispiel:

Kauf einer Eigentumswohnung	150.000 €
Kaufnebenkosten	18.000 €
Kaltmiete	7.200 €
nicht umlegbare Kosten (1,00 € pro m²)	720 €
Fremdfinanzierung 150.000 € mit 3 % Zins und 2 % Tilgung	
Monatsrate	625 €
Restschuld nach Zinsablauf	**67.924 €**
Mieterhöhung alle 5 Jahre um 5 %	
Afa Basis 130.000 € bei 2 % AfA 2.600 p.a.	
Verkauf der Wohnung nach 20 Jahren zum 15-fachen der letzten Miete.	

Investitionsplan für diese vermietete Eigentumswohnung

Jahr	Miete	nicht umlegbare NK	Rein-ertrag	Rate	Rest-schuld	Steuer-wirkung	Überschuss/ Unterdeckung
Kauf							−18.000
1–4	7.200	720	6.480	7.500		−620	
5–9	7.560	756	6.804	7.500		−296	
10–14	7.938	794	7.144	7.500		+44	
15–19	8.335	834	7.501	7.500		−401	
20	8.751	876	7.875	7.500	67.924	−775	131.265

Ergebnis:
Die steuerliche Wirkung ist so gering, dass sie hier unberücksichtigt bleibt. Wird von dem Verkaufserlös nach 20 Jahren die Restschuld abgelöst, verbleiben 63.341 € nach heutiger Situation als steuerfreier Gewinn. Allerdings sind in dieser Rechnung die nicht umlagefähigen Reparaturkosten unberücksichtigt, die sich im Durchschnitt nach Steuern auf 1.000 € p.a. stellen. Netto verbleiben danach ca. 43.341 €

Anlage 13: Energieeinsparverordnung

Während bei einem Neubau bereits bei der Planung und dem Baugenehmigungsverfahren die jeweils gültigen Bestimmungen zum ökologischen Bauen eingehalten und umgesetzt werden müssen, ist die Energieeinsparverordnung, wenn sie ihre volle Wirkung zeigen soll, ein zentrales Thema für den Altbestand an Immobilien.

Dennoch wird das Problem bei den „Altbesitzern" eher stiefmütterlich behandelt und ist meist nur dann ein Thema, wenn das Objekt verkauft werden soll. Dann hat der Käufer einen Energieausweis vorzulegen, doch in der Praxis hat sich diese Vorschrift nicht in dem erwarteten Maße ausgewirkt. Denn ein Objekt mit guten Energieverbrauchskennwerten müsste einen deutlich höheren Wert aufweisen.

Wenn der Neubesitzer seine gekaufte Gebrauchtimmobilie umfassend saniert, renoviert und modernisiert, so wird er (möglicherweise erstmals) mit der Energieeinsparverordnung (EnEV) konfrontiert und wie ein Bauherr eines Neubauvorhabens behandelt.

Die aktuell anzuwendende EnEV 2014 enthält hinsichtlich Wärmedämmung und heizungstechnischer Anlagen für Bauherren und Immobilienbesitzer bautechnische Standardanforderungen. Sowohl bei einem Neubau, als auch einer Renovierung sind diese Anforderungen zwangsläufig zu beachten. Aber auch beim Kauf einer gebrauchten Immobilie ist genau zu prüfen, ob möglicherweise sofortiger Handlungsbedarf gegeben ist. Mit der EnEV 2014 und dem Energieeinspargesetz (EnEG 2013) hat der Bund die EU-Gebäuderichtlinie 2010 umgesetzt. Damit ist das Energiekonzept der Bundesregierung fortgeschrieben worden. Bei einer Erhöhung von Effizienzstandards solle dabei stets der Grundsatz der wirtschaftlichen Vertretbarkeit gewahrt bleiben.

Die wichtigsten Details im Überblick:

– nach dem Energieeinspargesetz gilt der Niedrigstenergiegebäudestandard für Neubauten, die nach dem 31.12.2020 errichtet werden,
– die Anforderungen an die Gesamtenergieeffizienz von Niedrigstenergiegebäuden müssen bis spätestens 1.1.2019 festgelegt worden sein,
– die Pflicht zur Angabe energetischer Kennwerte in Verkaufs- und Vermietungsanzeigen ist modifiziert worden,
– die Pflicht zur Übergabe des Energieausweises an den Käufer oder neuen Mieter müsste zur Selbstverständlichkeit geworden sein,
– das Stichprobenkontrollsystem für Energieausweise wurde weiter ausgebaut.

Seit Jahresbeginn 2016 gelten für Neubauten strengere energetische Anforderungen. Gegenüber dem bisherigen Wert gilt ein um 25 % verschärfter Höchstwert für den Jahres-Primärenergiebedarf von Gebäuden. Bei der Wärmedämmung der Gebäudehülle sind die Anforderungen um 20 % erhöht worden.

Die Energieeffizienzklassen ergeben sich unmittelbar aus dem Endenergieverbrauch oder dem Endenergiebedarf.

Energieeffizienzklasse	Endenergie (kWh/(m²a))
A+	< 30
A	< 50
B	< 75
C	< 100
D	< 130
E	< 160
F	< 200
G	< 250
H	> 250

Die Bemühungen zur Energieeinsparung bis hin zum Passivhaus werden durch die vielfältigen und immer wieder den neuesten Standards entsprechenden Programme der KfW unterstützt (siehe auch Anlage 10).

Energieeinsparung hat nicht nur Bedeutung für den Umweltschutz, sondern ist auch aufgrund der Preisentwicklung der Wohnnebenkosten zwingend geboten.

Energiekostenindex 2010 = 100	2011	2012	2013	2014	2015
Strom	107,2	110,3	123,4	125,8	124,8
Erdgas	104,6	110,2	111,7	111,9	110,7
Flüssiggas	113,3	123,7	110,2	103,3	80,8
Heizöl	124,6	135,7	127,5	117,5	90,4
Feste Brennstoffe	105,2	108,3	111,1	114,1	112,2
Fernwärme	106,1	115,3	118,9	118,2	115,2

Quelle: Statistisches Bundesamt

Anlage 14: Freistellungserklärung

Freistellungserklärung

Bauvorhaben:

Gewerbetreibender/Bauträger:

An Herrn Notar

Zur Weiterleitung an die/den Auftraggeber aus dem Bauvorhaben des Gewerbetreibenden auf dem   Grundbesitz   in
....
eingetragen   im   Grundbuch
von...
des   Amtsgerichts   ....   Blatt:
....

1. Auf dem genannten Grundbesitz ist für uns, die ....,.......Bank
      in ....
eine Brief/Buchgrundschuld in Höhe von € .... eingetragen.

2. Wir verpflichten uns hiermit, den jeweiligen Auftraggebern des Bauvorhabens gegenüber, die von Ihnen erworbene (n) .... aus der Pfandhaft unserer eingangs genannten Grundschuld zu entlassen, und zwar, wenn das Bauvorhaben vollendet wird und unverzüglich nach Zahlung der geschuldeten Vertragssumme durch den Auftraggeber.
Die geschuldete Vertragssumme muss auf das bei uns für .... geführte Konto IBAN. .... BIC .... vorbehaltlos überwiesen worden sein, so dass sie insbesondere zur Rückführung des der Firma .... gewährten Kredits verwandt werden kann. Mit dieser Maßgabe werden wir dem Notar zu treuen Händen auf dessen Anforderung die erforderliche Pfandfreigabe in grundbuchmäßiger Form erteilen.

3. Für den Fall, dass das Bauvorhaben nicht vollendet wird, werden wir nach unserer Wahl

    –   die von dem Auftraggeber erworbene (n) .... freigeben, hilfsweise der Auflassungsvormerkung des Auftraggebers den Vorrang vor unserer Grundschuld einräumen, unverzüglich nachdem der Auftraggeber den dem erreichten Bautenstand entsprechenden Teil der geschuldeten Vertragssumme auf vorgenanntes Konto vorbehaltlos überwiesen hat und wir ihn insbesondere zur anteiligen Kreditrückführung verwenden können, oder

    –   alle auf dem vorgenannten Konto vom Auftraggeber bzw. dessen Darlehensgeber vertragsgemäß im Rahmen des Absatzes 2 des § 3 der Makler- und Bauträgerverordnung bereits geleisteten Zahlungen bis zum anteiligen Wert des Vertragsobjekts zurückzahlen.

gezeichnet Köln, den

Baufinanzierungsbank AG

Anlage 15: Muster einer Sachwertberechnung

Sachwertermittlung.

Objekt in /Straße,Ort)

Objekt	Einfamilienhaus		Einfamilienhaus mit ELW		Zweifamilienhaus
	Größe der gesamten Wohnanlage Anz. d. Wohnungen	Anzahl der Wohnungen	Wohnfläche m²	Brutto-Geschoßfläche-(BGF) m²	Umbauter Raum m³

( ) Erbbaurecht

Nutzung/ Lage	voll eigengenutzt teileigengenutzt (Eigennutzung voll vermietet	____ %)	Wohngebiet Mischgebiet	Ortskern Ortsrand	Land Stadt Großstadt
Finanzierungs-zweck/Baujahr	Bauvorhaben Kauf/Erwerb Modernisierung	Umschuldung An-/Ausbau,Umbau Instandsetzung	Baujahr		Mod./Renov.Jahr
Bauaus-führung	Konventinonelle. Bauweise Fertighaus	Ausbauhaus Massivhaus	Fertighaushersteller/Massivhaushersteller		

1. Sachwert					TEUR

1.1 Bodenwert	Grundstücksgröße qm	x	Richtwert Euro/m²	Grundstückswert = TEUR	Erschließungskosten TEUR	
1.2 Bauwert	Reiner Bauwert	Umbauter Raum m³	x	Preis Euro/m³	TEUR =	
		BGF m²	x	Preis Euro/m2	TEUR =	
	Garagen	Stück	x	je TEUR	TEUR =	
	Zwischensumme				TEUR	
	Baunebenkosten	%		aus TEUR	TEUR =	
	Außenanlagen	%		aus TEUR	TEUR =	
	Besondere Einrichtungen/Bauteile.............................				TEUR	
	Zwischensumme				TEUR	
	Abzüglich Alters-abschreibung	%		aus TEUR	TEUR =	
	Zwischensumme				TEUR	
	Sicherheits-abschlag	%		aus TEUR	TEUR =	

Sachwert	Summe 1.1 und 1.2	

Beleihungswert	TEUR		Kapitalwert vorgehender Rechte	
Zum Vergleich : KP/Gesamtkosten	TEUR		Beantragtes Darlehen	
Datum :		Besichtigt am :	Beleihungsauslauf	
			in % des Beleihungswerts	

Anlage 16: Muster einer Ertragswertberechnung

Ertragswertermittlung

Objekt in /Straße,Ort)

Objekt	Einfamilienhaus Eigentumswohnung		Einfamilienhaus mit ELW		Zweifamilienhaus
	Größe der ges. Wohnanlage Anz. d. Wohnungen	Anzahl der Wohnungen	Wohnfläche m²	Brutto-Grundfläche (BGF) m²	Umbauter Raum m³

( ) Erbbaurecht

Nutzung/ Lage	voll eigengenutzt teileigengenutzt (Eigennutzung ____ %) voll vermietet		Wohngebiet Mischgebiet	Ortskern Ortsrand	Land Stadt Großstadt
Finanzierungs- zweck/Baujahr	Bauvorhaben Kauf/Erwerb Modernisierung	Umschuldung An-/Ausbau,Umbau Instandsetzung	Baujahr	Mod./Renov.Jahr	
Bauaus- führung	Konventinonelle. Bauweise Fertighaus	Ausbauhaus Massivhaus	Fertighaushersteller/Massivhaushersteller		

Ertragswert   TEUR

Jahresbrutto- kaltmiete (Rohertrag)	Wohnfläche m² x	Euro/m²(mtl.) x	12 =	TEUR	
	Garagen (Anzahl) x	Euro (mtl) x	12	TEUR	

abzüglich	% Bewirtschaftungskosten				
	Jahresnettomiete				
	Kapitalisierungszinssatz von %	Restnutzungsdauer Jahre		Vervielfältiger*)	
	Ertragswert.........................				

Beleihungswert	TEUR		Kapitalwert vorgehender Rechte Abt. II und III	
	TEUR		Beantragtes Darlehen	
Zum Vergleich : KP/Gesamtkosten		Besichtigt am :	Beleihungsauslauf	
Datum :		_____	in % des Beleihungswertes	

Anlage 17: Zusatzangaben zu den Wertermittlungsbogen

Zusatzangaben zu den Wertermittlungsbogen

Unterlagen

Amtl. Lageplan/Liegenschaftsauszug	Berechnung Wohn-/Nutzfläche
Grundbuchauszug	Teilungserklärung
Baulastenverzeichnis	Notarieller Kaufvertrag
Baukostenaufstellung	Mietaufstellung
Baupläne/Baubeschreibung	Mietverträge
Berechnung umbauter Raum/BGF	Energieausweis

Grundbuchauszug

GB-Auszug lag vor   Bestand nachvollziehbar   Eintragungen in Abt. II nachvollziehbar

ja   ja   ja

nein   nein   nein

Baulastenverzeichnis eingesehen   Bezeichnung der Flurstücke

Bodenrichtwert

lt. Gutachterausschuß/Bodenrichtwert (in EUR)   Stand von

Lage des Grundstücks

Gebäude (Kurzbeschreibung, ergänzende Angaben)

Bauvorhaben/Umbau/Mode Kostenaufstellung   Mittlere wirtschaftliche Restnutzungsdauer

Modernisierung (Kosten in TEUR)   in Jahren

Mietertrag

lt. Aufstellung vom   Hauptmietverträge   Nachhaltige, ortsübliche Vergleichsmiete in TEUR p.a.

                     liegen vor

TEUR p.a.   ja   Mietwert eigengenutzter Einheiten in TEUR p.a.

                                    nein

Beurteilung Immobilienmarkt/Verwertbarkeit/Vermietbarkeit/Drittverwendungsfähigkeit

Bemerkungen

Objekt in (Ort, Straße):	besichtigt am:

Anlage 18: Muster Terminprotokoll Zwangsversteigerung

Amtsgericht	
Allgemeine Informationen	
Saal/Zimmer	
Zwangsversteigerungstermin	
Uhrzeit	
Aktenzeichen	
Rechtspfleger	
Objektanschrift	
Objektart	
Betreibender Gläubiger	
Terminvertreter des Gläubigers	
Kontaktaufnahme mit Gläubiger	
ist der Eigentümer anwesend	
ist der Mieter anwesend	
wichtige Informationen im Bekanntmachungsteil von dritter Seite	
ist der WEG-Verwalter anwesend?	
ist bei vermieteten Objekten der Zwangsverwalter anwesend?	
werden Hinweise auf Wohngeldrückstände gegeben?	
Spezielle Informationen für Bietinteressenten	
Verkehrswert	€
5/10 Grenze (falls noch relevant)	€
7/10 Grenze (falls noch relevant)	€
Sicherheitsleistung (10 % vom Verkehrswert) vorhanden	€
geringstes Bargebot	€
bestehenbleibende Rechte (Nominalwert)	€
Gesamtwert dieser möglicherweise zu berücksichtigenden Rechte	€
Eigenes Limit (nach Absprache mit einem Finanzierungsinstitut))	€

Bietzeit:

Beginn: Uhr

Ende: Uhr

Hier notieren Sie alle Gebote

Bieter	Gebot in €	Sicherheit beantragt ja/nein	in welcher Form wurde Sicherheit geleistet
Meistbietender:			
Meistgebot:			€

Zuschlagsverhandlung:

Falls Sie Meistbietender geblieben sind, Sicherheit geleistet haben und den sofortigen Zuschlag erhalten wollen, beantragen Sie dies auch.

Auf Gläubigerantrag zur Ansetzung eines separaten Verteilungstermins sollten Sie nur eingehen, wenn die Sicherheitsleistung zurückgegeben wird.
An das Gebot bleiben Sie ohnehin gebunden.

Entscheidung:
- ☐ Zuschlag versagt
- ☐ Zuschlag sofort erteilt
- ☐ separater Zuschlagverkündungstermin am .... Uhr..........
- ☐ Verfahrenseinstellung

Voraussichtlicher Verteilungstermin am ....

Direkt nach Zuschlag:
Besprechungstermin mit der Hausbank vereinbaren.
Termin..........

Zuschlagsbeschluss (wichtiger Besitznachweis) erhalten: ....

Rechtzeitig vor dem Verteilungstermin Meistgebot abzüglich Sicherheitsleistung und zuzüglich 4 % Zinsen überweisen (Gericht schickt Abrechnung).

Da der gesetzliche Zins inzwischen deutlich höher ist als der „normale" Finanzierungszins, empfiehlt es sich, zur Vermeidung dieser hohen Zinsen das Gebot möglichst vorzeitig zu hinterlegen.

Anlage 19: Übersicht Grundbesitzwerte

1. Grundbesitzwert für (nicht eigengenutzte) Familienheime

Objekt : ....

Baujahr:..

Maßgebend ist der Verkehrswert. Ermittlung nach dem Vergleichswertverfahren bzw. nach dem Sachwertverfahren, wenn keine Vergleichswerte vorliegen.

1. Ermittlung nach dem Vergleichswertverfahren:

Dabei werden nachhaltig erzielbare Vergleichspreise von Objekten herangezogen, die hinsichtlich der maßgeblich ihren Wert beeinflussenden Merkmale, insbesondere Lage, Ausstattung und Nutzungsmöglichkeiten, mit dem zu bewertenden Objekt hinreichend übereinstimmen (Vergleichsgrundsätze). Die Vergleichspreise können aus Kaufpreis- oder Marktdatensammlungen entnommen werden, die von den Gutachterausschüssen mitgeteilt werden.

2. Ermittlung nach dem Sachwertverfahren:

Bei der Verkehrswertermittlung von Gebäuden im Sachwertverfahren sind nicht die tatsächlichen Herstellungskosten, sondern die gewöhnlichen Herstellungskosten zugrunde zu legen. Dabei sind die Herstellungskosten des Gebäudes sowie die Außenanlagen und die Nebenkosten unter Berücksichtigung der technischen und wirtschaftlichen Wertminderung zu würdigen. Außerdem ist der Wert des Gebäudes getrennt vom Bodenwert zu ermitteln.

Bodenwert und Gebäudesachwert ergeben den Sachwert.

Der Wert eines bebauten Grundstücks wird als Ertragswert ermittelt. Dabei wird das Zwölfeinhalbfache der für dieses Grundstück im Durchschnitt der letzten drei Jahre vor dem Besteuerungszeitpunkt erzielten Jahresmiete angesetzt. Vermindert wird das Ergebnis durch eine Altersabschreibung von 0,5 % für jedes Jahr, das seit der Bezugsfertigkeit des Gebäudes vollendet worden ist (höchstens jedoch Verminderung um 25 %). Enthält ein bebautes Grundstück, das ausschließlich Wohnzwecken dient, nicht mehr als 2 Wohnungen, so wird der ermittelte Wert um 20 % erhöht.

2. Grundbesitzwert für ein vermietetes Objekt

Objekt : ....

Baujahr:..

Grundbesitzwert: ....

Ermittlung nach dem Ertragswertverfahren:

Der Ertragswert ist der kapitalisierte Reinertrag des Beleihungsobjektes. Bei der Ermittlung ist der Ertrag zugrunde zu legen, der unabhängig von der Person des jeweiligen Besitzers bei ordnungs-gemäßer Bewirtschaftung voraussichtlich nachhaltig erzielt werden kann. Für das Ertragswertver-fahren ist der Ertragswert der baulichen Anlage, getrennt vom Bodenwert zu ermitteln. Bodenwert und Ertragswert der baulichen Anlage (Gebäudeertragswert) ergeben dann den Ertragswert des Grundstücks. Dabei ist von den nachhaltig erzielbaren jährlichen Nettomieten (Rohertrag) aus-zugehen, die um die Bewirtschaftungskosten gekürzt werden. Es ist mindestens der Bodenwert anzusetzen.

Sonstige bauliche Anlagen, insbesondere Außenanlagen, sind regelmäßig mit dem Ertragswert des Gebäudes erfasst und werden nicht gesondert berücksichtigt.

Grundbesitzwert für ein unbebautes Grundstück

Lage : ....

Größe:...

Grundbesitzwert: ....

Grundstücksfläche in m^2 × aktueller Bodenrichtwert lt. Gutachterausschuss

....

Anlage 20: Landesmittel

Das Wohnraumförderungsgesetz (WoFG) gibt den Ländern Gestaltungsfreiheit und hat insbesondere die Förderung des Erwerbs und der Modernisierung von vorhandenem Wohnraum verbessert. Die Mittel der Länderförderung werden nicht mehr nach dem „Gießkannenprinzip" verteilt, sondern je nach Anforderungen der regionalen Wohnungsmärkte verstärkt für Neubau, Kauf oder für die Erneuerung von Altbauten gewährt.

Die Grundbedingungen sind allerdings sehr restriktiv, der Bau- oder Kaufwillige wird in seinen Entscheidungen stark eingeschränkt und die Mittel sind begrenzt. Deshalb wird in vielen Beratungsgesprächen das Thema Landesmittel überhaupt nicht angesprochen. Der Interessent sollte allerdings bei der zuständigen Behörde (Wohnungsbauförderung) selbst klären, ob Chancen zum Erhalt von Landesmittel bestehen.

Für die öffentliche Wohnbauförderung gelten folgende, teils im II. Wohnungsbaugesetz/WoFG, teils in der Umsetzung durch die Länder geregelten Grundsätze:

1. Zeitpunkt der Antragstellung

Eine Förderung ist nur möglich, wenn mit der Erstellung des Objektes noch nicht begonnen und noch kein Kaufvertrag unterschrieben worden ist.

2. Einkommensgrenzen nach § 9 WoFG

In allen Bundesländern gelten für die Vergabe der Förderung Einkommensgrenzen in unterschiedlicher Höhe. In einigen Ländern ist unter bestimmten Umständen eine Überschreitung dieser Grenzen möglich. Diese Grenzen sind längst nicht mehr zeitgemäß, werden aber aufgrund der immer weiter zurückgefahrenen Fördermittel auch bewusst nicht angepasst. Damit ist der Kreis möglicher Begünstigter stark eingeschränkt.

Das maßgebliche Einkommen wird wie folgt ermittelt: Vom Jahresbruttoeinkommen aller Haushaltsmitglieder werden pauschal 30 % abgezogen:

- 10 % für Steuern,
- 10 % für die Krankenversicherung,
- 10 % für die Rentenversicherung.

Zusätzlich verringern verschiedene Freibeträge das anzurechnende Einkommen. Das betrifft vor allem Schwerbehinderte, junge Ehepaare, Alleinerziehende, Kinder mit eigenem Einkommen und gesetzlich Unterhaltspflichtige. Dabei sind die Einkünfte der Familie maßgeblich, die in den kommenden 12 Monaten zu erwarten sind.

Als Ausgangspunkt dient das im letzten Jahr erzielte Einkommen, wobei zu erwartende Änderungen einbezogen werden.

Einkommensgrenzen für öffentliche Mittel (Quelle: WoFG)

Haushalts-größe	§ 9 WoFG	§ 9 WoFG +5 %	§ 9 WoFG +20 %	§ 9 WoFG +40 %	§ 9 WoFG +60 %
1 Person	12.000	12.600	14.400	16.800	19.200
2 Personen	18.000	18.900	21.600	25.200	28.800
3 Personen	22.100	23.205	26.520	30.940	35.360
4 Personen	26.100	27.510	31.440	36.680	41.920
5 Personen*	30.300	31.815	36.360	42.420	48.480

* Für jede weitere Person erhöht sich die Grenze um 4.100 €

3. Rechtsanspruch

Auf „öffentliche Mittel" besteht kein Rechtsanspruch. Die Gelder werden nach dem Eingangsdatum oder nach sozialer Dringlichkeit vergeben. Wenn die im Haushalt vorgesehenen Mittel erschöpft sind, muss entweder das Vorhaben auf das nächste Jahr verschoben oder auf die Mittel verzichtet werden.

4. Eigenbeteiligung

Verlangt wird in jedem Fall eine angemessene Eigenbeteiligung. Auch diese ist von Bundesland zu Bundesland verschieden und liegt zwischen 10 % und 25 % des Gesamtaufwandes. Teilweise können aber Eigenleistungen am Bau oder andere staatliche Mittel als Eigenkapital anerkannt werden.

5. Zahlungsfähigkeit

Die Vergabestellen prüfen auch, ob sich der künftige Eigentümer das eigene Heim überhaupt leisten kann. Wie viel einer Familie für den Lebensunterhalt nach der Belastung für das Eigenheim übrig bleiben muss, wird auch leicht unterschiedlich gehandhabt, aber i.d.R. müssen etwa 850 € für einen Zweipersonenhaushalt und mindestens 300 € für jedes weitere Familienmitglied übrig bleiben. Diese pauschale Betrachtungsweise ist ebenfalls nicht mehr zeitgemäß, eine dringend notwendige Anpassung würde allerdings eher zu Nachteilen für die Betroffenen führen.

6. Wohnungsgröße

Die im II. WoBauG festgelegten Obergrenzen für die Wohnungsgröße sind entfallen und in § 10 WoFG durch den Begriff „der Zweckbestimmung angemessen" ersetzt. Allerdings hält sich die Praxis meist an die früheren Grenzen. Angemessen bedeutet, dass die Größe der Wohnung in angemessenem Verhältnis zur Größe des Haushaltes stehen muss.

Angemessene Wohnungsgrößen nach § 10 WoFG.

für eine alleinstehende Person	**Wohnfläche bis zu 50 m²**
für zwei Haushaltsmitglieder	bis 60 m² Wohnfläche und bis zu 2 Wohnräume
für drei Haushaltsmitglieder	bis 75 m² Wohnfläche und bis zu 3 Wohnräume
für vier Haushaltsmitglieder	bis 85 m² Wohnfläche und bis zu 4 Wohnräume
für jedes weitere Haushaltsmitglied	bis 10 m² Wohnfläche und bis 1 Wohnraum zusätzlich

7. Familienfreundliche Förderung

Bei der Förderung der Bildung selbst genutzten Wohneigentums wird berücksichtigt, dass Familien mit zwei und mehr Kindern bevorzugt behandelt werden müssen. Weiterhin gilt dies für Haushalte, bei denen aufgrund einer Behinderung eines Haushaltsangehörigen oder aus sonstigen Gründen ein besonderer baulicher Bedarf besteht.

8. Einheitlicher Förderweg

Maßgeblich sind die von den einzelnen Ländern festgelegten Programme, da der Bund hier nicht mehr eingreift. Dieser größere Gestaltungsspielraum ist der wesentliche Unterschied zum alten Gesetz. So können die Länder beispielsweise gezielt dafür sorgen, dass nicht Eigenheime auf der „grünen Wiese" gefördert und die Städte entvölkert werden. Viele Länder konzentrieren sich beispielsweise auf den Stadtumbau. Für den Interessenten kommt es jetzt auf die in § 13 WoFG geregelte „Förderzusage" an, die unter anderem alle wesentlichen Bestimmungen über die Zweckbestimmung, Einsatzart, Tilgung etc., sowie die Einhaltung von Einkommensgrenzen und Wohnungsgrößen enthält.

9. Weitere Maßnahmen

Viele Bundesländer bieten zusätzliche Programme z. B. für die Altbausanierung, möglicherweise auch in Kooperation mit den KfW-Förderprogrammen an. Auch werden teilweise Ausfallbürgschaften für Hypothekendarlehen vergeben. Die Kommunen haben ebenfalls Fördermöglichkeiten im Rahmen der Städtebauförderung oder ganz einfach durch Vergabe günstiger Baugrundstücke für Interessenten.

Anlage 21: Aktuelle KfW Programme

KfW-Förderprogramme für den Wohnungsbau (Stand: 6/2017)			
Maßnahme	**Anspruchsberechtigte**	**Förderungsumfang**	**Zusatzförderung**
KfW-Wohneigentumsprogramm Programm- Nr. 124 Finanzierung von selbst genutztem Wohneigentum Finanzierung von Genossenschaftsanteilen zum Wohnen			
Gefördert wird der Bau oder Erwerb von selbstgenutzten Eigenheimen oder Eigentumswohnungen, sowie der Erwerb von Genossenschaftsanteilen	keine Anspruchsbeschränkung	Darlehen bis zu 100 % der förderfähigen Kosten maximal 50.000 €	die Kombination mit öffentlichen Fördermitteln ist ohne Einschränkung möglich
beim Bau: Kosten des Baugrundstücks, Baukosten inkl. Baunebenkosten und Außenanlagen	alle Privatpersonen, die selbstgenutztes Wohneigentum erwerben möchten	Langfristige, zinsgünstige Darlehen mit Festzinssätzen und tilgungsfreien Anlaufjahren zu beantragen über durchleitende Hausbank	
beim Erwerb: Kaufpreis inkl. Kaufpreisnebenkosten und evtl. anfallende Modernisierungs-/Instandsetzungs- und Umbaukosten		die Tilgung ergibt sich aus der maximalen Kreditlaufzeit von 30 Jahren, unter Berücksichtigung der bis zu 5 tilgungsfreien Jahre	
		die Zahlung erfolgt in vierteljährlichen Annuitäten	
		Sondertilgungen innerhalb der Zinsfestschreibung sind nicht möglich	

KFW-Energieeffizient Sanieren Programm- Nr. 151 und 167			
Sanierung zum Energieeffizienzhaus und energetische Einzelmaßnahmen			
Maßnahmen zur Energieeinsparung und zur Minderung des CO_2-Ausstoßes bei bestehenden Wohngebäuden, der energetischen Sanierung zum KfW-Effizienzhaus, Denkmal für Baudenkmale und besonders erhaltenswerte Bausubstanz	Privatpersonen mit selbstgenutzten und vermieteten Wohngebäuden, Wohnungsunternehmen W. Genossenschaften, Gemeinden, Kreise, Gemeindeverbände Sonstige Körperschaften des öffentlichen Rechts, die Wohnraum energetisch sanieren oder sanierten Wohnraum kaufen	*Kredit:* Langfristige, zinsgünstige Darlehen mit Festzinssätzen und tilgungsfreien Anlaufjahren zu beantragen über eine durchleitende Hausbank	Kombination mit anderen Fördermitteln möglich, sofern die Summe aus Krediten, Zuschüssen und Zulagen die Summe der Aufwendungen nicht übersteigt.
	Bei Kauf von saniertem Wohnraum können die Kosten der energetischen Sanierung gefördert werden, wenn sie gesondert ausgewiesen sind (z. B. im Kaufvertrag)	Darlehen bis 100.000 € für jede Wohneinheit beim KfW-Effizienzhaus oder 50.000 € bei Einzelmaßnahmen	
KFW-Energieeffizient Bauen Programm- Nr. 153			
Finanzierung für den Bau oder Ersterwerb eines neuen KfW-Effizienzhauses	Privatpersonen, Wohnungsunternehmen, Wohnungsgenossenschaften, Gemeinden. Kreise, Gemeindeverbände, Sonstige Körperschaften des öffentlichen Rechts, die ein neues KfW-Effizienzhaus bauen	Langfristige, zinsgünstige Darlehen mit Festzinssätzen und tilgungsfreien Anlaufjahren zu beantragen über eine durchleitende Hausbank 50.000 € je Wohneinheit	Kombination mit anderen Fördermitteln möglich, sofern die Summe aus Krediten, Zuschüssen und Zulagen die Summe der Aufwendungen nicht übersteigt
Altersgerecht Umbauen Programm- Nr. 159			
Kredit für mehr Wohnkomfort und weniger Barrieren Finanzierung von Barriere reduzierenden Maßnahmen oder den Kauf umgebauten Wohnraums	Privatpersonen Unabhängig vom Alter	Langfristige, zinsgünstige Darlehen mit Festzinssätzen und tilgungsfreien Anlaufjahren zu beantragen über eine durchleitende Hausbank 50.000 € je Wohneinheit	Ideale Ergänzung zum KfW-Energieeffizient Sanieren 151 Alternativ: Zuschussprogramm

KfW-Erneuerbare Energien Programm-Nr. 270/274 Speicher 275			
Vorhaben zur Nutzung erneuerbarer Energien zur Stromerzeugung und Strom und Wärmeerzeugung in Kraft-Wärme-Koppelungsanlagen, Windkraftanlagen.	Privatpersonen, Gemeinnützige Investoren, Private Unternehmen der gewerblichen Wirtschaft, Freiberufler, Landwirte, die Sonnenenergie zur eigenen Stromerzeugung nutzen wollen. Photovoltaikanlagen werden über den Programmteil Standard gefördert, egal ob die Anlage auf einem Wohnhaus, einer Scheune oder einem Firmengebäude installiert wird. Jeder, der Solarstrom erzeugt und ins Netz einspeist, wird automatisch zum Unternehmer	bis zu 100 % der förderfähigen Netto-investitionskosten	Nicht möglich mit anderen KfW- und ERP-Programmen
Für kombinierte Anlagen aus Photovoltaik und Batteriespeicher Speichernach-rüstung von Photovoltaik-Anlagen, die nach dem 31.12.2012 in Betrieb gingen	Photovoltaikanlagen werden über den Pro-grammteil Standard gefördert, egal ob die Anlage auf einem Wohnhaus, einer Scheune oder einem Firmengebäude installiert wird. Jeder, der Solarstrom erzeugt und ins Netz einspeist, wird automatisch zum Unternehmer	Günstige Kredite mit Tilgungszuschuss Laufzeit und Zins-bindung bis 20 Jahre möglich	

Anlage 22: Verschuldungsfalle

Verschuldungsfalle am Beispiel eines Festzinsdarlehens mit Bausparvertrag.

Prämissen

Ausreichende Bonität, Finanzierungsbedarf bis max. 60 % des Kaufpreises, nur Neugeschäft, Kauf von selbstgenutztem Wohneigentum, Eintragung einer erstrangigen Grundschuld. Zusätzlich fallen noch Kosten im Zusammenhang mit der Bestellung der Sicherheiten z. B. Notarkosten für die Grundschuldbestellung, Kosten für das Grundbuchamt sowie für eine Gebäudeversicherung an.

	Stand 12.10.2015
Baudarlehen	300.000,00 €
Sollzins*	1,55 %
Effektiver Jahreszins	1,62 %
Sollzinsbindungszeitraum	12 Jahre
Tilgung durch einen Bausparvertrag über 300.000 €	
Abschlussgebühr	3.000,00 €
anfängliche monatliche Gesamtrate	987,50 €
Gesamtlaufzeit	ca. 22 Jahre

* gebundener Sollzins für 12 Jahre

Anmerkung

Dieses Angebot ist nach § 6a Abs. 3 der aktuellen Preisangabenverordnung korrekt, und Investoren werden täglich ähnliche, nach dem Gesetz völlig einwandfreie Finanzierungsvorschläge finden. Würde man Beispielangebot nähertreten, so sähe das in der Umsetzung wie folgt aus:

Bewertung

Das Finanzierungsangebot bietet:
- völlige Zinssicherheit für die gesamte Darlehenslaufzeit,
- eine 12 Jahre feste, relativ geringe monatliche Belastung.
- eine Gesamtdarlehenslaufzeit von ca. 22,5 Jahre.

Nach Zuteilung des Bausparvertrages wird sich durch die schnelle Tilgung des Bauspardarlehens die monatliche Leistungsrate fast verdoppeln. Die zinssichere Finanzierung wird nach dem 12. Jahr durch einen hohen Kapitaldienst erkauft, der nicht von jedem Investor getragen werden kann.

Möglicher Finanzierungsverlauf	€	anfängliche Gesamtrate mtl.
Da nur max. 60 % des Kaufpreises finanziert werden, müsste der Kaufpreis liegen bei mindestens:	500.000 €	
Selbst wenn nur geringe Nebenkosten von etwa 12 % kalkuliert werden, wären zusätzlich aufzuwenden:	60.000 €	
Es müsste also Eigenkapital oder eine zusätzliche nachrangige Fremdfinanzierung eingesetzt werden in Höhe von:	260.000 €	
Nur dann können mit dem Angebot finanziert werden:	300.000 €	957,50 €
Nachrichtlich: In der Rate enthaltene Sparleistung:		(600,00 €)
Diese anfängliche Rate würde 12 Jahre gezahlt werden müssen und da das Darlehen nicht getilgt wird, wäre dann die Restschuld unverändert:	300.000 €	
Nach 12 Jahren wären im BSV angespart ca.:	87.000 €	
Nach Zuteilung des Bausparvertrages wird das Bauspardarlehen in ca. 10,5 Jahre getilgt mit monatlich:		1.800,00 €

Fazit

Die Zinsen haben mittlerweile ein derartig niedriges Niveau erreicht, dass weitere Zinssenkungen höchst unwahrscheinlich sind. Im Umkehrschluss bedeutet das aber auch, dass auf längere Sicht mit steigenden Zinsen gerechnet werden muss. Die alleinige Ausrichtung auf die anfängliche monatliche Belastung ist fatal, denn nur wenn eine Anschlussfinanzierung zu ähnlichen Konditionen möglich wäre, würde die Belastung in etwa gleich bleiben.

Mit den heutigen Zinssätzen und einer Tilgung von 2 % p.a. werden Investitionsgrößenordnungen suggeriert, die schon bei einer leicht veränderten Zinssituation für viele mittlere Einkommensbezieher zu einer Bedrohung werden können. Werden dann auch noch die Einkommens- und Ausgabenseite unrealistisch eingeschätzt, dann ist eine „Verschuldungsfalle" für etliche Investoren vorprogrammiert.

Man sollte sich die klaren Vorgaben der Preisangabenverordnung zur Werbung für Verbraucherdarlehen noch einmal durchlesen. Folgt man diesen Vorgaben, die Preistransparenz als Hauptziel verfolgen, dann wird deutlich, wie groß die Gefahr ist, in eine Schuldenfalle zu geraten.

Anlage 23: Checkliste für einen Angebotsvergleich

	Bank 1	Bank 2	Bank 3
Darlehensbetrag			
Sollzinssatz p.a.			
gebunden für Jahre/Monate (Sollzinsbindungsfrist)			
Auszahlungskurs			
Beleihungsgrenze in Euro, bis zu der die Konditionen gelten			
Tilgungssatz p.a.			
Tilgungsaussetzung für … Jahre möglich			
Sondertilgungen bis zu % oder € p.a.			
Gesamttilgung nach 2 oder 3 Jahren ohne Vorfälligkeitsentschädigung möglich?			
Rückholung der Sondertilgungen möglich			
Ratenhöhe monatlich			
Rate fällig und zahlbar			
Zeitpunkt der Zins- und Tilgungsverrechnung			
(anfänglicher) effektiver Jahreszins			
Vertragslaufzeit Jahre/Monate			
Gesamtlaufzeit bei konstantem Zins- und Tilgungssatz			
Gesamtzinsaufwand			
Restschuld nach Ende der Sollzinsbindungsfrist			
Bereitstellungszinssatz			
bereitstellungszinsfrei für … Monate			
Netto-Auszahlungsbetrag			
Schätz- oder Gutachterkosten			
jährliche Kontoführungsgebühren			
Kosten für obligatorische Restschuldversicherungen			
Vermittlungsprovisionen			
sonstige Nebenkosten			
Zinsuntergrenze bei Cap-Darlehen			
Zinsobergrenze Prämie in %			

Anlage 24: Finanzierungsplan mit Kontrollrechnungen

Finanzierungsplan						
1. Darlehen						
Kreditgeber	**Kredit**	**Zins**	**effektiv**	**Tilgung**	**mtl.**	**p.a.**
fest für Jahre						
bis						
Restschuld						
2. Darlehen						
fest für … Jahre						
bis						
Restschuld						
3. Darlehen						
fest für … Jahre						
bis						
Restschuld						
4. Darlehen						
fest für … Jahre						
bis						
Restschuld						
gesamt						

monatliche Finanzierungskosten insgesamt	
voraussichtliche Nebenkosten (mind. 2,50 € pro m^2/mtl.)	
Kontrollrechnungen	
bisherige Mietbelastung inkl. Nebenkosten	
das entsprach einer Wohnkostenbelastung (Anteil am Nettoeinkommen)	%
künftige Finanzierungskosten + Nebenkosten	%
das entspricht einer künftigen Wohnkostenbelastung (Anteil am Nettoeinkommen)	%

Anlage 25: Objektbesichtigungsprotokoll

Außen- und Innenbesichtigung des Objektes am	
Objektinformationen	
Wird Grundbuchauszug als Legitimation vorgelegt?	
Adresse des Objekts	
Objektart	
Alter des Objekts	
Nachbarbebauung (benachbarte, störende Gebäude)	
Altlasten	
Baulasten	
Beeinträchtigungen	
Himmelsrichtung	
Gebäudeversicherungswert	
Hebesatz für die Grundsteuer B in %	
Letzte Änderung des Grundsteuerhebesatzes	
Grundsteuer jährlich in €	
Telefon-/Kabel-/Breitband-/Satellitenanschlüsse	
Außenbesichtigung	
Lage/Grundstücksgröße/Grundstückszuschnitt	
Bauqualität/Bausubstanz/Bauschäden	
Garagen/Stellplätze	
Außenanlagen/Garten	
Innenbesichtigung	
Letzte Sanierung der Sanitärinstallationen?	
Letzte Sanierung der Elektroinstallationen?	
Qualität der Türen und Fenster	
Außenfassade, Wärmedämmung, Dacheindeckung	
Energetischer Gesamtzustand	
Heizungsart	
Baujahr der Heizung	
Zusatzfragen bei vermieteten Objekten	
Objekt vermietet oder frei verfügbar?	
Mieter	
Mietvertrag vom	
Wo ist die Kaution angelegt?	
bei Eigentumswohnungen: Teilungserklärung	
Protokolle der Eigentümerversammlungen	
Hausverwalter	
mtl. Hausgeld (Wohngeld)	
Höhe der Instandhaltungsrücklage	
Erschließungskosten bezahlt (Erschließung abgeschlossen)	
Beitrags- und Abgabeverpflichtungen	
voraussichtliche Renovierungskosten	

Anlage 26: Informationen zur Objektanalyse

Informationen zum Objekt (Stand per...)	
Warum verkauft der bisherige Eigentümer?	
soziale Struktur des Umfeldes	
direkte Nachbarschaft	
Verkehrsanbindung	
Entfernung zum Arbeitsplatz	
Baujahr des Gebäudes	
Baugenehmigung für Aus- und Umbauten	
Nutzfläche in m^2	
Wohnfläche in m^2	
Grundstücksgröße in m^2	m^2
Bodenrichtwert in m^2	m^2
Wert lt. Wertgutachten (falls bekannt)	€
Wer hat das Gutachten erstellt?	
Wer hat den Gutachter bezahlt und beauftragt?	
Feuerversicherungswert 1914	€
Entwurf des Notarvertrages	
Kaufpreis	
Gesamtaufwendungen inkl. aller Nebenkosten, Makler, Grunderwerbsteuer	€
Wohnfläche in m^2	m^2
Kubikmeter umbauter Raum	m^3
Relation Wohnfläche zu umbautem Raum (normal 1 : 6)	:
Raumreserve bei nicht voll ausgenutzter Bebauung des Grundstücks	m^2
Raumreserve bei nicht voll ausgenutzter Wohnfläche z. B. durch Dachgeschossausbau	m^2
Gesamtaufwendungen umgerechnet je m^2 Wohnfläche	€
Gesamtaufwendungen umgerechnet je Kubikmeter/umbauter Raum	€
Relation Grundstückswert zu Gebäudewert (normal 1 : 3)	:
Energieausweis erhalten?	
Energieverbrauchsausweis (vereinfachte Form, z. B. bei Wohnungseigentum)	
Energieverbrauchskennwert	
Energiebedarfsausweis (z. B. bei EFH)	
Energiebedarfskennwert	
Nachrüstungspflicht vorhanden?	
Geschätzte Modernisierungs-/Sanierungskosten	€
Diese Kosten umgerechnet je m^2 Wohnfläche	€

Die für die Klärung dieser Fragen einzusehenden Unterlagen werden für die Beantragung der Finanzierungsmittel und/oder die Bewertung des Objektes ohnehin benötigt.

Anlage 27: Gesamtkostenrahmen

Maximaler Gesamtkostenrahmen		
	Monat	**Jahr**
derzeitige Miete ohne Nebenkosten		
durchschnittliche Sparleistung	+	+
Verfügbare Wohnkostenbelastung		
		Jahre
In wie viel Jahren soll die Immobilie schuldenfrei sein? (idealerweise vor dem Renteneintritt des Hauptverdieners)		
		%
dafür notwendiger Tilgungssatz p.a.		
aktueller Zinssatz (mindestens 10 Jahre, besser 15 oder 20 Jahre Zinsbindung)		
ergibt eine Gesamtannuität von		
		€
damit sind finanzierbar (maximaler Kredit) Jahresbeitrag dividiert durch die Annuität multipliziert mit 100		
sofort verfügbares Eigenkapital		+
mögliche Eigenleistung (nur bei Neubau)		+
Gesamtkostenrahmen		
Reicht dieser Kostenrahmen aus, um das Wunschobjekt zu errichten oder zu kaufen?		
Kontrollrechnung	**%**	**€**
Kaufpreis/Baukosten		
Grunderwerbsteuer	3,5–6,5 %	
Makler	3,57–7,14 %	
Notar	1,5 %	
Grundbuchamt	0,5 %	
Renovierung/Modernisierung		
Umzugskosten		
Reserve		
Gesamtaufwand		

Anlage 28: Notwendige Finanzierungsunterlagen

		erledigt
Bautechnische **Unterlagen**	Bauzeichnungen	
	Baubeschreibung	
	Berechnung des umbauten Raumes bzw. der Brutto-Geschoßfläche	
	Wohn- und Nutzflächenberechnung	
	Wertermittlung / Taxe (sofern vorhanden)	
	amtlicher Lageplan / Flurkarte	
	unbeglaubigter Grundbuchauszug	
	Kaufvertrag / Erbbaurechtsvertrag	
	Teilungserklärung (bei Eigentumswohnungen/Teileigentum)	
	Mietverträge / Mietaufstellung	
	Nachweis Gebäudeversicherung	
	Aufstellung der Renovierungsmaßnahmen	
	Baugenehmigung (bei Bauvorhaben)	
	Gesamtkostenaufstellung (bei Bauvorhaben)	
	Nachweis über Anlieger- und Erschließungsbeiträge	
Einkommensunterlagen **Angestellte/Beamte** **im Original**	die letzten drei Lohn- / Gehaltsabrechnungen	
	aktuelle Kontoauszüge mit Gehalts-Gutschrift	
	Lohn- / Gehaltsabrechnung per Dezember des Vorjahres	
	Lohnsteuerbescheinigung falls Abrechnungen ohne Jahressummen	
	letzter Einkommensteuerbescheid	
	aktuelle Einkommensteuererklärung	
	Anlagen V der aktuellen Einkommensteuererklärung	
Vermögensnachweise	Selbstauskunft / Vermögensübersicht	
	Immobilienaufstellung	
	Grundbuchauszüge zu vorhandenen Immobilien	
Einkommensunterlagen **Freiberufler** **wirtschaftlich** **Selbstständige**	E/Ü-Rechnungen / Bilanzen der letzten zwei Geschäftsjahre	
	BWA per Jahresende (incl. Summen- und Saldenlisten)	
	BWA laufendes Geschäftsjahr	
	Planung von Umsatz und Ergebnis	
	Nachweis über die Auftragslage	
weitere Unterlagen:	Personalausweis (Kopie Vor- u. Rückseite) oder Reisepass	
	Nachweis Eigenkapital	
	Aufstellung der Eigenleistung	
	Kreditzusagen anderer Kreditgeber	
	letzter Kontoauszug des Bausparvertrages	
	Lebensversicherungspolice incl. Nachträge	
vor Darlehensauszahlung **müssen folgende Unterlagen** **beim Darlehensgeber vorliegen**	Rangbestätigung oder Eintragungsnachricht	
	vollstreckbare Ausfertigung der Grundschuld-Bestellung	
	Fälligkeitsmitteilung des Notariates	
	Auszahlungsauftrag zur Darlehensauszahlung	
	Abtretungserklärungen zu Lebensversicherungen	
	Abtretungserklärungen zu Bausparverträgen	
	Zustimmung nach § 1365 BGB (Ehepartner)	
	Zustellungsvollmacht (bei Ausländern)	
	Sicherungszweckerklärung	
	Widerrufsbelehrung (Kredit) je Darlehensgeber	

Anlage 29: Immobilienaufstellung zur Selbstauskunft

Immobilienaufstellung als Ergänzung der Selbstauskunft				

Geldbeträge lauten auf: TEUR

Objekt Nr.	**Anschrift** (inkl. Band, Blattbezeichnung im Grundbuch, Amtsgericht/Grundbuchamt (gemäß beiliegendem Grundbuchauszu	Wohn-/Nutzfläche Grundstücksgröße	**Baujahr**	**Eigentümer** (sofern nicht Kreditnehmer
	....	....	....	....
	....	....	....	....
	....	....	....	....
	....	....	....	....
	....	....	....	....
	....	....	....	....
	....	....	....	....

Objekt Nr.	**Verkehrswert**	**Grundschuld** nominell	valutierend (Darlehen)	**Gläubiger**

Objekt Nr.	Zins fest bis	**Miete** p.a. (ohne Nebenkosten)	**Zinsen** p.a.	**Tilgung** p.a.	**Überschuß/ Fehlbetrag** p.a

Anlage 30: Steuer- und Liquiditätsrechnung

Stand am:		
Einkommensberechnung	wirksam für die Steuern	wirksam für die Liquidität
Einkünfte p.a. aus		
Land- und Forstwirtschaft lt. Bilanz	€	€
Gewerbebetrieb lt. Bilanz	€	€
selbstständiger Arbeit lt. Bilanz/EÜR	€	€
nicht selbstständiger Arbeit (Bruttoeinkommen)	€	€
./. Werbungskosten (mind. 1000 je Arbeitnehmer)	€	–
./. Versorgungsfreibetrag	€	–
Kapitalvermögen (Zinsen und Dividenden)	€	€
./. Sparerpauschbetrag 801/1.602 €	€	–
Einnahmen aus Vermietung und Verpachtung	€	€
Schuldzinsen vermieteter Objekte	€	€
Sonstige regelmäßige Werbungskosten V + V	€	€
Abschreibung vermieteter Objekte	€	–
sonstige Einkünfte	€	€
Renten aus der gesetzlichen Rentenversicherung	–	€
zu versteuernder Teil der Rente %	€	–
Renten aus privater Rentenversicherung	–	€
Ertragsanteil der Rente %	€	–
Riester-Renten	€	€
private Leibrenten	–	€
Ertragsanteil der Rente %	€	–
./. Werbungskosten (mind. 102 €)	€	–
Summe der Einkünfte	€	€
Altersentlastungsbetrag	€	–
Kinderfreibeträge	€	–
Entlastungsbetrag für Alleinerziehende (1.908 €, für jedes weitere Kind 240 €))	€	–
unbeschränkt abzugsfähige Sonderausgaben	€	€
abzugsfähige Vorsorgeaufwendungen	€	€
außergewöhnliche Belastungen	€	€
Unterhaltszahlungen	€	€
zu versteuerndes Einkommen	€	–
darauf Einkommensteuer	€	–
./. Ermäßigung für haushaltsnahe Dienstleistungen	€	–
zu zahlende Einkommensteuer	–	€
darauf 5,5 % Solidaritätszuschlag	–	€
8 % oder 9 % Kirchensteuer je nach Bundesland	–	€
Gesamtliquidität nach Steuern	–	€

Anlage 31: Wie viel Haus kann ich mir leisten?

Wie viel Haus kann ich mir leisten?

Datum:

1. Schritt

Ermittlung des monatlich verfügbaren Betrages
(mindestens bisherige Kaltmiete und regelmäßige Sparleistung)

€ [＿＿＿＿] x 12 (Monate) ergibt Jahresbetrag € [＿＿＿＿]

Formel:

Jahresbetrag dividiert durch
aktuellen Nominalzins* + 3 %Tilgung**   x 100   ergibt
Finanzierungsbetrag € [＿＿＿＿]

zzgl. verfügbares Eigenkapital + € [＿＿＿＿]

zzgl. realistische Eigenleistung + € [＿＿＿＿]

* Nominalzins bei einer Festschreibung von mindestens 10 besser 15 Jahren
 vorsichtshalber bei 80% Beleihungsauslauf
** Tilgungssatz für diese Berechnung während der Niedrigzinsphase
 vorsichtshalber mit 3% ansetzen, damit Gesamtlaufzeit unter 30 Jahren bleibt

Sie können ein Objekt mit einem Gesamtaufwand/Preis von € [＿＿＿＿]
bauen oder kaufen.

Ihre persönliche Rechnung:

Jahresbetrag
aktueller Nominalzins 15 Jahre fest
Tilgungssatz
notwendige Annuität

[＿＿＿＿] geteilt durch [＿＿＿＿] ergibt [x 100] € [＿＿＿＿]

Ihr verfügbares Eigenkapital + € [＿＿＿＿]

Ihre mögliche Eigenleistung + € [＿＿＿＿]

Soviel darf Ihr Eigenheim/Ihre Eigentumswohnung kosten = € [＿＿＿＿]

Entspricht dies der Vorstellung von Ihrem Traumhaus oder Ihrer Traumwohnung ?

Anlage 32: Finanzierungsbeispiele

1. Kauf eines gebrauchten Einfamilienhauses

A. Prämissen

Kaufpreis	295.000 €
Grunderwerbsteuer	14.750 €
Makler	10.530 €
Notar/Grundbuchamt	4.500 €
Renovierung (nur Anstrich)	4.300 €
Gesamtkosten	329.080 €
eingesetztes Eigenkapital	54.080 €
benötigtes Fremdkapital	275.000 €
Beleihungswert der Immobilie	295.000 €
Beleihungsauslauf	93,2 %

B. Finanzierungsrechnung

Kreditgeber	Kredit	Zins	effektiv	Tilgung	mtl.
Bankdarlehen	223.000	4,40 %	4,49 %	1 %	1.003,59
fest für 15 Jahre					
Sondertilgungsoption jährlich maximal 5.000 €					
Bereitstellungsprovision ab dem 3. Monat 0,25 % pro Monat					
KfW Wohneigentum	52.000	4,55 %	4,63 %	1 %	240,50
fest für 15 Jahre					
Fremdkapital	**275.000**				
monatliche Finanzierungskosten insgesamt					**1.244,09**
Restschuld Bankdarlehen nach 15 Jahren					175.741,00
Restschuld KfW nach 15 Jahren					36.692,00
Gesamtrestschulden nach 15 Jahren ohne Sondertilgung					212.433,00

C. Ergebnis

Die Finanzierung der Restschuld ohne Veränderung der Monatsbelastung nach 15 Jahren wäre bis zu einer Annuität möglich von	7,05 %
Die Darlehensnehmer haben vergeblich versucht, das Bankdarlehen zu widerrufen. Sie werden – derzeitiges Zinsniveau weiter unterstellt – das Darlehen nicht über die volle Zinslaufzeit von 15 Jahren halten, sondern von ihrem gesetzlichen Kündigungsrecht nach Ablauf von 10 Jahren mit 6-monatiger Frist Gebrauch machen.	
Vorab werden sie sich Angebote über ein Forward-Darlehen einholen.	
Bei den KfW-Mitteln ist zu prüfen, ob diese nicht ohne Vorfälligkeitsentschädigung ohnehin abgelöst und wesentlich günstiger umgeschuldet werden können	

2. Neubau eines Einfamilienhauses

A. Prämissen

Grundstück	81.000 €
Grunderwerbsteuer für Grundstückskauf	4.050 €
Makler	2.891 €
Notar/Grundbuchamt	1.200 €
Vermessungskosten	2.800 €
Erschließungskosten	14.320 €
Baukosten	243.000 €
Baunebenkosten	39.200 €
Außenanlagen	12.150 €
Notar für Besicherung	1.100 €
Gesamtkosten	401.711 €
eingesetztes Eigenkapital	121.711 €
benötigtes Fremdkapital	280.000 €
Beleihungswert der Immobilie	390.000 €
Beleihungsauslauf	71.8 %

B. Finanzierungsrechnung

Kreditgeber	Kredit	Zins	effektiv	Tilgung	mtl.
KfW Wohneigentum	100.000	4,05 %	4,11 %	1,392 %	453,50
fest für 10 Jahre					
KfW Energieeffizienz	50.000	3,05 %	3,09 %	2,17 %	217,50
fest für 10 Jahre					
Riester-Darlehen	65.000	3,95 %	4,02 %		213,96
fest für 12 Jahre			Sparleistung		162,50
Riester-Darlehen	60.000	3,95 %	4,02 %		197,50
fest für 12 Jahre			Sparleistung		150,00
Fremdkapital	**280.000**				
monatliche Finanzierungskosten insgesamt					**1.394,96**
Restschuld KfW Darlehen nach 10 Jahren					120.899,00
Nach 12 Jahren werden die beiden Riesterdarlehen durch Bauspardarlehen abgelöst, die Riester-Zulagen sind dabei unberücksichtigt. Die Bauspardarlehen werden mit 2,95 %, effektiv 3,23 % verzinst und haben eine Laufzeit von 10 Jahren und 10 Monaten. Leistung mtl.					601,00

C. Ergebnis

Nach 12 Jahren sinkt die monatliche Belastung um 122 €   Die Riester-Zulagen sind nicht eingerechnet und ermäßigen die tatsächliche Belastung
Bei den KfW-Mitteln ist zu prüfen, ob diese nicht ohne Vorfälligkeitsentschädigung abgelöst und wesentlich günstiger umgeschuldet werden können.   Da die Grundschuld für diese Darlehen ohnehin zugunsten der Hausbank eingetragen ist, bietet sich diese als erster Ansprechpartner an
Die Beratung und Umsetzung einer Finanzierung mit Riester-Darlehen ist sehr komplex.   Weitere Informationen dazu unter 2.a

2a. nähere Erläuterungen zur Riester-Förderung aus Finanzierungsbeispiel 2

Familie A	
hat das EFH neugebaut (siehe 2.)	
2 Kinder (2009 und 2011 geboren)	
gemeinsames Bruttoeinkommen	82.000 €
beide Ehepartner bekommen Riester-Förderung	
Riester-Darlehen Ehemann	65.000 €
Riester-Darlehen Ehefrau	60.000 €
Grundzulage Ehemann	154 €
Grundzulage Ehefrau	154 €
Kinderzulage	600 €
beide Partner setzen 2.100 (Höchstbetrag) ein	
Ehemann 2.100 ./. 154 = 1946 € = mtl.	162,50 €
Ehefrau 2.100 ./. 754 = 1346 € = mtl.	112,50 €
die Eheleute werden gemeinschaftlich veranlagt und setzen 4.200 € Aufwendungen (Eigenbeitrag und Zulagen) als Sonderausgaben ab	
daraus Steuervorteil 1.378 € ./. erhaltene Zulagen p.a. von 908 €	470 €
die beiden Darlehen laufen inkl. Tilgung der Bauspardarlehen jeweils ca. 23 Jahre und 10 Monate.	
in 23 Jahren würden (Kinderzulagenberechtigung weiterhin unterstellt) an Riester-Zulagen entweder in den BSV als Sparleistung oder in der Darlehensphase als Tilgungsleistung fließen	20.884 €
der Steuervorteil würde sich – gleichbleibende Verhältnisse unterstellt – belaufen auf insgesamt	10.810 €

Alle nach Wohn-Riester geförderten Beträge (Zulagen und Steuervorteile) werden rechnerisch auf einem Wohnförderkonto verbucht und mit 2 % jährlich verzinst.

Ab Rentenbeginn (also spätestens mit Vollendung des 68. Lebensjahres) ist der Gesamtbetrag des Wohnförderkontos in gleichen Raten bis zum 85. Lebensjahr (also max. 20 Jahre nachgelagert) zu versteuern.

Die Höhe der Steuern ist abhängig vom persönlichen Einkommensteuersatz.

Es besteht aber die Möglichkeit, zu Rentenbeginn die Steuern in einem Betrag mit dann 30 % Abschlag zu entrichten

3. Neubau eines Zweifamilienhauses

A. Prämissen

Grundstück bereits vorhanden	204.000 €
Grunderwerbsteuer für Grundstückskauf	0 €
Makler	0 €
Notar/Grundbuchamt	0 €
Vermessungskosten	3.800 €
Erschließungskosten	18.900 €
Baukosten	454.000 €
Baunebenkosten	76.160 €
Außenanlagen	23.800 €
Notar für Besicherung	2.400 €
Gesamtkosten	783.060 €
eingesetztes Eigenkapital	213.060 €
benötigtes Fremdkapital	570.000 €
Beleihungswert der Immobilie	770.000 €
Beleihungsauslauf	74,0 %

B. Finanzierungsrechnung

Kreditgeber	Kredit	Zins	effektiv	Tilgung	mtl.
Annuitätendarlehen	345.000	2.55 %	2.58 %	1 %	1.020,63
fest für 10 Jahre					
Sondertilgungsoption mit jährlich maximal 5.000 €					
Annuitätendarlehen I	125.000	2.55 %	2.58 %	1 %	369,79
fest für 10 Jahre					
Sondertilgungsoption mit jährlich maximal 5.000 €					
KfW Energieeffizienz	50.000	1,90 %	1,92 %	3.13 %	79,17
fest für 10 Jahre			ausgesetzt	5 Jahre	(209,58)
KfW Energieeffizienz	50.000	1,90 %	1,92 %	2,59 %	187,08
fest für 10 Jahre					
Fremdkapital	570.000				
monatliche Finanzierungskosten 5 Jahre lang insgesamt					**1.656,67**
monatliche Finanzierungskosten 6. – 10. Jahr insgesamt					**1.787,08**
1 Wohnung wird eigengenutzt, Miete aus der 2.Wohnung mtl. ohne NK					1.100,00
Restschuld Annuitätendarlehen nach 10 Jahren					305.748
Restschuld Annuitätendarlehen I nach 10 Jahren					110.779
Restschuld der beiden KfW Darlehen nach 10 Jahren					79.078
Restschuld insgesamt nach 10 Jahren					495.605

C. Ergebnis

Die Finanzierung der Restschuld ohne Veränderung der Monatsbelastung nach 10 Jahren wäre bis zu einer Annuität möglich von	4,33 %
Sondertilgungen sind eingeplant, bei beiden Annuitätendarlehen auch möglich und realistisch umsetzbar. Steuervorteile aus Teilvermietung sind nicht eingerechnet. Realistisch gesehen, kann in 10 Jahren sich nicht nur die Belastung erhöhen, auch die Miete kann gesteigert werden	

4. Kauf einer vermieteten Eigentumswohnung mit Eigenkapitaleinsatz

A. Prämissen

Kaufpreis	132.000 €
Grunderwerbsteuer	8.580 €
Makler	4.712 €
Notar/Grundbuchamt	1.950 €
Renovierung	2.900 €
Gesamtkosten	150.142 €
eingesetztes Eigenkapital	25.142 €
benötigtes Fremdkapital	125.000 €
Beleihungswert der Immobilie	132.000 €
Beleihungsauslauf	94,7 %

B. Finanzierungsrechnung

Kreditgeber	Kredit	Zins	effektiv		mtl.
Endfälliges Bankdarlehen	125.000	2,22 %	2,43 %		231,25
fest für 12 Jahre					
Bausparvertrag 125.000 Ansparung					333,00
Fremdkapital	125.000				
monatliche Finanzierungskosten insgesamt					564,25

C. Ergebnis

Wohnung ist für 542 € netto kalt vermietet	
der Kaufpreis entspricht dem 20,3 fachen der Jahresmiete	
das Kaufpreis-Miete-Verhältnis stimmt	
die Wohnung trägt sich also inkl. der (als Vermögenszuwachs) anzusehenden Bausparleistung fast alleine	
deshalb war der hohe Beleihungsauslauf unproblematisch	
Steuervorteile bleiben unberücksichtigt	
Nach 12 Jahren wird das Bankdarlehen durch den denn zuteilungsreifen Bausparvertrag abgelöst. Bausparguthaben dann ca.	47.000
Darlehensanspruch ca.	78.000
Bauspardarlehen zu 2,35 % Sollzinsen, effektiv 2,61 % Darlehenslaufzeit ca. 14 Jahre und 9 Monate	530 € mtl.
absolut zinssicher finanziert. Gesamtlaufzeit ca. 27 Jahre, Belastung gleichbleibend.	
Wohnung trägt sich auch langfristig, Mieterhöhungspotenzial, kein Vermietungsrisiko.	

5. Kauf einer vermieteten Eigentumswohnung Vollfinanzierung

A. Prämissen

Kaufpreis	94.000 €
Grunderwerbsteuer	4.850 €
Makler	0 €
Notar/Grundbuchamt	1.450 €
Renovierung	7.400 €
Gesamtkosten	107.700 €
eingesetztes Eigenkapital	0 €
benötigtes Fremdkapital	107.700 €
Beleihungswert der Immobilie	94.000 €
Beleihungsauslauf	114,6 %

B. Finanzierungsrechnung

Kreditgeber	Kredit	Zins	effektiv	Tilgung	mtl.
Bankdarlehen	107.700	3,47 %	3,53 %	2 %	490,93
fest für 15 Jahre					
Sondertilgungsoption jährlich maximal 5.000 €					
Fremdkapital	**107.700**				
monatliche Finanzierungskosten insgesamt					**490,93**

C. Ergebnis

Wohnung ist für 515 € netto kalt vermietet.	
der Kaufpreis entspricht dem 15,2 fachen der Jahresmiete.	
das Kaufpreis-Miete-Verhältnis stimmt.	
die Wohnung trägt sich also alleine.	
deshalb war Vollfinanzierung unproblematisch möglich.	
weil nur sehr wenig Eigenkapital eingesetzt wurde, ist kein endfälliges Darlehen gewählt worden.	
Restschuld Bankdarlehen nach 15 Jahren.	63.142
Die Finanzierung der Restschuld ohne Veränderung der Monatsbelastung nach 15 Jahren wäre bis zu einer Annuität möglich von	9 %
Nach 10 Jahren (mit 6-monatiger Frist) wäre zudem eine Sonderkündigung möglich.	
Die nur geringen Steuervorteile sind nicht eingerechnet. Eine Mieterhöhung innerhalb der 15 Jahre ist zusätzlich sehr realistisch. Nettovermögenszuwachs durch Tilgung und möglichen Wertzuwachs der Immobilie.	

6. Forwarddarlehen

A. Prämissen

Abzulösendes endfälliges Darlehen	125.000 €
Zinsfestschreibung bis 31.3.2018	
Zinssatz 5,05 %	
effektiv 5,17 %	
zum Kauf einer vermieteten Wohnung	
urspr. Kaufpreis + Nebenkosten	152.000 €
eingesetztes Eigenkapital	27.000 €
Fremdkapital im Jahre 2006	125.000 €
Teilablösung bei Fälligkeit 2018	25.000 €
Forward-Darlehen	100.000 €
als Annuitätendarlehen mit Sondertilgungsoption, maximal 5.000 € jährlich	
Beleihungswert der Immobilie 2015	160.000 €
Beleihungsauslauf	62,5 %

B. Finanzierungsrechnung

Kreditgeber	Kredit	Zins	effektiv	Tilgung	mtl.
Forward-Darlehen	100.000	1,75 %	1,76 %	5,835 %	632,07
fest für 10 Jahre					
Bereitstellungszinsfrei bis	31.3.2018				
Sondertilgungsoption maximal 5.000 € jährlich					
Fremdkapital	**100.000**				
monatliche Finanzierungskosten insgesamt					632,07

C. Ergebnis

Belastung bis 31.3.2018 monatlich	526,04
Wohnung/Garage ist für 640 € netto kalt vermietet.	
Belastung der höheren Miete angepasst.	
die Wohnung trägt sich also inkl. der (als Vermögenszuwachs) anzusehenden Tilgung alleine.	
nach 10 Jahren, beginnend ab 2018, Restschuld	36.890
solide Finanzierung, keine neue Bewertung erforderlich, Sicherungszweck-erklärung erneuert, niedriger Zins zur Tilgungserhöhung eingesetzt, Steuer-vorteile und Mietpreissteigerung nicht eingerechnet.	

7. Cap-Darlehen

A. Prämissen

Nachfinanzierung von ungeplanten Mehrkosten	
Nachfinanzierungsbedarf	20.000 €
Ablösung geplant in 3 Jahren aus dann zufließendem Sparvertrag	
Konditionen:	
Auszahlung	100 %
Laufzeit 3 Jahre und 1 Monat	
veränderlicher Sollzinssatz	2,5 %
Zinsobergrenze	5,0 %
Zinsuntergrenze	1,75 %
Cap-Prämie	0,45 %
Nettodarlehensbetrag	19.190,00
Bereitstellungsprovision	3,00 %
frei für 1 Monat	
effektiver Jahreszins	2,69 %
Tilgung	0,00 %
ausgesetzt für 3 Jahre	

B. Finanzierungsrechnung

Kreditgeber	Kredit	Zins	effektiv	Tilgung	mtl.
Endfälliges Cap-Darlehen	20.000	2,50 %	2,69 %		41,66
veränderlicher Sollzinssatz					
Fremdkapital zusätzlich	20.000				
monatliche Finanzierungskosten insgesamt					41,66

C. Ergebnis

Darlehensauszahlung	11.01.2011
Ausgleich bis spätestens	31.01.2014
*EZB-Zinssatz in % im Monat vor der letzten Zinsanpassung	1 %
Monat der letzten Zinsanpassung	5/2009
wegen des geringen Darlehensbetrages und aufgrund des laufenden Sparvertrages wurde keine zusätzliche Grundschuld eingetragen.	
Cap-Darlehen ist praktisch zinsgünstige Zwischenfinanzierung.	
Ablösung jederzeit möglich.	
Umschuldung jederzeit.	
keine Vorfälligkeitsentschädigung.	

Anlage 33: Bewertungsbeispiel EFH

1. Prämissen

Einfamilienhaus
Rodenkirchener Str. 128
50321 Brühl

Wohnfläche	123.27 m²
Bruttogeschoßfläche	320,50 m²
Umbauter Raum	634,85 m³
Baujahr	1978
umfassend renoviert	2015
Kaufpreis	375.000 €
Nebenkosten	53.000 €
Gesamtkosten	428.000 €
Eigenkapital	108.000 €
Fremdkapital	320.000 €

2. Ergebnis

– Der Sachwert gemäß nachstehender Berechnung beträgt 373.000 €.
– Der Beleihungswert orientiert sich an diesem Sachwert, da das Objekt eigenge-
  nutzt wird.
– Der Beleihungswert liegt nicht höher als der Kaufpreis, deshalb ist das Niedrigst-
  wertprinzip berücksichtigt.
– Bei einem Gesamtaufwand von 428.000 € werden 320.000 € finanziert, also liegt
  der Beleihungsauslauf bei 320.000 €. Das entspricht 85,8 % des Beleihungswer-
  tes.
– Für die Finanzierung ergäbe sich folgende Möglichkeit:
  – Annuitätendarlehen über 270.000 € – aufgrund des Beleihungsauslaufs von
    72,4 % für diesen Finanzierungsbaustein zu „normalen" Konditionen und
  – KfW Wohneigentumsprogramm mit 50.000 € zu den aktuellen KfW-Konditio-
    nen, die nicht an dem Beleihungsauslauf orientiert sind.

Anlage 33 Bewertungsbeispiel EFH

Objekt in /Straße,Ort)
Rodenkirchener Str. 128   Brühl

Objekt

Einfamilienhaus	Anzahl der Wohnungen	Wohnfläche m²	Brutto-Geschoßfläche- (BGF) m²	Umbauter Raum m³
	1	123,27	320,5	634,85

( ) Erbbaurecht

Nutzung/ Lage

voll eigengenutzt		Wohngebiet	Ortsrand	Stadt

Finanzierungs- zweck/Baujahr

Kauf/Erwerb
Modernisierung

Baujahr	Mod./Renov.Jahr
1978	2015

Bauaus- führung

Konventinonelle. Bauweise

1. Sachwert   TEUR

1.1 Bodenwert

Grundstücksgröße qm 318	x	Richtwert Euro/m² 305	=	Grundstückswert 97	Erschließungskosten inkl.		97

1.2 Bauwert

Reiner Bauwert

Umbauter Raum m³	x	Preis Euro/m³	=	TEUR

BGF m² 320,5	x	Preis Euro/m2 850	=	TEUR 272

Garagen

Stück 1	x	je TEUR 12	=	TEUR 12

Zwischensumme .... TEUR 284

Baunebenkosten

% 15	aus TEUR 284	=	TEUR 43

Außenanlagen

% 5	aus TEUR 284	=	TEUR 14

Besondere Einrichtungen/Bauteile.................................. TEUR

Zwischensumme .... TEUR 341

Abzüglich Alters- abschreibung

% 10	aus TEUR 341	=	TEUR 34

Zwischensumme .... TEUR 307

Sicherheits- abschlag

% 10	aus TEUR 307	=	TEUR 31	276

Sachwert   Summe 1.1 und 1.2 373

Beleihungswert	TEUR	373	Kapitalwert vorgehender Rechte	
Zum Vergleich : KP/Gesamtkosten	TEUR	428	Beantragtes Darlehen	320
Datum : 08.12.2016		Besichtigt am : 06.12.2016	Beleihungsauslauf	320
			in % des Beleihungswerts	85,8

Anlage 34: Bewertungsbeispiel ETW

1. Prämissen

Eigentumswohnung zur Eigennutzung
Rondorfer Str. 99
50321 Brühl

Wohnfläche	88,60 m²
Tiefgaragenplatz	1
Baujahr	2016
Kaufpreis Wohnung	315.000 €
Kaufpreis TG-Platz	15.000 €
Nebenkosten	23.000 €
Gesamtkosten	353.000 €
Eigenkapital	88.000 €
Fremdkapital	265.000 €

2. Ergebnis

– Der Sachwert gemäß nachstehender Berechnung beträgt unter Berücksichtigung eines Sicherheitsabschlages 297.000 €.
– Der Beleihungswert orientiert sich an diesem Sachwert (der als Vergleichswert ermittelt wurde), da das Objekt eigengenutzt wird.
– Der Beleihungswert liegt nicht höher als der Kaufpreis, deshalb ist das Niedrigstwertprinzip berücksichtigt.
– Bei einem Gesamtaufwand von 353.000 € werden 265.000 € finanziert, also liegt der Beleihungsauslauf bei 265.000 €. Das entspricht 89,2 % des Beleihungswertes.
– Für die Finanzierung ergäbe sich folgende Möglichkeit:
  – Annuitätendarlehen über 215.000 € – aufgrund des Beleihungsauslaufs von 72,4 % für diesen Finanzierungsbaustein zu normalen Konditionen und
  – KfW Wohneigentumsprogramm mit 50.000 € zu den aktuellen KfW-Konditionen, die nicht an dem Beleihungsauslauf orientiert sind.

Anlage 34 Bewertungsbeispiel ETW

Objekt in /Straße,Ort)
Rondorfer Str. 99   Brühl

Objekt	Eigentumswohnung				
	Größe der ges. Wohnanlage 3 geschossiges MFH	Anzahl der Wohnungen **8**	Wohnfläche m² **88,6**		

Nutzung/ Lage voll eigengenutzt   Wohngebiet   Ortskern   Stadt

Finanzierungs- zweck/Baujahr Kauf/Erwerb   Baujahr   Mod./Renov.Jahr **2016**

Bauaus- führung Konventinonelle. Bauweise

Sachwert Eigentumswohnung

	Angemessener und marktgerechter Preis	m² Wohnfläche **88,6** x	Euro/m² **3.550** =	TEUR **315**	
	Garage/bzw. Tiefgaragenstellplatz................................			TEUR **15**	
	Zwischensumme			TEUR **330**	
	Sicherheits- abschlag	% **10**	aus TEUR **330** =	TEUR **33**	**297**

Beleihungswert	**297**		Kapitalwert vorgehender Rechte Abt. II und III	
Zum Vergleich : KP/Gesamtkosten	**353**		Beantragtes Darlehen	**265**
Datum : **06.12.2016**		Besichtigt am : **05.12.2016**	Beleihungsauslauf	**265**
			in % des Beleihungswertes	**89,2**

Anlage 35: Bewertungsbeispiel Ertragswert ETW

1. Prämissen

Eigentumswohnung zur Vermietung
Rondorfer Str. 99
50321 Brühl

Wohnfläche	88,60 m²
Tiefgaragenplatz	1
Baujahr	2016
Kaufpreis Wohnung	315.000 €
Kaufpreis TG-Platz	15.000 €
Nebenkosten	23.000 €
Gesamtkosten	353.000 €
Eigenkapital	73.000 €
Fremdkapital	280.000 €

2. Ergebnis

– Der Ertragswert gemäß nachstehender Berechnung beträgt 186.000 €.
– Der Beleihungswert orientiert sich an diesem Ertragswert, da das Objekt vermietet wird.
– Der Beleihungswert liegt damit deutlich unter dem Kaufpreis und selbst bei Berücksichtigung der nicht unerheblichen Eigenmittel immer noch weit außerhalb „normaler" Wertvorstellungen.
– Bei einem Gesamtaufwand von 353.000 € werden 280.000 € finanziert, also liegt der Beleihungsauslauf bei 280.000 €. Das entspricht 150,5 % des Beleihungswertes.
– Für die Finanzierung ergäbe sich folgende Möglichkeit:
   – Annuitätendarlehen über 280.000 € – aufgrund des Beleihungsauslaufs von 150,5 % zu deutlich über dem „Normalniveau" liegenden Konditionen.

Anlage 35 Bewertungsbeispiel Ertragswert ETW

Objekt in /Straße,Ort)
Rondorfer Str. 99, Brühl

Objekt	Einfamilienhaus Eigentumswohnung		Einfamilienhaus mit ELW		Zweifamilienhaus
	Größe der ges. Wohnanlage 3 geschossiges MFH	Anzahl der Wohnungen **8**	Wohnfläche m² **88,6**	Brutto-Grundfläche (BGF) m²	Umbauter Raum m³

Nutzung/ Lage	voll vermietet		Wohngebiet	Ortskern	Stadt

Finanzierungs- zweck/Baujahr	Kauf/Erwerb		Baujahr **2016**	Mod./Renov.Jahr	

Bauaus- führung	Konventinonelle. Bauweise				

Ertragswert   TEUR

Jahresbrutto- kaltmiete (Rohertrag)	Wohnfläche m² **88,6** x	Euro/m²(mtl.) **10,5** x	**12** =	TEUR **11,2**	
	Garagen (Anzahl) **1** x	Euro (mtl) **60** x	**12**	TEUR **0,7**	**11,9**
abzüglich	% Bewirtschaftungskosten **20**				**2,4**
	Jahresnettomiete				**9,5**
	Kapitalisierungszinssatz von % **5**	Restnutzungsdauer Jahre **80**		Vervielfältiger **19,6**	**186,2**
	Ertragswert........................				**186**

Beleihungswert	TEUR **186**		Kapitalwert vorgehender Rechte Abt. II und III		
			Beantragtes Darlehen		**280**
Zum Vergleich : KP/Gesamtkosten	**353**	Besichtigt am : **05.12.2016**	Beleihungsauslauf		**280**
Datum : **06.12.2016**			in % des Beleihungswertes		**150,5**

Anlage 36: Bankinterne Unterlagenprüfung

Die Einkünfte werden vor einer Darlehensentscheidung einer genauen Prüfung unterzogen, um daraus eine nachhaltige Liquiditätsrechnung erstellen zu können.

Einkünfte im Sinne des Einkommensteuergesetzes sind Gewinne bzw. Überschüsse aus bestimmten Einkunftsarten (§ 2 Abs. 1 EStG) oder in der Absicht erzielt, auf längere Zeit wirtschaftliche Vorteile zu erzielen.

Bei der bankinternen Prüfung werden die einzelnen Einkunftsarten wie folgt untersucht:

Einkunftsart	Ansatz	Anmerkungen
Einkünfte aus nicht selbstständiger Tätigkeit	mit den Netto-Entgelten; keine Berücksichtigung von Einmalzahlungen und unregelmäßigen Einkünften; bei variablen Vergütungsbestandteilen Prüfung der Nachhaltigkeit; Probezeit und befristete Arbeitsverträge werden beachtet; zu diesen Einkünften gehören auch: Betriebsrenten und Pensionen.	im Steuerbescheid auf Einkünfte nach § 34 (2) EStG achten (Einmalzahlungen) Fünftelregelung. Sind Freibeträge aufgrund der elektronischen Lohnsteuerabzugsmerkmale vorgemerkt? Auszahlungsbetrag ist bereits durch Lohnsteuerabzug versteuert. Aus den jährlichen Lohnsteuerbescheinigungen sind alle Einkommens- und Abzugspositionen entsprechend der steuerlichen Zuordnung klar ersichtlich.
Einkünfte aus selbstständiger Tätigkeit, aus gewerblicher Tätigkeit und aus landwirtschaftlicher Tätigkeit	Jahresüberschuss vor Steuern bei Einnahme-/Überschussrechnung bei Bilanzierenden: Entnahmen ./. Einlagen	Aktualität 3 Jahre. Zum Vergleich bei Betriebsveräußerungen oder Betriebsaufgabe sind außerordentliche Einkünfte nach § 34 EStG ausgewiesen, die i.d.R. nur einmalig anfallen, also keinesfalls hochgerechnet werden dürfen.
Einkünfte aus Kapitalvermögen	Zinseinnahmen (Nachhaltigkeit) Dividenden Ausschüttungen aus Beteiligungen z. B. GmbH	Abgeltungssteuer ist bereits berücksichtigt. Prüfung der Bilanzen; in Einkünften aus Gewerbebetrieb können Steuermodelle enthalten sein.

Einkunftsart	Ansatz	Anmerkungen
Einkünfte aus Vermietung und Verpachtung	Mieteinnahmen ohne Nebenkosten	zusätzlich werden Bewirtschaftungs- und Instandhaltungskosten berücksichtigt; auf Mietausfälle wird geachtet; bei den Einkünften aus Vermietung und Verpachtung können Steuermodelle enthalten sein.
sonstige Einkünfte	gesetzliche Rente mit dem Auszahlungsbetrag

private Renten

private Veräußerungsgewinne | unversteuert, aber Kranken- und Pflegeversicherungsanteil ist bereits abgezogen; werden unversteuert ausgezahlt aus dem Verkauf von Immobilien vor Ablauf der Spekulationsfrist |

Berücksichtigt werden auch Einnahmen, die nicht der direkten Steuerpflicht, sondern nur dem Progressionsvorbehalt unterliegen.

Einnahmen	Ansatz	Anmerkungen
sonstige befristete Zahlungen	Kindergeld Elterngeld Mutterschaftsgeld Arbeitslosengeld	Bezugsdauer, eigene Einkünfte des Kindes; bei Beamten und Angestellten im öffentlichen Dienst wird Kindergeld mit den Bezügen ausgezahlt befristeter Bezug, Bescheid wird angefordert

Falls die steuerliche Belastung der Einkommensteile nicht aus den Unterlagen ersichtlich ist, werden pauschal 40 % der Einkommensteile abgezogen.

Anlage 37: Liegenschaftszins

Die aktuelle Ertragswertrichtlinie führt zum Liegenschaftszins aus:

Die Erwartungen der Marktteilnehmer hinsichtlich der Entwicklung der allgemeinen Ertrags- und Wertverhältnisse auf dem Grundstücksmarkt werden mit dem Liegenschaftszinssatz erfasst. Die Verwendung des angemessenen und nutzungstypischen Liegenschaftszinssatzes nach § 14 Abs. 1 und 3 ImmoWertV dient insbesondere der Marktanpassung.

Bei der Ertragswertberechnung hat der Liegenschaftszins eine besondere Bedeutung. Hierunter wird jener Zinssatz verstanden, mit dem der Verkehrswert von Grundstücken im Durchschnitt marktüblich verzinst wird. Er wird auf der Grundlage geeigneter Kaufpreise und der ihnen entsprechenden Reinerträge für gleichartig bebaute und genutzte Grundstücke unter Berücksichtigung der Restnutzungsdauer der Gebäude nach den Grundsätzen des Ertragswertverfahrens abgeleitet (vgl. §§ 17–20 ImmoWertV).

Im Gegensatz zu einem analytisch theoretisch abgeleiteten Kapitalmarktzinssatz wird der Liegenschaftszinssatz empirisch abgeleitet, und zwar von der Anzahl der Kaufpreise und der Reinerträge, die den Gutachterausschüssen vorliegen.

Die Ermittlung des Liegenschaftszinses hängt von der Restnutzungsdauer des Grundstückes ab. Bei der Festlegung des Liegenschaftszinses ist höchste Genauigkeit erforderlich, da bereits kleine Abweichungen erhebliche Wertunterschiede verursachen. Bei wohnwirtschaftlicher Nutzung darf der Kapitalisierungszins nicht unter 5 %, bei gewerblicher Nutzung nicht unter 6 % in Ansatz gebracht werden (§ 12 (4) der Beleihungswertermittlungsverordnung).

Im Bewertungsgesetz (§ 188) wird zum Liegenschaftszins ausgeführt, dass die von den Gutachterausschüssen ermittelten örtlichen Liegenschaftszinssätze anzuwenden sind. Soweit von den Gutachterausschüssen keine geeigneten Liegenschaftszinssätze zur Verfügung stehen, gelten die folgenden Zinssätze:
-   5 % für Mietwohngrundstücke,
-   5,5 % für gemischt genutzte Grundstücke mit einem gewerblichen Anteil von bis zu 50 %, berechnet nach der Wohn- und Nutzfläche,
-   6 % für gemischt genutzte Grundstücke mit einem gewerblichen Anteil von mehr als 50 %, berechnet nach der Wohn- und Nutzfläche, und
-   6,5 % für Geschäftsgrundstücke.

In der aktuellen Bewertungspraxis der Kreditinstitute wird der aus diesen Vorgaben entwickelte Kapitalisierungszins angewendet.

Anlage 38: Objektblatt für Objektordner Eigennutzer

Objektdaten:	
Anschrift des Hauses/der Wohnung	
angeschafft am: bzw. fertiggestellt am	
Grundbuchauszug	
Grundbuch von	
Grundbuchblatt	
Flur	
Auszug aus dem Liegenschaftsbuch	
Baugenehmigung vom	
Rohbauabnahme/Schlussabnahme	
Finanzierungsdaten	
Darlehensverträge	
aktuelle Restschulden	
nominell eingetragene Grundschulden	
Verkehrswert:	
Beleihungswert:	
Grundbesitzwert :	
Steuerdaten	
Einheitswertbescheid vom	
Einheitswert	
Grundsteuermessbetrag:	
Hebesatz der Kommune:	
letzte Hebesatzänderung	
Grundsteuerbescheid vom	
Grundsteuer p. a.:	
Allgemeine Daten	
Energieausweis vom	
Energieversorgungsverträge	
Bescheide über Kanalbenutzungs-/Abfallgebühren/Straßenreinigung	
Wartungsverträge (Heizung, Gasanschluss, Schornsteinfeger)	
Gebäudeversicherungsverträge	
Feuerversicherungswert 1914:	
Bauzahlen	
m² Wohnfläche	
Brutto-Geschoßfläche	
cbm-umbauter Raum	
Richtwert pro m² Grundstück	

Anlage 39: Objektblatt Vermietetes Wohnobjekt

Objektdaten:	
Anschrift des Hauses/der Wohnung	
angeschafft am bzw. fertiggestellt am	
Grundbuchauszug	
Auszug aus dem Liegenschaftsbuch	
Baugenehmigung vom	
Rohbauabnahme/Schlussabnahme	
Finanzierungsdaten	
Darlehensverträge	
aktuelle Restschulden	
nominell eingetragene Grundschulden	
Verkehrswert:	
Beleihungswert:	
Grundbesitzwert:	
Steuerdaten	
Einheitswertbescheid vom	
Einheitswert	
Grundsteuermessbetrag:	
Hebesatz der Kommune für Grundsteuer B:	
letzte Hebesatzänderung	
Grundsteuerbescheid vom	
Grundsteuer p. a.:	
AfA Bemessungsgrundlage	
welche AfA-Form wurde gewählt?	
Vermietung an nahe Angehörige:	
m^2 Wohnfläche dieser Wohnungen:	
Mietverträge	
Anzahl der Mietwohnungen:	
Miethöhe p. a. insgesamt:	
Mietwert lt. Mietspiegel	
Nebenkostenabrechnungen	
Allgemeine Daten	
Energieausweis vom	
Energieversorgungsverträge	
Bescheide über Kanalbenutzung/Abfallgebühren/Straßenreinigung	
Wartungsverträge (Heizung, Gasanschluss, Schornsteinfeger)	
Gebäudeversicherungsverträge	
Feuerversicherungswert 1914:	
Bauzahlen	
m^2 Wohnfläche	
Richtwert pro m^2 Grundstück	

Anlage 40: Grundsteuer

Unbebaute und bebaute Grundstücke, Wohnungseigentum und Erbbaurechte sind grundsteuerpflichtig. Die Grundsteuer ist eine Jahressteuer, bei der die Verhältnisse zu Beginn des Kalenderjahres maßgeblich sind (Stichtagsprinzip). Schuldner der Grundsteuer für das gesamte Kalenderjahr ist daher derjenige, der am 1. Januar des betreffenden Jahres Eigentümer war.

Bei einem Verkauf des Grundbesitzes kann der neue Eigentümer erst ab dem 1. Januar des auf die Übertragung folgenden Jahres als Steuerschuldner zur Zahlung der Grundsteuer herangezogen werden. Davon abweichende privatrechtliche Vereinbarungen in notariellen Verträgen haben keine Auswirkung auf die gesetzliche Steuerpflicht des ehemaligen Eigentümers.

Aus dem Einheitswert errechnet das zuständige Finanzamt den Grundsteuermessbetrag. Diese Messzahl wird automatisch vom Finanzamt an die Kommune weitergegeben. Von dort kommt dann der Grundsteuerbescheid.

Berechnung des Grundsteuermessbetrages:

Objektart	Steuermessbetrag
Einfamilienhäuser	2,6 ‰ bis Einheitswert von 38.346,89 €, Rest mit 3,5 ‰
Zweifamilienhäuser	3,1 ‰ vom gesamten Einheitswert
Eigentumswohnungen	3,5 ‰ vom gesamten Einheitswert
alle anderen Gebäude	3,5 ‰ vom gesamten Einheitswert

Die Grundsteuer wird nach einheitlichen Grundsätzen berechnet, aber in unterschiedlicher Höhe von Gemeinden erhoben. Die Bemessungsgrundlage ist der aus dem Einheitswert des Grundstücks ermittelte Grundsteuermessbetrag.

Die Grundsteuerberechnung erfolgt durch Grundsteuermessbetrag multipliziert mit dem Hebesatz der Gemeinde (§§ 13 ff. Grundsteuergesetz).

Wie ersichtlich ist das „normale" Einfamilienhaus bei der Berechnung des Grundsteuermessbetrages etwas besser gestellt, als alle anderen Immobilien.

Berechnungsbeispiel für ein Einfamilienhaus:
Finanzamt Köln
Einheitswert: 48.200 €
Hebesatz der Stadt Köln   515
Grundsteuermessbetrag =   134 €
Rechnung dazu:
38.347 € × 2,6 ‰ =   99,70 €
 9.853 € × 3,5 ‰ =   34,49 €
Fällige Grundsteuer 134 € × 515 % =   609,10 €

Die Hebesätze für Grundsteuer B (bebaute und unbebaute Grundstücke) sind in den Städten und Gemeinden sehr unterschiedlich. Damit wird u.U. die Wohnansiedlung beeinflusst. Aufgrund der latenten Finanzprobleme fast aller Kommunen sind die Grundsteuerhebesätze vielfach exorbitant angehoben worden bzw. es sind gravierende Veränderungen beschlossen oder zu erwarten.

Grundsteuerhebesätze B in ausgewählten Kommunen in NRW:

Stadt	Hebesatz Grundsteuer B
Aachen	525
Bergheim	600
Bergisch-Gladbach	545
Bonn	680
Brühl	600
Dortmund	610
Düsseldorf	440
Erftstadt	570
Essen	670
Köln	515
Leverkusen	700
Münster	510
Siegburg	790

Berechnungsbeispiel für eine Eigentumswohnung:
Finanzamt Köln
Einheitswert: 17.600 €
Hebesatz der Stadt Köln   515

Grundsteuermessbetrag =   62 €
Rechnung dazu:
17.600 € × 3,5 ‰ =   61,60 €

Fällige Grundsteuer 62 € × 515 % =   319,30 €

Würde diese Wohnung in Brühl liegen, wären Grundsteuern von 372 € fällig.

Der Erwerber eines Grundstückes muss stets damit rechnen, dass darauf noch eine öffentliche Last, nämlich die Grundsteuer, ruht. Rückstände des Voreigentümers sind aus dem Grundbuch nicht erkennbar. Eine Freistellung im Kaufvertrag reicht für die Befreiung nicht aus. Um sicherzugehen, empfiehlt sich die Anfrage bei der Gemeinde über eventuelle Rückstände. Die Grundsteuer für eigengenutzte Immobilien ist vom Bundesverfassungsgericht für rechtens erklärt worden.

Anlage 41: Muster einer Grundschuldbestellungsurkunde

Geschäftszeichen/Darlehens-Nr. der Bank

Urkundenrolle Nr. von 2015
Verhandelt vor Notar Dr. Mustermann mit Amtssitz in Köln erschien heute
Kreditnehmer und Eigentümer

dem Notar gegenüber ausgewiesen durch Vorlage des Bundespersonalausweis

I. Bestellung einer Grundschuld

Der Erschienene erklärt:

1. Auf dem Grundbesitz in Rondorf, eingetragen im Grundbuch von Rondorf des Amtsgerichts Köln
Blatt 4812 Flur 1 Flurstück 400, Gebäude und Freifläche, Wohnen, Hauptstr. 325, groß 492 qm wird
für die **Baufinanzierungsbank AG Köln** in Köln eine

Gesamt-Buchgrundschuld
in Höhe von 150.000,00 EUR (i, W. einhundertfünfzigtausend Euro) bestellt.

2. Die Grundschuld ist vom Tage der Eintragungsbewilligung ab mit 15,0 vom Hundert jährlich zu
verzinsen. Die Zinsen sind am ersten Tag des folgenden Kalenderjahres nachträglich zu zahlen.

3. Die Erteilung eines Briefes ist ausgeschlossen.

4. Wegen des Grundschuldbetrages und der Zinsen wird die Unterwerfung unter die sofortige
Zwangsvollstreckung in den belasteten Grundbesitz in der Weise erklärt, dass die Zwangsvollstreckung
aus dieser Urkunde gegen den jeweiligen Eigentümer des belasteten Grundstücks zulässig
ist.

5. Es wird bewilligt und beantragt
a) die Grundschuld gemäß den vorstehenden Vereinbarungen und die Unterwerfung unter die
sofortige Zwangsvollstreckung gemäß Nr. 4 in das Grundbuch einzutragen,
b) der Gläubigerin sofort eine für den Grundschuldbetrag und die Zinsen vollstreckbare Ausfertigung
dieser Urkunde zu erteilen, ohne dass es des Nachweises der Fälligkeit der Grundschuld
bedarf,
c) der Gläubigerin nach Eintragung der vorstehend bewilligten Grundschuld eine unbeglaubigte
Abschrift des Grundbuchs zu erteilen.

6. Namentlich für Zwecke der Zwischenfinanzierung und Umschuldung wird schon jetzt das Einverständnis
mit einer späteren Umwandlung in eine Briefgrundschuld, desgleichen mit einem
erneuten Briefausschluss erklärt. Die jeweilige Gläubigerin ist unter Befreiung von § 181 BGB
bevollmächtigt, jederzeit die Eintragung der Umwandlung in das Grundbuch zu bewilligen und
zu beantragen sowie sich den Brief vom Grundbuchamt aushändigen zu lassen.

7. Falls mehrere Pfandobjekte belastet werden und die Grundschuld nicht an allen zugleich, d.h.
an demselben Tage eingetragen wird, soll sie an denjenigen Pfandobjekten, an denen sie jeweils
eingetragen wird, bereits mit der Eintragung unabhängig vom jeweiligen Vollzug der Urkunde entstehen.

8. Der Notar wird ermächtigt, von dieserUrkunde zugunsten der Gläubigerin Gebrauch zu machen. Alle mit dieser Urkunde jetzt und in Zukunft entstehenden Kosten trägt der Kreditnehmer.

9. Der Löschung aller der vorgenannten Grundschuld gleich- oder vorrangigen Grundpfandrechte wird zugestimmt. Die jeweilige Gläubigerin wird ermächtigt, für mich die zur Löschung der Grundpfandrechte notwendigen Anträge zu stellen.

10. Der Notar kann alle Anträge trennen, einschränken oder gleichermaßen zurückziehen.

II. Persönliche Haftungsübernahme mit Zwangsvollstreckungsunterwerfung

Der Kreditnehmer   erklärt:

Für die Zahlung eines Geldbetrages in Höhe des Grundschuldbetrages und der Zinsen vom Tag der Eintragungsbewilligung ab übernimmt der Kreditnehmer die persönliche Haftung, aus welcher die Gläubigerin ihn ohne vorherige Zwangsvollstreckung in den belasteten Grundbesitz und unabhängig vom Bestand der Grundschuld in Anspruch nehmen kann, und unterwirft sich auch wegen dieser persönlichen Haftung der sofortigen Zwangsvollstreckung aus dieser Urkunde in sein gesamtes Vermögen. Es wird beantragt, der Gläubigerin auch insoweit eine vollstreckbare Ausfertigung dieser Urkunde zu erteilen.

Dieses Protokoll wurde in Gegenwart des Notars vorgelesen, genehmigt und wie folgt unterschrieben:

NN

Kreditnehmer   Notar

Anlage 42: Sicherungszweckerklärung für Grundschulden

Kreditnehmer:
Sicherungsgeber:
Grundschuldbetrag EUR 150.000,00 (i. W. einhundertfünfzigtausend Euro)
Grundbuch von Rondorf   Amtsgericht Köln Blatt 111 Abt. III lfd. Nr. 1
Grundstück belegen in Hauptstr. 325 in 50997 Köln

1. Sicherungszweck

Die oben bezeichnete Grundschuld nebst Zinsen und Nebenleistungen sowie die Verpflichtungen des Kreditnehmers aus der persönlichen Haftungsübernahme dienen zur Sicherung der Ansprüche der Bank gegen den Kreditnehmer aus den nachstehend bezeichneten Darlehensvertrag, und zwar auch dann, wenn die vereinbarte Darlehenslaufzeit verlängert wird.

Bezeichnung der Forderungen der Bank gegen den Kreditnehmer
Kreditvertrag vom 12.1.2011 über 150.000,– EUR

2. Abtretung der Ansprüche auf Rückgewähr vor- und gleichrangiger Grundschulden

Falls der Grundschuld gegenwärtig oder künftig andere Grundschulden im Rang vorgehen oder gleichstehen, werden der Bank zur Rangverbesserung hiermit die Ansprüche auf Rückübertragung vor- und gleichrangiger Grundschulden und Grundschuldteile nebst Zinsen und Nebenrechten, die Ansprüche auf Erteilung einer Löschungsbewilligung, einer Verzichtserklärung und einer Nichtvalutierungserklärung, sowie die Ansprüche auf Auszahlung des Übererlöses im Verwertungsfalle abgetreten. Sollten die Rückgewährsansprüche bereits anderweitig abgetreten sein, wird hiermit der Anspruch auf Rückübertragung dieser Ansprüche abgetreten.

3. Verpfändung von Versicherungsansprüchen

Zur Sicherung der in Nr. 1 bezeichneten Ansprüche nach Maßgabe dieser Zweckerklärung werden der Bank hiermit die Ansprüche aus bestehenden oder künftig noch abzuschließenden Zubehörversicherungen verpfändet.

4. Verrechnung von Zahlungen und Anrechnung der Erlöse

Alle Zahlungen werden auf die durch die Grundschuld gesicherten Ansprüche verrechnet.

5. Erledigung des Sicherungszwecks

Soweit dem Sicherungsgeber nach Erledigung des vereinbarten Sicherungszwecks ein Rückgewährsanspruch auf die oben bezeichnete Grundschuld zusteht, ist dieser auf den Anspruch auf Löschung der Grundschuld beschränkt, es sei denn, dass im Zeitpunkt der Rückgewähr das Eigentum an dem belasteten Grundstück durch Zuschlag in der Zwangsversteigerung gewechselt hat.

6. Unterhaltung und Versicherung des Grundstücks

(1) Sicherungsgeber und Kreditnehmer sind verpflichtet, die auf dem belasteten Grundstück befindlichen Gebäude sowie Zubehörstücke – soweit sie für die Grundschuld haften – in gutem Zustand zu halten.

(2) Gebäude sowie Zubehörteile sind – soweit nicht bereits geschehen – vom Sicherungsgeber und Kreditnehmer auf ihre Kosten gegen alle Gefahren zu versichern, derentwegen die Bank einen Versicherungsschutz für erforderlich hält. Insbesondere wird eine wertangemessene Feuerversicherung abgeschlossen und solange unterhalten, wie der Bank durch die Grundschuld gesicherte Ansprüche zustehen. Geschieht dies nicht oder nicht ausreichend, so darf die Bank selbst die Versicherung auf Kosten des Sicherungsgebers und Kreditnehmers abschließen.

7. Auskünfte und Besichtigung

Die Bank kann Erteilung aller Auskünfte und Nachweise und Aushändigung der Urkunden verlangen, die sie bei der Verwaltung und Verwertung der Grundschuld benötigt. Sie darf solche Auskünfte, Nachweise und Urkunden auch bei Behörden, Versicherungsgesellschaften oder sonstigen Dritten auf Kosten des Sicherungsgebers und Kreditnehmers einholen. Die Bank ist berechtigt, das belastete Grundstück, die Gebäude sowie das Zubehör zu besichtigen und in alle den belasteten Grundbesitz betreffenden Unterlagen Einblick zu nehmen.

Anlage 43: Übertragung von Grundbesitz

Beim Verkauf auf Rentenbasis macht der bisherige Eigentümer sein Haus zum Rententräger und erhält eine „grundbuchlich abgesicherte" Leibrente. Die auf den geringen Ertragsanteil ausgerichtete Besteuerung für die **Leibrenten** erhöht die Attraktivität gegenüber anderen Anlageformen.

Auszug aus der Leibrententabelle nach § 22 EStG.

bei Beginn der Rente vollendetes Lebensjahr des Rentenberechtigten	Ertragsanteil in %	bei Beginn der Rente vollendetes Lebensjahr des Rentenberechtigten	Ertragsanteil in %
55–56	26	65–66	18
57	25	67	17
58	24	68	16
59	23	69–70	15
60–61	22	71	14
62	21	72–73	13
63	20	74	12
64	19	75	11

So würde beispielsweise beim Hausverkauf eines 65-Jährigen nur ein Ertragsanteil der Rente von 18 % anfallen.

Als häufigste Form der Übertragung von Grundbesitz wird die Vertragskonstruktion „Wohnrecht mit Rente" gewählt. Hier steht der Gedanke im Vordergrund, einerseits bereits heute eine Verfügung über den Grundbesitz zu treffen und damit z. B. eine vorgezogene Erbschaftsregelung herbeizuführen, andererseits aber aus dem Objekt eine zusätzliche Rente zu ziehen.

Durch die Vereinbarung eines lebenslänglichen Wohnrechts ändert sich formal nichts. Sinnvoll ist hierbei auch eine Vereinbarung darüber, wie im Falle der Nichtausnutzung des Wohnrechts verfahren werden soll. Dabei sollte die genaue Höhe (ggf. mit Wertsicherungsklausel) der möglichen Entschädigung genauso festgelegt werden, wie auch die Kostenübernahme für während der Dauer der Wohnrechtsnutzung anfallende Objektkosten.

Da keine Einnahmen aus dem Objekt fließen, müssen auch keine Einkünfte aus Vermietung und Verpachtung erklärt werden. Dadurch können auch keine Werbungskosten geltend gemacht werden. Die gezahlte Rente ist mit dem Ertragsanteil von dem Übertragenden als Einnahme (sonstige Einkünfte) zu versteuern, für den Übernehmenden stellt sie in gleicher Höhe eine unbeschränkt absetzungsfähige Sonderausgabe dar.

Die steuerlichen Auswirkungen der Verrentung von Immobilien sind unterschiedlich. Deshalb bedarf es vorab einer gründlichen steuerlichen Beratung, insbesondere dann, wenn diese Verträge zwischen Familienangehörigen geschlossen werden sollen. Grundsätzlich ist darauf zu achten, dass keine Unterhaltsrente vereinbart oder seitens der Finanzbehörde unterstellt wird.

Steuerliche Auswirkungen der unterschiedlichen Rentenarten.

	Veräußerungsrente	Versorgungsrente	Unterhaltsrente	Zeitrente
Voraussetzung	Verkehrswert des Grundstücks entspricht dem kapitalisierten Rentenbarwert	Verkehrswert des Grundstücks beträgt mind. 50 % des kapitalisierten Rentenbarwerts	Verkehrswert des Grundstücks beträgt weniger als 50 % des kapitalisierten Rentenbarwert	wiederkehrende Zahlungen auf eine fest bestimmte Zeit
AfA bei Vermietung	ja	ja	ja	ja
Bemessungsgrundlage für AfA	Rentenbarwert abzgl. Grund und Bodenanteil	Anschaffungs- bzw. Herstellungskosten des bisherigen Eigentümers	Anschaffungs- bzw. Herstellungskosten des bisherigen Eigentümers	Rentenbarwert abzgl. Grund und Bodenanteil
Rentenzahlungen	abzugsfähig mit Ertragsanteil als Sonderausgaben	abzugsfähig mit Ertragsanteil als Sonderausgaben	nicht abzugsfähig	Zinsanteil
bei Vermietung	als Werbungskosten	als Sonderausgaben	nicht abzugsfähig	als Werbungskosten
bei Eigennutzung	als Sonderausgaben	als Sonderausgaben	nicht abzugsfähig	kein Abzug
dauernde Last	voll abzugsfähig, sobald die Zahlungen Verkehrswert übersteigen	voll abzugsfähig ohne Verrechnung Verkehrswert	nicht abzugsfähig	Zinsanteil
bei Vermietung	als Werbungskosten	als Sonderausgaben		als Werbungskosten
bei Eigennutzung	als Sonderausgaben	als Sonderausgaben	kein Abzug	kein Abzug

Anlage 44: Kalkulation einer vermieteten Wohnung

Beispiel für eine Investitionsrechnung

Objektanschrift:			
Objektart:	EFH/ETW/ZFH/MFH		
Wohnfläche in m²			
Gebäudeherstellungskosten bzw. anteilige Gebäudekosten = AfA-Basis			
fertiggestellt am		angeschafft am	
ortsübliche Vergleichsmiete m²		tatsächliche Nettokaltmiete m²	
Wohnungsmiete*	monatlich		jährlich
Garagenmieten	monatlich		jährlich
sonstige Mieterträge	monatlich		jährlich
Gesamterträge	**monatlich**		**jährlich**
Fremdfinanzierung			ausgezahlt am:
	Zinssatz		fest für Jahre
Fremdkapitalzinsen	jährlich		jährlich
Tilgung	% p.a.		jährlich
nicht umlegbare Nebenkosten (kalkulatorisch mindestens. 0,75 € pro m² Wohnfläche)			jährlich
Gesamtaufwendungen			jährlich
Liquiditätsunterdeckung vor Steuern			**jährlich**
Steuerliche Betrachtung			
Gesamterträge			**jährlich**
Werbungskosten			
Fremdkapitalzinsen			
Nebenkosten			
2 % lineare AfA auf Gebäudekosten			
Werbungskosten gesamt			**jährlich**
Einkünfte aus V + V			**jährlich**
Kalkulatorische Gesamtrechnung			
Gesamtaufwendungen inkl. Tilgung			jährlich
Gesamterträge			jährlich
Steuerersparnis** auf Basis einer Durchschnittsbelastung durch die Einkünfte aus V+V	Individueller Steuersatz %		jährlich
Liquiditätsüberschuss nach Steuern			**jährlich**
Liquiditätsunterdeckung nach Steuern*			**jährlich**
in diesem Ergebnis enthaltene Tilgung			**jährlich**
nachrichtlich:			
Gesamtkosten			
eingesetztes Eigenkapital			
Miete-Kosten-Verhältnis			

* Netto-Kaltmiete (die Betriebskostenvorauszahlungen bleiben unberücksichtigt)
** ein mögliches Disagio ist in der Langzeitbetrachtung nicht berücksichtigt
** der Steuervorteil erhöht sich um den ersparten Solidarzuschlag/ggf. die Kirchensteuer
*** der Steuervorteil erhöht sich um den ersparten Solidarzuschlag/ggf. die Kirchensteuer

Anlage 45: Einkünfte aus Vermietung und Verpachtung

Einkünfte aus Vermietung und Verpachtung entstehen:
- aus einem bebauten Grundstück, z. B. vermietetes Haus, vermietete Eigentumswohnung,
- für an Angehörige vermietete Wohnungen,
- aus einem selbst genutztem Haus/Eigentumswohnung, wenn einzelne Räume vermietet werden,
- aus allen unbebauten Grundstücken (z. B. Parkplatz), sowie aus Überlassung von Rechten, z. B. Erbbaurechten,
- aus der Untervermietung von gemieteten Räumen,
- aus allen Beteiligungen, z. B. an Grundstücks- und Erbengemeinschaften.

Mit der Anlage V, die eine Ergänzung zum Hauptvordruck der Einkommensteuererklärung ist, werden die Einnahmen und die zu deren Erzielung notwendigen Aufwendungen (Werbungskosten) für jedes Objekt gesondert erklärt. Erklärt werden alle steuerpflichtigen Einnahmen, denen die detaillierten Werbungskosten gegenüberzustellen sind. Beiträge zur Instandhaltungsrücklage einer Wohnungseigentümergemeinschaft sind nicht bereits zum Zeitpunkt der Zahlung als Werbungskosten abziehbar, sondern erst bei Verausgabung der Beträge für Erhaltungsmaßnahmen.

Die Anlage V enthält Angaben über die AfA, die AfA-Methode, Sonderabschreibungen, Erhaltungsaufwendungen, Schuldzinsen, Geldbeschaffungskosten, Renten und dauernde Lasten, Grundsteuern, sonstige Nebenkosten aber auch über die genauen Mieten, die Umlagen und sonstigen Einnahmen eines jeden Grundstücks.

Wird ein Darlehen bei Verkauf der vermieteten Immobilie vorzeitig abgelöst, handelt es sich bei der anfallenden Vorfälligkeitsentschädigung nicht um Werbungskosten. Es erfolgt lediglich eine Anrechnung bei den Veräußerungskosten.

1. Werbungskosten aus dem Finanzierungsbereich
- Schuldzinsen während der Bauzeit,
- Bereitstellungsprovisionen, Laufzeitabhängige Geldbeschaffungskosten (Disagio),
- Laufzeitunabhängige Geldbeschaffungskosten (Bearbeitungskosten, Schätzkosten, Vermittlungsprovisionen, Notar- und Gerichtskosten für die Grundschuldbestellung),
- Schuldzinsen nach Fertigstellung, Renten oder andere wiederkehrende Leistungen, Erbbauzinsen.

2. Werbungskosten aus dem Bewirtschaftungsbereich.
– Abschreibung auf Anschaffungs- und/oder Herstellungskosten,
– Erhaltungsaufwendungen (Instandhaltungskosten) Achtung: 15 % Grenze beachten,
– Betriebs- und Verwaltungskosten (Energiekosten, Heizkosten, Gebäudeversicherung. Grundsteuern).

Bei größeren Erhaltungsaufwendungen dürfen diese grundsätzlich auf zwei bis fünf Jahre gleichmäßig verteilt werden. Voraussetzung ist, dass es sich um Aufwendungen für ein Gebäude im Privatvermögen handelt, das überwiegend Wohnzwecken dient. Aufwendungen werden in anschaffungsnahe Herstellungskosten umqualifiziert, wenn innerhalb von drei Jahren nach Anschaffung des Gebäudes Instandsetzungs- und Modernisierungsmaßnahmen durchgeführt werden, deren Nettoaufwendungen 15 % der Anschaffungskosten des Gebäudes übersteigen. Um den sofortigen Werbungskostenabzug zu sichern, kann es sinnvoll sein, etwaige Maßnahmen zu verschieben.

Die Summe der Einnahmen wird der Summe der Werbungskosten gegenübergestellt. Steht ein Immobil im Eigentum mehrerer Eigentümer, so wird eine gemeinschaftliche Anlage V erstellt, deren Ergebnis dann mit einer einheitlichen und gesonderten Feststellung auf die einzelnen Eigentümer aufgeteilt wird. So erfolgt auch die Deklarierung von Einkünften aus Anteilen an Bauherren- oder Erwerbergemeinschaften, an Grundstücksgemeinschaften und geschlossenen Immobilienfonds über die Anlage V.

Unter Abschreibung versteht man die regelmäßige (zeitbedingte) Wertminderung von Immobilien. Normalerweise verteilen sich die Beträge der Abschreibung gleichmäßig auf die Nutzungsdauer der Immobilie. Unter steuerlichen Gesichtspunkten geht die Finanzbehörde von einem beständigen Wertverlust des Objektes aus, d.h. bei einer angenommenen Nutzungsdauer von 50 Jahren ergibt sich eine lineare Abschreibung von 2 % p.a.

Abgeschrieben werden nur die Bau- und nicht die Grundstückskosten. Bei einem Neubau ist die Abschreibungsbasis relativ einfach zu ermitteln. In Kaufverträgen von Gebrauchtimmobilien wird der auf das Grundstück entfallende Kaufpreisteil meist nicht separat ausgewiesen. Bei Erwerbsfällen für ausschließlich eigengenutzte Objekte ist die Aufteilung des Kaufpreises nicht unbedingt erforderlich. Bei einer späteren Fremdvermietung kann allerdings die (Rest-)Abschreibung nur auf die anteiligen Gebäudekosten vorgenommen werden. Deshalb wäre es sinnvoll, bereits im Kaufvertrag Gebäude- und Grundstückskosten getrennt auszuweisen. Bei der Basis für Abschreibungen wird grundsätzlich zwischen dem Bau (Herstellungskosten) und dem Kauf (Anschaffungskosten) einer Immobilie unterschieden.

Abschreibungsfähig sind nur die (ggf. um die anschaffungsnahen Aufwendungen erhöhten) Anschaffungs- und die Herstellungskosten (zzgl. nachträgliche Herstellungskosten), die auf das Gebäude entfallen. Die Kosten für das Grundstück und

Herstellungskosten	Anschaffungskosten
Alle Aufwendungen, die durch den Bau einer Immobilie entstehen inkl. der Baunebenkosten.	Alle Aufwendungen, die durch die Anschaffung einer Immobilie entstehen inkl. der Kaufnebenkosten.
Nachträgliche Herstellungskosten	**Anschaffungsnahe Herstellungskosten**
Aus- und Umbauten, Erweiterungen und Modernisierungsmaßnahmen, die den Wert der Immobilie deutlich erhöhen (in Abgrenzung zum Erhaltungsaufwand).	Instandsetzungs- und Modernisierungsmaßnahmen in einem engen zeitlichen Zusammenhang mit der Anschaffung der Immobilie.

dessen Erschließung können nicht abgeschrieben werden. Alle diese Abschreibungsmöglichkeiten gelten nur für vermietete Objekte.

Waren früher für Alt- und Neubauten unterschiedliche Abschreibungsmethoden möglich, so sind inzwischen alle Immobilien (bis auf einige Ausnahmen wie z. B. denkmalgeschützte Objekte) nur noch linear abzuschreiben:

Die lineare Abschreibung ist sowohl auf Neubauten als auch auf gebrauchte, vermietete Wohnimmobilien anwendbar. Die Höhe des Abschreibungssatzes beträgt:
- bei Immobilien, die nach dem 31.12.1924 fertiggestellt wurden: 2.0 %
- bei Immobilien, die vor dem 1.1.1925 fertiggestellt wurden: 2,5 %

Höhere Abschreibungssätze sind möglich, wenn eine geringere Nutzungsdauer glaubhaft gemacht werden kann.

Besondere (erhöhte) Abschreibungsmöglichkeiten bestehen für Baudenkmäler und Objekte in Sanierungsgebieten.

Erhöhte Abschreibung	Erhöhte Abschreibungssätze werden gewährt für – Gebäude in Sanierungsgebieten – Baudenkmäler Mit einer erhöhten Abschreibung werden von der zuständigen Behörde/Kommune durch Bescheid Sanierungsmaßnahmen in einem ausgewiesenen Sanierungsgebiet bzw. für Baudenkmale anerkannt und damit begünstigt. Die Höhe des Abschreibungssatzes beträgt bezogen auf die „bescheinigten" Sanierungskosten für 8 Jahre jeweils 9 % und für weitere 4 Jahre jeweils 7 %. Durch erhöhte Abschreibungen wird immer nur der ausgewiesene/anerkannte Teil der Investitionen gefördert, der Rest der Investition unterliegt der „normalen" linearen Abschreibungsregel.
Außergewöhnliche Abnutzung	Falls bei einem Umbau bestimmte Gebäudeteile entfernt oder ein Gebäude abgerissen werden muss, kann die Abschreibung für außergewöhnliche Abnutzung in Anspruch genommen werden, ebenso wie bei Naturereignissen wie Brand-, Wasser- und Bergschäden usw. Ein fester Abschreibungssatz existiert nicht. Der geschätzte Wertverlust kann in voller Höhe abgesetzt werden. Die lineare Abschreibung wird danach fortgesetzt.

Anlage 46: Vermietung an nahe Angehörige

Eine Besonderheit in der steuerlichen Behandlung stellen Immobilien dar, die an nahe Angehörige verbilligt vermietet werden. Dies wird häufig bei Zweifamilienhäusern praktiziert, wo die Hauptwohnung vom Eigentümer selbst genutzt und die Einlieger-Wohnung an erwachsene Kinder oder Eltern vermietet wird. Bei der Vermietung sind folgende Grundsätze zu beachten:

– in der Anlage V ist explizit darauf hinzuweisen, dass es sich um eine Vermietung an nahe Angehörige handelt,

– bei einer langfristigen Vermietung sind die Verluste nur noch dann steuerlich anzuerkennen, wenn die tatsächlich gezahlte Miete über $66\,{}^{2/3}$ % der ortsüblichen Miete liegt. Dabei ist die Prüfung, ob ein Totalüberschuss durch diese Nutzungsüberlassung erzielt werden kann, seit dem Veranlagungszeitraum 2012 unerheblich,

– beträgt die Miete weniger als $66\,{}^{2/3}$ % der ortsüblichen Miete sind die mit der Vermietungstätigkeit zusammenhängenden Werbungskosten nur anteilig abziehbar.

Die Finanzbehörden prüfen diese Mietverhältnisse und den dazugehörigen Geldfluss sehr gründlich. Insbesondere die Zahlung der Nebenkosten über die Umlagen wird mit den geltend gemachten Werbungskosten abgeglichen.

Dennoch oder gerade deshalb ist dieses letztlich „verbliebene" Steuersparmodell attraktiv.

Die steuerlichen Folgen einer verbilligten Überlassung von Wohnraum zusammengefasst:

Miethöhe*	Steuerliche Folgen
weniger als $66\,{}^{2/3}$ %	grundsätzlich anteiliger Werbungskostenabzug im Verhältnis der verbilligten Überlassung zur ortsüblichen Miete*
mindestens $66\,{}^{2/3}$ %	grundsätzlich voller Werbungskostenabzug

* Die Höhe der ortsüblichen Marktmiete kann im Allgemeinen mit Hilfe der regionalen Mietspiegel ermittelt werden.

Die Nichtanerkennung eines Mietverhältnisses zwischen Angehörigen hat zur Folge, dass seitens des Finanzamtes eine unentgeltliche Überlassung unterstellt wird und damit keine Verluste für diese Wohnung bei der Veranlagung berücksichtigt werden. Lehnt das Finanzamt in einem Jahr den Abzug des Verlustes ab, so können in späteren Jahren die sich ergebenden Verluste anerkannt werden, wenn dann (nachträglich) die Voraussetzungen für ein ernsthaft gewolltes und durchgeführtes Mietverhältnis erfüllt sind.

Anlage 47: Richtige steuerliche Vertragsgestaltung

Die Immobilieninvestition wird mit diversen Steuervorteilen begünstigt. Dazu ist es allerdings erforderlich, mögliche Finanzierungsfehler oder mangelhafte Vertragsgestaltungen zu vermeiden:

Liebhaberei

Die Vermietung einer Wohnung, insbesondere in Feriengebieten, wird vom Finanzamt zunächst unter dem Blickwinkel überprüft, ob mit der Vermietung dauerhaft eine Gewinnerzielungsabsicht gegeben ist. Wird eine verhältnismäßig geringe Mieteinnahme über einen längeren Zeitraum bei gleichzeitig extrem hohen Werbungskosten erzielt, kann das Finanzamt einen Strich durch die zunächst vorteilhafte Steuerrechnung machen und Liebhaberei unterstellen.

Disagioeinsatz

Falls ein Disagio vereinbart werden soll, ist darauf zu achten, dass das steuerlich akzeptable höchstmögliche Disagio zur Anwendung kommt.

Sonderabschreibungen

Langfristige Steuerersparnisse sind eindeutig hohen kurzfristigen Steuersparmöglichkeiten vorzuziehen. Außerdem dürfen Sonderabschreibungen nicht davon ablenken, dass auch der Preis des Objektes, die Lage der Immobilie und die dauerhafte Vermietbarkeit Berücksichtigung finden müssen.

Mietverträge mit Angehörigen

Derartige Verträge unterliegen sorgfältiger Kontrolle durch die Finanzbehörden. Es ist darauf zu achten, dass die Verträge wie zwischen fremden Dritten geschlossen werden und auch die vereinbarten Zahlungen tatsächlich erfolgen und vom Leistungserbringer auch aus dessen eigenem Einkommen gezahlt werden können. Weiterhin muss zwingend eine Miethöhe vereinbart werden, die mindestens $66\,^{2/3}$ % der ortsüblichen Vergleichsmiete umfasst, da sonst die Finanzbehörden von einer verbilligten Überlassung ausgehen.

Erhaltungsaufwand

Erhaltungsaufwendungen für vermietete Objekte sind grundsätzlich Werbungskosten im Rahmen der Einkünfte aus Vermietung und Verpachtung und können demzufolge im Jahr der Zahlung (nach dem Abflussprinzip) in vollem Umfang steuermindernd berücksichtigt werden.

Größere Erhaltungsaufwendungen können auch gleichmäßig auf 2 bis 5 Jahre verteilt werden, wenn das Gebäude zum Zeitpunkt der Entstehung des Erhaltungsaufwands nicht zu einem Betriebsvermögen gehört und überwiegend Wohnzwecken dient.

Anschaffungsnaher Herstellungsaufwand

Diesen widersprüchlichen Begriff hat die Rechtsprechung geprägt. Gemeint ist damit die Überprüfung aller im Verlauf der ersten 3 Jahre nach dem Kauf einer Gebrauchtimmobilie anfallenden Renovierungskosten. Überschreitet die Gesamtsumme dieser Aufwendungen im Laufe der 3 Jahre 15 % der ursprünglichen Objektkosten (Kaufpreis abzüglich Grundstückswert), so sind diese Aufwendungen nicht sofort abzugsfähige Werbungskosten, sondern werden dem Anschaffungspreis nachträglich hinzugerechnet, werden damit Herstellungskosten und können dann lediglich noch linear mit 2 % p.a. abgeschrieben werden. Die Steuerbescheide werden in derartigen Fällen solange nur vorläufig erteilt, bis die Fristen und die Überprüfungen abgelaufen sind.

Bagatellgrenze

Seit dem VAZ 2004 gilt eine leicht erhöhte Bagatellgrenze von 4.000 €, d.h. Einzelinvestitionen bis zu diesem Betrag werden als Erhaltungsaufwand behandelt, fallen daher auch nicht in die anschaffungsnahen Herstellungskosten und sind daher als Werbungskosten sofort abzugsfähig.

Betriebsbereite Immobilie

In zwei Grundsatzurteilen (IX R 39/97 und IX R 52/00) hat der BFH Regeln für Immobilienkäufer aufgestellt, die das Objekt anschließend umfassend renovieren. Vormals mussten grundsätzlich die Grenzen des anschaffungsnahen Herstellungsaufwands berücksichtigt werden.

Ausgangslage für die aktuelle Rechtsprechung ist die Frage, ob das Gebäude beim Eigentumswechsel leer steht oder vermietet ist. Alle Arbeiten bei leer stehenden Objekten führen grundsätzlich zu Anschaffungskosten (die linear abzuschreiben sind), da ein leerstehendes Objekt als betriebsbereite Immobilie angesehen wird. Wird allerdings die leerstehende Immobilie so umfassend renoviert, dass sie hinterher einen deutlich höheren Standard hat, so können diese Aufwendungen in dem Jahr als Werbungskosten berücksichtigt werden, in dem sie anfallen. Zu diesem Qualitätssprung kommt es i. d. R., wenn von den vier Zentralbereichen einer Renovierung (Heizungs-, Sanitär-, Elektroanlage sowie Dach und Fenster) mindestens drei komplett modernisiert werden.

Arbeitszimmer als Betriebsvermögen

Ein Gewerbetreibender (auch als Nebenerwerb) oder Freiberufler kann sein häusliches Arbeitszimmer als Betriebsausgabe geltend machen; damit wird allerdings das Arbeitszimmer zu notwendigem Betriebsvermögen. Bei einem Verkauf des Objektes muss der auf den betrieblich genutzten Teil entfallende Veräußerungsgewinn versteuert werden, wenn der anteilige Wert des Betriebsvermögens mehr als 20 % des Gesamtobjektes bzw. mehr als 20.450 € beträgt.

Spekulationsfrist bei Immobilien

Die Veräußerung von privatem Grundbesitz löst normalerweise keine Einkommensteuer aus. Hier wird von einem privaten Veräußerungsgeschäft ausgegangen. Voraussetzung ist, dass es sich nicht um ein Spekulationsgeschäft handelt. Nach § 23 EStG unterliegen private Veräußerungsgeschäfte von Grundstücken und grundstücksgleichen Rechten (z. B. Erbbaurechte), bei denen der Zeitraum zwischen Anschaffung und Veräußerung nicht mehr als 10 Jahre beträgt, der Spekulationssteuer. Auch innerhalb dieses Zeitraums fertiggestellte Gebäude sind einzubeziehen. Ausgenommen sind Objekte, die im Zeitraum zwischen Anschaffung oder Fertigstellung und Veräußerung ausschließlich zu eigenen Wohnzwecken oder im Jahr der Veräußerung und in den beiden vorangegangenen Jahren zu eigenen Wohnzwecken genutzt wurden.

Gewerblicher Grundstückshandel

Die Spekulationsfrist für Immobilien beträgt, wie zuvor ausgeführt, zehn Jahre. Davon unabhängig sind die Auswirkungen des gewerblichen Grundstückshandels für den Immobilienbesitzer zu beachten, da gewerblicher Grundstückshandel u. U. zu einer Einkommensteuer- und Gewerbesteuerbelastung führen kann. Einkünfte aus Spekulationsgewinnen unterliegen demgegenüber nur der Einkommensteuer. Nach § 23 Abs. 1 Satz 1 EStG gehen die Vorschriften des gewerblichen Grundstückshandels den Spekulationsgewinnen vor. Demzufolge wird zunächst immer geprüft, ob ein gewerblicher Grundstückshandel vorliegt. Erst anschließend kann möglicherweise ein Spekulationsgewinn anzunehmen sein. Auch erhebliche Modernisierungsaufwendungen können zu einem gewerblichen Grundstückshandel führen, wenn ein enger zeitlicher Zusammenhang (normalerweise 5 Jahre, bei Branchenkundigen sogar 10 Jahre) zwischen Modernisierung und Veräußerung liegt. Bei größeren Investitionen an einem schon seit mindestens 10 Jahren im Besitz befindlichen Objekt wird keine neue Spekulationsfrist ausgelöst.

Die Rechtsprechung zu diesem Bereich ist sehr restriktiv, obwohl schon vor Jahren aus Gründen der Vereinfachung seitens der Finanzverwaltung festgelegt worden ist, dass immer dann von privater Vermögensverwaltung ausgegangen werden kann, wenn nicht mehr als 3 Objekte innerhalb eines Zeitraumes von 5 Jahren angeschafft und weiterveräußert worden sind. Auch der Anteil an einer Grundstücksgesellschaft oder Grundstücksgemeinschaft zählt als ein Objekt.

Anlage 48: Renditeberechnungsvorlagen

Bruttorendite für vermietete Immobilien		
	€/monatlich	**€/jährlich**
Kaltmiete Wohnung		
Garagen/Stellplätze		
sonstige Erträge aus dem Objekt		
Gesamterträge		
		€
Gesamtaufwand/Objektkosten **inkl. aller Nebenkosten**		
		in %
Gesamtertrag / Gesamtaufwand × 100 %		
Bruttorendite		
Vervielfältiger		

Nettorendite für vermietete Immobilien		
	€/monatlich	**€/jährlich**
Kaltmiete Wohnung		
Garagen/Stellplätze		
sonstige Erträge aus dem Objekt		
Gesamterträge		
./. Instandhaltungskosten (mindestens 1 %)		
./. Mietausfallwagnis (mindestens 1 %)		
./. Verwaltungskosten (mindestens 1 %)		
./. nicht umlagefähige Kosten (mindestens 5 %)		
Nettoerträge		
Kaufpreis/Gestehungskosten		
Erwerbsnebenkosten (Grunderwerbsteuer, Makler, Notar, Gericht)		
Renovierung/Sanierungskosten		
Gesamtinvestition		
Nettoerträge / Gesamtinvestition × 100 %		
Nettorendite		
Vervielfältiger		

Bruttorendite für vermietete Immobilien			
	€/monatlich	€/jährlich	
Kaltmiete für ein Vergleichsobjekt			
./. Instandhaltungsrücklage (fiktiv, etwa 10 %)			
Mietersparnis			
		€	
Gesamtaufwand/Objektkosten			
Mietersparnis × 100 % / Gesamtaufwand			
zuzüglich angenommene jährliche Wertsteigerung der Immobilie in %			
Nettorendite in %			
Vervielfältiger auf Basis der Mietersparnis			

Anlage 49: Lebensphasenbetrachtung

Abgesehen von den aktuellen wirtschaftlichen Überlegungen muss sich der Eigennutzer einer Immobilie bewusst sein, dass die Immobilieninvestition seine Flexibilität hinsichtlich Wohnort, Wohnungsgröße und Wohnungsqualität längerfristig eingeschränkt. In einer Zeit zunehmender beruflicher Mobilität kann sich der Immobilienerwerb daher als ein Hemmnis für einen Berufs- und Ortswechsel erweisen. Demzufolge ist ein Immobilienerwerb nur dann anzuraten, wenn realistisch absehbar ist, dass für den Investor und seine Familie der gewählte Immobilienstandort längerfristig genutzt werden kann.

Ein notwendig werdender Verkauf innerhalb der ersten Jahre würde wegen der nicht unbeträchtlichen Kaufnebenkosten und möglicher Vorfälligkeitsentschädigungen zwangsläufig zu Verlusten führen, da sich ein Wertzuwachs i.d.R. erst nach einigen Jahren einstellen dürfte. Grundsätzlich ist eine Vermietung der Immobilie zwar möglich, zugleich aber auch mit zusätzlichen Risiken (Mietausfallrisiken, Instandhaltung etc.) verbunden.

Im Mittelpunkt der Wohnimmobilienkreditrichtlinie steht der Schutz des Verbrauchers vor dem Verlust seiner Immobilie und einer möglichen Überschuldung. Es ist daher Ziel der Kreditwürdigkeitsprüfung, die nachhaltige Kapitaldienstfähigkeit des Darlehensnehmers während der gesamten Darlehenslaufzeit zu ermitteln. Daraus abgeleitet ist eine konkrete Lebensphasenbetrachtung für Kreditnehmer und Kreditgeber zwingend erforderlich.

Lebenszyklus-Konzept

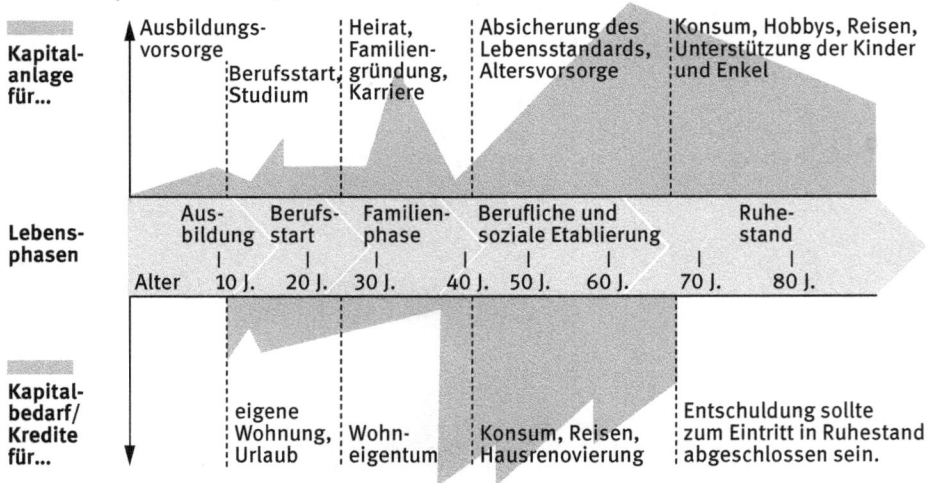

Quelle und Vorlage: Analytica Finanz Research Beratungsgesellschaft   F.A.Z.-Grafik Brocker

Folgt man dem Lebenszyklus-Konzept der Analytica Finanz Research, dann ist die Bildung von Wohneigentum in der 3. und 4. Lebensdekade dominant; die Entschuldung sollte – im Sinne der Wohnimmobilienkreditrichtlinie – beim Eintritt in den Ruhestand ab geschlossen sein.

Wenngleich sich Veränderungen der Lebensumstände langfristig nicht prognostizieren lassen, sollten kurzfristig absehbare Veränderungen wichtiger Lebensbereiche bei der Finanzierung einer eigenen Immobilie berücksichtigt werden.

Familie	Heirat, Lebenspartnerschaft Ehevertrag, Änderung Güterstand Kinder Trennung, Scheidung
Arbeitsplatz	Beförderungen Arbeitgeberwechsel, Arbeitsstättenwechsel Arbeitslosigkeit, Kurzarbeit, Teilzeit Altersteilzeit, Vorruhestand und Pensionierung Existenzgründung, Selbstständigkeit
Einkommen	Wegfall des 2. Einkommen Ehepartner werden wieder berufstätig Wegfall von Boni und/oder Sonderzahlungen Eigenes Einkommen der Kinder, damit Wegfall von Kindergeld und Kinderfreibeträgen Verlängerung des Renteneintrittsalters Prognosen für die gesetzliche Rentenversicherung Prognosen für die betriebliche Altersvorsorge
Ausgaben	Kita, Kindergarten, Schule, Ausbildung, Studium der Kinder Veränderte Belastungen aus der Kranken- und Pflegeversicherung Wegfall der Mitversicherungsmöglichkeit von Familienangehörigen bei der Krankenversicherung Notwendigkeiten zum Abschluss von zusätzlicher Altersvorsorge (Riester-Verträge)
Immobilien-finanzierung	Zinsänderungsrisiko bei Ablauf von Festschreibungsfristen Erhöhung von Belastungen bei Tilgungsaussetzung am Beginn Wegfall von Kreditteilen nach Tilgung Wegfall Lastenzuschuss negative Entwicklung von Tilgungsersatzprodukten (Fondsgebundene Verträge)
Sonderfaktoren	Zuschüsse der Eltern zur Belastung, Tod der Eltern Erbschaft, Schenkung, fällige Lebensversicherungen, veränderte steuerliche Situation wegen der Besteuerung von Lebensversicherungserträgen, fällige Spar- oder Bausparverträge Wegfall Pendlerpauschale Änderung von Abschreibungsmöglichkeiten

Literatur

Bieler, T.: Die Baufinanzierung, 3. Auflage, Verbraucherzentrale NRW, 2009.

Brauer, K.: Grundlagen der Immobilienwirtschaft, 8. Auflage, Springer Gabler Verlag, Wiesbaden, 2013.

Burk, P.: Kauf eines gebrauchten Hauses, 3. Auflage, Verbraucherzentrale NRW, 2014.

Burk, P.: Kosten- und Vertragsfallen beim Immobilienkauf, Verbraucherzentrale NRW, 2014.

Gabler Wirtschaftslexikon, 18. Auflage, Springer Gabler Verlag, Wiesbaden, 2014.

Gerhards/Keller: Gabler Lexikon Baufinanzierung, 8. Auflage, Gabler Verlag, Wiesbaden, 2002.

Hellerforth, M.: Immobilieninvestition und -finanzierung kompakt, Oldenbourg Verlag, München, 2008.

Hölting, M.: Immobilienfinanzierung. Die beste Strategie fürs Bauen und Kaufen, 9. Auflage, C.H. Beck Verlag, München, 2016.

Horchler, M.: Rendite-/Risikosteuerung von Immobilienportfolios in Kreditinstituten, hrsg. von Wiedemann, A., Frankfurt School Verlag, Frankfurt, 2009.

Iblher, F., Plischke C. u.a.: Immobilienfinanzierung in: Immobilienökonomie, Band 1, 4. Aufl., hrsg. von Schulte, K.W., S. 533–580.

Keller, H.: Praxishandbuch Baufinanzierung für Wohneigentümer, Springer Gabler Verlag, Wiesbaden, 2013.

Keller, H.: Praxishandbuch Finanzwissen, Springer Gabler Verlag, Wiesbaden, 2013.

Keller, H.: Praxishandbuch Immobilienanlage, Springer Gabler Verlag, Wiesbaden, 2013.

Murfeld, E. (Hrsg.): Spezielle Betriebswirtschaftslehre der Immobilienwirtschaft, Haufe Verlag, Freiburg, 2014.

Pfnür, A.: Modernes Immobilienmanagement, 3. Aufl., Springer Verlag Berlin-Heidelberg, 2011.

Rennert, G.: Praxisleitfaden Immobilienanschaffung und Immobilienfinanzierung, Springer Verlag, Berlin-Heidelberg, 2012.

Rollmann, C. (Hrsg.):, Der Immobilienkauf, 2. Auflage, Deutscher Anwaltverlag, Bonn. 2001.

Sailer/Grabener: Immobilienfachwissen von A–Z, 10. Auflage, Grabener Verlag, Kiel, 2014.

Sartor, F.J.: Risikomanagement im Kreditgeschäft: Ansätze zur Risikobeurteilung und-begrenzung in der gewerblichen Immobilienfinanzierung. In: Banken in globalen und regionalen Umbruchsituationen, hrsg. von Detlev Hummel u.a., Schaeffer-Poeschel-Verlag 1997, S.499–519.

Siepe, W.: Immobilienfinanzierung. Die richtige Strategie, 4. Auflage, Stiftung Warentest, Berlin, 2016.

Walch, P, Weichselbaum K.(Hrsg.) Handbuch Immobilienfinanzierung, Linde Verlag, Wien 2013.

Winterlich, J.: Erfolgreich mit Immobilieninvestments, Haufe Verlag, Freiburg, 2015.

Zink, U.: Das gebrauchte Haus, 2. Auflage, Stiftung Warentest, Berlin,2014.

https://doi.org/10.1515/9783110437874-011

Stichwortverzeichnis

Ablaufleistung 112
Abschreibung 322
Aktiv-Aktiv-Vergleich 214
Aktiv-Passiv-Vergleich 214
Altersversorgungsnachweise 143
Alterswertminderung 168
Annuitätenprinzip 130
Anschaffungsnaher Herstellungsaufwand 326
Auflassungsvormerkung 193
Außerordentliches Kündigungsrecht 213

Bankvorausdarlehen 118
Bauliche Außenanlagen 168
Belastungskonzept 97
Belastungsquote 93
Beleihungsauslauf 163
Beleihungsgrenze 162
Beleihungswert 162
Besonderheiten bei Selbstständigen 143
Bietstrategie 63
Bodenwert 167
Brutto-Grundfläche 165

Dingliche Zinsen 199
Drittverwendung 32

Eigenkapitalquote 93
Eignungsnachweis für Vermittler 28
Einheitswert 163, 196
Einnahmen-/Überschussrechnung 144
Energetische Sanierung 53
Energieausweis 53, 264
Entgelte an Kreditvermittler 28
Erbschaft von Wohneigentum 70
Erhaltungsaufwendungen 322
Ersteher 63
Euribor 115
ewiges Widerrufsrecht 190

Finanzaufsichtsrechtergänzungsgesetz 29, 235, 236
Fremdkapitalquote 93
Fremdwährungsdarlehen 124
Förderkonzept 98

geschlossene Fonds 41
Gesellschaft bürgerlichen Rechts 74

gewerblicher Grundstückshandel 327
Grundakte 195
Grundschuld 197

Haftungsverbund 199
häusliches Arbeitszimmer 327
Herkunft der Eigenmittel 90
Höchstbelastungsgrenze 150
Hypothek 196

Immobilienkredite in Fremdwährung 29
Instandhaltungsrücklage 59

Kauf bricht nicht Miete 60
Kauf von einem Bauträger 54
Kreditscoringverfahren 180
Kreditwürdigkeit 179

langfristige Zinsentwicklung 96
Langlebigkeitsrisiko 68
Liebhaberei 325
Liquiditätskennzahlen 25

Maklerprovision 87
Marktanpassung 168
Marktpreisrisiken 227
Marktwert 161
Marktzinsen 115

Niedrigstwertprinzip 162

offene Immobilienfonds 40
öffentliche Wohnbauförderung 274
Ordentliches Kündigungsrecht 212

Personalkredit 161
Prolongation 216

Rangbestätigung 193
Realkredit 161
Regelherstellungskosten 165
Rentenschuld 198
Restnutzungsdauer 172
Reverse Mortgage 69
Richtwertkarte 167
Rückgewährsanspruch 201

Schaufensterkondition 127
Selbstauskunft 153

https://doi.org/10.1515/9783110437874-012

Sicherungsabrede 200
Spekulationsgeschäft 327

Tilgungsfalle 130
Tilgungskonzept 96

Umschuldung 217
Unbedenklichkeitsbescheinigung 193
Unverheiratete Paare 74

Verkehrswert 161
Verschuldungskonzept 98
Versicherungswert einer Immobilie 164

Vervielfältiger 43
veränderlicher Sollzinssatz 115

Werbung für Verbraucherdarlehen 30
Wohnfläche 57
Wohnungseigentum 56
Wohnwertrendite 38

Zielsetzung der Effektivzinsangabe 125
Zinskonzept 95
Zinsänderungsrisiken 227
Zuschlag 63
Zwangsvollstreckungsunterwerfung 199

Autoren

Dr. Franz J. Sartor war in einer großen deutschen Bank in leitenden Funktionen in den Bereichen Baufinanzierung, Privatkundengeschäft und Controlling beschäftigt. Seit 1998 ist er als Professor an der Technischen Hochschule Köln in den Lehrgebieten Finanzwirtschaft und Immobilienfinanzierung tätig.

Helmut Keller war über viele Jahre im Privatkundenkreditgeschäft einer deutschen Bank tätig. Heute konzentriert er sich auf wohnwirtschaftliche Bau- und Immobilienfinanzierungen, sowie Schuldnerberatungen mit dem Schwerpunkt Zwangsversteigerungen.